Constructive Guidance and Discipline: Birth to Age Eight
(Seventh Edition)

0—8岁儿童纪律教育

——给教师和家长的心理学建议

（第七版）

玛乔丽·菲尔茨（Marjorie V. Fields）
［美］帕特里夏·梅里特（Patricia A. Meritt）／著
德博拉·菲尔茨（Deborah M. Fields）

蔡　菡／译

中国轻工业出版社

图书在版编目（CIP）数据

0—8岁儿童纪律教育：给教师和家长的心理学建议：第七版／（美）玛乔丽·菲尔茨（Marjorie V. Fields），（美）帕特里夏·梅里特（Patricia A. Meritt），（美）德博拉·菲尔茨（Deborah M. Fields）著；蔡菡译．—北京：中国轻工业出版社，2019.3（2024.10重印）

ISBN 978-7-5184-2308-8

Ⅰ．①0…　Ⅱ．①玛…　②帕…　③德…　④蔡…　Ⅲ．①纪律－儿童教育　Ⅳ．①G611

中国版本图书馆CIP数据核字（2018）第277690号

责任编辑：吴　红　牟　聪　　　责任终审：腾炎福
策划编辑：吴　红　　　责任校对：刘志颖　　　责任监印：吴维斌

出版发行：中国轻工业出版社（北京鲁谷东街5号，邮编：100040）
印　　刷：三河市鑫金马印装有限公司
经　　销：各地新华书店
版　　次：2024年10月第1版第8次印刷
开　　本：787×1092　1/16　印张：31.25
字　　数：330千字
书　　号：ISBN 978-7-5184-2308-8　定价：72.00元
读者热线：010-65181109，65262933
发行电话：010-85119832　传真：010-85113293
网　　址：http://www.chlip.com.cn　http://www.wqedu.com
电子信箱：1012305542@qq.com
如发现图书残缺请与我社联系调换
242234Y1C108ZYW

为了世界和平与和谐的事业。
或许它就萌发于孩子的心里并由此得到传播。
而教师们或许就是和平与和谐种子的传播者。

译者序

“没有规矩，不成方圆。”任何一位教师或家长，在与孩子相处的过程中，恐怕都无法回避“纪律”一词。当然，有时我们也会用“班级常规”“习惯培养”“规则指导”等词来表达类似的内容。一个没有任何规则的班集体不能称之为真正意义上的集体，这一观点在儿童教育史上是不证自明的。但是，纪律教育的最终目的是管理儿童，还是促进儿童个体的成长呢？纪律教育的真正意义和价值又是什么？本书从儿童个体发展而不是从班级管理的角度重新阐释了建构主义理论指导下的纪律教育，将其定义为一种在提高自尊的同时教授自主和自律的方式，即“帮助儿童学习为自己的行为负责，并能自己判断正误”。教师开展纪律教育的最终目的，则在于帮助儿童成为快乐的、有责任心的、有价值的人。

建构主义的纪律教育观强调尊重并了解儿童、发展儿童的自主性、让儿童成为规则的主动建构者和自愿遵守者，教师的职责在于帮助儿童发展自我管理能力而不是控制儿童。因此，本书所倡导的纪律教育有两个基本前提：一是为长期的纪律教育目标（即发展道德自主）而努力，而不是只关注当前的内容；二是将纪律教育的方法与问题行为的成因相匹配，以此来采取有针对性的措施。

基于这样的理念，本书第一部分首先对比和阐述了建构主义理念下的纪律教育与行为主义、成熟主义理念下的纪律教育在目标、过程、形式以及结果上的不同，并从原因入手，剖析生理发展、情感发展、智力发展、社会性发展对儿童行为及纪律教育的影响。第二部分，作者按从最积极到最消极的递减顺序介绍了七种纪律教育方法，其中包括基于建构主义理论的纪律教育方法，以及对行为矫正法和惩罚的剖析与批判。本书第三部分（最后五章）则分析了纪律问题的典型原因，并将纪律教育的原因与纪律教育的方法相匹配，强调了处理问题而不是只处理现象的必要性。

除了详尽的理论分析和具体的指导之外，本书中还有很多观点也值得我们重视，如：

“没有一种纪律教育方法能在任何时候适用于所有儿童。”

“成人与儿童之间相互尊重的关系是发展道德自主的基础。互相尊重意味着你尊重儿童和儿童尊重你都很重要。”

成人应“尽力帮助儿童理解为什么某种行为是可取的或不可取的”“帮助儿童在成人不在场‘敦促’时，也能自行选择令人满意的行为方式”。

“了解儿童怎样成长、怎样学习与思考，有助于成人与儿童更和谐地相处。这种理解不仅能使成人更宽容儿童正常的幼稚行为，也能减少成人不适宜的期望。”

“按照儿童的发展水平设定你的期望，能使儿童从害怕去学校变成盼望每个新的一天的到来。”

本书英文版自第一版出版以来不断改版，现在已经是第七版了。2004年，我在南京师范大学学前教育系读硕士研究生二年级时，有幸参与了本书第四版前半本的翻译工作，让我获益良多。2007年，我毕业来到了江苏省无锡市实验幼儿园，成了一名在一线工作的幼儿园教师。在扎根一线至今的11年时间里，我深刻地体会到了高质量的纪律教育对教师、家长和幼儿的重要性。因为只有拥有正确的纪律教育理念，教师才可能从理解而不是排斥的角度去审视儿童的问题行为，才能将纪律教育与促进幼儿身心健康发展的长远目标相统一，才能根据幼儿行为背后的不同原因给予个性化的支持。本书第四版的中文版出版以后，我陆续听到了很多一线教师对译著的反馈：“书中的方法真的很实用。”“书里的建议跟我工作多年摸索出来的经验是一致的，要是能早点看到这本书该多好！”“看了这本书，我决定申请个人课题，想以这本书为基础进行班本研究。”正是我自身的深切体会和同行的积极反馈，鞭策着我在工作之余进行了第六版的翻译工作。在第六版，作者延续了第四版中将理论与实践密切结合的写作风格，理念的阐述与详尽的案例描述相辅相成。较之第四版，第六版又做了许多改进，包括：部分章节和参与的作者发生了改变，让第六版融入了更多最新的理念和内容，变得更加实用；在每章前面加入了全美幼教协会的相应标准，每章后面又增加了相关的推荐读物，使本书的内容与时俱进，等等。2016年，我考取了虞永平教授的博士研究生，带着多年的一线工作经验重回南师校园，更深刻地意识到理论指导实践的重要性，也更加体悟到建构主义的纪律教育对我国当前幼儿纪律教育的启示和价值。此时喜闻本书再次改版，于是我便应中国轻工业出版社万千教育编辑部吴红老师之邀，再次开始了第七版的翻译工作。第七版除了重点篇章段落的删减、重写以及一些语句的调整之外，还增加了新的内容，包括：增加了本书三个部分的组织架构图，让全书整体架构更为清晰；扩展了每章末的练习，并将练习分类；加入了前沿理论，包括脑神经科学、贫困及文化对儿童大脑发育和行为的影响，也讨论了媒体技术对儿童的影响。这些调整不仅体现了作者的与时俱进和精益求精，还有助于不同层次的教师更好地把握每章的主旨。

感谢中国轻工业出版社万千教育编辑部对我的帮助，使本书得以顺利地出版；感谢家人的支持，让我在工作之余有时间全身心地投入到翻译工作中；尤其要感谢我的先生奚润丰在翻译方面给我的帮助，让本书的翻译质量有了保证。

本书深入浅出、文风轻松幽默、表述浅显易懂，相信一定能为广大幼教同行和家长朋友提供更多的帮助。本书翻译过程也让我受益匪浅，但由于我的时间有限、翻译能力和经验不足，译文中必定会有很多纰漏乃至错误之处，恳请读者批评指正！

蔡菡

2018年8月于南京随园

作 者 简 介

玛乔丽·菲尔茨（Marjorie V. Fields）博士 玛乔丽曾在幼儿教育领域工作长达30余年，最近刚刚退休。她一开始在幼儿园执教，然后执教一年级，再后来从事教师教育工作。幸运的是她有了自己的孩子，于是也拥有了合作性学前教育以及其他多种类型的儿童看护经验。

家长参与方面的研究让玛乔丽获得了幼儿教育博士学位。她一直活跃于国家和地方的幼儿教育专业组织，目前担任全美幼儿教师教育协会（National Association of Early Childhood Teacher Educators，NAECTE）主席，在此之前她曾担任过该组织的副主席。玛乔丽博士曾供职于全美幼教协会（National Association for the Education of Young Children，NAEYC）的国家管理委员会，也曾出版过大量关于前读写领域的教材，包括教科书《让我们现在开始阅读》（*Let's Begin Reading Right*，Merrill/Prentice Hall）和其他儿童指导方面的教材。

本书是作者30多年来阅读和思考以及设立与教授早期儿童纪律教育课程的成果。玛乔丽博士认为，是她的两个儿子最先让她明白了对于儿童的指导和纪律教育来说什么是最重要的。现在，她还在继续从她的孙辈及孙辈的父母与老师身上学习。

帕特里夏·梅里特（Patricia A. Meritt） 帕特里夏现任费尔班克斯的阿拉斯加州立大学儿童早期教育教授，在这所学校她曾多次被推荐为年度教师。她以多种方式教授儿童教育，包括工作坊、完整的在线课程、密

集强化课程以及面对面的指导等。尽管帕特里夏在第六版才成为本书的作者之一，但她过去一直使用本书的前几版，并认为本书是她每次教授教育课程的基础。帕特里夏的职业生涯开始于大学期间在父母合作中心的学习，随后做过班级教师，之后还开设了一个私人的学前中心。随后，她成为一家非营利儿童看护中心的管理者，并将该中心建成了价值数百万美元的、为成千上万个家庭服务的连锁公司，而她常常用到本书中所讨论的多种技巧。帕特里夏获得了幼儿教育的准学士学位、儿童发展方向的文科学士学位以及教育学硕士学位。她的研究主要集中于儿童早期性别差异领域。作为母亲和祖母，她一直乐于不断学习和分享，并提高自己充满尊重地回应所有儿童的能力。

德博拉·菲尔茨（Deborah M. Fields） 德博拉是具有资质的心理健康顾问，同时是仁爱领养中心社会服务部主任，该中心是一个国际性领养机构。她评估那些想要领养其他国家儿童的家庭，并帮助其做好准备。德博拉还从事收养后的支持服务，在适应、建立依恋以及发展敏感的纪律实践的过程中为养父母们提供帮助。她通过训练成为基于信任关系的干预（TBRI）医生，并乐于看到那些充满爱心且敏感的看护者们在儿童治疗和情感发展方面所产生的巨大影响。德博拉拥有“婚姻、家庭及儿童咨询”硕士学位。除了受过依恋问题方面的培训，在同孩子和家庭一起工作的时候，她也注重发展具有文化敏感性的实践。德博拉还曾在一个小学咨询中心同未成年父母一起工作。

前　言

《0—8岁儿童纪律教育》为儿童教育专业人员和父母提供了最好的方法，将帮助儿童成为快乐的、有责任心的、有价值的人。我们在儿童发展、发展适宜性实践以及建构主义教育的框架中提出了指导与纪律教育的概念，本书推荐的只是符合这个框架的三个方面的纪律教育方法。我们立足于介绍最适合幼儿的方法，而不是仅仅对各种方法进行客观中立的综述。我们坚信，成人通过惩罚或行为矫正这类强制性方法不能有效地促进儿童的道德发展。

虽然本版立足于整个儿童教育范畴（0—8岁），但我们侧重的是对3—8岁儿童的指导。适宜的指导和纪律教育必须符合一定的发展水平，我们承认婴儿和学步儿的发展与处于前运算阶段的3—8岁儿童的发展截然不同。对于年长儿童的很多原理也适用于较小的幼儿，但本书提出的一些方法所要求的情感、社会性以及认知的成熟都高于大多数学步儿所能达到的目标。

此版本的更新之处

❑ 本书在教学方法上的改进

- 为了帮助学生更好地理解本书的内容，我们提供了三个方块的组织架构图。这些方块用于说明本书的三个部分和每个章节是如何相互关联的。
- 每章都以一个简短的情境开头，这个问题情境说明了该章节所应对的挑战类型，整章都会涉及这个情境。
- “学习收获”与章节标题一致，与每章末尾添加的“摘要”也一致。

- 每章末的问题和活动按类分为不同子集，以便完成作业。

❑ 新增内容与最新研究和当前实践保持同步

- 新增内容反映了快速发展的、基于脑发育的研究，强调贫困、创伤和压力对儿童大脑发育和行为的影响（见第二至六章、第十章及第十四章）。
- 关于技术在影响儿童行为方面的作用的新讨论反映了技术领域的快节奏发展。全美幼教协会和弗雷德·罗杰斯（Fred Rogers）早期教育中心关于技术在幼儿教育项目中的作用的联合声明为这些讨论提供了基础（见第六章）。

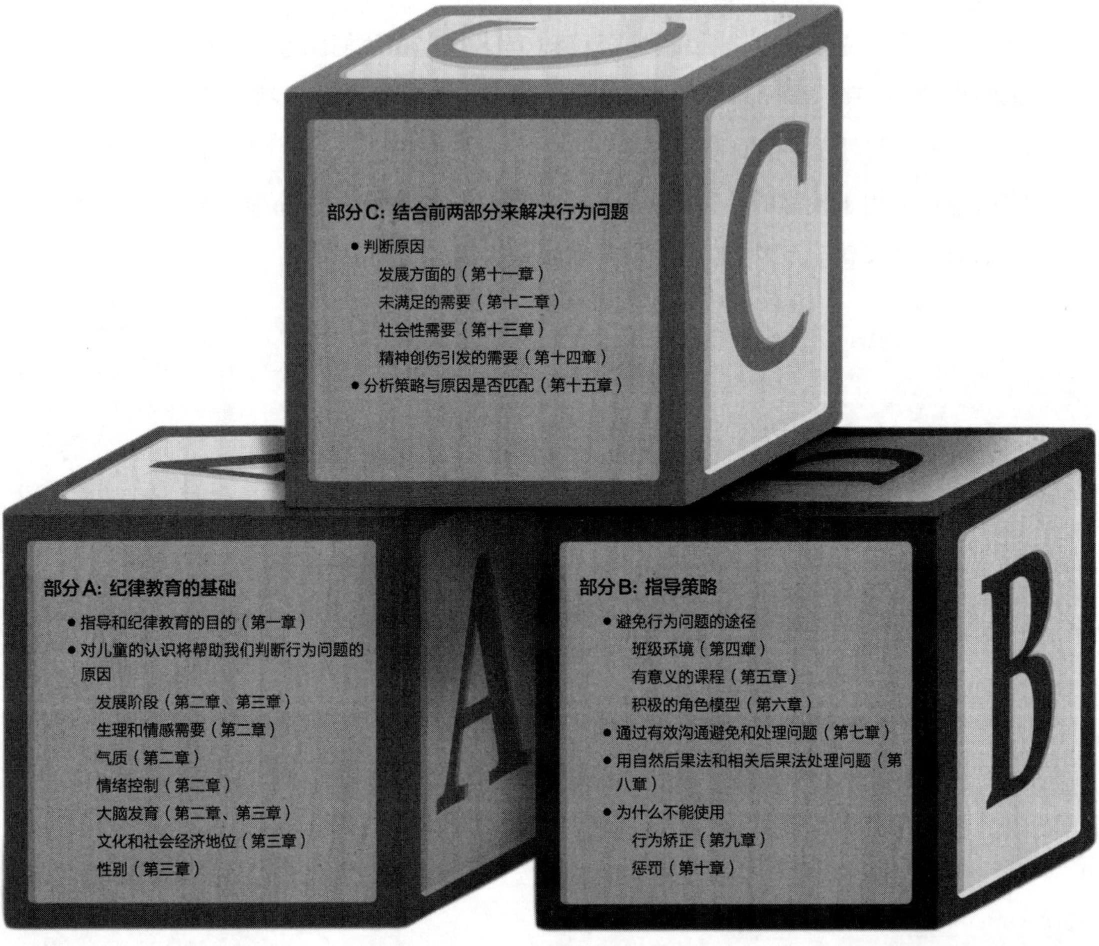

◆ 行为问题的处理与不断增加的对考试成绩的关注是直接相关的，一位屡获殊荣的教师在信中就如何在不具发展适宜性的学校环境中满足儿童的需求提出了建议（见第五章）。

此版本保持且加强了之前版本的方法，我们认为让本书的信息清晰易懂是最重要的。定期反思旨在帮助学生更深入地思考他们正在阅读的内容。表格和图表则帮助学生整合本书中的关键点。

由于行为矫正法在我们的社会中如此普遍，因此本书中的建议要求大多数读者从根本上改变他们的思想。帮助学生进行主要范式的转变要求对原则进行认真记录并明确解释。与之前的版本一样，我们强调课堂实践，学生们发现这些实践对理解概念很有帮助。

和以前一样，我们一直在努力平衡学前班和小学低年级的案例，同时也包括那些关于婴儿和学步儿的案例。

主要的理论影响

本书所呈现的信息和理念来自许多已得到公认的资料。我们发现，20世纪有四位理论家对儿童指导的观念产生了重要影响，他们分别是：阿德勒、罗杰斯、斯金纳和皮亚杰。鲁道夫·德瑞克斯提出的逻辑后果和自然后果理论拓展了阿德勒的观念；托马斯·戈登通过其父母效能训练工作普及了罗杰斯的思想；斯金纳的工作导致了后来广为流传的行为矫正技术；而皮亚杰学派的学者，如凯米和德沃里斯，则在世界范围内传播了皮亚杰的道德发展观。我们反对斯金纳的方法（第九章解释了原因），同时认为其他三位理论家的观点具有相似性。阿德勒、罗杰斯和皮亚杰都认为儿童是主动寻求理解的；这一观点与斯金纳学派的观点相反，斯金纳认为教育是儿童接受外部因素影响的结果。阿德勒、罗杰斯和皮亚杰都尊重儿童发展社会性理解的个人速率和风格，都认为成人的适当角色是促进而不是控制儿童逐渐发展成一名有贡献的社会成员。皮亚杰的理论框架比罗杰斯和阿德勒的要广泛得多，包括道德理解力和智力发展。因此，阿德勒学派和罗杰斯学派的观念可以包含在皮亚杰学派的观点之内，反之则不然。

皮亚杰和建构主义学者关于智力自主和道德自主的研究和著作是本书内容的主要来源。在讨论建构主义纪律教育方法时，我们也借鉴了托马斯·戈登对有效交流的建议以及德瑞克斯的逻辑后果和自然后果的概念。此外，我们也运用了埃里克森的情感发展研究，参照了全美幼教协会的指导方针，还常常引用瑞塔·德沃里斯和康斯坦丝·凯米的观点。本书中使用的其他许多资料都会在参考文献中列出。

我们把指导和纪律教育看成教育活动，因此，有效的早期教育原理也可以像运用到学业中一样运用于指导和纪律教育之中。此外，我们还讨论了何种有效的早期教育实践能避免或减少常见的纪律问题。

和其他方面的教育一样，指导幼儿也必须了解幼儿的差异。在建议中，我们考虑了因天生的气质或个体体能以及智能而引起的个体差异，也讨论了文化、性别、阶层以及家庭问题的影响。

我们意识到教师常常必须面对处于危险之中的幼儿，这对指导和纪律教育构成了新的挑战。第一部分中的第二章和第三章专门为这些教师提供背景和支持，他们的班级中有具有特殊需要或学习困难的幼儿，以及曾体验过困苦生活环境的、更容易产生社会性或情感障碍的幼儿。随后在第三部分的第十三章和第十四章，我们再次回顾这些背景信息，深入考察如何支持这些需要帮助的孩子。

本书的结构

第一部分（即 p. Ⅷ图中的“部分 A”）从第一章到第三章打下了本书的基础。第一部分第一章将纪律教育定义为一种在提高自尊的同时教授自主和自律的方法，这一概念贯穿于全书的始终。第二章和第三章考察了儿童的生理、情感、智力与社会性发展的阶段，这些阶段与纪律问题和解决方法密切相关，本书的剩余部分都以此为基础。我们认为明确纪律教育的定义及其目标，以及了解儿童发展知识都是讨论纪律教育的基础。

第二部分（即 p. Ⅷ图中的“部分 B”）从第四章到第十章，按从最积极到最消极的递减顺序介绍了各种纪律教育方法。这一顺序也可以看作从干扰最小到干扰最大的递增顺序。第四章讨论了怎样通过营造一个最支持儿童健康发展的情感环境和物理环境来预防行为问题的发生。第五章解释了发展适宜性课程计划在避免纪律问题上的作用。第六章和第七章强调了预防问题和当问题发生时的干预。第六章解释了成人的榜样示范如何影响儿童的行为，此外还展示了如何帮助儿童在冲突情境中应用这些案例。第七章介绍了与儿童进行有效交流的方式，这些方式对预防冲突以及着眼于产生的问题并通过协商解决问题都是有效的。第八章解释了幼儿教育专业人员如何通过使用相关后果法帮助儿童理解为什么某些行为是不能接受的，从而改变其无意义的行为。第九章分析了行为矫正方法，并解释了为什么奖励甚至表扬都是违背自律的目标的。第十章介绍了惩罚的危害。

第三部分（即 p. Ⅷ图中的“部分 C”）从第十一章到第十五章，是建立在第一部分和第二部分的基础上的。第一部分所介绍的儿童发展知识可以用来判断行为问题的原因；而第二部分关于指导方法的知识则可以帮助选择适宜的回应方式；第三部分分析了纪律问题的典型原因，并将它们与相应的纪律教育方法联系起来。这几章强调处理问题产生的原因而不是症状的必要性。第十一章讨论了成熟水平和可接受的行为之间的关系；第十二章考察了未满足的需要是如何导致问题行为的；第十三章和第十四章探讨了由教室之外的原因所引起的严重问题，并给教师和看护人员提出了有益的建议；第十五章综述了纪律问题的可能原因，并分析哪种原因与何种特定的情境有关，这一章还给出了把原因与纪律教育方法匹配起来的指导，这样最可能有效地解决问题。

提 供 案 例

由于期望在理论性解释和现实案例之间取得平衡，因此我们使用了典型场景来说明通过积极的纪律教育方法促进自我纪律教育和道德自主的方式，这与我们所传达的“教师一定不能仅仅根据行为做出回应，而必须考虑可能与行为原因相关的许多因素”是相一致的。这些“故事”经证明对那些试图将书本材料付诸实践却受困于抽象概念的师范院校的学生极其有用。

让我们来看一下人物名单，中途岛儿童中心[1]的成员：负责人，苏珊；学前班教师，丹尼斯、加百利、雪莉和南茜；婴儿（学步儿班）的教师，凯莎和加布里埃尔。他们为我们提供了幼儿纪律教育的案例。幼儿班[2]教师桑切斯和一年级教师延森，二年级教师戴维斯以及实习教师贝斯，三年级教师加西亚，都示范了同样的关于低年级儿童纪律教育的概念。你也会看到放学后的看护教师安，阿拉斯加州的阿卡拉老师、桑切斯老师、延森老师和戴维斯老师（男教师），他们代表了所有我们熟悉的、慈爱的、有效率的公立学校教师。

由于将适当的行为与不当行为做比较常常能帮助人们更好地理解适宜行为，因此我们也提供了常见的我们不赞同使用的教育实践案例。为此我们创造了两个假想的人物——学前班教师珍妮和一年级教师慧勒，并在一些非常真实的情境中来描述二者。慧勒老师和延森老师在同一所小学；珍妮老师则与丹尼斯老师在同一个儿童中心，她负责学前班下午班，丹尼斯则负责上午班。丹尼斯和珍妮拥有同样的学生和配班工作人员，由此可以看出不同的方法是如何影响同样的儿童的。所有的教师都是虚构的，但描述的好的和坏的情境都是真实的。我们称呼儿童看护中心的工作成员时使用的是他们的姓，而在提及公立学校教工时使用的是他们的名，但这并不意味着我们更尊重后者，而仅仅是因为在日常实践中就是如此。

读者亲身的经历最具有教育意义。我们相信，花足够的时间与幼儿在一起建立相互信任的关系，对于内化指导和纪律教育的理论非常有必要。我们也相信，不论是在学前期还是在成年期，个人的观察和经验都是学习的关键。

本书使用的“教师”一词既包括看护人员，也包括其他教师。在儿童每天的生活中，任何指导他们的成人都在对他们进行教育。我们坚信，在儿童看护中心从事儿童工作的成人必须和其他所有教师一样了解儿童的发展。由于年幼的孩子深深地受到其生活中的成人的影响，所以所有教师在如何对幼儿施加积极影响方面必须达成统一的认识。

---

[1] 美国接纳5岁之前幼儿的机构，学前班也是指5岁之前。——译者注

[2] 即5—6岁班，在美国已纳入小学义务教育阶段，即美国教育阶段中的K。——译者注

致 谢

再次感谢康斯坦丝·凯米，感谢她对我的探究的耐心和指导，让我能更好地理解建构主义和道德自主。同样感谢所有我拜访过的班级的教师，感谢他们提供了充满尊重而具有建构性的纪律教育案例。这里包括第五章中给老师写信的詹妮弗·汤普森，还有凯西·汉娜、克莉丝·托马斯、琳达·托格森以及我的姐姐德博拉·格拉姆斯。当然，我从孩子们身上学到的最多。在过去的几十年中，我花时间相处的所有教室中的所有孩子都帮助我更加理解儿童发展和指导。我自己的两个儿子也教会了我很多，我必须感谢他们成为我纵向研究的对象。现在我有五个孙子孙女，他们教给了我更多关于儿童发展的知识。

这里我特别感激帕特里夏·梅里特对本书第六版、第七版的想法和贡献，与她共事我很开心。同我的儿媳德博拉·菲尔茨合作写这本书也是非常愉快的，我们对她的孩子——也就是我的孙女的共同兴趣，给我们的研究提供了个体观察对象。这里我还要特别感谢那些允许我们给孩子拍照的家长以及那些帮助我们完成父母许可申请表的朋友们。西雅图圣安娜学校的崔西·索维奇和丹尼尔·德林诺提供了本版的照片。同以往一样，我要感谢编辑朱丽叶·皮特的指导，感谢发展编辑乔恩·泰斯和项目经理米歇尔·加德纳的努力工作。最后，与往常一样，非常感谢我亲爱的丈夫顿，感谢他的耐心和帮助。

玛乔丽·菲尔茨

很高兴同德博拉和玛乔丽的合作，这也是我的荣幸。真心感谢培生集团邀请我做评论者，同时，非常感谢玛乔丽让我成为本书的合作者。在本书刚刚开始的时候，玛乔丽就展示了她对幼儿教育领域的指导力和洞察力；她在我的学术职业生涯中以及本书的写作过程中对我的耐心指导让我永远铭记。这里我也感谢邦纳尔之家幼儿教育实验学校的大力支持，包括给我提供拍照的机会。同时感谢幼儿教育部行政助理凯利·佩斯纳。我要感谢我的老师，特别是伯妮斯·克莱顿，她把我引进了幼儿教育的大门。我还要感谢这么多年来所有帮助过我的同事。最后的感谢献给我的丈夫鲍勃以及我的孩子和我的孙辈们，你们是我的灵感之源。

帕特里夏·梅里特

我要感谢玛乔丽·菲尔茨的指导、支持以及对我的信任。她的确是一位优秀的、充满关爱的教师。我非常高兴有机会继续向她学习，在对本书的研究和文献回顾中我受益颇多。我也要感谢我的丈夫迈克，感谢他的支持，他是我养育子女的合作伙伴。我从自己的两个孩子（萨拉和卡洛琳）那里也不断地学到了很多，她们让我的灵感一直得以保持。

德博拉·菲尔茨

目　录

第一部分

纪律教育的基础

本书的前三章介绍了研究纪律主题所必需的基本知识。在第一章中，我们对本书讨论的“纪律”做了描述，并将建构主义的纪律概念与行为主义的纪律概念、成熟主义的纪律概念做了比较。

第二章和第三章关注直接影响学前班和小学低年级纪律教育的儿童发展问题。了解儿童怎样成长、怎样学习与思考，有助于成人与儿童更和谐地相处。这种理解不仅能使成人更宽容儿童正常的幼稚行为，也能减少成人不适宜的期望。我们相信，有效的纪律教育方法必须建立在对儿童生理、情感、智力以及社会性发展的了解之上，同时也要考虑到每个儿童的个性特征。

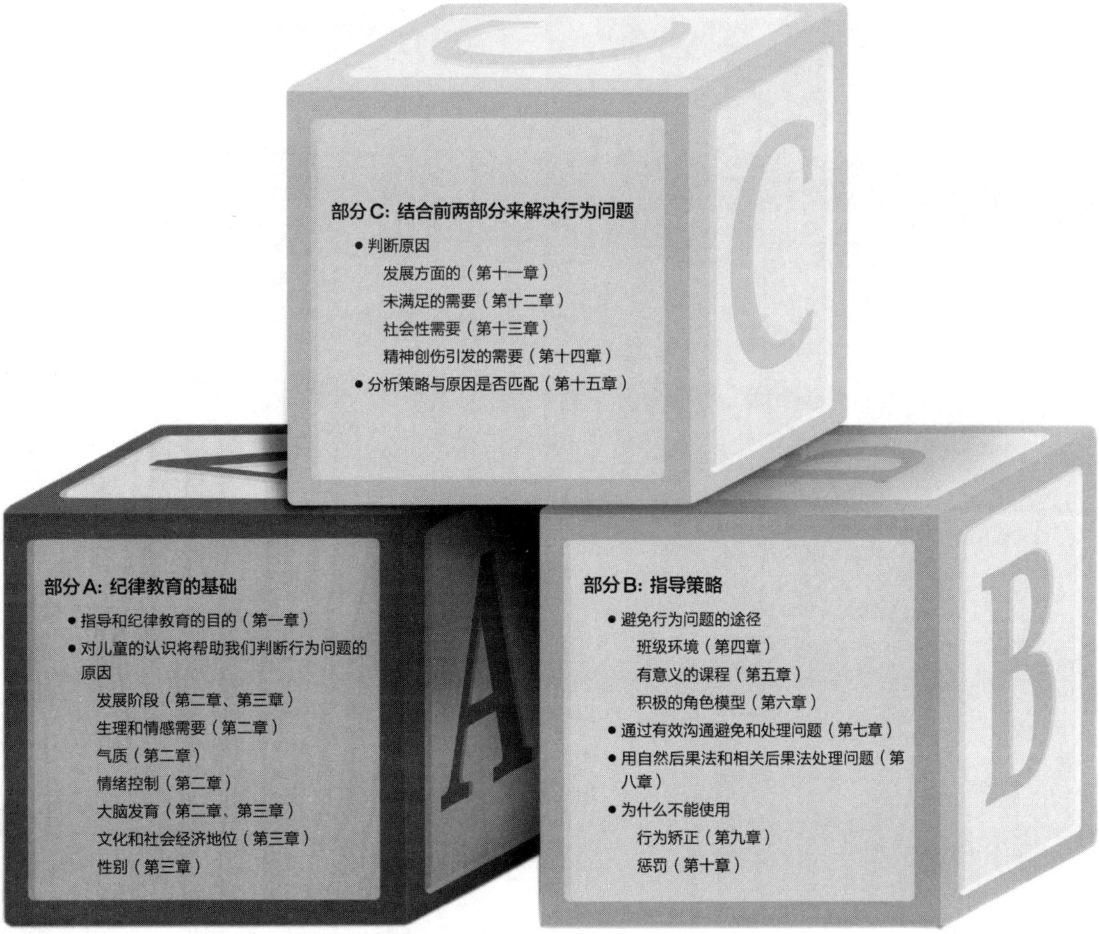

第一章

对指导和纪律教育的思考

本章节所涉及的全美幼教协会（NAEYC）标准

标准3：通过观察、记录和评估为幼儿及其家庭提供支持。

标准4a：知道积极的关系和支持性互动是与幼儿一起工作的基础。

标准4c：使用协会列出的具有发展适宜性的教学（学习）方法。

标准6b：知道并秉持道德标准以及其他幼儿专业指导方针。

【学习收获】

有了对本章的理解，你应能：

- ◆ 区分长短期指导或纪律教育的目标。
- ◆ 对比和对照行为主义、建构主义和成熟主义在指导与纪律教育模式上的不同。
- ◆ 总结建构性的指导和纪律教育的主要特征。
- ◆ 在仔细观察后，分析某个行为问题的原因。

纪律教育是大多数教师非常关心的一点。不论你正在尝试教什么内容，都需要关注学生并与他们配合。这不是一项容易的工作，尤其是当你试着让孩子们坐着、保持安静并专注于他们不感兴趣的内容时。我们希望本书能给你一种视角，使你和孩子们在一起的工作变得更友好、更有益、更富有成效。

假设你走进一间教室，里面有几个孩子已被安置在暂停区，教师正用惩罚威胁其他孩子，教室里弥漫着紧张不安的气氛。是哪里出错了呢？如何转变这种情况？本章将开启帮助你寻找答案的旅程。

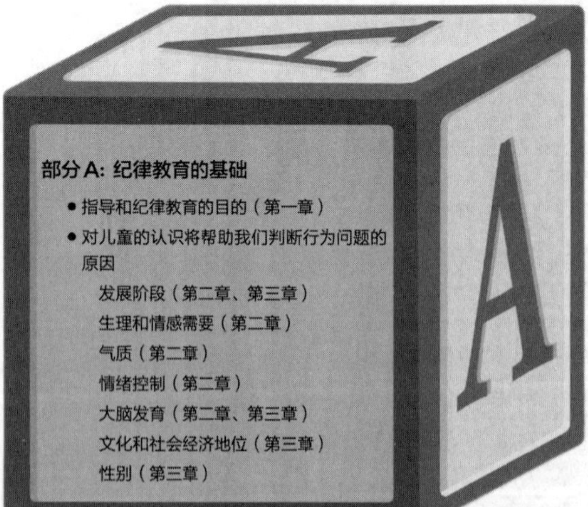

一些书中常告诉你，它们有解决你所遇到的所有纪律问题的秘诀；而本书并没有给出秘诀。本书认为，没有一种纪律教育的方法能解决所有的问题，更别提解决所有儿童遇到的所有问题了。对儿童的指导和纪律教育是极其复杂的，让人备感混乱和沮丧。许多书和方案提供了解决纪律问题的简单方法，但它们都忽视了个体差异的事实，忽视了负载着情感的环境与超负荷的看护人员。在本书中，我们没有提供任何简单的解决方法，相反，我们认为有效的儿童纪律教育应该是多方面的，它需要一套相当复杂的理解力和技巧。这并不能与本章开头所描述的不愉快的教室立即对应。我们尝试针对这一问题和其他相关纪律问题提供必备的理解力和技巧，但最终你能从本书获得什么则取决于你的投入。

第一部分的三章提供了思考指导与纪律教育的基本信息（见第一部分导言中的三个方块结构）。第一章旨在帮助你理解本书的其他部分，并对下列各章节中常用的术语做出我们的界定。我们希望阅读本章时，你会产生许多问题，并用本书来帮你找到答案。

纪律教育的定义

本书英文书名（*Constructive Guidance and Discipline: Birth to Age Eight*）既包含了 guidance（指导），也包含了 discipline（纪律教育）。“指导”一词常常与帮助幼儿处理问题联系在一起，例如咨询指导顾问。而“纪律教育”一词则过多地与儿童做了成人不喜欢的事而被惩罚相联系。阅读本书时，你会发现本书广泛地使用了“纪律教育”一词，虽然它包括人们公认的指导的含义，但是并不包括惩罚。

你认为纪律教育是什么呢？你是不是一直把它理解成当儿童做错事时对其进行惩罚？许多人认为纪律教育就是打孩子的屁股。你也许听过一个（恶毒的）玩笑，即把船桨作为“教育之板”。本书对纪律教育做了不同的解释，即：帮助儿童学习为自己的行为负责，并有能力自己判断正误。教育的重点在于，我们要帮助儿童学会负责任的行为，而不仅仅是阻止儿童的无益行为。比起适应某个集体，我们更希望帮助他们理解“纪律”一词的意思。你知道吗？discipline（纪律教育）一词来源于词语 disciple（门徒），意思是引导和教。抱持这样的纪律教育观，就会将不良行为看成教导的机会。你认为本章开头那个例子中的教师是否理解这种纪律教育观呢？

比起仅仅强制规定不许做什么，我们更想帮助儿童学习对自己应该做什么做出明智的选择。值得注意的是，对于他们而言，学会做出明智的选择与仅仅做自己想做的事情迥然不同。我们不是提倡对儿童的行为采取放任自流的方式；相反，我们提倡的是帮助儿童理解为何某些行为比其他行为好，帮助儿童在成人不在场“敦促”时，也能自行选择令人满意的行为方式。

本书围绕着如何将儿童培养成有责任心的、友善的和有价值的公民而展开，这并不是强迫甚至强制儿童按照某种方式行动。我们将会阐明为何我们坚信外部控制（如奖励和惩罚）妨碍了社会迫切需要的行为和态度。我们不只告诉你不要奖励或惩罚儿童，也阐释了达成行为目标的更好的方法。

这个过程的关键在于判断不良行为出现的原因并努力排除这个原因。我们的纪律教育方法类似于诊断式教学，即将每个儿童的需要与能力个别化。这种指导和纪律教育需要对每个儿童的发展和各种指导方法有广泛的了解。本书试着帮助读者获得这两个方面的必要知识，然后提供综合使用这些知识指导儿童的方法。

由于我们把纪律教育看作教导而不仅仅是控制，所以我们建议，至少应该像规划课程的其他方面一样认真地规划学校的纪律教育。很久以前，学校就已经不再惩罚不会阅读或不会做数学题的学生了。教师不再因缺乏技能或理解不了而惩罚学生，取而代之的是教给这些学生他们所缺少的东西。同理，我们也主张帮助学生掌握其所缺乏的社会技能，教给他们对行为的理解。

❐ 至关重要的问题

是否值得耗费在学校的时间来教授儿童各种社会技能和关心他人的态度？证据表明，我们必须这样做。尽管联邦政府关注的是学校的学业测试，但有经验的教师都知道，如果没有适当地对儿童进行纪律教育，那么课程的其他部分都会随之遭殃。更为重要的是，人性观察者和人类发展研究者都认为，如果人们没有学会关心他人、做事有原则、有责任心，那么他们再学习什么内容都不重要了，他们的生活也将因此而布满荆棘，“只学习学术技能而缺乏社会技能的学习，个体不会发展成受过良好教育的社会成员”。此外，我们越来越清楚地感到，学校必须教育儿童学会关心他人，学会与人交往和协商，为了保证学校和社区的安全，还必须教授其他防暴课程。

教师们反映，课堂纪律是他们面临的最大挑战。随着越来越多的需要没有得到满足、社会交往技能匮乏的孩子来到学校，学校面临的这一挑战也逐年增大。许多孩子都缺乏控制冲动的能力，他们也没有能力管理沮丧与愤怒的情绪，教师则要努力与这些孩子一起创设一个互相关爱的教室环境。

幼儿教师需要在纪律教育上花很多时间，这不仅是出于自卫，而且也是因为这些孩子正处于关键期。对大脑的研究表明，生命的头几年是儿童学习有关行为的复杂技能（如逻辑思维和情绪控制）的关键期。3—10岁，大脑比其他任何时期都拥有更多的连接脑细胞的创造性突触。脑电图也证实了幼儿教师经常说的：生命的头几年是学习的关键期。

纪律教育的目标

纪律教育方法必须根据目标来确定。应该首先问自己："纪律教育的目标是什么？"也许你会倾向于将纪律教育仅仅视为一种维持控制的手段，因为只有这样你才能教其他东西，但是儿童和社会需要的比这更多。

❐ 长期目标

无论何时，只要教育儿童，你就必须首先清楚自己的长期教育目标。进行纪律教育或其他教育时缺乏长期目标，就好比在没有目的地的情况下计划旅行路线。为了检视长期目标，问问自己最看重哪种人可能非常有用。应该注意的是，你问的应该是哪种"成人"，而不是哪种"儿童"。这有区别吗？当然有。如果考虑的是儿童，你可能会以服从为目标；然而，你不可能认为服从是成人性格的标志。应该牢记，早期的纪律教育会影响人一生的性格，因此，关键是思考什么样的成人对社会的作用最大，而不是仅仅考虑什么样的儿童最容易管理。什么样的品质会对民主社会做出最大的贡献呢？

思考

当你探讨的是针对成人而非针对儿童的目标时，你对纪律的想法会发生怎样的变化？

❐ 自我概念和自尊

许多人都将积极的自我概念列为目标，但是这似乎混淆了自我概念和自尊。自我概念是一种对“我是谁”和“我能做什么”的认知；自尊则是指我们对上述这些内容的感受。一个现实的自我概念对于心理健康非常重要，同时它也是形成良好自尊的基础。

我们希望儿童形成良好的自我感觉。尽管几乎所有人都在呼吁这一目标，但是，很多人（正如本章开头案例中的那位老师一样）仍然在使用伤害自尊的纪律教育方法。儿童常常得不到成人的倾听，和成人相比，儿童常常更得不到尊重。他们常常被成人用成人绝不能忍受的方式加以责备、忽视、欺负和贿赂。我们将在后面的章节讨论惩罚和其他强制策略（甚至是表扬与其他奖励）是如何伤害人的自尊的。

❐ 自律和自我约束

几乎每个人都认为，自律和自我调节是儿童成长的目标。大多数的纪律教育方法都声称能够增强儿童的自律，而如何达到这个目标则存在诸多分歧。一些人认为，奖励好的行为、惩罚不好的行为就可以产生自律，而与之相关的“自我约束”一词则鲜有人知。持这种观点的人没有看出为奖励和惩罚所控制，与懂得什么是正确的并做出明智的、关爱他人的决定有着天壤之别。与此相反，本书基于这样的观点，即：只要他人在替儿童管理他们的行为，儿童就不能学会调节自己的行为。

❐ 道德自主

人们把探讨已久却仍知之甚少的自律称为道德自主（moral autonomy）。“道德自主”是皮亚杰在其代表作《儿童的道德判断》（*The Moral Judgment of the Child*）中提出的一个概念。这一概念由皮亚杰学派的学者德沃里斯和凯米等详细阐释给现在的读者。根据这些资料，“自主”的意思是用自己的信念和理解来管理和指导自己的行为。例如，一个道德上自主的人，对他人友好是由于觉得自己应该尊重他人。与之相反的是道德他律，即自己受他人的管理或控制。一个他律的人，只有在行为会得到奖励或害怕如果不这么做就会被发现或受惩罚时，才会对他人表示友好。

一些人常常误解了“自主”这一概念并因此感到焦虑。他们以为，自我管理意味着为所欲为。凯米指出，皮亚杰的自主理论并不仅仅意味着有自己做决定的权利，也指“有能力不受奖惩影响自己判断对错”。凯米指出，道德自主的一个关键成分就是考虑所有相关因素。如果你这样理解“自主”，就会发现这已经将纯粹的自私决定排除在外，因为它没有考虑诸如其他人的需要等“相关因素”。注意，内部管理也意味着儿童不易受同伴压力的影响，因此，道德自主的人不会为了得到同伴的接纳而参与不当的集体活动。

道德自主意味着不受任何奖励或惩罚的影响，有能力判断对错，同时考虑到相关的权利和需要。

因此，一个没有道德自主性的人，当没有外部控制时，其行为就有可能不负责任。事实上，这些描述适合于一些初次离家的年轻大学生。大学宿舍生活证明了这个事实：一些用心良苦的父母和教师没有给年轻人足够的机会发展内部控制。由于在规划自己的学业、游戏以及睡眠上缺乏经验，一些大学一年级新生发现自己无法达到有效的平衡。而有些大学新生的行为则被奖励和惩罚控制，他们发现自己在面对药物和酒精时无法做出明智的决定。

自主并不意味着缺乏控制；相反，它涉及控制的来源。自主的人由自己执行控制。即使独自一人时，他们也从不背弃道德。而他律的人只有当他人在场时，才体验到控制，他们依赖于奖励或惩罚他们行为的外部判断。当你帮助儿童形成道德自主时，你就影响了他们的行为，即使错误的行为不可能被发现。自主的人不需要监督也能正确行事。

❑ 长期解决办法与速效解决办法

教师是不是既有责任维护孩子的安全与秩序，又有责任帮助他们发展积极的自尊、自律和道德自主呢？这确实是一个很高的要求！不要忘了教师还要教学呢！如果教师难以顾及长期的纪律教育目标，而只试着暂时控制的话，他们应该受到责备吗？毕竟，教师常常只教一个学生一年。

家长们普遍意识到了，他们将与孩子共同生活十多年或更长的时间。一位母亲说，当她想到她的儿子迈克尔将会在十年内拿到驾照时，她就有强烈的动机帮助儿子学会自律。在迈克尔很小的时候，妈妈能通过亲自照看来保证他的安全。但她怀疑，当儿子16岁时，她能否通过陪驾来确保儿子安全驾驶呢？她知道，当她不能陪伴时，内部控制能陪伴迈克尔。因此，她重视那些能形成内部控制而不是强迫儿子服从的纪律教育方法。然而，很多父母有时因过于疲惫和不堪压力而忽视未来，只关注让孩子现在生活得更简单。

教师们可能还面临着另一个压力，即让班级成为“纪律良好”的班级，其原意是让班级表现得安静和容易控制。对于那些不了解幼儿怎样才能学得更好的校长或辅导员，这点在进行评估时会有很大不同。因此，以迅速、短期效果为目标的纪律教育手段仍然相当盛行，即使它们会损害儿童的自尊和自主。其中一些速效方法会在以后的章节中讨论，届时我们会讨论行为主义。

幸运的是，许多教师出于对儿童的真正关心，并不会屈服。他们拒绝速效的方法，而是做出了更积极的选择。他们知道，帮助儿童现在和谐生活与为未来做准备在目标上是一致的。有技巧的教师（与本章开头案例中的教师不同），知道如何在维持一个和谐有效的学习环境的同时，努力实现长期的纪律教育目标。他们知道，不必在维护孩子自尊和维持秩序之间做出选择。在这些知识渊博且乐于奉献的教师的指导下，儿童能从经验中学会做出明智的决定。在此过程中，他们也能发展出成为有能力的、关心他人的、充满爱且值得他人爱的人所必需的积极的自尊和道德自主。

纪律教育模式比较和对比

从独裁主义的方法（成人制定所有规则，并惩罚任何违规行为）到极度放任的方法（儿童做所有的决定），可以说常见的纪律教育模式有很多。相当多的人认为，他们必须在这些模式中选择一种方法或另一种方法。一位教师说，她开始很“严厉”，直到她无法忍受自己；然后，她转而采用相反的方法，直到她无法忍受孩子。极少数的成人（教师和父母）意识到还有其他的选择。我们不提倡试着将这两种极端的风格融合至中间水平，但还有其他的选择可以平衡成人与儿童的权力。你不必选择是让成人拥有所有的权力，还是让孩子拥有所有的权力。一个共享的权力模式能最好地满足所有人的需求。当把纪律视为教育时，成人和儿童双方的需要和观点就有可能相互调和。

在比较纪律教育模式时，我们必须阅读鲍姆林德的文章，他界定并为三种类型的父母贴上了标签：权威型、专制型、放任型。这些反映了育儿中的坚定而温暖的态度、严格的坚定态度和缺乏指导的温暖态度。然而，由于我们将纪律教育视为教育，因此，我们相信学习理论（而不是抚养类型）应该作为指导和纪律教育的理论基础。我们根据各种指导方法最对应的学习理论（行为主义、成熟主义或建构主义）来比较它们。

也许你能够从名称上对其了解一二，大多数人对行为主义非常熟悉：其表扬、奖励、惩罚的体系在我们的学校中如此广泛地得以应用。在学校中难得一见的是，成熟主义的方法很少用来支持儿童的发展与学习和抵制对儿童发展与学习的干扰。我们通过对建构主义的钟爱来抵制这两种倾向。建构主义学习观反映的不是行为主义和成熟主义的“中间地带”；相反，它是一种完全不同的看待学习以及指导和纪律教育的观点。它不是一个让儿童服从的“好”方法；它所追求的东西远远超出了服从的范围。建构主义帮助儿童从他们的经验中学习，从对这些经验的思考中学习。通过这一过程，学习者在帮助下获得越来越复杂的理解水平。因此，儿童逐渐发展出思考许多相关因素的能力，当需要决定什么行为对所考虑的这些因素最好时，他就能使用这一能力。“逐渐”一词非常重要，因为它反映了建构主义教育的发展性基础。建构主义者认为，教育幼儿既包括接受他们不成熟的思维，同时也要为他们走向成熟搭建桥梁，帮助他们向更高的理解水平发展。

❐ 纪律教育目标比较

所有的纪律教育模式都基于相同的动机：对儿童的爱和（或）关心。然而每种模式都有着迥然不同的目标（见表1-1）。服从是行为主义模式的终极目标。成熟模式过分强调个体的自由，尽管它也可能是由忽视引起的。建构主义模式追求的则是道德自主：自己做决定，对自己的行为负责，表现出对他人利益的关心和对自我的关心。奖励和惩罚不能完成这些目标。建构主义方法承认这个不断变化的世界的复杂性，因此，它教育儿童在面临两难情境时自己思考可取的行为和不可取的行为，而不是告诉他们现成答案。独裁式的纪律教育没有给予儿童相关的信息，以便儿童通过使用这些信息建构关于正确和错误的观念。

表1-1 三种纪律教育理论的目标

理论	过程	目标
行为主义	通过奖励和惩罚塑造行为	服从
建构主义	帮助儿童从经验和归因中学习	道德自主
成熟主义	相信时间是最好的老师	个体发展

❐ 纪律教育形式的不同

自然地，各种模式使用各不相同的纪律教育形式。惩罚和奖励在行为主义模式中被过度使用。而缺乏纪律教育则是成熟主义模式独有的特征。不同于这两个极端且也绝不是两者的综合，建构主义的模式提供了一个纪律教育的多项选择系统，本书将阐述这一点。

这些建构主义的选项注重指导，和所有好的指导一样，一切都是从建立良好的人际关系开始。积极回应的、热情的、善于安慰人的成人是儿童健康发展的基础。教师与儿童之间建立良好关系意味着教师不必试着成为“朋友”。建构主义的教师仍然要进行管理，肩负起设置必要的限制并维护儿童安全的使命。所不同的是，他们采用一种关心和尊重的方式进行。成人与儿童之间的相互关爱和尊重的关系会鼓励儿童思考他们的行为对他人的影响。指导儿童批判性地思考是建构主义者在进行纪律教育及其他教育时的一个基本方面。建构主义者的纪律教育策略旨在帮助儿童自我建构有效的社会行为规则和价值观。因此，皮亚杰学派的学者大卫·艾尔金德针对建构主义模式使用“建构主义模式下的纪律教育”这一术语。建构主义的纪律教育策略目标是：帮助儿童建构有益社会的行为准则和自己的价值观。这种方式的目的在于：帮助儿童发展出更好的归因能力，成为更理性的人。

❐ 结果不同

不同纪律教育模式的结果又如何呢？我们从来都不能确定与人有关的任何研究结果，因为从伦理上，我们不能控制个人生活中的各种变量。每个人都是基因、家庭动力学、社会影响和个体经验的独特组合。然而，某些趋势发生的频率高得足以建立起某种联系。行为主义模式总是与生气和沮丧相关，也总是伴随着自尊心较弱和没有能力进行自主选择。科恩解释道：通过奖励或表扬控制儿童，使儿童无法学习自我管理。在过度放任中长大的儿童常常表现出自尊心较弱，且难以与他人相处。而建构主义模式或权力分享模式则会培养出自尊心强、社会技能良好、具有综合能力以及自我约束能力的人。

建构主义者的纪律教育方式能帮助大多数儿童很快学会与他人协商解决问题，学会解决他们自己的矛盾，并学会自主地进行学习活动。培养道德自主还有最后一个结果，就是一个人的道德观会导致其对公正的本质理解。

❐ 家庭关注：难道他们不应该学习服从吗？

许多人常常运用非此即彼的思维。他们认为，你要么让儿童服从，要么他们就会“分庭抗礼”或放肆无礼。一些文化强调在家中的服从，甚至通过惩罚来强制服从。因此，你将会为你的学生家庭中的这种指导方式感到头疼。在很多情况下，提出建议并不是明智之举，除非对方要求。下面有一些建议你可以提供给家长们。

你需要帮助家长们明白，要实现道德自主，我们不能满足于孩子的服从。你要向他们解释你所了解的长期目标与短期目标的区别，并指出，缺乏理解的服从需要某些外力的强制，如奖励或惩罚。教师可以向家长们介绍接下来几章中关于奖励和惩罚的负面影响的研究，或建议他们去图书馆借阅相关的书籍，如科恩的《无条件的养育：从奖励和惩罚转向爱和理性》（*Unconditional Parenting: Moving from Rewards and Punishment to Love and Reason*）。务必提醒家长，最常见且消极影响最大的奖励（惩罚）措施之一就是将爱和赞许作为服从的条件。但是，记得要倾听家长对孩子的期望并尊重不同的观点。

为道德自主而教：建构主义的方法

建构主义者的纪律教育方法所涉及的一些核心的基本概念如下：

（1）成人与儿童之间相互尊重的关系是发展道德自主的基础。互相尊重意味着你尊重儿童和儿童尊重你都很重要。

（2）持建构主义观点的教师总是尽力帮助儿童理解为什么某种行为是可取的或不可取的。

（3）为幼儿提供发展适宜性的选择并支持他们自行解决问题，这既是一种尊重儿童的方式，也是教儿童思考并帮助他们理解的方式。

（4）当不良行为发生时，你的纪律教育必须针对行为产生的原因，这样教导才会有效。

现在，让我们更详细地探讨这些概念。

❐ 互相尊重

建构性的纪律教育包括对儿童的尊重和喜爱。成人和儿童之间关系的质量是纪律教育方法得以成功的关键。除非儿童知道你关心他（她），且除非他希望与你维持关系，否则实在没有任何理由能让儿童去注意你在要求什么。你认为本章开头案例中的那位教师有否尊重她的学生？要想与孩子建立关系，你就需要投入时间来了解作为个体的儿童并努力去理解他们。如果想要在儿童行为发生危机时发挥作用，你首先需要通过与孩子愉快地相处一段时间来建立关系。花时间与幼儿相处并倾听他们说话，不仅能帮助成人了解儿童，更能表现出对他们的尊重。成人总是期望幼儿听成人讲话，但从不反向思考。尊重儿童及他们的观点也有助于他们尊重我们的观点。德沃里斯和赞认为，“如果儿童得不到尊重，那么他们也不会发展出对他人的尊重”。

思考

你以什么样的方式或你观察到的哪种方式体现了对幼儿的尊重？

你以什么样的方式或你观察到的哪种方式体现了对幼儿缺乏尊重？

在我们的文化中，给予儿童的尊重比给予成人的尊重少得多。例如，成人认为他们有权力打断儿童之间的谈话，而儿童打扰成人则常常会遭到斥责。同样，你有没有注意到，在百货商场，儿童在排队时常常被忽视，排在孩子后面的成人则会受到礼遇？孩子越小，就越缺乏对他们的尊重。成人抱起学步儿，把他们放在任何想让他们待的地方；在好意地赞美之后，成人把宝宝从母亲的手臂中夺下强抱，而不管宝宝喜不喜欢。

对教婴儿和学步儿的凯莎而言，尊重幼儿非常重要。在帮助小宝宝们换尿布时，她也同时问候并拥抱他们。她让他们在这个过程中做些参与和选择，如让学步儿选择顺着台阶爬上换尿布的桌子、让他们在换尿布之前拿着干净尿布等。有的宝宝甚至会喜欢拿着干净尿布仔细检查。即使是最小的宝宝，在换尿布的过程中，都会很好地回应友好且细心的看护人员。

不论孩子们是否成熟到能够理解她的话，凯莎都向她照料的孩子们解释发生了什么以及她为什么需要他们去做一些事，以此来表达对他们的尊重。她从来不会拎起某个宝宝；她常常是伸开双臂，邀请孩子们到她那里去。

互相尊重是有效纪律教育的基本要素之一，既是其基础，也是其过程的一部分。如果总伴以奚落，那么任何纪律教育都可能变成惩罚，当然它在本质上也是不尊重人的。例如，看到孩子把一些东西弄洒了，就说孩子“邋遢”；或看到孩子将积木撞倒了，就说孩子是“故意的”，这些都有损纪律教育的教育价值。如此，儿童会

教师和幼儿之间的互相尊重是有效纪律教育的基本要素之一。

关注自卫而不是问题行为。此外，应该关注你的态度是如何表现出来的，这也很重要。你的表情或语气中流露出来的愤怒和厌恶足以颠覆精心选择的词语所表达的意义。当你对孩子说话时，请仔细想想：你的话是他们想要听的吗？你是不是在教他们对你熟视无睹，同时传播你这一连串的命令和批评？

❐ 帮助儿童理解

和其他成人一样，如果儿童理解了要求背后的原因，要求他们做某事就更容易。通常对成人而言，某种行为为什么合适或不合适似乎是很明显的，但是幼儿缺乏这方面的经验，他们也不会自动知道对你来说似乎明摆着的道理。因此，你需要帮助孩子们了解规则和要求背后的原因。就像教其他内容一样，需要用具有发展适宜性的方式去教授这种理解，而且这种理解非常依赖于儿童的成熟、气质、语言技巧以及前期经验。

有时，语言是有用的指导手段，但是幼儿往往需要一些经验来帮助他们理解教师的解释。例如，在兴奋地玩水的过程中，亚伦把水溅到了地板上，你可以通过要求他把自己弄出来的污水擦干净来进行教育，而不是惩罚；同样，你也可以帮助艾哈迈德学会用一种比推倒其他孩子的积木建筑更好的方式来表达自己想玩的意愿。在培养道德自主时，教师的角色是帮助儿童理解为什么他们的行为会带来问题，并提供机会帮助他们解决问题。

一天，延森老师发现她没让杰西明白不让她参加集体活动的原因。集体讨论结束后，杰西走到延森老师面前说：“很抱歉，我再也不会那样做了。”延森老师问她：“不会再做什么？”“我不知道。”孩子的诚实回答让她惊呆了。很多时候，孩子们只是学会了说一些无意义的表示道歉和感激的词，却不知道这些词所表达的含义或为什么要这样说。

也许对于年幼的孩子来说，最关键的是要帮助他们理解他人的需要和期望与自己的需要和期望并不相同。下文中丹尼斯解决玩具床的两难问题，其目的就是帮助莎拉和苏菲认识到对方的观点与自己的不同。在做决定时，学会考虑他人的观点，是学习道德自主的一部分。根据皮亚杰的理论，当我们帮助儿童认识到他们行为的后果而不仅仅是惩罚行为本身时，我们就是在教儿童道德自主以及理解他人观点的必要性。下面是这一原则在实践中运用的一个例子。

在学前班里，莎拉和苏菲正在抢同一张娃娃床，两个都嚷着："我先拿到的！"这时，她们的老师丹尼斯没有立刻过来拿走玩具，也没有简单地说一句"如果你们不能好好玩，我就把它收走"。他没有开始惯常的询问，以查明究竟哪个孩子先拥有玩具，以便于他做出最公正的裁定——当教师的目标只是满足于解决当前的问题，且所用的又是专制的纪律教育方法时，他们经常会这样做。

丹尼斯的目标是长期的，他想帮助儿童学会思考自己的行为，并发展自己解决冲突的技能。他的纪律教育方法是建构主义的。他只是在一定程度上帮助孩子们做决定，而没有代替她们做决定。他通过陈述所发生的事情帮助两个女孩澄清问题："你们都想为自己的娃娃要一张床。"他进一步说明两难困境："可是，只有一张床，却有两个要睡觉的宝宝。"然后丹尼斯问她们："你们认为怎样才能解决这个问题？"用这样的方式，他帮助这两个女孩学习考虑对双方都公平的办法。

就像其他复杂的技巧一样，解决问题的技巧也需要练习，同时，它也受到成熟水平的影响。幼儿的推理能力有限，但是当我们鼓励幼儿讨论他们的不同观点时，他们就会变得越来越有能力。教师经常要和不同成熟水平的儿童在一起，而不同成熟水平的孩子表现出各种表达感情的方式，也暗示着各种可能的解决办法。教师可以提问，如："玩具娃娃能睡在房子的其他地方吗？"这种方法要让孩子负责寻找其他选项。即使她们不能立刻找到，丹尼斯也不会代替她们寻找。不过，如果孩子们的沮丧和愤怒表现得超出了她们所能控制的程度，丹尼斯可能会选择拿走娃娃床，放到她们拿不到的地方，直到她们冷静下来，然后，向女孩们保证，只要她们想出解决办法，她们就能得到这张娃娃床。

与学前阶段的孩子相比，让婴儿和学步儿学会理解是一项更大的挑战。有时，你只需要将孩子们与问题隔离或带他们走开。其实，学步儿时期是认知发展的关键时期。许多人没有意识到在儿童开口说话之前，他们能够理解多少语言，于是他们并没有试着去解释。需要牢记的重要一点是，通过解释可以培养理解力——就像你通过与儿童交流帮助他们学习说话一样。

❒ 指导儿童做选择

建构性的纪律教育鼓励儿童尽可能多地自己做出决定和选择。这有助于儿童从他们的错误和成功中学习。换句话说，你的工作就是帮助儿童学习怎样做出明智的选择，而不是替他们做所有的选择。在学习规范自身行为的过程中，儿童们既可能为自己做出好的选择，也可能为自己做出不好的选择。听任孩子们做出拙劣的选择是艰难的，但同时也是必要的，做正确的选择也是如此。不管年龄多大，人们学到的最好的课程都是从自己的经验中学来的——特别是从分析自己的错误中学习。反思你自己犯的错误：也许长者和智者都曾提醒过你，但你还得自己来寻找答案，不是吗？

当然，成人必须监督孩子的选择，不是所有的选择都是安全或是合适的。例如，儿童不能选择把手指插入电源插座中来体验电击，但他们肯定可以选择不吃点心和稍微饿一点，或在游戏中选择不合作而随后被同伴赶走。以帮助儿童学会自己思考为目标的教师不会代替儿童思考和行动。他们不会立即插手解决孩子们的冲突。相反，他们将冲突和问题视为潜在的学习情境和机会，为儿童提供有意义的指导。儿童的任务

帮助儿童分析他们的错误，这样他们才能学习管理自己的行为。

是解决问题，教师的工作则是在儿童需要时予以帮助。

处理原因而不是处理症状

尊重、教导或选择都不足以让纪律教育产生效果，除非你采用的方法针对行为发生的原因。如果只是阻止行为而未解决原因，这一行为问题就可能反复出现。纪律教育就像为花园除草：如果你不斩草除根，杂草就会在短短几天内重生。有效的纪律教育方法要从问题的根本入手。然而，几乎没有哪种纪律教育和指导方法在决定介入之前考虑过行为问题的原因。本书的重点之一就是将指导和纪律教育的方法与行为问题的原因相匹配。

要找出孩子做某事的原因并不容易。你当然不能仅仅通过观察行为来判断原因。例如，有几个原因可以用来解释亚伦为什么在玩水时泼水：

- 也许他只是玩得开心，并没有考虑到水泼到了哪里。
- 也许他未来是一位科学家，想要看看当水从水箱中流走会发生什么。
- 也可能因为协调能力发展不成熟，他很难把水倒入他想倒入的地方。
- 再者，也许他知道他在做什么，是故意这样做的。他泼水可能是想引起注意或打发无聊。

考察不良行为的原因有一个有用的方法，就是先想想儿童需要什么，以便采取更合适的方法。你会发现，使用一个类似于表1-2那样的观察表对考察某个行为问题的原因非常有用。每个不同的行为问题的原因都需要不同的解决方法，可能也会有相互作用的原因和解决方法，所以不要将自己限定在某个答案上。然而，许多教师和看护人员无论处理哪种违规行为，都采用同一种方法。

想想在不同原因导致的泼水事件中，普遍使用的暂停惩罚方法是如何影响亚伦的：

- 如果泼水出于他对探索的渴望或他的科学好奇心，那么暂停的惩罚将如何影响他对学前班乐趣的感受呢？
- 如果泼水是由不成熟的协调能力引起的，那么暂停的惩罚将会如何影响他的自我感觉呢？

表1-2 探究行为问题的原因

探究行为问题的原因

问自己以下问题，可以引导你发现某个行为问题的原因：(可能会有若干个“正确”的答案。)

环境是否能满足儿童的需要?

足够的运动?
足够的隐私?
足够的空间?
充足的材料?

课程计划是否能满足儿童的需要?

适度的挑战?
个人兴趣?
有意义吗?

行为期待是否适合这个孩子?

发展上?
文化上?
性格上?

孩子是否有未满足的生理需要?

饿吗?
累吗?

孩子是否有未满足的情感需要?

友谊?
信任?
自尊?
个人权力?
关注?

孩子是否缺乏一些社交技能?

观点采择的能力?
参与游戏的能力?

孩子在交往技能上需要得到帮助吗?

“我认为”?
协商?

行为是不是由一个不当的角色模型引起的?

媒体?
所崇拜的成人?
所钦佩的同伴?

孩子是否知道为什么这个行为很重要?

对后果缺乏经验?

孩子是否已习得了错误的满足需要的方式?

用不当的行为引起注意?

◆ 如果原因是想引起注意或打发无聊，那么暂停的惩罚能让亚伦不再泼水吗？

阅读接下来的章节，你将会找到一些建议：针对不良行为的这些原因和其他原因，怎样进行适当的反馈。

❑ 通过观察发现原因

要判断某个儿童行为的原因，最好的方法是仔细观察儿童，并记录下观察结果。要计划有效的纪律教育，你需要对儿童了解很多。你需要关注：这是不是常见的行为以及它会在什么情况下发生？是否可能由某些活动引发？是否存在一个模式，即何时、何地或与谁在一起时最容易出现行为问题？你了解儿童的家庭作息、健康或家庭环境吗？这些都可能为你提供一些线索。与父母交流和仔细记录儿童的行为都是判断问题的原因不可或缺的部分。在寻找行为问题的原因的过程中，你可以评估儿童的社会学习需要。这一评估是有效教育的基本指导原则。

永远不要忽视这种可能性，即你做到或没做到的某事可能会引发某个纪律问题。在本书中，我们描述了纪律问题是如何由以下原因产生的：(1) 教师的期望没有与儿童的发展、性格或文化相匹配；(2) 不适宜的学校环境；(3) 不良的成人示范和交流。我们在随后的章节中也解释了强制性的、惩罚性的纪律教育方式是如何适得其反，并引发更糟的纪律问题的。

> **思考**
>
> 你能不能想出哪一次，成人的不当安排导致某个孩子的不良行为？
>
> 你能不能想出哪一次，你看到一个孩子因不够成熟，无法达到成人的要求而受到了批评？

寻找行为问题的原因是一项非常艰巨的任务，多重或相互作用的原因所造成的事实混淆在了一起。继续阅读本书，它将引导你将行为的可能原因和适宜的纪律教育方法相匹配。要选择正确的方法，你必须了解许多不同的方法，理解儿童和许多不同的引发行为的原因。本书提供了一系列的指导和纪律教育策略，每一个策略都与一个特定的原因相联系。本书会在探索各种行为问题的原因时阐述这些策略。

小　　结

本章力求促使你思考你的价值观，因为它们与指导和纪律教育有关。通过比较几种纪律教育方法，我们更倾向于提倡建构主义纪律教育，而不是行为主义或成熟主义的方式。我们也介绍实施建构主义纪律教育的方法，接下来的章节将会有更加完整的解释。

如果你现在还在问自己："孩子难道不需要限制吗？"那就回到上文，重新阅读本章。如果这些对你来说都是全新的观念，那么你需要仔细阅读并思考，明白有许多更有价值的选择可以代替强迫服从。这些选择绝不是在向儿童炫耀权力和放任儿童之间二选一。

本章概述了本书其余部分将介绍的观点。如果你还不清楚所有这些是如何运作的，不要担心；这就是其他各章节的目的。我们希望你能进一步阅读在本章末尾列出的推荐读物，我们也希望你能多与幼儿在一起，通过你的观察和经验来让自己掌握指导和纪律教育的概念。

当你开始应用这里提到的观点时，你应该准备好不把一时的成功当作目的，了解复杂的观念需要艰苦的工作，它伴随着反复试验和错误。改变与孩子已建立的交往方式也是非常困难的，它需要时间和实践。起初，当你实践新方法时，你也许会发现你的纪律教育的努力看上去比以前更低效。一些人反映他们刚开始学习新方法时感到"无所适从"，因为对要做什么拿不定主意。就像我们劝说你接受儿童逐渐学习的过程一样，我们也劝你接受自己的逐渐进步。此外，当你不可避免地忘记你的新计划，达不到预期时，就再试一次吧。这就是我们要做的。

如果你还没有读过本书的前言，我们建议你一定要阅读。其中进一步说明了本书的理论基础和意图，也概括了本书的三个组成部分：纪律教育的基础（第一部分）；纪律教育的方法（第二部分）；将纪律教育的原因和纪律教育的方法相匹配（第三部分）。也请认真读一读本书每一部分的引言，并思考这三个结构的意义，这将帮助你理解正在阅读的是什么。我们希望你也会阅读和思考本书前面的献词。

摘　要

- 着眼于长期的教导方法关注终生福利和幼儿的健康发展，力图将幼儿培养为关怀他人、负责任的人。而短视的教导方法着重于在现在获得服从行为而不考虑长期后果。
- 行为主义是在美国学校中广泛使用的赞扬、奖励和惩罚体系，用以训练服从。成熟主义方法仅仅支持但不干预儿童的发展和学习。而建构主义追求的不仅仅是服从。建构主义帮助孩子从他们的经历和反思经历的过程中学习，这样儿童能为自己的行为做出明智的决定。
- 建构主义的指导或纪律教育不是行为主义和成熟主义之间的“中间地带”；相反，它是一个完全不同的看待学习、指导和纪律的视角。建构的过程帮助学习者获得日益复杂的认识水平。这样，在决定什么行动最适合所有相关因素的过程中，儿童逐渐发展出考虑许多相关因素的能力。
- 解决一个行为问题需要确定原因并解决原因。确定原因包括分析学习环境、教学计划和对儿童的期望。它还涉及调查问题的出现是因为儿童生理、社交或情感上的需要没有得到满足，还是因为儿童可能缺少技能或缺乏理解。不恰当的角色示范和强化不良行为是其他需要考虑的可能诱因。

讨论或反思

1．制作一张你对纪律教育的期望目标的清单。将你的清单与他人的进行比较。选择在指导儿童的过程中你最想鼓励的儿童的三个性格特征。说明你的选择，并与一位朋友的选择进行比较。

2．想想你父母抚养孩子的方法。你认为它们最有价值的特征是什么？这些价值观是如何影响你的童年时代的？你的选择是否符合你父母的价值观，抑或它们是不同的吗?

3. 在一个从他律到自律的封闭体系中,你如何确定自己的等级?这种等级划分是如何反映你父母和教师的纪律教育方法的?如果你是他律的,你能帮助儿童变得自律吗?

4. 阅读完本章之后,你会给本章开头案例中那个身处不愉快班级中的教师什么样的建议?

挑战一下

5. 马科斯正在使用学前班游戏屋里的扫帚。赖利想要扫帚,于是就把扫帚抢走了。结果马科斯打了赖利,一场战斗开始了。

(1) 描述一种回应:解决了问题,但没有教给他们自主或自律教育的方法。

(2) 描述一种回应:解决了问题,同时也教给了他们自主和自律教育的方法。

推荐读物

Cheatham, G. & Santos. R. (2011). Collaborating with families from diverse cultural and linguistic backgrounds. *Young Children*, 66(4), 76–82.

DeVries, R., & Zan, B. (1994). *Moral classrooms, moral children*. New York: Teachers College Press.

Jablon, J., Dombro, A., & Dichtelmiller, M. (2007). *The power of observation*. Washington, DC: National Association for the education of Young Children.

Kamii, C. (1982). Autonomy as the aim of education: Implications of Piaget's theory. In C. Kamii (Ed.), *Number in preschool and kindergarten* (pp.73–87). Washington, DC: National Association for the education of Young Children.

Kohn, A. (2005). *Unconditional parenting: Moving from rewards to love and reason*. New York: Atria Books.

Kohn, A. (2011). *Feel bad education: And other contrarian essays on children and schooling*. Boston: Beacon Press.

Noddings, N. (2005). *The challenge to care in schools: An alternative approach to education* (2nd ed.). New York: Teacher's College Press.

Piaget, J. (1965). *The moral judgment of the child*. New York: Free Press. (Originally work published in 1932)

第二章

生理发展与情感发展对儿童行为的影响

本章节所涉及的全美幼教协会（NAEYC）标准

标准1a：知道并理解0—8岁儿童的特征和需要。

标准1b：知道并理解发展和学习所受的多重影响。

标准4a：知道积极的关系和支持性互动是与幼儿一起工作的基础。

【学习收获】

有了对本章的理解，你应能：

- 论述儿童的生理不成熟和发展需要为什么会影响他们的行为以及是如何影响的。
- 解释气质和情绪发展是如何影响行为的。
- 识别依恋的角色作用，以及你可以如何通过满足幼儿的基本情感需求来改善儿童的行为。
- 用你的知识去帮助儿童发展情绪管理技能和情绪智能。

儿童发展的每个阶段都有各自的一套需要、能力和看法。了解儿童的生理、情感、智力和社会性发展，将有助于预防由成人引起的行为问题。在本章中，我们考察儿童生理发展和情感发展的阶段，思考儿童的发展需要和能力是如何影响他们的行为的。正如我们在本书中常常提到的：有效的纪律教育必须针对行为问题的原因。这一法则在前一章已经介绍过，本章以及接下来考察儿童发展的一些议题将会帮助你判断不良行为的诱因。

加布里埃尔告诉他班级里的学生，现在自选时间结束要回座位了，肯津拒绝并开始扔他刚刚搭建的积木。加布里埃尔可以做什么来帮助肯津以一种更可行的方式来控制他的沮丧，并且在这一过程中与肯津建立一种更亲密、更互信的关系呢？本章解释了相比班级里的其他孩子，为什么肯津在这样的转换环节中会有更为抗拒的反应，同时将给出建议策略来帮助肯津以一种更有建设性的方式控制他的情绪。

如果对儿童的发展非常了解的话，你就能判定一个行为问题是不是由发展上的不成熟引起的。理解儿童的发展需要和能力，对于找到纪律问题的有效解决方法也是非常必要的。你对儿童的期望与他们个体的成熟水平相匹配的话，可以消除很多纪律问题；换句话说，你不能期望儿童成功完成超越其发展水平的任务，

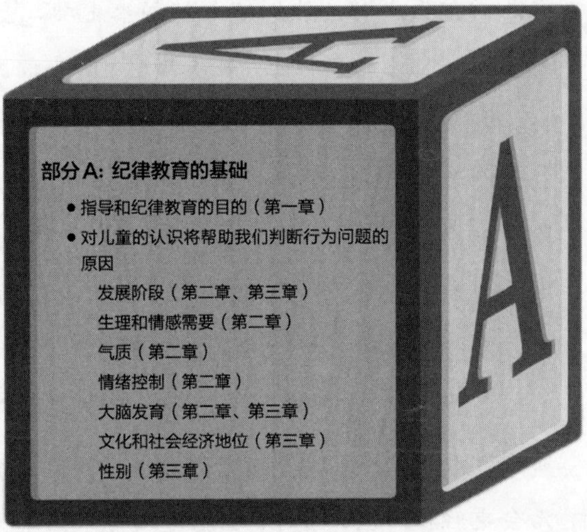

你也不能因儿童成熟水平所导致的行为而责备他们。

对儿童进行有效的指导和纪律教育，需要了解影响情感发展的各个因素：气质对儿童独特的情感发展模式具有强烈的影响，同时依恋也是影响情感发展的一个关键因素。儿童有着人的基本的需求，这些需求必须通过身体的生长和发展来得到满足。如果这些需要得不到满足，儿童就难以形成管理情感的能力。在本章中，我们考察气质、发展阶段、依恋以及人类的基本需求是如何影响儿童的综合发展的。要获得广泛全面的资料，请查阅每章末尾列出的推荐读物。

生理成熟和发展性需要影响行为

幼儿的生理需要和能力与成人明显不同。我们知道，当儿童对充足的休息和营养的需要没有得到满足时，他们往往不能进行新的任务。婴儿和学步儿最需要频繁的休息和哺育。当儿童逐渐成熟时，他们能适应每次休息和进食之间的间隔变长。然而，学前阶段和小学初级阶段，儿童仍然需要频繁地小憩一下，如身体活动、休息以及进食，以保持警觉、专注并为学习做好准备。你一定常常看到幼儿表现出不能安静地久坐。教师有时会忘记这一事实，给自己和学生带来麻烦。

❒ 到处走动的需要

> 在慧勒老师的一年级班，戴文和他的几个同学像往常一样扰乱了慧勒老师的教学。在集体活动时间里，他们简直不能安静地坐着听讲。应该坐在

自己的位置上时，他们总是站起来走动。慧勒老师总是不断地提醒他们坐好或回到自己的座位上。她不知道，幼儿最困难的就是长时间地坐着不动。

在隔壁延森老师的一年级教室里，学生在各个学习区之间自由活动。在这个教室中，教师很少强迫学生坐好，而且教师也很少严格地训斥学生。除了室内活动外，课程还常常包括户外活动。有时，延森老师会和一位家长助手一起把全班学生带到户外，在学校操场上召开花园会议、进行体育活动以及一些关于植物生命的实践课。

慧勒老师感觉自己就像是一名警察而不是一位教师，但是她认为这些都是学生的过错。如果她对孩子的预期与孩子的发展水平相匹配，她的生活会更轻松一些，同时，也能为她的学生减少许多不必要的压力。

儿童需要活动，这不仅有助于其生理发展，也有助于其智力发展。当婴儿、学步儿和幼儿参与运动和身体游戏时，重要的大脑发育也在进行。大脑研究表明，身体运动会刺激对大脑神经通路的发展至关重要的髓鞘化过程。这一髓鞘化过程使幼儿能够控制肌肉并获得感知能力，也能促进认知的发展。身体运动会增加流入大脑的血液，并使其发挥最佳作用。体育活动之后，大多数儿童在心智功能方面（尤其是执行功能方面）会表现得有所提高。此外，有的体育游戏要求儿童观察并模仿某个动作，这有助于发展感觉统合，而感觉统合能力对于读写技能的发展很有帮助。

儿童通过体育游戏习得的技能也是避免和解决纪律问题的重要技能。通过游戏，儿童学习交往和与他人有效合作以及管理自己的行为与情绪。自我意识、移情、自制、解决问题的技巧以及自我肯定，这些只是从体育游戏中习得的众多技能的一部分。儿童同样通过体育活动（包括剧烈的追逐打闹游戏）建构自信和同伴关系。儿童们协商规则、轮流、领导（或遵从）某种体育游戏，就是在发展他们一生都要用到的关键技能。

研究表明，运动能影响任何年龄段人类的大脑化学反应，同时也是一个管理情绪压力的非常有效的工具。一项针对男孩和女孩学习差异的评估指出，运动也许对男孩更重要，对他们减缓情绪压力非常重要。男孩明显比女孩需要更长时间来处理自己的情绪。女孩常常能使用其语言技能来处理情绪体验，而很多男孩则可能需要通过生理上的发泄才能从不安或困难的情绪体验中恢复过来。当然不是对每个男孩或女孩而言都是如此，但尽管我们对运动的个体需要不同，任何类型的身体和大脑都能从体育运动中获益。

思考

在体育活动中，你的成功和挑战是如何影响你的自尊的？你有没有注意到在参加完剧烈运动之后，你的专注力或你的态度发生了改变？

此外，体能比较好的儿童可能比体能较差的儿童的自尊水平更高。体育活动带来的成功和愉悦会影响儿童的自我感觉，也会影响他们与同伴互动的方式。良好的反应、平衡、力量和速度，能促进社会互动和同伴的接纳。

当同学们都举起手时，瑞安摇了摇头。她真的希望老师不要喊她回答问题。她不知道她所在的三年级班这时正在干什么。她的脚在桌子下的地板上来回踢着一片小纸片，她烦躁不安地待在椅子上，想知道为什么需要这么长时间才能到课间休息。当加西亚女士终于让他们把椅子推进课桌去户外时，瑞安终于感到解脱了。跑过操场时，她看到一组孩子正排队你追我赶地跑过柏油路。瑞安跑过去加入其中。她赛跑了五次，每次都赢了。回到教室时，她感到了放松和自豪。两个朋友在去教室前面的小地毯坐的时候邀请她坐在旁边，瑞安开心地、安静地坐下，在整个阅读时间里都认真听老师讲，甚至当老师问大家问题时，她还举手回答。

❑ 小肌肉的协调需要时间

幼儿不仅需要经常锻炼大肌肉，也需要进行精细动作技能的练习。幼儿特别不善于做小肌肉活动。如果期待儿童一天中的大部分时间都坐在自己的位置上做书面作业，那么在这样的教室中，儿童对粗大动作技能的需要和精细动作技能的缺乏都会导致一些问题。这样的日程安排聚焦于儿童的薄弱领域，因此给他们带来了巨大的压力。

个体差异和性别都对灵活性的发展具有一定的影响。在精细动作技能和诸如单脚跳和跳绳等要求精确的大肌肉技能上，女孩领先于男孩。男孩普遍擅长诸如跑和跳等需要力量和能量的技能。对于大多数儿童来说，身体发育的事实是精细肌肉的协调性比大肌肉的协调性发展慢。纳特跑得很快且攀爬也很棒，但也许还不会系鞋带；班里跳绳最好的马凯拉，可能除了自己的名字之外写别的字都很困难。给这些儿童施压，让他们做超出其目前发展水平的事，将导致沮丧的情绪和挫败感，消极的行为也会随之而来。将你的期望与儿童的能力相匹配能避免一些潜在的纪律问题。

虽然你希望谨慎地避开过早地开展涉及精细动作的任务，但是也需要适当地鼓励儿童精细动作的发展。儿童借由游戏和充足的、具备合适工具（例如真实的剪刀）的练习机会以及成人的支持来发展精细动作的灵活性。用黏土工作或手指画、画画或涂鸦、搭积木、拼图以及玩小钉板也是帮助幼儿发展精细动作技能的好方法。当儿童升入小学时，他们普遍更能从事要求精细动作参与的活动；而在幼儿园时，同样要求这些精细动作参与的活动常常会导致幼儿精神疲劳。

❐ 食物与休息的需要

与学校中的工作和游戏相匹配的，是幼儿对营养食品和休息的需要。今天，许多儿童都营养失衡，他们摄入的大量热量来自没有营养的食品。摄入无营养的食品过多，将会导致儿童期的肥胖率不断攀升，也会影响儿童的行为。摄入太多的糖、缺乏蛋白质或缺乏复合碳水化合物会导致血糖不稳定。这一紊乱对不同的儿童个体将会造成不同的影响。一些孩子会变得更为冲动，而另外一些孩子可能变得沮丧或注意力分散。研究表明高糖饮食会导致记忆减退并可能影响认知灵活性——这种能力是用来适应并判断环境变化的。提供点心时间，准备健康、低糖的小点心，会避免纪律问题。如果学校不能提供餐点，那么商家或父母提供的健康餐点也有助于营造和谐的氛围。

有时，凯拉似乎对任何晨间室内活动都不感兴趣，凯拉的教师丹尼斯推测她那天没吃什么早饭，就允许她早一点吃上午的点心。丹尼斯同时考虑到了凯拉的个人需要和集体的需要。吃点心时间的实施标准说明了这样的事实：一般情况下，儿童不能一次吃很多，也不能像成人一样两餐间隔较长的时间。

学前班的作息时间表也体现了这一年龄段的生理需求，而一旦儿童进入幼儿园或小学一年级，就可能不再有正常的休息时间了。

佐伊参加了林肯小学的上学前和放学后的儿童托管项目。她早晨7:30到校，下午5:30以后回家。她有时无缘无故地暴躁起来，故意找茬寻衅或号啕大哭。幸运的是，她的老师知道，每当佐伊表现出这样的行为，就意味着她需要休息一会儿，而惩罚只会使问题变得更糟糕。延森老师了解佐伊的需要，并鼓励她在教室的读书角找一个舒服的枕头和一本好书。在短暂的休息之后，佐伊又能参加集体活动了。

大肌肉活动的机会、小肌肉技能的练习、营养的食物以及休息时间都能有助于儿童生理需要的满足，进而使他们呈现期望的行为。

延森老师试着引导佐伊和那些有类似需要的儿童在有需要时休息，而不是将他们逼到极限。她在教室里提供了一些柔软的、分隔的角落，同时她的时间表也允许儿童灵活使用这些角落。

气质和情感发展影响行为

每个儿童都以不同的方式体验着世界。儿童与家庭成员及他人的关系、他们的文化背景以及他们的大脑发育状况是影响他们独特的情感发展模式的部分因素，气质、性别以及个人的长处和短处也都影响着其情感发展。在接下来的段落中，我们将着重探索其中的几个因素以及这些因素是如何影响教室中的纪律问题的。满足儿童的基本情感需要是创建一个和谐的学习环境的基础。满足儿童的需要也是儿童在学校以及今后生活中获得全面成功的基础。

❒ 气质

关于气质有许多不同的观点，但大多数人都同意这个词指的是个人天生的情绪本质的某些方面。人们普遍认为，气质部分取决于我们的遗传，但还有一些观点则认为气质也受培养方式的影响。三位医生亚历山大·托马斯、斯特拉·切斯和赫伯特·布里奇在20世纪50年代就开始对婴幼儿的气质特征和类型进行纵向追踪研究。我们今天对气质的认知大部分是基于他们的工作。他们的研究定义了描述气质的9个特征：

- ◆ 活动水平
- ◆ 节奏性（指饮食和睡眠习惯的规律性程度）
- ◆ 接近/退缩行为
- ◆ 适应性
- ◆ 紧张度
- ◆ 心情
- ◆ 持久性和关注范围
- ◆ 分散度
- ◆ 感觉阈值

托马斯、切斯和布里奇在组合以上特征的基础上，进一步判断定义了三种气质类型。他们发现，研究组中40%的儿童可以归入他们所谓的“易养型”气质组，研究组中10%的儿童被判定为具有“困难”气质；15%的儿童被界定为具有“慢热型”气质。在你的了解范围中，你有没有见过这些气质类型的儿童？你可能见过一些孩子在新环境中适应得很好（适应得很容易/很灵活），而其他孩子则看上去小心翼翼，并且需要一段时间才能尝试新事物（即慢热/焦虑）。一些儿童经常体验到非常强烈的愤怒和快乐（适应困难或容易激动），而其他人则性情平和（容易/灵活）。值得注意的是，大约有35%的儿童并不能对应于这三种基本类型的某一种，他们的某些个人气质特征也许非常强烈，并且在某些特定的环境中会由他们的行为表达出来。例如，一些儿童会很快从沮丧情绪中恢复过来，而有些则可能需要很长的时间才能冷静下来（情绪强度的高低）。评估一个孩子的个人气质是考量其行为的一个来源，这一点很重要。

在情绪管理能力的发展过程中，气质和气质特征是一个关键因素。学习用合适的方式表达情感以及对刺激做出可接受的反应对某些儿童来说比其他人更容易，那是因为每个儿童的个人气质都不同。一个快速融入新环境、对刺激并不高度敏感的儿童，通过自我调节以适应某种学校环境会更容易；一个反应强烈或难以转变的儿童适应任何环境都会更困难。要记住的重要一点是，儿童反应的方式并不是他（她）的错，而是其气质和生活经验共同作用的结果。

思考

对于你自己的气质你了解多少？你的气质是如何影响你的人际关系的？你童年时候的主要抚养人做了什么以帮助你控制你的气质所带来的挑战？

气质不仅决定儿童如何反应，也决定了他人如何对儿童做出反馈。对于成人照料者的挑战在于给予困难儿童积极的回应。一些儿童容易适应变化，有一副好脾气，他们的情感也容易解读，给照料者和老师们带来了很多欢乐。而另一些儿童生来就精力旺盛，注意力维持时间短，难以改变或带着消极的观点，常常给老师带来麻烦，不被同伴接纳。尽管这些儿童可能是执拗的，但他们需要你的帮助和理解，因为他们执拗的气质正让他们的生活变得更困难。这些气质上的个体差异影响着儿童整个人生中的社会互动，也会在更长时间里影响他们的精神健康。

当安妮莉因为帽子掉下来而哭泣时，她的朋友取笑她，叫她“哭宝宝”。对于像安妮莉这样的儿童，需要重点帮助其发展社会技能和情绪管理能力，以避免出现自卑或其他情绪（行为）问题。照料者必须把兴趣集中在改变环境和教学风格上，以满足班里儿童的需要。这是让学校适应儿童，而不是让儿童适应学校的一个方面。帮助儿童发展情绪智能可以通过情绪训练法，本章的末尾会讨论这一点。情绪训练法不仅能帮助儿童发展终身技能，而且能避免纪律问题。

当教师评估某个纪律问题的原因，以决定对某个孩子所应采取的最佳行动时，气质常常是考虑因素之一。

安妮莉和杰克尝试一起搭建一个道路系统，但是，每个人都有她（他）关于道路应该通向哪里的主张。当丹尼斯发现安妮莉的沮丧水平开始上升时，根据以往的经验，他知道这时需要帮助安妮莉冷静下来。丹尼斯在安妮莉完全失去控制之前轻轻地走近她，建议她在感官桌里的沙堆上继续修建她的马路。丹尼斯知道，玩沙和独自待一会儿可以帮安妮莉冷静下来。丹尼斯没有试着让安妮莉和杰克进行任何协商，因为他知道安妮莉的情绪已经太紧张，协商是不会有效的。

❐ 埃里克森发展阶段

尽管个体差异扮演着重要的角色，但是儿童的情感发展都要经过各个可预期的阶段，儿童必须在前一个阶段的基础上，再进入下一个阶段，只有这样，他们才能为一生的精神健康奠定基础。然而，值得注意的是，当儿童进入另一个发展阶段后，前一个发展阶段并没有终结，而是像一本合上的书。当孩子在接下来的日子里成长并不断发展时，他（她）会不断地回顾和重建以前的所有阶段。埃里克森的人格理论包含了整个生命过程，并力求解释每个生命阶段的行为模式。

根据埃里克森广受推崇的理论，每个阶段都有一个特殊的焦点或发展任务，它会影响儿童在这段时间内的反应。在对这些阶段的解释中，埃里克森提出情感发展的过程。我们发现，埃里克森对情感发展的解释与纪律问题关系尤为密切。从埃里克森描述的阶段出发来理解儿童的行为，能帮助我们预防一些纪律问题；而当纪律问题出现时，这些理解也能指导我们的干预。埃里克森的阶段理论延续到了青年期、成年期和老年期，这里我们只讨论与儿童早期相关的阶段（参见表2-1）。

这些阶段大致与年龄段相对应，但个体差异和经验的差异会导致个体与常模之间的偏差。如上所述，当儿童顺着他们的发展路线前进时，他们不断地建构，并以先前的情感发展阶段为基础继续发展。教师和父母或许已注意到：一个生活在充满情绪压力的家庭环境中的儿童，会退回到先前的发展阶段。

表2-1　埃里克森的儿童发展阶段

信任对不信任	婴儿认识到他们周围的世界是安全且充满关爱的或是相反。
自主对羞愧	学步儿学会把自己看作一个个体，或者会为自己渴望独立的冲动感到羞愧。
主动对内疚	儿童学会检验自己的力量和能力，或者会为自己所犯的“错误”而感到内疚。
勤奋对自卑	儿童继续将自己视为成功者，或者开始感到自卑和无能。

信任对不信任　即使从未打算从事照料婴儿的工作，你也必须了解埃里克森论述的与婴儿阶段相对应的信任与不信任阶段。埃里克森解释，婴儿早期与父母的互动形成了发展情绪管理能力的基础。当婴儿第一次探索他们所降临的世界时，他们也在形成一生情绪健康的基础。许多孩子都是在家庭成员的欢迎中来到这个世界的，而且他们都是家庭关注的焦点。为了努力缓解他们的不适，即使是最轻微的抗议也会得到满足。这些婴儿很早就认为，自己是重要的，有人会充分照料他们并满足他们的需要。对于这些婴儿来说，世界是一个安全而友好的地方。而另一些婴儿则没有这么幸运。他们的父母可能正陷于个人问题，婴儿的出生只是增添了一个烦恼；也或许照料婴儿的人过度劳累或未受过专门训练。这些婴儿也许不断地因饥饿或其他不适而哭泣，但总是得不到任何回应。这两类婴儿获得的对自身和世界的印象是迥然不同的。

儿童表达需要的早期努力应得到成人的回应。成人的积极回应，将使儿童在这一阶段建立伴随其一生的信任与合作的关系。如果需要没有得到满足，儿童就会感到不安，并且不信任照料他（她）的人。随着儿童对生活中的重要成人产生依恋，信任也随之建立。在本章的后半部分，我们将更多地谈论依恋情感，它是人类的基本需要，也是情感健康发展的基础。

在学前班和小学低年级阶段，儿童继续积极地发展信任感，特别是如果他们先前在这方面有问题的话。他们一直在寻找证据，以证明自己可以依靠更大的世界中的人。一些儿童都曾有过消极的经验，这使他们产生了一种期待，即自己遇到的每一个人都会继续让自己失望。你也许见过这样的儿童，他们反复验证，以证明某人是否仍然是自己的朋友；他们也可能经常试探教师是否真正关心自己。

而另一些儿童只等待着被拒绝，正如下例所示。

9月29日，延森老师的班上第一次有孩子过生日。然而，她没有注意到诺亚的母亲已将聚会邀请函放入其中6个孩子的小隔间中。当第一个孩子发现她的邀请函后，其他的孩子都蜂拥而上，满怀期待地检查自己的小隔间。接着，一些孩子快乐地尖叫，一些孩子则神情沮丧。“天哪！”延森老师想，“我早应该申明，除非所有孩子都会受到邀请，否则就不应该在学校里分发聚会邀请函。”延森老师注意到康纳并没有表现出烦躁。他没有期望这一次自己会受到邀请，就像他认为其他孩子不会让他参加他们的游戏一样。

康纳的生活没有让他感到安全或感到被需要。两年之内，他共在4个领养家庭里生活过。延森老师想知道以前他的生日都是怎么过的。在“圆圈时间”，延森老师将她原先准备读的书换成米尔恩写的《波夫的世界》。当读到“伊尔举办了一个生日宴会，并收到了两份礼物”时，她停了下来，她改变了原计划进行的集体讨论的主题，决定讨论被忽视的感觉。

延森老师以分享一个短小幽默却很悲伤的个人故事作为集体讨论的开始。故事的内容是她自己小时候有一次被无视的悲伤感受。随后，又有两个孩子和大家分享了类似的经验。当延森老师读到书中的“小猪祝愿伊尔‘快乐每一天’，而伊尔几乎不相信他的朋友竟然还记得自己的生日并且还送给他一份礼物”时，康纳憨憨地大声笑起来。

讲完故事后，大家一起讨论了伊尔的感受。同时，孩子们提出了一系列帮助伊尔明年相信他的朋友的方法。随后，延森老师指出，她是怎样通过在日历上放上纸蜡烛来标明所有孩子的生日的。最后，她解释大多数家庭的房子都不够大，以至于不能邀请整个班级的孩子，所以他们将在教室里为每个人举行生日庆祝会。（她班级中的每个孩子都在家中庆祝过生日或节日，因此今年班级聚会是可行的。）她提到了在下几个月中将要过生日的孩子，当她最后说到“12月6日我们将为康纳庆祝生日”时，康纳笑了。

如果一个儿童的经验不断地让他得出不信赖他人（而不是信任他人）的结论，

那么其一生都会受到影响。未来的友谊甚至婚姻，都会因缺乏信任而遭殃。这种不信任首先表现为和朋友在一起没有安全感且过度依赖教师。在后来的生活中，无法信任工作伙伴和对配偶进行猜疑，并不知不觉地破坏彼此的关系。当关系不能承受这份压力时，一个自我实现的预言的恶性循环就会被固定下来。我们都见过这种类型的儿童和成人：他们认为他人会拒绝自己，于是就会以引导他人拒绝自己的方式行动。你的挑战是帮助儿童体验到与这一循环相反的体验，并帮助他们发展对照料者的信任。

自主对羞愧　埃里克森所描述的自主性阶段，是一个将自己与一直依赖的成人相分离来界定自我的阶段。埃里克森认为，学步儿的年龄正是自主性发展的阶段。在婴儿时期，孩子的依赖性很强，他们认为自己是父母或照看者的一部分。而学步儿突然开始意识到，他们是独立的人，他们有自己的想法和愿望。他们需要检验这一新的关系，以确定这是真的，并确信自己是独立的。因此这一时期被普遍认为是"糟糕的两岁期"，这一检验阶段事实上要从3岁开始。对于粗心的成人而言，还可能引起严重的纪律问题——以前容易管教的孩子，会突然对所有建议和规定坚决地说"不"。

乔治娅非常沉迷于说"不"的能力，以至于她经常对她实际上想要的东西说"不"。丹尼斯相当自信地邀请她和大家一起去吃点心，"不！"乔治娅大声地说，并享受着她此刻的控制感。丹尼斯知道乔治娅正迷恋于她说"是"或"不"的权利，但当别的孩子开始吃点心时，她可能也想要一些点心。当乔治娅不可避免地改变她的想法并决定来到点心区加入大家的队伍时，丹尼斯没有用事实来教训她：说"不"意味着什么也没有。相反，当乔治娅来到桌子边吃点心时，他巧妙地找到另外一种方式，让她毫不尴尬地加入。他愉快地让乔治娅选择苹果还是葡萄干，通过允许她自己做决定来鼓励她独立性的萌芽。

丹尼斯尽可能多地为他学前班里的孩子们提供自己做决定和选择的机会。这些机会不仅有助于儿童为自己不断增长的独立性感到自豪，而且也让他们在没有选择的时候更加合作。经常有机会行使自己个人权力的儿童，在必须由成人做决定时，常常更能接受成人的决定。在下面的例子中，南茜为爱娃提供选择，鼓励她在早教中心一天中的结束阶段与老师合作。

在准备回家的时候，爱娃似乎想通过拒绝合作来反抗她疲惫而匆忙的父亲，以达到自己做主的目的。对于这种不当行为，南茜没有哄骗和贿赂爱娃穿上长靴和外套，也没有通过强迫她穿上衣服来剥夺她的自主性；相反，南茜为爱娃提供了一些选择。“你想先穿靴子还是先穿外套？”南茜问。接着她问：“你想让我还是让你爸爸来帮你拉拉链？”然后又问道：“你自己穿靴子，还是让别人帮忙穿？”不一会儿，爱娃就做好了回家的准备，并为此而感到自豪。

让儿童有机会去探索挑战并体验到成功，有助于健康的情绪发展。

埃里克森的理论指出，如果没有发展出情感自主性，儿童就会发展出羞愧感。当儿童想自己做主而成人又对此不能理解时，儿童的体验会导致其产生羞愧感。这些成人认为，他们的任务是消灭“淘气”。不幸的是，事实上在儿童努力成长的过程中，这样的成人只能成功地让孩子相信自己是不好的。结果，儿童就会发展出羞愧感，为独立的自然冲动感到羞愧。

主动对内疚 埃里克森将下一个情感发展阶段称为主动对内疚阶段。大多数学前班和许多幼儿园的儿童都处于这一阶段。你会发现，他们在进一步验证着他们个人的权力和能力。随着体力和智力的不断成熟，他们又尝试新的更具有挑战性的技巧。这一阶段就像一座桥梁，儿童也许会在尽力成为一个“大孩子”和通过依赖照看者而获得安全感两者之间不断徘徊。处于这一阶段的儿童在尝试新任务时，希望能体验到参与感并感到自己是有能力的，他们似乎充满竞争意识，并想把所做的每件事都做到最好。同样，当任务对他们来说太难时，他们也可能望而却步并惧怕失败。给孩子提供机会来发起游戏并体验成功是很重要的，正如下面的例子。

一到准备上午点心的时候，艾丽娅总会准时出现。在摆桌子或将奶油干酪抹在芹菜条上时，她感到非常满足。当她小心地在每条芹菜上放上5颗葡萄干时，她也在锻炼小肌肉的协调性和数学技能，她的成就感和自信心也得到了发展。

在学前班的上午时段，艾丽娅和她的同学们被邀请参加许多必要的工作。他们照料教室里的豚鼠，清理它的房舍并喂食；他们给植物浇水，打扫沙箱下面并整理挂着的表演服。由于教师丹尼斯相信他们的能力，所以他们为做这些工作感到自豪。丹尼斯也承认儿童的能力有限，所以如果一项工作没有很好地完成或不小心泼洒了一些水，他也不会为此大惊小怪。

每当上午时段工作人员想建立一个新的学习区时，他们都会先跟学生们一起讨论这个计划。正如南茜通过照料四个孩子来学习一样，丹尼斯也从他的早教班里学到了：在计划过程中儿童会学到许多，同时他们的参与也有助于确保新材料的合理利用。在参观面包店后，孩子们想要在扮演区建一个面包店。丹尼斯和他的助手南茜请孩子们从家中带些可用于面包店的材料，并不需要自己花整个周末去寻找这些材料。他还利用每周的简报向家长们解释这一计划，请求得到他们的支持。周一，孩子们带来了松饼罐、纸杯蛋糕的包装纸、面包盒、面包师的帽子以及糖霜涂抹器。他们也早已决定好使用教室里的玩具厨房、一张桌子、收银台以及游戏币了。

当满怀兴趣的幼儿按照对他们有意义的方式来安排这些材料时，他们能够合作解决问题、安排计划。他们都愿意努力解决在面包房游戏中出现的不同意见。不久，东西都放到了他们满意的位置，几个孩子忙于烘焙并接待他们快乐的顾客们。从他们的行为中可以看出，这些儿童对他们所做的工作感到满意。

如果所有的工作都由教师亲自做，那么就没有人会“成功”了。

在中途岛儿童中心的下午时段，教师提前准备好了点心并为每个孩子倒好了果汁。教师珍妮拒绝了孩子们的帮助，并告诉他们：如果他们试着给自己倒果汁，会把果汁洒出来的。在放学后和周末，珍妮都会花很长时间准备材料和布置教室，她对自己能在学生到来之前准备好每件事情而感到自豪。她从不想用上课时间生成某项新活动，每件事都已经被严格地提前安排好并列入时间表。她从不在教室里养宠物，因为她没有时间照顾它们，而且孩子们“太小，不适合做这些”。每件事都在“她的”控制之中。尽管她仔细计划好了一切，但是珍妮还是比上午时段的同事遇到了更多的纪律问题。学生常常对珍妮的安排毫无兴趣，在艺术区，他们常常“误用”材料，遵循他们自己的想法而不是照着示范做。当孩子们没有遵从珍妮的计划时，她就告诉孩子们她是多么失望。

让老师失望使哈维尔和他的朋友们都感到羞愧。他们不知道是他们正常的好奇心和旺盛的精力让他们陷入了麻烦；他们只知道，他们有兴趣去做的事情是“不好的事情”，他们猜测自己是坏孩子。由于珍妮所接受的培训主要是针对年长儿童的，她并不熟悉这一阶段儿童的发展需要，所以她常常误解儿童的行为。

如果珍妮知道怎样管理儿童的有益能量来进行活动，从而发展他们的自主性，那么珍妮和她年幼的学生们将会获得多么截然不同的体验！

勤奋对自卑 在学前儿童的自主对羞愧阶段的基础上，学龄儿童进入了情感发展的又一阶段。埃里克森把接下来的阶段称为勤奋对自卑阶段。在这个阶段里，儿童认为自己是一个工作者，而且是对社会有贡献的社会成员。如果他们成功了，他们的行为就会反映出良好的自我感觉；相反，儿童有了消极的自我感觉，就会伴随着消极的行为。他们这一阶段的发展任务是通过制造性的工作或掌握与该工作相关的工具来获得认可。在原始社会中，这一阶段意味着要学习打猎、捕鱼、制皮、采集浆果和贮藏食物。而在今天的主流社会，这则意味着学会读、写、认真思考以及合作。该年龄段的成就感意味着他们把自己视为能干的人。我们不得不重申，儿童需要有机会做他们认为有意义的、真实的工作，并且应该允许他们按照自己的想法去做。

作为学习“植物是怎样生长的”的内容的一部分，下午延森老师所带的一年级班的学生一直在播种。他们已经阅读过植物生长需要什么，现在他们正在阅读种子包装袋上的专门指导语。他们有各种生长得很快的种子可供选择：豆子、萝卜、莴苣和紫花苜蓿。他们也有各种种植时需要使用的材料和器皿。

有些孩子对观察豆苗在水瓶中的生长很感兴趣，另一些孩子喜欢在盛满泥土的纸杯中种植紫花苜蓿。期待长出真正能吃的萝卜也让他们很兴奋。学生们有机会尽可能多地探索他们想到的各种选择，也能自由地用自己的方法种植植物。一位家长志愿者很焦虑，因为一些种子没有种到要求的深度。延森老师安慰他：不同的种植方式会产生不同的结果，这也是一种有教育意义的经验，不必为孩子们担心。他们需要知道的重要一点是：知道自己已经启动了使植物生长的过程。

种子种好后，学生们开始用日记来记录植物的生长。他们自己制作本子，数出商量好页数的纸张，选择彩色封面，然后折叠好、分类放入手册表格中。家长志愿者注意到，孩子们在合订时，没有按顺序叠放纸张。于是他帮助孩子们完成了折叠和装订。延森老师向这位好心的父亲解释道：孩子们会为能够自己做这些而感到骄傲。相信即使书被弄卷或弄皱了，孩子们也仍然喜爱自己的书。每个孩子都会觉得自己是个成功者。

在这个年龄阶段，太多的儿童被贴上了失败的标签。有些孩子没有按社会既定的时间表开始阅读，你一定见过他们因此遭受到的破坏性后果；也有些儿童因为愚笨而被孤立；有些儿童由于沮丧和愤怒而扰乱课堂；有些儿童的教师希望将他们交给阅读专家。许多最后成为学校弃儿的学生都是在一年级就被抛弃了，终生的劣根性在早期就埋下了种子。下例中的儿童就曾被抛弃。

艾米丽感觉很糟糕。她哭着回到家说："我是笨蛋。"她的老师希望艾米丽去找阅读专家来帮助她培养语音技能。幸运的是，这一步必须经过与家长商量才能得以实施。慧勒老师对艾米丽的妈妈解释道，艾米丽似乎不能完成日常的语音作业，因此，艾米丽显然需要得到额外的帮助。艾米丽的母亲对这样的结果感到大惑不解，因为她的女儿在家中早已能进行阅读，而且能写出精彩的故事。教师听到艾米丽在家里的成功后也感到很吃惊，她想不明白一个能读写的孩子为什么不能完成语音作业。这是慧勒老师在教过高年级以后第一次教一年级，由于对阅读启蒙缺乏了解，她没有意识到语音作业比实际的书写要抽象得多。而且大多数儿童都是通过有意义的书写经验来学习语音的。然而，慧勒老师还是听从了孩子母亲的话，没有进一步破坏艾米丽作为一个学习者的信心。

今天，许多学校都在儿童做好发展准备前，就期望儿童能够流畅地阅读。一些孩子到了二年级也不能做到很流畅，他们需要更多的时间来发展必要的大脑通路。奥斯丁就是这样一个孩子。他的父母和老师见面讨论他不愿意阅读，他们看到了他的长处和进步，也相信他会及时成为一个有能力的阅读者。他们确信他有大量的机会阅读与他的水平相适应的书籍，也相信他有书写的决心，但他们不能判断他的表现水平。他们想确保奥斯丁一直把自己视为一位成功的阅读者。如果奥斯丁在二年级时不能阅读整个章节，也并不意味着世界末日到了；然而，失败感会危及他的自尊和他今后的学习能力。这个孩子在度过他的勤奋对自卑阶段时得到了支持。

依恋以及其他基本情感需求所扮演的角色

安全的依恋是情感健康发展的基础，它贯穿于所有情感发展的阶段。安全依恋是一种与特定的人建立的亲密关系，与这些人在一起是愉快的，同时有他们在身边也能帮助孩子缓解压力。约翰·鲍尔比的开创性工作奠定了现代依恋理论的基础，他总结认为，良好心理的健康发展要求“婴幼儿应该与他的母亲（或固定的代理母亲）体验一种温暖、亲密和持续的关系，而且这种关系是令人感到满意和愉悦的”。玛丽·安斯沃思继续了鲍尔比关于依恋理论的研究，并开发了三种主要依恋类型的分类：安全型、不安全—回避型和不安全—矛盾/抗拒型。安斯沃思的工作随后由玛丽·梅因继续，她增添了第四种依恋模型：不安全—紊乱型。当婴儿和幼儿得到父母的支持、接纳和抚慰，那么在他们了解这个世界的过程中，孩子就与父母形成了一种安全的依恋。建立安全依恋包括：为孩子提供一个房间供其自由探索，同时对孩子的需要保持关注和敏感。正如我们在讨论埃里克森的信任对不信任阶段时提到的，这是建立信任的开始和建立健康关系的基础。关系是有效教育的基础，第四章会进一步讨论这一点。

安全依恋是情感健康发展的基础。

作为一名教师，你会遇到一些困难儿童，他们的家庭环境给他们的依恋体验是充满压力的、脆弱的，甚至是危险的。这些依恋的经历可以归于矛盾的、回避的和混乱的依恋关系类型，并可能导致终身都要努力去挣脱。矛盾型或回避型依恋的孩子没有照料周到的成年人持续地满足他们的需求，不相信表达他们的需求会产生积极的效果。由于在与照料人员的关系中遭受的创伤，混乱型依恋的孩子实际上担心他们的依恋模式。有依恋问题的儿童常常不能表达自己的感受；他们也许会充满攻击性或拒斥他人。有依恋问题的儿童也许是烦躁的、任性的、贫困的、无组织纪律性的或者令人难以捉摸的，特别是这些儿童的行为会招人厌恶。第十四章中将进一步讨论在依恋关系中遭受过情感创伤的儿童。

例如，当人们试着接近托马斯时，他总是成功地把别人赶跑。他的行为让人感到讨厌，他的表现不值得别人付出感情和关注。如果托马斯曾经被遗弃、拒绝

思考

你的父母或其他重要成人教给你哪些关心他人的方法？他们是值得相信和乐于回应的吗？你与他们相处的经验是如何影响你未来的人际关系的？

或虐待，那么他的行为就可以理解了。如果他不相信照看者会一直回应他或保护他，那么他的排斥行为只是一种保护机制而已。他试图保护自己，因为他相信他最终会被周围的人拒绝。

❐ 教师与依恋

幸运的是，在学前班和小学低年级阶段干预有依恋问题的儿童的生活还不算太晚。当一个没有建立安全依恋的儿童来到学校或早教中心后，教师最重要的工作是与这个儿童建立积极的、持续的和信任的关系。对教师的安全依恋越强，儿童与其他孩子相处得就越融洽，行为问题也越少。如果托马斯在家里没有一个积极反馈的、可依赖的照料者，那么他与教师建立的安全关系有助于满足他的依恋需要。通过跟孩子建立一种关爱的、信任的关系，一个有爱心的教师能够向其证明他不会被拒绝。同时，他能够学会信任他的老师。一个充满关爱的教师应为托马斯提供一个可预期的、安全的环境，不断地回应他的需要，并对他表现出积极的情感，而不是强化托马斯认为自己不值得得到爱和关心的想法。他能从这种关系中学到有用的与他人建立关系的技巧，这些技巧能帮助他在将来的人际关系中获得成功。

在下面的例子中，我们可以看到一名教师与一个孩子建立了一种积极的关系，这个孩子真的需要教师耐心和持续的关爱。当特里斯坦知道他的老师会接纳并照料他时，他也学会了如何与他人建立关爱的关系。

自从去年秋天来到早期保教中心以来，特里斯坦的行为变得越来越有攻击性，雪莉一直非常关注他。事实上，事情正变得失去控制。上周，因为特里斯坦用木块敲别的孩子，雪莉不得不把他带离积木区，他失去控制地踢打了雪莉。雪莉试着温柔地抱住他，但他的暴力行为并没有停止，直到筋疲力尽。他拒绝雪莉的安抚。等特里斯坦在一个安全的地方冷静下来之后，雪莉重新了解发生了什么，她往好的方面想特里斯坦。雪莉对他说："你想要卢克和你一起在积木区搭建，当他没跟你一起玩时你就很生气，所以你敲了他。你不知道你还可以做什么。让我们来聊聊下次你想要跟卢克一起玩时，你可以做哪些不一样的事。"现在特里斯坦已经冷静下来了，雪莉可以问他一些问题让他思考并找到解决方法。

有时，因为特里斯坦的行为，教师不得不把他带离某个活动区，他就会直接对雪莉说一些非常严厉的话。雪莉知道最好不要当面处理，同时也知道她需要保持冷静和坚持。不论特里斯坦对雪莉说什么，她都重复对他说："特里斯坦，我很遗憾你这么认为，但我仍然喜欢你。"尽管特里斯坦常常做一些不被允许做的事，雪莉还是寻找每个机会来给予特里斯坦积极的评论。当特里斯坦需要绿色的蜡笔时，雪莉评论道："我看到你选择了一支绿色的蜡笔，绿色真是个漂亮的颜色。"她也尽可能地表扬他，比如说："我看到你今天在操场上跑得很快，你长出了一些强壮的肌肉。"雪莉告诉特里斯坦，她安排了一项计划，会非常适合他锻炼强壮的肌肉。教室里正在做柠檬水，他可以用他强壮的肌肉努力挤压柠檬，挤出更多的汁水。正如她所期望的那样，特里斯坦喜欢挤柠檬，并为挤出那么多汁水而感到骄傲。自从特里斯坦做了柠檬水之后，其他孩子也纷纷让他教大家如何挤。特里斯坦拥有了一段很棒的时光，甚至开心地帮助老师做清洁工作。雪莉告诉他："我今天很享受与你一起工作。对于做柠檬水，你确实知道得很多。"特里斯坦对自己感觉如此之好，在故事时间他非常友好和合作，在点心时间他让出一个座位让老师坐在他旁边并给她一个拥抱，就像雪莉以前做的那样。

我们可以发现，特里斯坦正开始与雪莉建立良好的关系，同时为自己感到骄傲。当你和有困难行为的孩子们一起工作时，需要牢记的重要一点是："没有坏孩子，只有受伤害的孩子。"这是贝基·贝利博士在她的"有意识的纪律教育计划"中提到的。正如特里斯坦的例子中，行为失控常常是需要帮助的。随着教师与班里的孩子们建立起积极的支持性关系，他们也创设出一个关爱和合作的环境，这是每个儿童成功的基础。

❐ 人的需要

建立安全依恋是情感健康发展的一个基本需要。除了依恋以外，人的一生中还将不断出现其他的情感需要。阿德勒提出，权力、关注与接纳是人的基本需要，它们可以使人感到自身的重要性并获得归属感。在这些需要得到满足后，人们会自我感觉良好，并倾向于以积极的方式与他人互动。这就产生了一个积极的互动循环。这个积极的循环的建立会进一步让他们相信，在他们的世界里自己是重要的。如果这些需要没有得到满足，那么人的天性会使那些感到自己无足轻重的人，进一步按照背离他们所期望的被接纳和被赞同的方式行事。这些需要既适用于成人，也适用于儿童。

权力 对自己的行为负责的需要（也称为个人权力）是体现自己价值的关键。成人和儿童如果体验到太多的外力控制自己的行为，那么他们的权力需要就得不到满足。这会让他们变得霸道，总想控制别人或者被沮丧和愤怒控制。有时发脾气是由缺乏权力引起的。你也许见过这样的情况：当要求孩子们做似乎没有意义的事情时，孩子们就开始尖叫和哭闹。

如果有充足的时间与孩子们相处，你会听到下面的话（或许你小时候也曾经说过）："我不愿意！""我妈妈说的！""你不要指挥我！"这些都是儿童想要得到个人权力的明证。对于儿童游戏的观察也能证明儿童的权力需要，孩子对必胜无疑的和控制的主题非常感兴趣。不幸的是，这些游戏常常是充满暴力的，也反映了儿童在家、社区或新闻中所看到的暴力。最喜欢玩这些暴力游戏的儿童，往往是那些感到最没有权力的、最脆弱的儿童。

幼儿在权力需要得不到满足时显得特别脆弱，因为他们不能真正为自己做一点决定。这就是尽可能地给孩子选择权的另一个很重要的原因，允许他们更改活动方向，而不是告诉他们不许做什么。赋予他们选择时重要的一点是，同时提供两个选择，这样儿童就不是受成人控制的，同时还要确保这两个选择真的是你和孩子都能接受的。很多情况下，成人让孩子在两件他都无法接受的事情上做选择，这不是真正的选择。满足了权力需要的儿童更容易与他人相处。

关注　感到自己重要和被社会认可的一个主要指标是得到他人的关注。被忽视是很痛苦的，因为它让你感到自己无足轻重。有人愿意听你说话或对你所做的感兴趣，都会起到难以估量的作用。不幸的是，许多成人无意中教孩子们可以通过做坏事来得到他们渴望的关注。孩子们相处得很融洽或工作得很有意义时，他们不会被关注；只有当出了问题时，他们才会被关注。这意味着许多孩子对怎样用积极的方式来获得关注一无所知，因此，他们固执地用消极的方式来引起注意。有趣的是，儿童希望引起关注的愿望是如此强烈，以至于他们宁愿受到别人的责备也不愿意被忽视。

集体活动中，杰克逊坐在椅子上疯狂地挥舞着手臂，他希望能轮到自己回答问题。他知道所有的答案，但一直未得到一个展示的机会。他已经厌倦了听其他不知道正确答案的孩子回答问题。慧勒老师为什么不叫他呢？他能说出正确答案啊。杰克逊决定不再等待老师叫他了，他喊出了下一个问题的答案。慧勒老师立刻批评他没有举手回答问题破坏了规则，并让他坐到了暂停椅子上。当杰克逊一个人坐在那儿时，他发现上周班里种下的植物中有一些已经开始发芽了。于是杰克逊折断了这些植物的嫩芽。

在没有任何判断的情况下，只关注儿童的所作所为以及根据所看到的批评他们，会使满足儿童受关注的需要的过程变得很漫长。照料者与其坐等儿童要求关注或用消极行为获取关注，不如与儿童建立联系，而这可以从关注儿童在做什么开始。雪莉使用技巧来给予特里斯坦关注并与其建立关系就是一个很好的例子。

思考

慧勒老师可以对杰克逊说些什么，以表示即使她没有请他回答问题，她也已经关注到了杰克逊？能否想一想，有人注意到你的某件事情，但没有任何积极或消极的评论？你是否曾通过关注他人所做的事情来向别人表达你的关心？

接纳　被人接纳是人类的另一个基本需要。一些人的行为方式使别人想和他们在一起，而有些人的所作所为则适得其反。幼儿普遍对他人的情感缺乏理解；

而这常常使得他们的行为方式招致他人的拒绝。幼儿教师一定频频目睹与下述情况类似的情景。你必须时刻准备帮助儿童学习更多有用的策略。

乔想和洛根一起玩。洛根是一个年龄大一些、讨人喜爱的伙伴。于是乔跑到他身边，用力拍打他。洛根没有把这看作一种友好的行为，所以他使劲地把乔推开了。乔撞到墙上，撕心裂肺地大哭起来。乔不仅是因为撞到墙上而哭，更是因为自己被拒绝了。

❑ 错误行为的动机

德瑞克斯扩展了阿德勒关于人的基本需要的理论，专门讨论了儿童的行为。德瑞克斯提出，儿童为满足自己的基本需要，常常出于连自己都没有意识到的动机而做出错误行为，特别是对权力、关注、报复或逃避失败的需要，都会导致行为问题。"逃避失败"意味着儿童完全放弃了尝试。这是由于儿童在寻求个人需要的满足时体验了太多的失败，最终感到了绝望。当儿童无法调节情绪时，也会出现行为问题。当儿童不理解自己的情绪，没有能力用社会认可的方式来表达情绪时，就会导致行为问题。

情绪管理与情绪智能

情绪管理包括觉知自己情感的能力以及监控并确认自己的这些情感的能力，这些能力让我们处理不同的外部环境并用恰当的方式表达情绪。儿童有了情绪管理能力，就能识别自己的感觉并用语言表达出来，就能适宜地处理情绪的高潮和低谷，同时也能在需要的时候克制自己的冲动。儿童也需要学习延迟满足和促使自己行动，以发展情绪管理技巧。情绪智能依赖于情绪的调节。拥有情绪智能的儿童能意识到自己的情绪和他人的情绪，也能读懂社会性暗示，并对他人表示同情。

情绪智能的发展需要时间，这其中有很多需要儿童学习之处。学习如何处理沮丧、如何应对恐惧和焦虑以及如何用合适的方式表达愉快，是情绪管理能力发展的最重要的一些方面。不幸的是，一些人即使到了成年时期也没能掌握这些技能。你也许认识不止一个成人，他们不能控制他（她）的愤怒，抑或你的朋友中有个人正被他（她）的恐惧和焦虑压垮。我们有多种方法发展情绪管理能力。我们的基因组成、大脑发育、气质以及依恋都会影响情绪管理能力，这意味着我们调节情绪的能力并不只依赖于环境。每个来到这个世界的独立个体都有着一些与生俱来的情绪方面的长处和短处。我们个人的气质在情绪智能的发展方面扮演着主要的角色。如果消极情绪和焦虑反应是安妮莉气质的基本元素，那么比起性情平和的孩子，学习调节情绪对安妮莉来说会是一个更困难的任务。除了气质，与照料者建立安全依恋也是发展情绪智能最重要的支柱之一。

当儿童的大脑和神经系统发育成熟时，他们就能学会更好地控制自己的情绪。

有了与长期照料者之间建立安全和信赖的关系这样的基础，儿童开始理解他们的情绪以及与之相伴的情感。正如上文讨论的那样，一份安全依恋需要成人的积极回应，这个成人了解儿童的情绪并在儿童需要时提供安抚。这样，儿童体验到来自照料者的移情并开始学习如何向别人表达移情，这是发展情绪管理能力的一个重要因素。

幼儿园里，孩子们在户外活动时有四辆三轮车可以骑。当教室门打开时，莎蒂跑向三轮车，这时她看到其他四个孩子已经跨上了车并开始骑了起来，她马上就哭了。加百利意识到这正是一个教育的好时机。她跪坐在莎蒂身旁，说道："你感到很伤心，因为你没有抢到第一轮玩三轮车。"莎蒂认同了加百利，哭得更厉害了。加百利提醒道："看来你真的对骑三轮车很感兴趣，现在你不得不等着轮到你了。"她给了莎蒂一个拥抱并陪她坐了一会儿。莎蒂的哭声开始减弱，加百利知道此刻是帮助莎蒂学习一些问题解决技巧的时候了。加百利问："你是想在这里等着下一轮骑三轮车，还是想在等的时候找点其他事情做？”莎蒂环顾四周，跑去抓了一些粉笔来，同时等待下一轮骑三轮车。在等待的时候，她邀请加百利和她一起画画。

除了教授情绪管理技能，照料者也需要提供情绪智能的示范。儿童通过观察周围的人来学习识别自己的情感并转化为语言。

许多研究都表明，学业上的成功与学习情绪管理技能是相关的。当我们承受压力时，就会难以记忆和理解所学的内容。当儿童或成人对压力源做出冲动的反应，大脑中的“攻击或逃避”区（学名为杏仁核）就开始启动。杏仁核指引着我们即刻对感知到的威胁做出应激反应，而没有时间去思考我们是否做出了正确的决定。随着儿童成熟并习得情绪管理技能，他们越来越有能力使用大脑的思考区域（大脑额叶）去处理情绪问题。当儿童使用了大脑额叶，他们就能解决问题并学习新的技能，也能够更好地与同伴合作，因为他们开始理解周围人的情绪。如果学校注重帮助儿童发展情绪智能，那么学生的学业成绩会得到提升，与同伴和老师的关系质量也会提高，同时行为问题也会随之减少。

❒ 帮助儿童发展情绪智能

在成人的帮助下，随着自身的成熟，儿童学会按照社会认可的方式行为处事。我们曾提到，依恋对情绪智能的发展非常重要。因此，在你的班级中与孩子形成一种积极的支持性关系是促进情绪发展的第一步，也可能是最重要的一步。如果儿童信任你，他们就更愿意向你表达自己的情绪。如果儿童没有体验到安全的依恋，那么他们学习用他人能够接受的、健康的方式表达情绪可能非常不易。如果你把与儿童建立关系作为第一步，那么儿童的情绪智能也会逐渐发展起来。第四章将进一步讨论关系的建立。

还有许多积极的方法能帮助儿童发展情绪管理技能。教儿童了解自己的情绪以及用健康的方式处理情绪称为情绪训练。教师在某种程度上就是最好的情绪训练师。了解自己的情绪并关注自己的情绪健康是情绪训练的基础。提醒你自己和你的班级：所有情绪都是可接受的，但不是所有行为都可接受。与班级讨论表达情绪的方法并在教室里设定清楚的行为限制，如上课时讨论情绪、识别书本或故事中的情绪，把这种讨论与讲故事结合起来，允许儿童在角色游戏中用木偶或图画表达他们的情绪。你也可以在教室里用情绪名词或面部表情做视觉提示。让儿童画图或用自己的比喻方法来代表感受也会很有用，特别是对于语言能力有限的儿童来说更是如此。在同伴间发生冲突时，让儿童讨论他们的情绪，询问或指出另一个儿童的面部表情，并帮他们给所表达的感受命名。这些训练技术有助于儿童学习解读他人的情绪和发展移情能力。

当一个孩子非常痛苦时，你可以遵循这些简单的情绪训练步骤来帮助其发展情绪智能。从倾听儿童的感受开始，不要做判断或评判。在倾听之后，帮助他（她）用语言表达情感，这有助于儿童将来情绪词汇的发展。当儿童感到有人倾听并给他们的感觉贴上标签时，他们常常就能从悲伤中走出来。如果孩子仍然很悲伤，那你还有一个很好的机会帮助他（她）辨别适宜的解决问题的方法。另外一种强有力的工具是让学生认识你的情绪，并示范让自己冷静的技巧，例如深呼吸一下或自己安静片刻。表2-2展示了可以用来教授情绪管理的部分策略。

表2-2　情绪训练技巧

- 与每个孩子建立积极的、互相尊重的关系。
- 将关于情感的讨论融入课程。
- 了解儿童的感受（不要低估或忽视情绪）。
- 帮助儿童用他们能够理解的词语表达他们的情绪。
- 建立合适的表达自己感受的模式。

承认并接纳儿童的情绪需要一个漫长的过程。很多时候，对能理解的人表达我们的愤怒之后，我们的愤怒就会变得更可控制。因此，应让孩子有机会、有地方感受他们所有的情绪，而不应贬低、批评或否认孩子的情绪。应不断向孩子传递这样的信息：情绪是不应该受到限制的，受限制的应该是一些失范的行为。你可以施加行为限制，但必须真实地了解孩子的情绪，倾听孩子用语言和非语言进行的情绪表达，并帮助他们将自己的情绪转换成确切的语言。

莎拉和苏菲玩娃娃家。莎拉是“妈妈”，正当她把她的“宝宝”放入婴儿车中时，苏菲认为该轮到她了。于是苏菲抓住婴儿车，一把将其拖到了一边，并推倒了莎拉。当丹尼斯过来时，莎拉正在大哭，她告诉丹尼斯：“我恨苏菲，她真讨厌。”丹尼斯坐在她身边，抱住她，说：“我能看出你真的生苏菲的气了，因为她拿走了你的婴儿车。如果有人拿走我十分想要的东西，我也会生气的。我会和你一起去对苏菲说，等你玩过之后就会轮到她的。”

丹尼斯也知道苏菲的感受：“我想你也很伤心，你现在没有婴儿车了。有时候等待是不愉快的，也可能会伤心。但是从朋友手中抢走玩具是不好的。下次我知道你会先征求他人的意见或者耐心等待轮到你。”

随着情绪管理能力的发展，儿童学会了不再因微不足道的失望而大哭以及怎样在难受时安慰自己，也有了控制冲动行为的能力。控制冲动是一项必要的社会技能，如轮流——轮流要求一个孩子能够延迟满足期望。当莫莉的妈妈丢下她之后，莫莉吮吸着她的大拇指而不再哭泣，说明她有了安抚自己的能力。当迪伦能够在滑梯上等着轮到他时，就说明他已经能延迟满足了。珉豪的沉默证明他已经学会了符合他家族文化标准的情绪管理方式。

小结

儿童的生理和情感需要影响着他们的行为。处理纪律问题必须了解儿童的发展水平。许多因素影响着儿童的情感发展；儿童独一无二的气质和依恋经验在他们理解和调节情绪能力的发展中起着主要的作用。儿童需要积极回应的父母和教师来满足他们的基本需要，帮助他们发展情绪智能。引导儿童识别和调节他们自己的情绪后，他们就学会了合作和关心他人。

摘　要

- 生理和情感发展的关键因素是运动和营养。在一整天中，幼儿需要有时间运动并经常摄入营养以促进大脑发育、认知发展及促进教室中的适当行为。
- 儿童的行为部分取决于他们的气质和生活经历，此外儿童因其独特的发展而具有不同的能力。教师和看护人员必须调整环境和他们的教学风格，以满足个别儿童的特殊需求，以此来避免行为问题及学习困难。
- 如果在家里没有值得信赖的照料者，孩子可能会面临更为严重的行为困难。积极的、充满理解力的教师可以帮助有依恋问题的孩子学会信任他人，并为其形成健康的人际关系奠定基础。
- 教给孩子们表达自己情感的词汇以及用健康的方式表达情绪，将有助于孩子提升情绪能力和预防行为问题。

讨论或反思

1．想想你了解的人，他们当中有没有人表现出本章所描述的不安全依恋的征兆？这一问题是怎样影响他们的社会交往的？

2．观察你自己的情绪，为你的感受命名并与他人探讨它。

挑战一下

3．一个需要解决的问题：一年级的杰瑞米不做书面作业。他在椅子上扭来扭去，一直干扰其他同学。

（1）这种行为的可能原因是什么？

（2）你是如何找到这些原因的？

（3）如何避免这一问题？

实 地 研 究

4．观察一个幼儿教育中心，找出幼儿不能长久坐着的例子。当成人忽视儿童这方面的发展时，你发现了什么问题？

5．当你观察幼儿时，试着识别本章中所描述的不同气质。一个人此时的情绪和他的气质具有哪些差别？

6．观察学步儿，寻找本章所描述的情感自主性开始发展的表现。成人应怎样回应？基于对情感发展方面的理解，你能提出一些不同的回应方式吗？

7．观察学前儿童，寻找他们希望真正工作的表现。他们所处的环境能满足这一需要吗？为了帮助他们发展主动性，应该做哪些改变？

推荐读物／推荐观看

Bailey, B. (2015). *Conscious discipline building resilient classrooms*. Oviedo, FL: Loving Guidance.

Bruce N., & Cairone, K., with the Devereux Center for Resilient Children (2011). *Socially strong, emotionally secure: 50 activities to promote resilience in young children*. Lewisville, NC: Gryphon House.

Goleman, D. (2011). *The brain and emotional intelligence: New insights*. North Hampton, MA: More Than Sound, LLC.

Perry, B., & Szalavitz, M. (2011). *Born for love: Why empathy is essential and endangered*. New York: HarperCollins.

Siegel, D. J., & Bryson, T. P. (2011). *The whole brain child: 12 revolutionary strategies to nurture your child's developing mind*. NewYork: Delacorte Press.

Siegel. D. J., & Bryson, T. P. (2012). *No-drama discipline: The whole-brain way to calm the chaos and nurture your child's developing mind*. New York: Bantam Books.

第三章

智力发展和社会性发展对纪律教育的影响

本章节所涉及的全美幼教协会（NAEYC）标准

标准1a：知道并理解0—8岁儿童的特征和需要。

标准1b：知道并理解发展和学习所受的多重影响。

标准2a：知道并理解不同家庭和社区的特征。

标准4c：使用协会列出的具有发展适宜性的教学（学习）方法。

【学习收获】

有了对本章的理解，你应能：

- 根据已知的智力发展过程，描述出幼儿思维是如何不同于成人思维的。
- 利用指导技巧，促进幼儿社会技能的发展。
- 考虑诸如文化、社会经济和基因等个体差异，调整对儿童的期望。

幼儿不是缩小的成人——甚至不是缩小的大孩子。这一观点既是早期儿童教育领域的核心，也是建构主义学习观的基础。它提醒我们，在照料和教育幼儿时必须考虑他们独一无二的需要；同时这一观点也提醒我们，在猜度儿童的想法时不要以成人为中心，不要以为儿童的想法与我们一样。教育幼儿是一项巨大的挑战，因为对于成人而言，理解并记住小孩子有他们自己的现实观是多么的困难：他们的观点与我们的截然不同。

积木游戏区没有人，乔进入了这个区，开始往积木区中间已经搭好的建筑上放积木。突然，纳特冲着他跑过去，试图把他推离积木，尖叫着说乔毁了他的堡垒。现在老师应该做什么？在本章寻找答案吧。

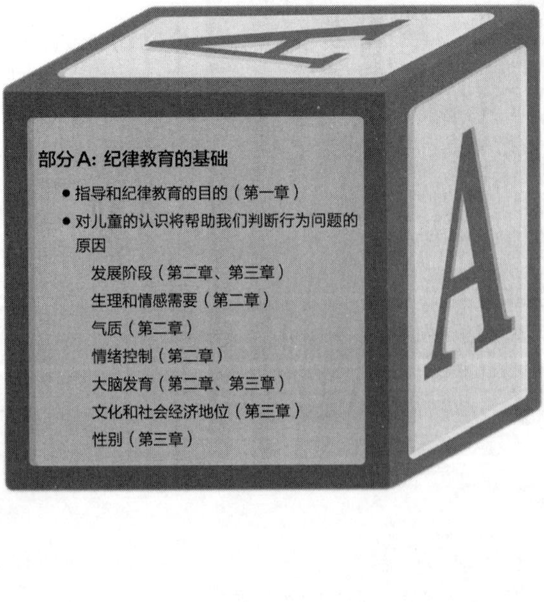

在本章中，我们继续讨论儿童的发展水平是如何影响他们的行为的，以及儿童的发展水平又是如何影响我们与儿童的互动的。在了解了生理和情感发展之后，我们将讨论儿童思维的几种方式，这些思维方式不仅影响着他们的行为，也影响着你对纪律教育的判断。了解有关幼儿智力发展和社会性发展的信息，不仅非常有益于你的指导和纪律教育，而且在通常情况下也能使你成为更有效的教师。我们越来越清楚地认识到儿童的成功与社会技能及学业成就之间有着牢不可分的联系。本章中的信息是建立在我们之前对情感和生理发展的讨论基础上的，因为所有的发展领域都是息息相关的。

智力发展与行为

维果茨基和皮亚杰都出生于1896年，他们为我们了解智力发展做出了巨大贡献。他们都被称为建构主义者，因为他们都强调知识是学习者主动建构的，而不是从他人那里被动接受来的。但这并不意味着他们认为没有必要从他人那里获取知识；这两位心理学家都承认，社会互动是发展理解力的基础。维果茨基有说服力地论述道：社会经验决定着人们如何思考以及如何解释他们的世界。皮亚杰的著作也常常论及成人和儿童之间的社会互动的作用，如学习者通过交流观点来建构对事物的理解。皮亚杰解释道：儿童之间的社会互动对于智力、道德以及个性的发展来说是必要的。

皮亚杰和维果茨基都将组织信息的过程描述为学习的核心。维果茨基的研究也描述了幼儿从随意地对“堆积”的信息进行分类，到通过分析各种信息之间的关系来形成越来越复杂的信息分类系统的过程。皮亚杰的研究广泛关注了个体建立数理逻辑框架对区分概念和信息之间的关系的重要意义。

我们对皮亚杰和维果茨基的一般了解只占他们研究成果的冰山一角。他们最重要的贡献由于其复杂难懂而一直被忽视。皮亚杰和维果茨基被人了解最多的一面，只是他们的研究中最容易理解的部分：维果茨基因其提出的“最近发展区”概念（在本章的后文中将会加以讨论），而皮亚杰则因其提出的阶段理论而闻名遐迩，这一理论揭示了理解和思维的成熟顺序。维果茨基赞同皮亚杰的观点，也认为幼儿的思维与年长儿童的思维不同，抽象思维是后来才发展起来的。由于皮亚杰的寿命和学术生涯都比维果茨基长得多，所以皮亚杰及其日内瓦研究中心的助手能够搜集大量关于学习过程的研究数据。由于儿童是其研究的目标，所以他们提供了许多精彩的有关儿童思维的观点。

❐ 幼儿的思维是不同的

皮亚杰及其同事的研究清楚地显示，儿童的世界观和对事实的看法与成人不同。儿童的推理能力有限，加之他们的经验不足，常常导致他们得出与成人的逻辑不一致的结论，而这些也容易使儿童陷入困境。教师和父母会因成人理解的违规、说谎、自私或自我中心及无理行为而对孩子大发雷霆。更糟糕的是，儿童并没有意识到他们错了。对于那些对皮亚杰的智力发展理论一无所知的父母或教师而言，儿童的这些行为令他们非常生气；而对于一名幼儿来说，这些行为是再正常不过的。

皮亚杰对认知发展阶段的解释，对理解为什么幼儿的思维如此迥异于成人很有帮助。从婴儿认为一个玩具掉落到沙发后面就没有了，到他知道要往沙发下面看，去寻找玩具，这个过程中发生了令人难以置信的学习。同样需要智力上的成熟，留在儿童看护中心的宝宝才能认识到爸爸或妈妈随后就会回来。在学龄前的幼儿能够一次思考一个以上的事物之前，很多的学习已经发生了。如一块积木可以是红色的又同时是圆的，或他们可以有一种想法而同伴可以有另一种想法。即使已经开始学校生活，儿童仍然无法像成人那样思考。他们不能思考他们没有体验过的事物，如他们在做某样危险的事情时并不知道可能发生什么，或者也不知道如果有人对他们做了他们刚刚对别人做的事，自己会有什么样的感受。当有耐心的成人为儿童在这些复杂领域中的学习提供支撑时，儿童就会成熟起来。

对大脑的研究为大脑的逐步发育过程提供了生物学证据，而这一点早已为心理学测验所证明。我们的智力是通过遗传和经验共同作用而形成的。在出生时，大脑基本上包括数十亿个神经元，每个神经元具有高达10万个突触连接，这远远超过我们所能使用的。这些神经元有潜在的可能会发展成为相互连接的分支，即所谓的树突。但是，哪些树突会发展以及会发展多少，则仰赖于孩子的经历。这一过程从出生就开始了，缺乏刺激或者过多的负面经历都可能导致潜在的联结消失，因此早期的几年对大脑发育无疑是至关重要的。这给了幼儿教师一个很重的责任。

虽然我们确实想要提供智力刺激，但很明显我们不能强迫一个孩子超越他

（她）大脑当前的成熟水平进行思考。而试图这样做会导致压力，这对大脑发育是不利的。正如艾利斯·霍尼格所说，我们必须成为侦探才能弄清楚每个孩子目前的能力。维果茨基的鹰架和最近发展区理论与这个观点有关：鹰架能帮助儿童以高于自身成熟水平的方式去思考和行动，但只有当我们的目标略高于儿童当前的表现水平，并处于儿童最近发展区的范围内时，鹰架才会起作用。

大脑发育不仅仅是为了完成学校功课，大脑也必须发展情绪管理、做决定、记住指示、坚持完成任务，并与他人建立联系等能力。这套技能称为执行功能，这对于积极行为和做出大致合理的选择而言是必不可少的。与生活中的重要人物建立良好的关系是促进儿童在这方面发展的关键。

❐ 违规

皮亚杰著名的对儿童思维的广泛研究包括对儿童怎样理解游戏规则的研究。他对弹珠游戏的规则进行了重点研究，发现不同年龄的儿童对规则的认识不同。幼儿不能遵守规则，但相信规则十分神圣，因为规则是由成人制定的。然而皮亚杰指出，这些幼儿看上去并不关心是否要遵守规则。年长儿童只有在感到规则约束了他们参与游戏时，才会在彼此同意的基础上自由改变规则。皮亚杰认为这一概念与两种指导方针的不同之处具有一定的联系，即由他人影响自己的生活（他律的规则）和由儿童自己寻找理由（自律的规则）。当儿童能自己归因时，他们就正在迈向自我管理。

儿童处理游戏规则的方式有助于成人理解儿童是怎样看待社会规则和社会期望的。观察孩子游戏时，你会发现不同年龄的儿童对规则有不同的想法。

丹尼斯觉得他那些3岁的学生对游戏规则的想法很有趣。当他们玩捉迷藏时，他们会大叫："我在这儿！来抓我！"如果有人组织一次赛跑，孩子们等不了"预备，开始，跑"；在比赛结束之后，如果有人问谁赢了，他们都会坚定地说："我赢了！我赢了！"显然，幼儿根据他们理解的重要内容来回答，而不是根据成人的规则来回答。

大多数幼儿园的学生都不理解或不能遵守游戏竞争性的一面。第一次让4岁的孩子玩"听音乐，抢椅子"的游戏时，丹尼斯很快就认识到了一种更好的组织游戏的方法。当幼儿因没有抢到椅子需要“出局”而哭泣时，丹尼斯立即改变了规则，让每个孩子都有一把椅子；这样幼儿面临的挑战就只是在音乐停止时能快速地找到一把椅子。重要的是，在游戏中没人会被迫出局。

小学低年级儿童开始关注规则和获胜。他们对获胜的期待常常歪曲了对规则的解释，每个儿童都想要根据他（她）的喜好来改变规则。延森老师重视争论和讨论，这些常常是她的一年级学生进行集体游戏必不可少的一部分。她承认，儿童学习解决自己关于规则的争端能帮助他们学会推理；她赞同，年幼的孩子能够从这些考虑彼此立场的机会中学会合作。通过学习考虑他人的观点，儿童学会让自己的行为符合他人的需要。这种学习需要一定的时间，且需要成人的悉心帮助，这是长期纪律教育目标的一个重要部分。

成人必须意识到，（无论在游戏中或在教室里）违规的儿童也许并不知道自己刚刚做了什么，对于成人认为理所当然的很多事情，儿童可能一无所知。皮亚杰对道德发展的研究表明，幼儿常常不能理解为什么某些行为能被接受而某些行为不能被接受，因此儿童是由于缺乏了解才导致了许多行为问题，事实上，儿童对错误的行为并没有概念。皮亚杰的研究表明，减轻教室中的“违规”的一种方法就是给儿童提供机会去建立教室中的规则。这种方法也提供了讨论的机会以帮助儿童思考行为准则背后的原因。

只有当分享是一个真正的选择而不是强迫时，孩子才能学习慷慨。

我们想要的是让儿童理解为什么某些行为是可取的，而其他行为则不然。成年人施加的严格规则并不能促成这种理解，这就是我们更喜欢谈论教室准则而不是强制规则的原因。指导准则从整体上考虑每个人的需求，并且根据具体情况有着解释的弹性。它允许儿童加入自己的创造，提供讨论的机会，让孩子们思考每条准则背后的原因。这个活动有助于促进更高水平的道德发展。

❑ 自私

家人和教师总是为幼儿不愿与别的孩子分享而感到生气；智力成熟对儿童学习分享具有重要的作用。幼儿只能从自己的观点出发看待事物，这是非常正常的。这方面的智力发展影响着他们与他人的交往。当他们忽视同伴的感受时，他们就没必要考虑他人的感受了；婴儿和学步儿很少能意识到他人也有感受，即使是一年级的孩子在考虑与自己有冲突的观点和期望时也存在困难。于是，幼儿之间存在许多冲突，而教师需要花费很多时间来解决这些冲突就不足为奇了。对儿童发展有所了解的教师不会为这些正常的误解而烦恼；相反，他们把这些状况当作教育机会来加以利用，正如在下例中丹尼斯所做的。

伊莱正独自在沙箱旁边玩，他仔细地把自卸卡车装满沙子，然后倒出沙子，将沙子堆成一座小山丘。卡洛琳在他旁边玩玩具推土机。突然卡洛琳开着她的推土机跃过了伊莱的山丘，把山丘轧平为一条道路。伊莱立刻大哭起来，并打了卡洛琳。

丹尼斯立即赶到现场安慰这两个孩子。在走过来对伊莱说话之前，丹尼斯已经进行了充分的观察，他对伊莱说："我想卡洛琳并不知道你为什么难过。你能用你的话来告诉她吗？"但是，伊莱难过得说不出话来。于是，丹尼斯通过复述问题的方式给了伊莱足够的时间，直到伊莱能说出他不想让卡洛琳碰他的山丘为止。

丹尼斯注意到，这两个孩子都没意识到对方的意图。伊莱认为卡洛琳很讨厌，卡洛琳则因伊莱的愤怒而惊呆了。在丹尼斯鼓励伊莱表达自己的观点之后，他也请卡洛琳解释她刚才在做什么。结果发现，她正在尽力修一条公路，她并不知道伊莱在做什么。在丹尼斯的帮助下，伊莱说："我不想要一条路，我正在堆一座山。"知道这个信息后，卡洛琳在沙箱的另一边继续快乐地修路了。一切又恢复了平静。

对于敏锐的教师而言，冲突是帮助幼儿关注同伴的感受和想法的一个机会。

经验丰富的教师不会责备儿童，或让某个孩子因没有考虑到他人而深感内疚；他们明白这一行为对于幼儿来说是正常的。

延森老师也通过鼓励她的学生向别人说出自己的感受来努力帮助他们摆脱自我中心。她常常需要帮助孩子找到表达自己的词语；孩子从她的示范中学习，如：她带领孩子们用建设性的方式来交流情感。这是有效指导的一部分，也是教师终生与人相处的技巧。当儿童理解他人观点的智力得到发展以后，他们的社会性发展也会得到提高。本章的社会技能部分将会进一步讨论如何帮助儿童学会考虑别人的感受（亦称观点采择）。

我们的目标是让孩子自愿慷慨，然而，许多成人强迫儿童与他人分享。很少有成人像父母和教师要求孩子必须做到的那样，也将自己非常看重的财产慷慨地与他人分享。你会因为别人“没有车”而让一个陌生人骑你的新车吗？那为什么罗莎应该让萨曼莎骑她的新车？罗莎拥有车的所有权并有决定要不要分享的权利，为了能让罗莎自愿分享，我们必须首先尊重这一点。儿童常常以为分享就意味着永远把东西给了别人；在确保东西还会回来之后，他们的慷慨行为可能会增多。

只有当分享是一个真正的选择而非被强迫时，儿童才可能选择慷慨。即使是属于集体的教室用具，也要尊重它的所有权。

❑ 说谎与偷窃

我们的社会对待说谎和偷窃行为非常严厉。它们不仅仅是道德问题，也是法律问题。对儿童发展缺乏了解的成人常常认为他们的角色就是惩罚孩子的说谎和偷窃，而没有意识到这些行为与发育不成熟有关。作为一个处于自我中心阶段的儿童，从自己的角度出发看待事物就意味着：如果你希望它是真的，它就是真的；你想要某样东西，它就是你的。这些想法导致孩子得出不真实的结论，而孩子却真诚地以为这些谎言是真的；这也使得孩子在拿走不属于自己的东西时毫无愧意。了解幼儿思考方式的成人能帮助幼儿从这些情境中学习。如果把说谎定义成为了故意欺瞒而说出严重不真实的言论，会有助于你的理解。这种类型的谎言对智力成熟的要求更高，超过了学步儿的范畴，只有学前班的孩子才开始涉及。许多幼儿的谎言属于“说故事”，目的是让自己感到更强大或更重要。

> **思考**
>
> 在接受“说谎也许是思维不成熟而不是不诚实”这一观念时，你会不会有困扰？如何更好地跨越儿童的思维和你的思维之间的鸿沟？

当苏菲告诉她的老师，她下周将和奥莉薇一起去迪斯尼王国时，丹尼斯知道这不是真的，但他也明白她的意思，便有同感地回应：“你真的很希望自己能去迪斯尼王国啊！”这一回应帮助苏菲把她的想象和真实世界区分开来，而又不让她自我感觉很糟。

像苏菲这样混淆真实和幻想很常见。皮亚杰发现，幼儿确实不明白说话的本质。即使是一个6岁的孩子，在学习中也无法区分诚实的失误和故意的错误。皮亚杰关于儿童思维的研究有助于教师和家人理解为什么向幼儿解释成人的逻辑是没用的。记住，从学前班到一年级，我们需要一直面对皮亚杰所说的前运算思维，这意味着儿童一次只能思考一样（他自己需要而非他人需要的）事物，同时无法进行真正的逻辑思考。所以不要让自己陷入沮丧，接受幼儿本来的样子。

也有研究确认了成熟的作用，经典例子就是：一个身上沾满巧克力糖霜的孩子坚持说他没有品尝蛋糕。幼儿会说谎否认他们犯的错，但他们没能力真正地把错误掩盖起来。例如，即使阿卡莎说她没有藏颜料刷，她也可能会确切地告诉你去哪里找，从而暴露自己。在这样的情境下，合适回应的关键是整合地把这一行为看成发展带来的问题而不是道德问题，然后给孩子一个针对其行为结果的非惩罚性的反馈。

> 每天早晨，一到学前班，艾娃都会立刻跑到扮演衣服箱那里，拿出她最喜欢的公主裙穿上，直到要整理了才脱下来。如果有别人第一个拿到了裙子，艾娃就会非常沮丧。一天，在整理的时候，教师雪莉看到艾娃把裙子放进了自己的背包而没有放回学校的箱子里。
>
> 幼儿园规定幼儿不可以把学校里的东西带回家，雪莉知道她需要做些什么，尽管她很理解艾娃的感受。考虑到如果问艾娃是不是拿了裙子，会诱导艾娃说谎，雪莉小心地避免这么做。雪莉把艾娃叫到一旁，平静地对她

说："我知道你很希望那条公主裙是你的，不想让别人穿，但我不能让你带回家。需要我帮你把它从你的背包里拿出来放回去吗？或者，你可以自己去做吗？"

随着儿童年龄的增长，他们能够在他人的帮助下认识到谎言对人际关系的影响。你可以帮助孩子们学习，当你私下里对幼儿充满尊重地说："我知道你所说的不是真的，当你告诉我一些不是真的事情时，我不知道什么时候能相信你了。"儿童也能在他人的帮助下理解把别人的东西拿走会让他人感到伤心。为了使这些教育有效，儿童必须先和老师及同伴建立起互相关心的关系。除非儿童感到了别人的关心，否则他（她）不会非常关心是否损害了彼此的信任或让别人伤心了。这就是我们说"关系是指导儿童的基础"的原因之一。

❒ 作业问题

智力发展的阶段决定了什么样的材料和活动对儿童的学习最有帮助。如果没有为儿童匹配合适的经验和材料，你必定会遇到行为问题与学业问题。目前，学前班的教师和小学低年级的教师必须应对标准化课程，这一课程关注为考试做准备，而并不关注幼儿如何学习。幼儿园在尽着"点滴"的努力，为幼儿是否为做好了上学前班的准备而担忧。值得注意的是，你需要在以下制约条件下工作，即你要为一个能促进儿童健全智力、社会性以及情感发展的班级而奋斗。

皮亚杰在其著作中解释了幼儿通过真实材料所获得的真实体验对于建构幼儿对世界的认识的重要性。"具体的"一词常用来描述儿童进行有价值的探索活动所需的材料类型。具体的材料包括水箱里的水、数学区的操作材料和科学区的放大镜等。

一些教师为不解其意的儿童提供抽象的课程，如幼儿园在有些孩子还不能准确地点数物品时，就要求他们完成加法问题。这类与发展不相符的指导会导致纪律问题。当儿童完不成布置的任务时，他们表现出的行为方式成人可能会不喜欢。当然，他们也更不可能按时完成作业。儿童被他们能力不及的作业弄得沮丧泄气，随后，又因为没有完成作业而受到惩罚。我们经常可以看到这些儿童在休息时间沮丧地坐在桌子旁，被他们所要完成的任务困扰着。毫无疑问，这种情境更会使儿童发怒而不是合作。

有人产生了混淆，认为用于玩字谜的塑料磁铁字母或木头字母也是具体的。这些字母的确能够触摸和摆放，但它们仍然只是象征性符号。有象征性的材料比字母或数字更容易辨认，例如，比起认出“baby”（婴儿）一词的字母，儿童更容易将一幅图片视作一个符号。真实物品的图片也不是具体的，但它们会是有用的符号性表征。

了解幼儿学习方式的教师遇到的儿童行为问题会较少，因为他们为儿童提供了适合其年龄的学习活动。

有时教师们虽然想竭力进行发展适宜性教育，却没有意识到他们的教材并不是适宜的。并不是孩子所能触摸和操作的东西都是具体的，钟和表就是一个例子，它们外观上是具体材料，但事实上它们都是表征性的而非具体的。幼儿不能通过摆弄或观察钟或硬币来建构对时间和金钱的认知。毋庸置疑，对于幼儿而言，讨论时间和换零钱的课必定会是很困难的，这些活动包含了符号表征及专制的社会认知。正因如此，对时间和金钱的认知不能通过探索材料来学习。

了解幼儿学习方式的教师，遇到的儿童行为问题会较少，因为他们为儿童提供了适合其年龄的学习活动和材料。他们提供了很多材料让孩子自己体验真实的生活，为儿童提供了大量机会表现自己的认识。教室里应该为儿童提供可选择的材料，以及满足儿童学习的需要。延森老师的一年级班里就有各类具体形象的材料，放在开架上供儿童选择；而隔壁班的慧勒老师则把每样东西（除了作业纸）都收到了上锁的壁橱里，也很少拿出其他东西，她没有意识到作业纸是完全象征性的东西，对于他们班的许多孩子而言是毫无意义的。

迪伦在延森老师的班级里，他的同卵双胞胎兄弟戴文在慧勒老师的班级里，他们同时都在学个位数加法。延森老师给孩子们讲加法故事，鼓励孩子们用操作材料解决故事中的问题。随后，她要求学生和他人讨论他们使用的解决问题的策略。在慧勒老师的班级里，孩子们拿到了列满加法问题的操作单，要求保持安静，不打扰同伴的工作。在家时，迪伦与戴文分享了他的加法故事。

第二天的数学课时间，戴文自己动手拿东西，而且从老师的壁橱里抱出了一包有趣的东西，用它们创造他自己的加法故事，但慧勒老师不欣赏他的行为，她很伤心，戴文竟敢未经允许就打开壁橱。多么遗憾啊，她错过了戴文传达的与他的学习需要有关的重要信息。

社会技能与指导

社会技能的缺乏是导致纪律问题的最常见的原因之一。在学前班和小学低年级，儿童因材料引发的争执和他们笨拙地努力交朋友都会频繁地引发争吵。体能、情感发展以及知识理解水平，这一切结合在一起，决定了儿童当前的社会技能和理解水平。

幼儿教师责任重大，因为生命早期几年是社会性发展的关键期。在幼年时期，社会技能没有得到发展的儿童，在整个学校生涯中都会明显地一直感受到自己难以被同伴接纳。毫不奇怪，这些儿童与成人一样面临着社会问题和情感问题的困扰。帮助孩子学习交朋友和成为别人的朋友对于他们的终身幸福都是至关重要的，孩子学习与人相处也会大大有助于教师获得快乐。

❒ 建构有关社会技能的知识

儿童对认知的建构是他们反思自己经验的结果。例如，当搭积木时，他们尝试堆高、平衡、建桥并观察结果。对结果的思考能帮助儿童修正错误的想法。这一过程帮助他们建构出对诸如重量、平衡和测量等概念的理解。通过类似的“错与对”的分析，儿童建构自己的关于社会互动如何起作用的理论。

在幼儿尝试用不同的方式与他人交往时，他们也观察着不同方式引起的后果。反思社交尝试的结果，能帮助儿童体会到怎样才能成功地与别人玩耍以及怎样才能结交朋友。我们曾提到同伴冲突作为教育情境的价值。听到这个观点，你也许会感到惊讶，儿童的争吵也会成为有用的教学工具吗？冲突会挑战儿童的假设，也会鼓励儿童交换观点。它帮助孩子们认识到不是每个人看待事物的方式都与自己一样。因此，争吵为学习提供了必要的经验，也提供了教育的契机。帮助儿童处理他们的争吵，便为教师提供了一个指导儿童对经验进行思考的机会。根据儿童情感、智力以及社会性发展水平的个体差异，成人所要扮演的角色也不尽相同。

指导孩子批判性地思考他们的行为以及使用推理能力来学习解决人际关系问题，与目前推崇的其他高阶思维的主题是一致的。每个课程领域的指导方针都要求教授批判性思维和问题解决能力来取代旧的记忆学习方式。一些成人认为，简单地告诉孩子成人对他们行为的期望，如果孩子做不到就惩罚他们，这样就足够了。这种方式相当于教师仅仅要求学生掌握数学却不进行指导、测验，也不进行复习。

只关注暂时结果的成人通常会用惩罚来获得预期的行为，而认为用指导的方式太慢。在处理与成熟有关的行为时，牢记长期目标是非常重要且非常困难的。事实上，你不能让4岁（甚至是5岁）的孩子真正理解刚刚被他打过的孩子的感受；但这并不意味着你不努力达到目标。如果依赖强制手段，那么最终这个孩子更难成为一个真正体恤他人的人。

你是否注意到，在学习说“请”“谢谢”以及“对不起”时，我们并没有涉及社会技能？虽然这些都是礼貌用语，但它们只是表面行为，不一定反映真实的情感。有些成人和儿童混淆了记忆词组和拥有真正的社会技能所需要的理解的区别。你也许见到过做错事被抓住的孩子会主动说“对不起”，而他们却没有表现出任何自责的迹象。这些儿童仅仅学会了一些能逃脱惩罚的神奇词汇。成人往往只关注教孩子获得社会认可的词汇，却没有帮助儿童理解他人和发展关爱的情感。

几年前，当延森老师在詹森的攻击下解救出伊莎贝尔时，她就意识到了不求理解地教授词汇是毫无用处的。当时，詹森对伊莎贝尔很生气，用力抓着伊莎贝尔的手腕并打她。当延森老师掰开他的手并帮助伊莎贝尔告诉詹森她的感受后，延森老师问詹森，他应该做什么才能让伊莎贝尔感觉好一些。

詹森说“谢谢”，延森老师就问伊莎贝尔这样是不是会让她好受点。伊莎贝尔用轻蔑的语气回答：“不，詹森，你必须说‘对不起’。”于是，詹森说了“对不起”。但延森老师可以断言，前一句客套话不会比后一句更有意义。

比起努力让孩子习得令人满意的行为，我们更应该关注帮助他们发展引导其亲社会行为的价值观和态度。真正的亲社会行为包括发自内心的友好和关心他人，而不仅仅是做成人要孩子去做的事。关心他人的感受和为错误行为承担自己的责任，比按照好的行为标准来行动重要得多。你认为这三个方面，哪一个会持续最长时间？当没有成人监督时，哪个会发挥作用？

❒ 儿童的社交能力是怎样形成的

什么是社交能力？这涉及一系列技能，这些技能能让人们达到其社会目的而不是达到其他目的。然而，我们应该一直牢记，在不同的文化中社会目的和满意的人际关系有巨大的差异。社交能力的定义包括合作游戏的能力、轮流和分享、发起友好的交往以及积极地回应他人的友好交往。当然，许多其他技能和理解是这些能力的先决条件。其中，成熟是重要的先决条件，学步儿并不具备，而学前班的孩子则刚刚开始发展。我们的目的是长期的发展过程，这需要小心的养育而不是强迫。

像其他的教育主题一样，我们对社会技能的指导也必须从基础开始。和其他的学习一样，在学习娴熟地运用社会技巧之前，要先满足儿童的生理和情感需要。一个缺乏安全和信任的儿童做其他事时也会遇到困难。如果父母是热情的、关注的、能帮助他们理解限制的，那么他们就最有可能成为安全、自信、有社交能力的儿童。如果这些需要在家里没有得到充分满足，那么学校必须试着去弥补缺口。

我们要思考儿童亲社会行为的动机，例如是分享还是其他的妥协。你一定曾见过这样一些孩子，不论打了其他孩子还是惹别人生气，他们都漠不关心。这样的孩子或者是太小了以至于无法理解别人的感受，或者他们常常感到自己被他人拒绝，因而才反过来拒绝别人。如果一个孩子不关心别人，那么在学习与人相处时，你就不要期望会有太多的奇迹发生。有能力考虑他人的感受和想要去这么做是两个截然不同的问题。除非儿童失去了一些东西（如一个玩伴），他们才有理由思考他们的行为对他人产生了怎样的影响。你可能已经注意到，当孩子发展起友谊的概念后，他们常常使用“友谊威胁”（“我再也不要做你的朋友了”）以求达到目的。

因此，学习社会技能的“基础”之一是拥有朋友，对儿童而言就意味着有玩伴。为了有玩伴，儿童必须能够成功地加入游戏与别人一起玩耍，这也许是发展社会技能最“基础”的部分。与别人玩耍的过程，不仅为儿童提供了学习社会技能的动机，也提供了最佳的练习机会。游戏对儿童的社会性、情感和智力发展是如此重要，而正因为教育政策的制定者并没有意识到这些事实，所以教师必须努力保护和捍卫学校里的游戏时间。游戏提供了许多冲突和协商的机会，这些能帮助儿童学习考虑他人的需要和感受。而考虑他人的需要和感受也被称为“观点采择”，这也是发展社会技能的基础。

图3-1展示了每个发展社会性能力的成分是如何彼此影响的。我们看到了一个学习社会技能的最基本的顺序：首先是能够成功地加入游戏，这样就产生了被他人接纳的感觉；而这方面的成功又会引发友谊和对他人的关注。这些人际关系使儿童更愿意考虑他人的观点，而不是仅仅考虑自己。当一切准备就绪以后，孩子通常就会接受教师在社会技能方面的帮助，并以社会普遍能够接纳的方式来表现。我们现在看看怎样才能使一切准备就绪。

❐ 学习如何加入游戏

你有多少次曾经见到孩子因为想加入游戏遭到拒绝而大哭？研究表明，大约60%的加入游戏的尝试都会遭到拒绝。问别人“我能玩吗？”常常是没有用的，甚至可能招致别人的断然拒绝，因为它为对方提供了说“不”的权力。相反，当孩子长大了就会明白，应该帮助儿童学会使用更有用的能被人接受成为玩伴的策略。

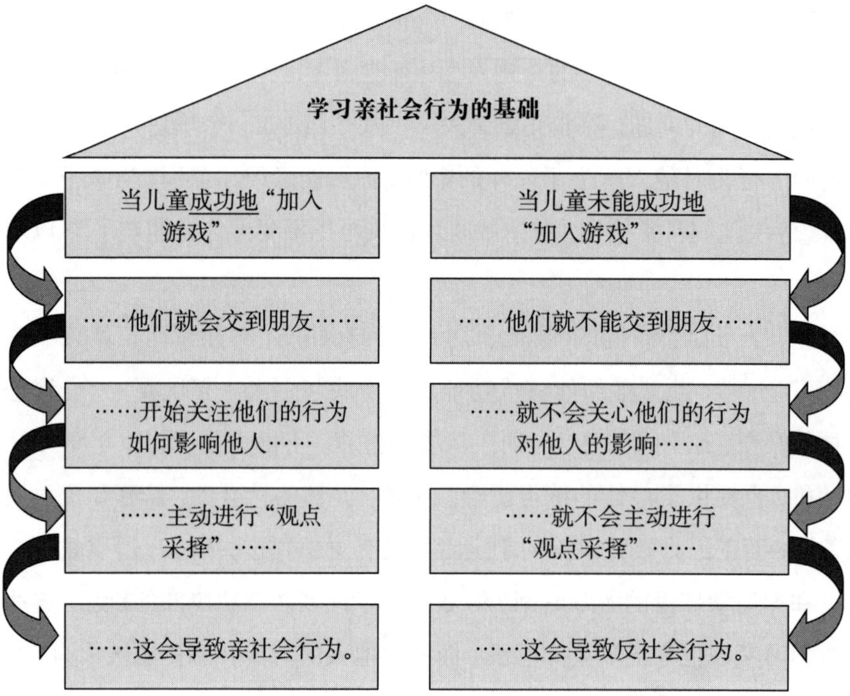

图3–1　学习亲社会行为的基础

2岁的考利看到4岁的迈克尔正在操场上比赛。她很喜欢迈克尔，想要和他玩，但迈克尔似乎没兴趣。所以考利开始推迈克尔，当他跑开之后，考利噘起了嘴。迈克尔对考利明显的沮丧没有任何回应，考利又跑上去推了迈克尔。

关于如何交朋友，考利还有很多要学，也需要时间和训练，我们希望她能改变策略。然而，一些成人很明显还未超越这一发展水平，还存在着非常类似的行为。想想你认识的人，比如，有没有谁因为男朋友没有足够关注自己而生气，她们不断地抱怨和生气，踹了男朋友换更好的。很明显，习得成功社交的技能并非对每个人都很容易。我们当然也看过考利故事的各种翻版在年长儿童身上发生。小男孩把小女孩的辫子浸泡在墨水池里，只是因为他喜欢她，这个老掉牙的故事告诉我们，这样的误解是多么常见。

首先，应该帮助孩子避免贸然闯入，因为这会打断别人正在进行的游戏。孩子常常会像一头公牛撞入一家瓷器店一样闯入一个游戏情境中。在别的孩子因此而生气后，闯入的孩子又觉得非常惊讶和被排挤。在这样的情形下，教给孩子不会干扰游戏的适宜策略将是很有用的！即：做一个潜在的玩伴，仅仅在旁边玩，做类似的活动。

另一个有用的方法是先观察你渴望加入其中的那些玩伴们在做什么；换句话说，努力从其他孩子的角度看待事情。这种观察为儿童提供了信息，儿童可以用这些信息找出促进目前游戏或适合目前游戏的方法。5岁的约书亚清晰地解释了这一观点。他对老师说："我今天学会了怎样和一个男孩玩。"老师问他是怎样做的，约书亚解释道："我只是看他怎么玩乐高积木，然后我就照他那样玩。"

当孩子的目标是加入一个游戏小组时，先努力思考其他人在做什么是有用的。当一个孩子的加入会对正在玩的游戏有所促进时，被同伴接受的可能性最大。6岁的约拿很好地向5岁的弟弟布赖斯解释了这一点。

布赖斯向母亲抱怨，哥哥约拿今天休息时不让他跟他们一起玩。约拿立刻反驳了他，说："要是你一开始玩和我们一样的游戏，你就能和我们一起玩了。但你没有，你想让我们停下来听你想干什么。布赖斯，下次一开始就做我们已经在做的事情，好吗？"

帮助儿童从这些尝试中体验成功，并因此形成相信自己能被人接受的自信是非常重要的。一个自信地接近同伴的孩子更可能成功地加入游戏；相反，一个不自信的孩子更可能遭到拒绝。而遭到拒绝又会引发由无效行为导致的再次拒绝。教师通过仔细指导和训练，应该能改变这一点。正如下例。

彼得和萨莎正全神贯注地进行他们的游戏。他们用乐高积木建造了模型船，还用小立方块制作了假的鱼叉和鱼叉投掷器，许多小立方块用来代表海豹，他们用鱼叉玩打猎的游戏。他们大叫"呀，呀，呀……"形象地模仿了他们的父亲在村庄旁的尤康河里追赶海豹的腔调。

泰格跑来想和彼得及萨莎一起玩。他拿起了其中一只海豹并开始给它添加小立方块，说："看我能用这个搭一条多远的路。"萨莎抢回假想的海豹，他本来想用鱼叉叉它的。萨莎命令泰格停下。泰格开始大哭，说："我也想玩！"彼得和萨莎继续玩他们的猎海豹游戏，没有在意泰格。

这些一年级孩子的老师卡兰老师发现了问题并过来帮忙。她很欣赏彼得和萨莎两人的假想游戏的质量和复杂性，所以不想打断他们。她意识到问题是由泰格笨拙地想要加入两个社会化程度更高的孩子的游戏引起的，因此，她把她的注意力放在帮助泰格学习一些重要而他又缺乏的技巧上。老师走到泰格面前，温柔地搂住他，把他拉到一边密谋似的轻轻对他说："到这儿来，让我们想想你能干什么。"泰格停止了哭泣开始听卡兰老师的劝说，并按卡兰老师所说的那样观察彼得和萨莎在干什么。

"他们在用小立方块干什么？"在帮助泰格观察他羡慕的玩伴时，卡兰老师这样问泰格。她让泰格思考别人想要什么，而不是只考虑自己的愿望。然后卡兰老师问泰格，他能做什么来帮助抓海豹；她是在向泰格建议一种常常能成功地加入游戏的策略。得到帮助之后，泰格决定用现在剩下的小立方块为自己做一只海豹和一把鱼叉。他制作了自己的假想游戏道具，然后老师鼓励泰格去彼得和萨莎正在玩的地方试用这些道具。她观察接下来发生了什么，结果她满意地发现，那两个男孩允许泰格加入他们的打猎游戏了。

值得注意的是，教师没有使用她作为成人的特权强迫别人接受泰格做玩伴。她知道这不会有任何作用；这只会破坏游戏，因为彼得和萨莎一定会去其他地方玩。一些用心良苦的教师常常坚持认为任何孩子都不应该被孤立，但这样的介入忽视了教育的契机，对孩子而言，这可能会把事情弄得更糟。孩子遭同伴拒绝往往是有原因的，教师的职责是评估游戏情境并找出原因。而这常常是因为一方或另一方缺乏技能或缺乏了解；教师首先必须确定什么是孩子需要学习的，然后再教。坚持让孩子参与游戏只会掩盖问题，既没有教孩子技能，也没有教孩子理解别人，同时也可能让其他孩子更怨恨那个强行加入进来的孩子。你可能也要思考一下，当你与你的好友正在进行很有意思的谈话，而一个不请自来的熟人想加入你们时，你会有怎样的感受？同理，有时孩子要求不被他人打扰，是不是也是合理的呢？表3-1告诉你教师怎样刻意计划，以促进儿童社交能力的发展。

表3-1　如何帮助儿童发展社会技能

- 指导孩子掌握成功加入游戏的策略。
- 鼓励孩子建立亲密的友谊和互相关心的关系。
- 利用儿童间的冲突，帮助他们交流观点和学习观点采择。
- 教孩子协商解决冲突的技巧。

❐ 鼓励建立友谊

教师和父母也可以通过鼓励孩子交朋友来帮助孩子获得社会技能。友谊之所以重要是有很多原因的。主动与朋友接触的儿童更可能获得成功，这可以增强他们的自信。当儿童与朋友一起玩游戏时，他们的游戏会更复杂、更成熟，这能提高他们的能力。比起关注他人的感受，儿童更关心朋友的感受，这一点能鼓励他们练习观点采择。在小学低年级阶段，许多儿童都会拥有一位最好的朋友。这种关系十分重要，因为它提供了发展人与人之间相互了解的最好机会，而这种了解是行为社会化所必需的。“因为朋友间需要维持友谊，所以他们主动学习社会技能，如分享、协商、合作以及解决冲突。”如果下次还有人坚持要将好朋友分开以扩展彼此的社交范围的话，请记住这些。

❐ 学习观点采择

因为儿童想要维持和他们朋友的良好关系，所以他们有很多理由去试着在争吵中理解其他孩子的想法。这并不是说朋友之间少有不一致，而是比起不是朋友的两个人而言，他们更可能试着去解决不一致。解决彼此的差异提供了非常有价值的练习，促进了儿童理解别人观点的智力，让他们更重视他人的感受，掌握矛盾处理技巧。

从他人的角度看待事物的能力，即观点采择，是社会技能的关键，同时考虑他人的感受也需要智力。没有这种能力，儿童会继续自我中心，不能够考虑他人的兴趣、需要和权利。观点采择能力是一个基本的发展任务，它是所有社会认知发展的根本。除非儿童能考虑他人的观点，否则他们对于公正问题的推理能力就不会取得进步。当他们只关注自己的观点时，他们对公正的看法是由他们的自我期待构成的。很显然，这样的想法不会让他们与玩伴亲密起来。

幼儿如何才能理解他人的想法和感受？不同观点对此的认识有很大差异。一些人在研究同情与幼儿时发生了混淆，认为同情类似于观点采择。尽管移情和观点采择常被放在一起讨论，但移情与感性的观点采择和理性的观点采择都是不同的。移情、感性的观点采择以及同情，都与情感发展息息相关，而理性的观点采择则与智力发展相关。移情是观点采择的一个组成部分，但大脑成像告诉我们，观点采择更为复杂。我们承认某些形式的移情出现得较早，如同情一个伤心的孩子。然而真正的观点采择，是在即使别人的观点与自己的观点相矛盾时，也能考虑到他人的观点，这是另外一回事。一个3岁的孩子在自己有足够的饼干时会给一个饥饿的孩子一块饼干，但可能在他自己只有一块饼干时就不会这样做了，尤其是在这个3岁孩子自己也想要这块饼干的情况下。尽管在很小的孩子身上就能观察到分享和助人，但这并不能清楚地说明这是真正的观点采择，其他原因也可能激发积极的社会行为。

意识是从自我中心到能够回应别人甚至能揣测别人感受的过程中逐渐发展起来的。为了采择他人的观点，我们必须能够把自己的想法搁置一边，从不同的角度看待同一情况。这些心智活动需要大脑的成熟以及大量的学习机会。根据罗伯特·塞尔曼的研究，就成熟、经验和指导而言，人们经历了以下5个观点采择水平：0级水平，即没有意识到他人有与自己不一样的感受和想法，这在学前阶段较为普遍。在小学低年级阶段，大多数儿童达到了1级水平。此时，幼儿意识到别人有他们自己的感受，但在思考自己的感受时仍不能考虑他人的感受。我们的观察表明，当自己的观点与他人相反时，情况尤其如此。到了小学高年级，儿童的思维已经普遍达到了2级水平。在这一发展阶段，儿童能够同时考虑他人和自己的观点。3级水平和4级水平则表现了更高水平的去自我中心，并能调整相互的观点，然而，这些通常直到青春期和成年时才会出现。意识理论指出，成熟对儿童发展

学习考虑他人的感受是一项巨大的工程——特别是当他人的这些需要和感受与自己的相对立时。

理解自己和他人想法的能力具有重要的作用。

这些有关儿童思维的知识将会帮助你接纳儿童的行为方式。当你意识到幼儿并非故意忽视其他幼儿的感受时，你的反应就会有所改变；他们只是还不成熟。你会知道，期望婴儿、学步儿抑或学前班的孩子自愿地分享他们的所有物是徒劳无用的。有关智力发展水平的知识也为我们帮助儿童向更高的水平迈进提供了基本的指导。并不是说你就只能接受儿童缺乏观点采择能力的事实，什么都不做，等待他们自己发展。我们所说的是，不应将这些能力的缺乏所导致的行为看成错误行为；相反，应该把无法成熟地理解他人的观点所导致的问题看作教育（学习）的机会。但是要记住，把你的教育目标定位在比孩子目前水平略高的水平上，同时做好准备：孩子越小，取得成果的时间就越长。

和幼儿在一起，你会经常看到与下例类似的情况。

> 艾娃用桌上唯一的一支黄色记号笔画画。杰克过来从艾娃的手里抢走了记号笔。当艾娃对着他大声嚷嚷并竭力抢回记号笔时，杰克似乎很吃惊。他们都声称自己需要这支笔，各自抓住笔的一端，陷入了一场争夺战。
>
> 丹尼斯从容地出现，并阻止了争斗。他让孩子们冷静了下来。他告诉孩子们他明白他们各自的观点，知道他们都想要一支黄色的记号笔。他也向杰克解释，艾娃已经在用笔了，拿走笔她会很难过。然后，丹尼斯示意杰克在哪里可以拿到另一支黄色记号笔。

杰克抢艾娃的记号笔，表明他的观点采择正处于0级水平。他拿记号笔仅仅是因为他想要，完全没有考虑到艾娃。因此，丹尼斯的目标是帮助杰克意识到艾娃也有自己的想法和感受。也许等杰克再成熟些，丹尼斯会试着让他自己来向别人解释他的观点。只要可以支持孩子自己做，他就不会替孩子去说。直接从别的孩子那里听到想法，同时看着那个孩子的脸，比起从老师那里听到的、所传递的信息更强有力，也更具体。

思考

自我检查：你在考量他人观点方面做得好吗？理解某个孩子的观点是一项更大的挑战，你做得如何？

如果能得到对孩子很了解的教师的支持，儿童在观点采择水平上的发展会比正常水平高。同时，正如维果茨基提醒我们的，比起独自一人，儿童在帮助下能够表现出更高的水平。维果茨基关于最近发展区和鹰架结构的著作涉及了成人应该怎样帮助儿童做事以及怎样教他们独立做事。

成人帮助儿童发展观点采择能力的最好方法是演示。对儿童的发展了解得越多，你就越能更好地理解他们的观点。另外一种有价值的教育方法是当儿童有各自不同的观点时，直接探讨儿童的这些不同观点。教师可以使用木偶戏、角色扮演以及故事来引导儿童思考他人的感受。通过故事和表演，教师可以要求孩子把自己放在别人的位置，想象别人的感受，而不是关注教室里发生的“错误行为”。而另一种教学方式是，建立良好的师生关系为获得成功打下基础。事实上，儿童与成人建立起信任关系后会更能够理解他人的观点。理解他人观点的能力是成功人生的基础。

❒ 学习解决冲突

我们可以帮助有一定观点采择能力的儿童学习解决冲突的技巧，这是下一步。这种避免和解决冲突构成了社会技能的另一个基本方面。它包括表达个人需要的能力和倾听他人表达的能力，也包括愿意妥协的心态以及处理侵犯的能力。协商过程的每个环节都要求儿童能考虑他人的观点。这些复杂的技能需要专门的学习。

“你真笨！”梅甘冲着萨姆喊道，萨姆正在把米箱里的米倒在梅甘正在玩的玩具上。她们的老师轻轻地走过来，问梅甘：“你不喜欢萨姆这么做，是吗？那么在萨姆倒米的时候，你就要告诉萨姆你不喜欢这样。”然后，老师引导梅甘把语言从仅仅表达愤怒转变为清晰地交流到底是什么让她难受。而萨姆需要在别人的帮助下听取这一信息并判断该怎样对待它。在这里，教师把争吵变成了对两个孩子都有价值的学习经验。

如果成人代替儿童解决了问题，儿童就得不到这样的实践机会。成人必须以与年龄相适宜的方式来引导儿童，并帮助他们缩小彼此之间的差异。对于语言能力非常有限的婴幼儿，教师可以替双方说话，以反映双方不同的观点。随着儿童的成熟，他们在表达自己的不同观点上就能逐渐扮演更积极的角色。教师或父母的目标是尽可能少干预他们，给孩子们一个机会去解决他们的差异。在下面的例子中，索伊似乎学到了许多。

凯尔从索伊那儿抢走了卡车，而且不打算归还。接着，他拿了一辆更大的卡车，并用它打了索伊。加百利老师的第一反应是跑来看索伊是否被打伤。但接下来发生的一系列事件阻止了她。

索伊站了起来，愤怒地瞪着凯尔的脸，说道：“我的表情告诉了你什么？我生气了！如果你再打我或再不好好玩，我就去其他地方玩了！”然后索伊又坐下继续玩。凯尔吃惊地看着索伊，把卡车还给了他，他们又一起玩了。加百利看着索伊的眼睛，笑着用眼神传递了一个祝贺的信息。看到自己教育的结果，她感到非常欣慰。

❒ 教师是教练

许多教学方法能用于帮助儿童发展社会技能。如果教师能认真地考虑儿童的想法，那么他就会通过案例来指导儿童。当幼儿陷入争吵时，教师最适当的角色

当幼儿陷入争吵时，教师最适当的角色是成为一名教练，提供鼓励、评价表现并推荐促使其进步的策略。

是成为一名教练，提供鼓励、评价表现并推荐促使其进步的策略。有时，成人最大的帮助就是站在一边，让儿童体验他们的行为带来的社会性后果。凯尔也许需要从经验中学习：如果他从别人那儿抢东西，那么其他孩子就不会愿意和他玩。

尽管对于孩子的发展而言，不干预比干预更有价值。但为了保护孩子的安全和提供支持，教师在必要时进行干预也是很重要的。因此，当丹尼斯让弗朗西斯卡带着一个加入游戏的提议去娃娃家时，也告诉了她，如果建议不起作用就回来告诉他。丹尼斯帮助弗朗西斯卡观察凯尔塞和梅甘在玩什么，并思考自己能帮上什么忙。他帮助弗朗西斯卡设想怎样才能加入游戏活动，当她执行这些设想时，他会站在一边给她信心。丹尼斯本来可以简单地告诉凯尔塞和梅甘必须让弗朗西斯卡和他们一起玩，但这不会教给弗朗西斯卡任何有用的社交技巧，自然也不会让弗朗西斯卡更受同伴欢迎。事实上，被强迫的结果会是游戏被打乱，而起初的游戏者放弃了原来的游戏。你会很快发现他们去别的地方玩到了一起，仍然抛弃了他们不想接纳的那个孩子。因此，强迫解决问题，任何人都不会是赢家。

休息时的操场的确为儿童学习社交技巧提供了最丰富的机会。然而在大多数学校里，休息时间成了教师的准备时间，只由操场管理员来管理儿童。这种情况伴随着许多问题：儿童和成人的比例可能是100∶1，成人不可能做任何指导。即使仅仅是施加粗略的控制，在这样的比例下也是一项挑战。即使数量适当，助理教师对儿童不甚了解，也不能针对儿童的个人需要提供指导。此外，只有极少数助理人员有足够的背景或受过训练，能为儿童提供这种有益的指导。当冲突爆发时，毫无疑问，孩子只会被送去校长室，就会丧失及时处理问题的机会。基于此，我们希望你能经常选择和你的学生一起到室外休息。这么做的教师们反映，他们能够观察到自然的择友倾向，并因此诊断出许多导致社交问题的诱因。

尽管处于截然不同的水平，婴儿和学步儿都能在冲突情境中从老师的指导中获益。婴儿之间的打闹可以是帮助他们发展社会技能的积极学习体验。如果你看到两个宝宝争夺同一个玩具，向对方喊叫，那么你可以待在一旁观察而不是跳出来阻止他们。你在场有助于帮助孩子感到安全，也可以确保两个孩子都不受伤。这样的观察也能为你的介入提供更多的信息。如果哪个宝宝在这样的环境下表现出不舒服，你可以快速提供解决问题的可行性建议。当你这么做时，要站在孩子的视角，同时冷静地识别你所看到的。给问题贴标签可以是解决问题的第一步。确保一直待在冲突现场，直到其中一个宝宝离开，这样问题就不会再次升级。

□ 和家长一起工作

家庭和看护人员之间关系的质量是幼儿幸福的重要组成部分。如果能够让孩子的家庭也参与其中，那么你在提高学生的社会技能上将会获得更大的成功。如果把跨文化的交流也包含在内，那将会是一个更大的挑战。在美国，直接的交流方式是常见的主流方式，而在世界的其他许多地方，间接的方式也很常见。同样，遵循严格的时间表也是一种能到处推广的方法。如果一位家长开会迟到，没有提出教师希望的问题，教师也许会认为该家长是粗鲁的，而且不关心孩子的学校。而家长也许也会认为教师很粗鲁，不关心孩子。在这样的鸿沟之间建立桥梁非常有必要，随后家长和教师才能代表孩子合作。

在很多冲突中，家长和教师必须在使用的引导方式上做些妥协。研究表明，教师和家长使用的纪律教育技巧与儿童的社会技能相关。因此，很重要的一点是，家长和教师分享对儿童社交能力的目标。家长是自己孩子的专家，他们可以是一个很有价值的信息源：不仅关乎他们孩子的个性特征，还关乎经验、家庭或文化期望，而这些都对孩子影响深远。

教师需要做儿童普遍发展规律方面的专家，帮助家庭把孩子的发展放在一个更广阔的视野中。教师可以是这样一个信息源：提供最好的有助于发展亲社会性的方法。例如，家长可能没有意识到儿童需要理解自己的行为给别人带来的害处，以便从中学习更积极的社会行为。因此，如果告诉家长们你的教学目标之一是帮助孩子学习为什么某些行为可以接受而其他行为则不然，这会很有帮助。你可以解释，除了惩罚不良行为，你还可以帮助儿童获得更多信息以发展更好的社会交往技能，加强与同伴之间的关系。你也可以帮助家长理解为什么“因为是我说的！”不是一个命令某个行为的有用理由。

当你讨论某个孩子在与别人相处方面有困难时，家长会坚持他们的孩子在家里从来不这么做。这就给了你一个机会提醒他们，面对也许有5个两岁的孩子争抢同一件玩具的集体环境，对于孩子而言是一项不同的挑战，或者可以说在小学操场上这样的行为会是一种欺凌行为。

家长也许会因为孩子不能分享玩具或从他人那儿抢玩具而焦虑。你可以很确定地告诉他们，幼儿还没有成熟到具有高水平的人际洞察力，但他们在成人的帮助下可以向高水平发展。为家长提供关于成熟理论的信息能帮助家庭支持孩子的发展进程而不是为之感到焦虑。正如维果茨基所说，“好的教育就是走在发展前面并引导发展”。这与我们帮助婴儿学习说话相似：不能仅仅因为他们不能说话，我们就不和他们说话。同样，不能仅仅因为他们以前努力的效果不大，就认为我们不应回应他们或鼓励他们做进一步的尝试。在孩子能用语言做出回应之前，家庭成员通过和宝宝说话，有效地教会了他们口语。同样，家里和学校里的成人也可以通过示范和建构问题解决技能，有效地教给儿童更高水平地思考人际关系，同时目标应略高于儿童能独立达到的水平。

顺应个体差异

一些基本的发展结果明显超越了文化差异，包括学习交友、学习语言、学习组织和整合感觉，以及学习思考、想象和创造等。当然，我们不得不想到这些后果因所在文化背景的不同而不同。因此，必须牢记：适应社会的行为在不同群体中截然不同；家庭对孩子的期望根据儿童的文化、家庭背景、经济地位及性别的不同而不同。教师对所有儿童持同一行为标准，实际上对一些儿童是不公平的。

❑ 文化差异

文化不是肤色或种族起源，它是我们看世界的背景。我们不能设想所有的欧洲人都有相同的祖先，我们也不能说所有的拉丁裔美国人或非裔美国人是一样的。文化是多源头的产物：不仅是民族、语言、种族、宗教信仰，也是经验、受教育水平、社会经济地位、性别、年龄、生活方式、政治倾向、地区及气质的产物。我们每个人都拥有一种文化，但我们通常不会意识到它，除非我们体验到自己的文化与他人的文化之间的冲突时才会意识到。缺乏这一意识导致了师生之间、教师与家长之间产生误解。当教师发现孩子的行为不适当时，教师需要思考的一个问题是，这是不是由文化不同导致的。对所有儿童持同一标准的教师，往往会导致儿童社会交往的失败与学业的失败。我们必须考虑每个儿童的文化以及发展水平、气质和生活经验。正如冈萨雷斯-米纳所说：如果你一直遵从你自己的观念，认为什么对孩子和他们的家庭是好的或对的，即使这些观点是你受培训的结果，你也可能正在伤害那些其父母与你意见相左的孩子。

学校文化反映的是周围环境中的主流文化。那些家庭和家族对其期望与学校对其期望最相似的儿童，他们需要做的调整最少。随着学校容纳的来自不同文化的儿童越来越多，教师的角色也在不断地复杂化，儿童的调整也同样变得复杂。文化差异影响着所有的预期和互动。对某些事物看法不同会妨碍交流，例如何时及如何使用语言、肢体语言的意义、直率的提问是否表现为粗鲁以及直视说话者的眼睛是否礼貌等。文化差异也影响着人际关系，不同的群体对儿童与成人的正确关系、可接受的同伴互动方式以及合作和竞争哪个对孩子更好等问题，都持不同的观点。家庭和学校对孩子期望的差异导致了孩子的混乱和不信任。例如，西欧文化希望儿童独立，而世界上的大多数文化认为互相依赖是很有价值的。这一系列不同的期望会对儿童的行为产生巨大的影响。下面就是一些因跨文化的误解而可能导致问题的例子。

文化不是肤色或种族起源，它是我们的世界观的背景。教师对儿童的期望必须认可每个儿童的家庭的世界观。

拉比亚的老师很心烦，因为每当需要外出时，拉比亚都不会自己穿外套和鞋子。老师发现，在家里，拉比亚的父母总是替她穿衣服，并用汽车接送她上下学。

艾哈迈德陷入了麻烦，因为休息时，他不能待在自己的睡垫上。老师发现，他从来没有一个人睡过觉，他总是和父母一起睡。

米里亚姆在学校里不说话，在需要有人帮助她完成任务时她也不说话。她一年级的老师发现，米里亚姆主要依靠非语言信号来传递她的需要。

因在晨间学习时间说话而被老师训斥时，蓬一直在微笑。这让老师认为蓬不在意斥责。老师随后发现，在蓬的家庭中，面对这样的训斥微笑是一种有礼貌且充满尊重的回应方式。

对于一些人而言，适应他们自己的文化和在主流文化中获得成功是相矛盾的。帮助儿童拥有双语和二元文化的努力，常常使得儿童最终失去了自己的母语和母文化或让他们对两种文化都无法适应。另外的一个问题是，对于仍在学习家庭期望的内容的幼儿来说，学习一系列新的期望的内容会造成很大的压力。只有通过从家庭成员那里搜集信息，并接纳和尊重儿童的家庭的价值观，敏锐的教师才能给予其帮助。教师也可以通过表达自己对儿童的期望来帮助儿童跨越文化的鸿沟；而不是认为每个儿童都知道自己对他们的期望，当别人没有遵从时就表现得非常沮丧。尊重所有文化的教师也会用学生的文化来教育自己并调节自己的期望，以让所有儿童都感到舒适。全美幼教协会的道德行为准则说到了教师的道德责任：“尊重每个家庭的尊严和偏好，努力了解它的构成、文化、语言、风俗以及信仰。”

❑ 社会经济地位差异

建立在家庭收入、工作以及受教育背景之上的文化差异，也会导致行为目标和方式的不同。这些差异可能使来自不同背景的儿童互相看不顺眼，从而导致社会交往问题。同理，成人也常常对来自不同背景的人感到不舒服。这些不适应抑制了家校间的交流，对儿童非常不利。纪律教育的主题也会暴露来自中产阶级和来自低收入背景的成人观念上的主要差异。低收入的家庭普遍努力帮助他们的孩子变得坚强，以面对不可知的未来，因而常常使用独裁式的纪律教育模式。这种方式在很多来自中产阶级的教师看来是非常奇怪的，他们常常使用权威式的纪律教育练习，目的在于帮助儿童看到世界是安全和友好的。因此，很重要的一点是，认识到儿童会被家校间不同的行为期望、不同的教育方式弄得混乱，而忘记如何在某个场合采取某种行为。

铭记“差异”无所谓好坏的教师，能帮助更多的儿童在学校里获得成功。那些背景价值观与教师的价值观有很大差异的学生，在学校里失败和被忽视的可能性很大。正如拉姆齐所言：“我们必须确保我们没有加大经济对儿童社交技能和社交方式的发展造成的潜在不利，即使这也许不符合目前的班级结构。”这并不意味着干扰行为是允许的，这其实意味着儿童由于和学校期望不匹配而出现干扰行为并不丢人。

❒ 性别差异

事实上，性别也影响着行为。尽管我们已经知道性别角色定位造成了男孩和女孩之间的行为差异，但对人脑的研究也揭示了为什么对绝大多数儿童而言我们在消除性别差异上的努力都会失败。对于性别认同已经确定的孩子们来说，为男孩买洋娃娃和为女孩买卡车所能获得的成功都是有限的。

性别一旦确定，差异就开始显现。大脑的一些部位发育不同，占主导地位的化学物质和激素不同，发展速率也不相同。例如，包含语言技巧的领域，女孩要比男孩早熟6年，在女孩们语言技能的发展速度上这一点表现得尤为明显。男孩们还依赖非语言交流时，同年龄的女孩已经开始通过协商来解决冲突。而男性涉及空间任务的区域则比女孩早成熟4年。

> **思考**
>
> 当你看到：女性认为交谈非常必要，而男性却发现交谈并不必要，这一显著差异一直延续到成人期。
>
> 这些信息会不会让你更能容忍异性朋友或配偶？

更为典型的是，男性的大脑含有的

化学血清素较少，这使男孩比女孩更容易冲动和急躁。而具有化学性质的催产素对女孩的刺激更持久，这使女孩更有同情心。男性的大脑大多在脑干里处理情绪（那里是储存“战斗或逃跑”反应的地方），而典型的女性大脑将情绪移向大脑的上部，那里是复杂思维发生的地方。当然，男孩拥有更多的睾丸素，这使他们更富有攻击性；女性的成长激素——黄体酮，被认为是具有约束力的激素。有了这些认识后，就不奇怪为什么当班级里男孩比女孩多时，教师经常会怨声载道。

教师抱怨男孩太多，与教师将典型的“男孩行为”视作问题行为有关。事实上男孩逃学的比例比女孩高4.5倍。大多数男孩比女孩需要更多的身体活动，在一个安静受控的学校环境中女孩往往比男孩适应得更好。因此，活动正常的小男孩会被误贴上注意缺陷多动障碍（ADHD）的标签。这些儿童需要在他们的日程安排中增加更多的身体活动，而不是依靠药物进行治疗。搭积木、木工活动、户外学习以及大肌肉运动的机会都有助于让小男孩变得更合作。理解并顾及普遍性别差异的教师更能欣赏男孩的社交能力。

小　结

本章和第二章都考察了直接与纪律问题相对应的儿童发展的一些方面。关于儿童思维的知识能帮助你区分思维的不成熟与故意的捣乱行为。与社交能力发展有关的知识帮助你以更有价值的方式介入儿童的社会性冲突。了解文化、社会经济地位以及性别等差异是如何影响儿童行为的，能使你对儿童的期望更现实。当教师了解儿童的发展并将他们的期望与每个儿童能轻松做到的事相匹配时，教师的工作会变得更快乐，同时他们也会拥有更善于合作的学生。按照儿童的发展水平设定你的期望，能使儿童从害怕去学校变成盼望每个新的一天的到来。遵从本章的指导方针不是一项容易的任务，在坚持向所设目标迈进的过程中你要对自己有耐心。

社会性发展逐渐成为教授亲社会行为的主要内容。与同伴相处或在小组合作方面有问题的儿童会出现常见的纪律问题。社会性发展的主题将引导我们进入下一部分，下一部分讨论的是纪律教育方法。本章末尾的推荐读物可以帮助你拓展对本章中所介绍的观点的了解。

摘　要

- 幼儿的认知和学习方式与年长的儿童及成年人不同。他们的大脑虽然发展快速，但仍然不完善且功能有限，这影响了他们的行为。他们思考别人的需要和需求的能力有限，这常常会在集体中造成冲突。他们的学习模式需要不同的教学方法，以便孩子们能够成长与合作。
- 任何学校课程都需要认真教授社交技能并为之做计划。这种教学必须基于每个孩子的需求，确保孩子体验到与他人的关爱关系。帮助孩子开始理解和关心别人的感受是关键。
- 我们不能对所有的孩子有同样的期望，我们必须小心不要因为他们在家庭文化中习得的行为或基于他们的生态环境产生的行为而批评他们。能适应与文化、社会经济地位和性别有关的个体差异的教师会拥有更为平静的教室。

讨论或反思

1. 你知道哪个孩子在被同伴接纳加入游戏方面有困难吗？实践本章所描述的指导技巧，结果如何？你学到了什么？

挑战一下

2. 一个需要解决的问题：斯蒂芬刚刚把插图加进了他的故事，梅森抓起插图，大笑着跑开了。斯蒂芬哭成泪人，老师赶来帮忙。她努力让斯蒂芬告诉梅森他的感受，但是她失败了，斯蒂芬一贯如此。教师考虑如何教斯蒂芬捍卫自己以及和家长联系讨论这些观点。斯蒂芬妈妈的回应则暗示教师的这一期望是不合适的。

(1) 会是什么导致斯蒂芬妈妈和老师之间的观点有所不同？

（2）这一问题最好的解决方法是什么？

实地研究

3．观察幼儿做游戏。你能找到哪些证据，以说明他们对规则的理解是独一无二的？

4．与幼儿交往时，寻找他们不能从他人的角度思考的例子。试着帮助幼儿学习表达自己的观点并学习倾听其他幼儿的观点。分析这一经验，并与同伴讨论如何改进你的方式。

5．倾听幼儿的语言。你听到过他们混淆个人幻想与事实吗？成人最好的回应是什么？

6．你或你认识的人有没有体验过与学校文化不一致的困扰？你或你的朋友是如何应对的？其长期影响是什么？

7．一个需要解决的问题：康拉德偶然间把颜料泼到了画板上，但他否认这是他做的。

（1）假设康拉德才3岁，导致这个"谎言"的可能原因是什么？如果他已经7岁了呢？

（2）对这两个不同年龄段的孩子，成人最好的回应方式是什么？

推荐读物

Bowman, B. (2013). The state of the black child. In *Being black is not a risk factor: A strengths-based look at the state of the black child*. Washington, DC: National Black Child Development Institute.

Corso, W. A. (2003). *We're friends, right? Inside kids' culture*. Washington, DC: Joseph Henry Press.

Derman-Sparks, L., & Ramsey, P. (2011). *What if all the kids are white?Anti-bias multicultural education with young children and families*. New York: Teacher's College Press.

Gropper, N., Hinitz, B., Sprung, B., & Froschi, M. (2011). Helping young boys be successful learners in today's early childhood classrooms. *Young Children,* 66(1), 34–41.

Kemple, K. M. (2004). *Let's be friends: Peer competence and social inclusion in early childhood programs*. Upper Saddle River, NJ: Merrill/Pearson.

Kovach, B., & Da Ros-Voseles, D. (2008). *Being with babies: Understanding and responding to the infants in your care*. Beltsville, MD: Gryphon House.

Ostrosky, M., & Meadan, H. (2010). Helping children play and learn together. *Young Children,* 65(1), 104–110.

Ramsey, P. G. (1991) . *Making friends in school: Promoting peer relationships in early childhood*. New York: Teachers College Press.

Wardle F. (2016). *The Challenge of Boys in Early Childhood Education*.

Willis, C., & Schiller, P. (2011). Preschoolers' social skills steer life success. *Young Children,* 66(1), 42–49.

第二部分

纪律教育的方法

第四章到第十章将综述各种纪律教育方法。我们会按照从最积极到最不积极的顺序呈现这些方法，这也是遵循对儿童干扰的程度从小到大的顺序来呈现。

我们认为，没有一种纪律教育方法能在任何时候适用于所有儿童。正如本书开头所谈到的那样，判断行为的诱因是选择适宜的纪律教育方法的基础。通常，原因并不只有一个，因此需要多种指导方法。我们相信，对儿童的社会性发展具有良好认知且拥有多种积极的纪律教育方法可供选择的教师们，才可能敏锐而富有经验地回应儿童的错误行为。

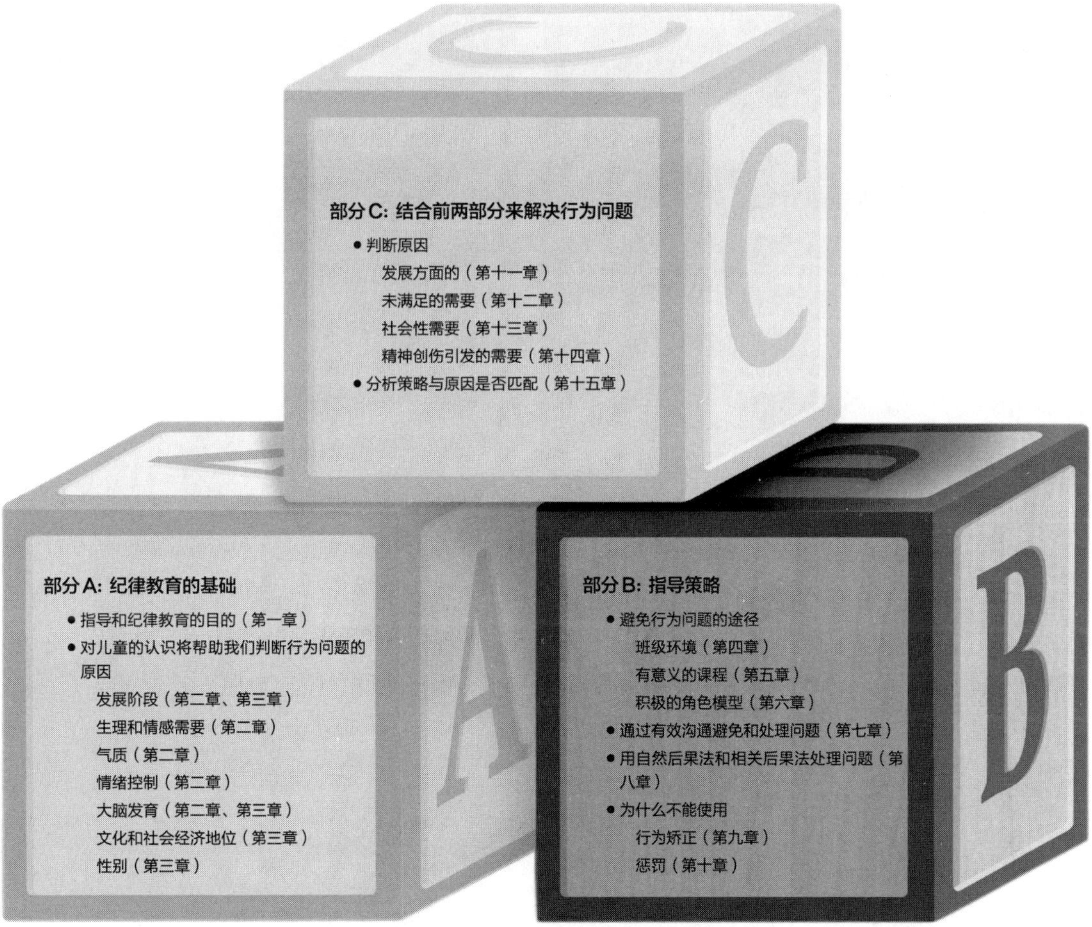

第四章

创设能预防纪律问题的环境

本章节所涉及的全美幼教协会（NAEYC）标准

标准1c：使用相关的发展知识，创造一个健康、充满尊重并具有支持性和挑战性的学习环境。

标准4a：知道积极的关系和支持性互动是与幼儿一起工作的基础。

标准4b：知道并理解早期教育的有效策略和工具，包括恰当地使用媒体技术。

标准4d：反思自己的实践，使每个儿童获得积极的结果。

【学习收获】

有了对本章的理解，你应能：

- ◆ 创设一个物质的学习环境，它可以支持儿童的发展并减少行为问题。
- ◆ 创设一个认知环境，它可以刺激儿童的主动性并减少因无聊或沮丧而导致的行为问题。
- ◆ 举例说明，成人如何通过营造情感环境，并通过关系促进儿童良好自尊心的发展。
- ◆ 创设一个社会环境，在这个环境中儿童和成人互相尊重。

一些人认为纪律教育就像一个反应过程，当错误行为发生时追踪错误行为。而我们主张前瞻性的纪律教育法，即在问题发生前就阻止它。

你也许参观过这样一间教室或参加过这样的生日聚会——室内的东西如此整洁，让你羡慕这个成人竟然拥有一群如此行为端正的孩子。这些孩子很可能都是普通孩子，但精心准备的环境培养了他们的合作与积极互动。比起简单地回应所发生的错误行为，设计一个环境以促进儿童的自治和避免行为问题是一种有效得多的纪律教育方法。

吵闹的教室

环境能造成多么大的差异啊！瞧这个学前班，孩子们在为玩具争吵，在角色扮演区里来回跑动，推倒了其他孩子的积木作品。一些材料看上去像是被快速摆弄后又随意地扔到了一边。教室里很吵，成人不得不提高音量，才能压住孩子们愤怒或沮丧的叫喊声或哭声，因为他们正在争抢一些热门材料。有些孩子躲在外边，吃惊地看着这些行为。当你阅读此章节的时候，请思考如何通过简单的方式来改变这样的环境，从而给这个教室带来全新的面貌。

在本章中，我们将通过创设支持孩子所有发展方面的环境，来考察避免诸多行为问题的诱因。有很多优秀的作者撰写专著来讨论为幼儿创设良好的环境。很多先驱，包括鲁道夫·斯坦纳和玛丽亚·蒙台梭利等，已经为创设美好的学习环境铺平了道路。

不可能在单独的一章中穷尽所有关于这一关键问题的重要信息，因此，本章的目标聚焦于环境的若干方面，即与积极的指导最直接相关的方面。我们相信，每个环境（室内或户外）都应该满足儿童的发展需要。围绕这些需要，我们用四个关键领域——生理（physical）、智力（intellectual）、情感（emotional）和社会性（social）——来组织本章，以首字母的缩写 PIES 来代表它们（参见表4-1）。

表4-1 PIES（生理、智力、情感、社会性）

领域	定义	相关行为
生理	包括看、听、营养、休息、锻炼、总体健康状况、平衡、感知觉以及大肌肉、小肌肉的发展。	当身体感知到一些问题，例如饥饿、口渴、筋疲力尽或诸如听不清楚等慢性问题时，儿童间的合作会变差，行为问题会增加。
智力	包含好奇心、推测、实验、解决问题、记忆以及创造力。	当儿童感受到烦躁或沮丧的时候，他们会表现出令成年人头疼的行为问题。
情感	包括自我认同（我是谁）和个人成就感（我可以）。	当一个儿童缺乏自信的时候，他（她）会表现得黏人或抱怨，以及对未知世界感到恐惧。相反，当儿童清楚地知道自己是谁并知道自己能做什么的时候，他们会为自己自豪，并愿意承受风险来尝试新的活动或接触不熟悉的人。
社会性	源自与其他人的关系，诸如分享、领导、应变、移情、斡旋、妥协以及同情等技能。	当儿童缺乏社交技巧的时候，通常会导致很多争论和哭泣。在分享物品或遵守规则方面常常会有大量争吵。

虽然很多作者把社会性发展和情感发展归为同一领域（即社会—情感），但出于指导的目的还是把它们分成两部分更好。一个孩子可能非常自信（积极的情感发展），但却缺乏社会性发展，不知道如何交朋友或和其他人很好地合作。相反，一些儿童擅长集体互动（社会性发展），但却缺乏自信或有着与自我认同相关的情绪问题。所以当我们观察儿童的行为时，很重要的一点就是区分社会性发展和情感发展，这样方能给予儿童最有帮助的指导。

物 理 环 境

为儿童准备环境的理念源于玛利亚·蒙台梭利博士（1870—1952），她认为环境是教室里的“另一位老师”，因为物理性的家具和材料的安排对学习有很大影响。她的创新理念包括儿童尺寸的家具以及为儿童专门设计的学习材料，如今，这些都已经成为优质早期教育环境的标志。环境在与我们每个人对话。在有意识与无意识中，环境的设计深深地影响着主动性和我们的幸福感、行为以及学习，它是一个重要的引导行为及避免纪律问题的工具（参见表4-2）。

环境应具有软和硬、开放和封闭、简单和复杂、互动式和反馈式以及高移动性和低移动性等不同维度。如果不能相应地参与活动，孩子们的攻击性行为就会增加。看护者会发现自己一直在说“不”或“不要”，这会让学步儿觉得非常压抑。

有序的教室能够促进学习、鼓励独立、培养责任心并帮助儿童发展对生存和学习都至关重要的与人合作能力。而设计蹩脚的教室会阻碍学习并伤害儿童。要成功地设计物理空间并减少行为问题，最好分年龄段讨论。

❐ 对特定年龄的一些想法

婴儿　对婴儿和学步儿来说，探索周围环境是重要的课程。设计优良的环境可以在很大程度上影响孩子和看护人员的幸福感。对于不能移动的婴儿，我们要减少其哭闹，让他们和周围的人与环境积极互动。为了做到这些，我们需要为宝宝和他们的看护人员提供舒适和安全的装备。使用滑行椅而不是摇椅可避免夹着孩子的小手指。或使用吊床，这样可以摇更多的宝宝，而且吊床在不用时更容易

表4-2 物理环境中的常见问题

问题	导致的行为
空间太小	孩子们不愿意与父母分离，因为这里太拥挤和吵闹了，而且他们可能曾体验过因为过于拥挤而被推挤或被咬。孩子们会不愿意参与游戏；推别人；排斥别人进入游戏区；撞倒积木；对让步感到困惑；弄坏材料；没有地方进行创造性游戏或探索及体验不同材料。
所规划的课程中没有足够的主动活动。粗大动作或大肌肉运动仅限在室外或操场上的某个特定时段才能进行；教室里无法进行	孩子们开始围着教室跑，或沿着走廊跑；爬上桌子；在故事时间或课堂上不愿意一直坐着；摇晃或弄倒椅子；扔东西；大声说话；挥舞胳膊、晃腿；跳；推撞别人；导致肥胖和相关的健康问题。
没有足够的材料	孩子们为了第一个拿到喜欢的材料或新的学习材料而推挤或吵架；他们占着材料而不愿意分享；试图藏材料，这样在他们想要用的时候就能拿来用；试图避免整理或开始游戏，因为他们几乎没轮到过；会为了轮到自己而说谎或欺骗；把东西带回家，这样他就能自己拥有了；排斥他人（“橡皮泥不够，不能给他了”）；哭。
仅限在室内进行精细动作活动	在户外，有的孩子累了，想要继续学习或进行创造性活动，但缺乏支持性材料；他们拒绝合作，一旦到了户外，就被动地看着别人，黏着老师、呜呜地哭和抱怨。
家具摆放不当	导致孩子们四处奔跑或在游戏中排斥他人（“这里没地方了”“你不能玩”）。
家具或材料容易损坏	容易损坏东西；孩子们倾向于不爱护这些东西。
建筑空间设计不合理，会导致去盥洗室或水槽的通道拥挤；光线或结构会有碍空间的灵活使用	这些会导致孩子破坏规则，把环境弄得杂乱无章；孩子们可能从错误的空间或在错误的时间里进出；藏在老师看不见的地方；或者去不许孩子去的地方。这些都可能会导致教师减少脏乱或创造性的项目。

储藏。你可以随时创设“双倍空间”，这样婴儿可以在两种水平上使用同一环境，而你就能够开展更多的活动。通常可通过阁楼和架空的游戏房来实现这些。

使孩子放松的睡眠区和使不会移动的宝宝与会移动的宝宝分开的舒缓安全区，能够减少学步儿弄伤婴儿的情况。通过这样的空间隔离，也可以减少教师不断要求活跃的学步儿离开不会移动的宝宝。不会移动的宝宝需要各种视觉和听觉刺激以及成人长时间的关注。男宝宝倾向于看移动的物体，如晃来晃去的悬挂着的玩具，而女宝宝想要更多地看脸。你需要确保所有宝宝都有足够的机会接触音乐和啃咬玩具。当然，所有材料，包括会引发窒息的危险物品必须消毒并进行安全监控。将要学习爬的婴儿或需要俯卧时间的婴儿，需要给他们提供一个安全柔软的地方躺卧，同时还要有有趣的材料，例如地面镜。成人应密切关注并观察迹象，在需要时互动或改变环境。在一个婴儿—学步儿课程中，整个环境包括日常照料区域（如换尿布区）都是学习环境。在换尿布的时候，和婴儿说话、唱歌，让他（她）抓新玩具或看到悬挂玩具，能有助于婴儿享受换尿布的过程，从而减少婴儿的扭动和不安。

学步儿　会移动的宝宝需要空间和材料进行攀爬和探索。放置家具让小宝宝能自己拉着站起来、来回踱步、在两个物体间容易地迈开第一步，这些都有助于鼓励刚学走路的孩子。为学步儿提供大量的安全场所，如软榻、固定在墙上的短梯子或堆积的泡沫平台。当然，所有的攀爬区域必须尽可能接近地面，并且下落区域必须有柔软的垫子。对于非常小的孩子（1—2岁），不要一次提供大量的材料，而应把大量相似的材料放在箱子里，每天分几次投放到环境中。例如，拿出一箱子各种各样的球，玩后收集起来，然后拿出各种宝宝玩具，再然后是画画用具。在教室里应有基本的系列材料，但通过不断地增加材料，你可以吸引孩子们的兴趣且避免更多的冲突。学步儿倾向于扎堆，移动也更快。如果你可以规划环境，提供有趣的分隔区域并经常转换材料让他们探索，将有助于避免孩子乱发脾气和咬人。

学前班和幼儿园阶段[1]　学前班和幼儿园的孩子需要大量的机会来接受高质量的教育和符合其自身水平要求的创造性材料。这意味着家具和道具应鼓励表演游戏、建构、书写、艺术、科学探索、音乐并提供感官材料。一个常见的错误是：认为精细动作技能是室内的，而把粗大动作活动限制在室外。这会引发行为问题：当某个孩子需要锻炼大肌肉时，却正好不是户外时间。

[1] 指5岁前和5岁班。——译者注

教室里的家具和道具应鼓励表演游戏、建构、书写、艺术、科学探索、音乐并提供感官材料。

应该在室内和室外都提供发展PIES所有方面的机会。在室内某个特定区域，孩子可以扔小沙包、在一个迷你蹦床上跳一跳、跳舞或用摔跤垫，这将有助于减少大量不适宜的活动，如奔跑或爬上桌子。此外，提供了这些选项后，如果你看到他们在“犯错”，可以很容易地把他们转移到一个可接受的活动中。研究表明，弹性化环境可以给学前孩子提供多的选择（自由选择和室外时间），这会使孩子更积极地与其他孩子合作以及更积极地参与任务，也会更积极地配合教师组织的活动。

低年级　一年级至三年级的教师有着额外的考虑。很多教室里每人配有一张桌子，很少有空间或材料可以作为学习区。一些教师把桌子聚在中间，沿着教室周围创设学习实验区；另一些教师则简单地创设一个用于学习的区域，将一些桌子和可交替使用的家具（如书架）用于特定区域，如数学操作区。一位二年级教师在学年初，在家长的帮助下，给每个孩子的椅背缝上一个覆盖整个椅背的大袋子，里面可以放铅笔、书、便签等。孩子们把椅子挪到任何他们想要工作的地方，而不是由教师指派桌子。他们只要从椅子背后拿出他们所需的材料，就能坐到另一张椅子上或在地板上找一个舒服的位置完成他们的工作。很多建构主义教师参照教育大师（例如蒙台梭利、皮亚杰、维果茨基）的原则和理念，选择尽可能不在教室中提供个人课桌，而是提供大桌子或地面空间作为学习区域。因为活跃的孩子在学习上会更成功（“儿童肥胖研究”白宫特别小组提交总统的报告，2010）。

❐ 设计环境

环境的安排传递着隐含的信息。开放式走廊通常表达的是“跑”，而舒适、柔软、光线充足、围绕着书的地方则表达着“请进，放松和阅读”。

在一次混乱的美术活动之后，孩子们冲进盥洗室里洗手，为此南希很烦恼。她重复告诉学前班的孩子们两手相握，走到盥洗室里，路上不要碰任何东西，直到走到水槽前为止。一次又一次，孩子们总是遵守着指令出发，但南希发现自己在他们到达盥洗室之前，总要大喊："走！"而那时她正在混乱的油毡区帮助其他孩子。在理想状态下，水槽应该靠近创造区或油毡区，但因为建筑设计和地板的问题，没法做到这一点。为了便于清理，南希把用于拼图、游戏和桌面玩具的三张桌子移开了，这样他们可以从中间直接沿着墙到达盥洗室。这形成了一条"笔直的走廊"，孩子们可以直接去盥洗室，不会在手脏的时候忍不住去摸操作材料。在对环境进行观察之后，负责人苏珊认为重新安排家具效果会更好。南希同意试一试，他们移走了中间的桌子，让它靠着去盥洗室要沿着走的那面墙，如此为从艺术区走出来的孩子们创设了一条曲折的路。奔跑立刻而且完全消失了。由于孩子们早就学过双手相握走到水槽边，所以他们不会碰到拼图和游戏。简单地重置家具消除了问题，也减少了班级中的麻烦。

密度 每个儿童所占的面积数，极大地影响着儿童和成人。密度水平高会导致压力及攻击性、破坏性行为，并且会导致一些儿童退缩，同时积极的社会互动、成就、对每个孩子关注的时间都会减少。尽管在大多数州3.25平方米（35平方英尺）/儿童是一个常见标准。布拉德引用了一系列数据，建议采取4.18 ~ 4.65平方米/儿童的标准，当超过5平方米/儿童的标准时，学步儿的压力水平会减少。

通过减少噪声和密度，儿童和教师都能生活在一个压力最小且学习效果更好的环境中。儿童越小，班级也应该越小，因而所需的总面积也应该更少，同时每个儿童占有的面积也应该越大。根据婴儿和学步儿研究专家的建议，0—8个月孩子的班级，应该有2名看护人员，不超过6个孩子，并且至少拥有33平方米的面积。8—18个月的宝宝，看护比应该达到1∶3，或每班至多3个看护人员看护9个孩子，并且至少拥有46平方米的面积。可以由1个成人看护4个18—36个月的学步儿，或每班至多3个成人看护12个孩子，并且至少拥有56平方米的面积。超过这些标准，如扩大班级规模或师生比例，或者减少该年龄段儿童所占的平均面积，都会导致与拥挤相关的纪律问题。这些推荐的比例对于很多学校而言成本过高，但对小宝宝却是最好的。

声音 周围的噪音影响我们的感受和行为。销售专家研究了哪种声音会引导我们在某个商场购买物品或让我们在一个封闭式电梯里感到更舒适。声音在数量、音高、音量等方面超标会给人压力。人们对音乐的反应不同。一些观察者将儿童看护中心的环境比作时代广场或嘉年华娱乐场。在其中一个中心，教师整个上午都在播放过吵的儿童音乐，即使是在集体讨论或“圆圈时间”也是如此，然后她很奇怪为什么孩子们对她的课不关注。教师需要意识到听觉环境并确保有时间听到房间里的人的快乐的声音。当使用录音作为背景音乐时，自然的声音以及来自不同文化的音乐也应该包括在内，这样儿童就会听到多种来源的声音，并把音乐与他们的家庭联系起来。

光线 为了提供正确数量的智力刺激，建立一个听觉和视觉的中性环境是很有帮助的，这样可以让教师增加必要的刺激。婴儿看护者们可以用两组灯：一组高瓦数的在打扫和活动时间用；另一组灯则较暗和较温和。同样，刺激材料也要根据儿童的需要来取出和收起，而不是将某个地方设计得一直充满光线、颜色或吵闹的材料。很多学前班的房间内都有鱼缸，在休息时间会有柔和的水泡声和平静的光线。自然光线是令人愉悦的。温和、安静的环境有助于儿童感到安全和举止平和。

陈设 孩子们所看到的周围的一切都会影响他们的学习。为他们提供机会将教室环境个性化，能增进其在教室里的归属感，这进一步促进了其前社会行为和态度。让儿童收集和展览他们合作创作的艺术品能促进其思考并讨论个体与集体的成就。陈列儿童的作品不只是记录学习，也为儿童提供了大量的交流机会，并使他们以分享想法为基础建立彼此之间的联系。教室的陈设也促进了家庭和教师间的交流。一名二年级教师在学期初有意地清空教室，仅留下了公告栏上的姓名贴。他让孩子们将自己的姓名贴贴在自己喜欢坐的地方。他向孩子的家长解释，当孩子返校的时候，教室不会有五彩缤纷的“欢迎回校”之类的图片，他会让孩子们用自己的作品来创造出这个氛围。

尊重多样性 教室中材料的选择也反映了儿童和家庭的文化。例如，可以根据不同的文化增加扮演游戏区的食品盒和烹饪用具，为儿童提供的文学作品可以是真实的、代表不同民族的。用自然色和原木色调来代替明亮的三原色，避免过多的“塑料玩具”，相反，首选来自自然和周围世界的真实材料，有助于让环境更真实。同样，增加小毯子、植物、灯、艺术品、全家福以及让教师和儿童坐下放松的柔软区域，能创设出令人愉悦的像家庭一样的氛围。反映儿童的家庭文化信仰也很重要，这样可以促进相互尊重以及使孩子为自己家庭的传统自豪。

无障碍环境 在教室里，有特殊需要的儿童应该可以取放所有供使用的材料。为了帮助精细动作发展滞后的儿童，你可以提供有球形把手的拼图或在图表、签到表或记录纸上增加尼龙搭扣。对于容易受刺激的孩子（例如有孤独症或多动症的孩子），你可以在圆圈区域布置一张纯色的而不是有设计图的垫子。提供耳麦以减少班级里的噪声，这对有些儿童来说也许有用处。

研究表明，身体有残疾的儿童缺乏身体锻炼的比例约是身体健康儿童的4.5倍；每天看电视的时间往往超过4小时，约是健康儿童的2倍。与同龄儿童相比，身体和发育性残疾的儿童，往往更容易肥胖或超重，因此一个好的教室应该能够给所有儿童提供富有挑战的运动机会。

一些游乐场的设计师对室外学习空间进行了创造性改动，使每个孩子都有机会乐享其中。在人行道与攀爬区域、自然区域和艺术区域之间，铺设可通过三轮车的通行道，这样游乐场就变成了无障碍区域，所有坐轮椅的儿童或家长都可以使用这样的游乐场。现有的设施结构，也可以很容易地增加合适的秋千。这样室外诸如木琴等乐器也可以让行动不便的儿童玩要。如果你参与游乐场的设计或改造，务必想办法保证游乐场方便进出、具有通用性或包容性。一些专业组织（例如Rotary、Lion和Hiwants）就曾设计出更具有包容性的室外活动场所。

❒ 用于指导、实验和反思的空间

在过去，很多人认为教育主要取决于儿童对教师的注意程度。这种想法认为，教师只需要简单地去填充学生大脑中“空的部分”。根据皮亚杰和蒙台梭利的理论，指导和学习材料都是促进好奇心和建构知识的关键因素。正如维果茨基的理论所言，学生不仅从教师的直接指导中学习，也通过与同伴、教师以及其他人的互动学习。因此，教学方法可以拓展，包括为个体学习、小组活动、集体参与以及个体反思提供机会。每种类型的学习都需要一个相匹配的物理空间：个体学习实验区、合作性小组工作区、全体集合与分享的区域以及安静反思的角落。

学习区　教室中空间和材料安排得最好的是学习实验区，也称为兴趣区或活动区。教师仔细地设置这些区域，鼓励儿童独自或和朋友们一起来研究、操作、观察、解决问题、创造和发现。活动区域通过专门的边界划分、与内容相关的材料以及用于工作或游戏的台面等方面的设计，来激发儿童参与学习和促进幼儿间积极互动。架子、小地毯或桌子都可以用作学习区的界限。学步儿的学习区可以包括一个粗大动作区，感官材料区，有帽子、包和鞋子的基本扮演游戏区，软积木区，图书区，以及使用大蜡笔画画的地方。幼儿园学龄前幼儿的教室一般都包含一些供扮演游戏活动、艺术活动、木质积木与建构活动、操作活动、书写活动、科学或发现活动、阅读活动、数学和拼图活动使用的区域，以及一个计算机区域。一年级教室常常按主题分区，如科学、数学、艺术、社会学习以及阅读。不管怎样，学习区的设计是为了支持学生多样化的学习模式以及为他们提供可直接获取的学习材料。学习区的设置可以引发探究、课程统整以及胜任感，但如果布置不好的话，会成为干扰源和麻烦的导火线。

教学方法包括为个体学习、小组活动、集体参与以及个体反思提供机会。每种类型的学习都需要一个与之相匹配的物理空间。

孩子越小，游戏中就包含越多的学习实验。以婴儿为例，学习实验包括：旋转一个陀螺、探索一小桶雪、玩绕珠板或观察一个玩偶盒。对于学步儿，成人可以放置一筐柔软的物品，让他们练习“倒出来，放进去”，也可以提供推拉玩具或设置一些有球形手柄的拼图。对于集体保育的学步儿，提供一些完全相同的玩具是很明智的，这样能减少争吵。感官材料特别是水，是学步儿的最爱。在一个学步儿的班级中，看护者会发现用大量的肥皂泡沫和湿海绵洗椅子也是一个有趣的发泄精力和练习合作的方式。如果有足够的空间、足够的成人支持以及足够的互动材料，攻击性行为也会减到最低。

学前班和低年级班的学习实验区常常与班里探索发现的主题或学习单元相关，或与教师试图促进的针对个别儿童的发展目标相关。例如，使用钳子把绒球夹到冰格子里以练习精细动作技能，或探索磁铁，或画一幅玻璃容器中所饲养的蟾甲的画。对于低年级的儿童，还应该包括很多探索和游戏，这些都需要在实验区有更多专门的指导。如后面的例子所示。

今天，在延森老师的教室里，孩子们有一些活动要完成。卡特、梅根和南森各用一个双耳式耳机听故事磁带，然后为喜欢的角色画一幅画。诺亚、佐伊和崚崚则正在依照特定的步骤演示一个科学实验。“自己做水果奶昔”是一直受欢迎的学习实验。这个实验包括阅读一份食谱和量取原材料。精细动作技能用在了用塑料刀切香蕉上，设定计时器则用于阅读和数学。学生们可以独立完成这项活动和其他活动，因为延森老师之前仔细地准备好了环境。特雷、加西和奥斯汀正在用玩偶创编故事；艾莉和迪伦正在写日记，艾米莉亚和伊莎贝拉在学习地球仪，为各大洲配上拼图；加文和约拿在搭磁性积木；而迈卡、利亚姆和海莉正在表演他们在图书馆听过的童话故事。康纳安静地坐在垫子上，在喂宠物小豚鼠吃一根胡萝卜。延森老师用这段时间来观察，注意到两个表演的孩子太拥挤并且他们的声音打扰了研究地球仪和拼拼图的孩子们。她记下了要通过移动某个搁架单元来调整环境。比起限制某个区域的儿童数量，她更相信应拓展空间让所有的孩子都能参与。她也会让“冰沙站”比原定计划多保留几天，因为孩子们需要花比她原本预计的更多的时间来准备自己的奶昔，她想让每个孩子都有一次机会。

不管什么年龄段的孩子，重要的一点是有足够的学习区，并且开放的时间足够长。这样孩子们就不会担心轮不到他们或要抢着进区。如果一个区域太拥挤且材料太少，那么纪律问题将随之增加。

小组区 儿童在小组中学得最好。一个小组区应包括存放材料的地方以及一个展开的区域（如桌子或地板上的区域）让孩子合作。教师可以使用小组区把一组孩子召集在一起，进行专门的活动，例如烹饪、科学、数学或读写。在烹饪或科学实验中，比起10个孩子的小组，与4个孩子一起工作更容易监控过程中的安全问题。

孩子们也会使用小组区来合作完成项目，如用积木搭建一座城堡、玩木板游戏或为一场表演制作服装。在这些小组活动类型中，儿童在没有教师直接指导的情况下参与工作。提供儿童合作工作的空间，没有教师的直接参与更能培养观点采择能力、协商技能和问题解决能力。

大组区　大多数早教班级都有一个会议区，大到足够容纳整个班级。教师通常以三种不同的方式来使用这块集体区域。首先，它可以用于运动（如跟着音乐跳舞），这样在限定区域内每个人都可以活动。其次，它可以用于直接指导或讲故事，在这种情况下孩子们应该坐成“剧场模式”，面对着成人，通常在一旁还有一块白板或毡板用于视觉辅助。大组空间的第三种用法是团队中的彼此分享，而不是关注教师。许多美国土著人和西欧的文化认为圆圈或“圆桌”可帮助小组的每个成员机会均等地参与活动。正因为如此，要让每个人都能够看到彼此，拥有一块大得足够让所有人开心地坐成一个圆圈的地方是很有帮助的。这种座位可以用于讨论班级议题以解决问题，如：“我注意到很多孩子想要荡秋千，但只有两个秋千。你认为我们怎样才能公平地让每个人都轮到呢？”

基于班级的规模，大组区可以用于多个目的。例如，在一个幼儿园或学前班教室中，集体会议区可以设在学习区里的积木区来进行学习实验。如果一个区域可以用于多重目的，则重要的是在集体时间没有干扰源，例如把积木架反过来对着墙壁。如果干扰材料伸手可及，则孩子们很可能被材料吸引，随后与成人发生矛盾。

为了反省而设立的单人区域　在儿童看护中心或学校度过了一整天后，孩子们会筋疲力尽。如果孩子一整天参加了多个课程，情况会更复杂。很多上班族父母的孩子，每天会经历看护中心、学校，然后回到看护中心或校外课程的生活。你会注意到随着时间的消逝，这些孩子会变得非常烦躁。他们不只是累了，他们还难以继续承受集体环境下所要求的学习互动了。很有可能他们的暴躁是一个信号，说明他们需要一些独处的时间，远离刺激、光线和集体中的声音。角落、缝隙和一些临时设施并不是装饰，而是心理上的需要。人类能承受的刺激有限，我们需要一个安静的地方来休息和反思，从而保持和谐的平衡。

儿童在尊重其隐私需要的环境中成长得更好。对情感发展的研究告诉我们：应该允许儿童在集体活动和个人活动之间自由转换。许多教室为孩子独处或与一位朋友共处腾出了专门的封闭空间。在孩子觉得自己能开始严肃的工作前，他们可能需要一些独处的时间来进行放松。延森老师在两个文件柜之间创设了一个小空间，里面摆放了靠垫、书和一盏阅读灯。丹尼斯在学前班的楼梯下面找到一个地方，正好可以容纳1 ～ 2个孩子，在放上了枕头、装饰上了全家福之后，这里令人感觉很舒适。其他教师会使用帐篷或固定在天花板上垂下的彩色透明薄纱帷幔，甚至设计一个“匍匐前进的通道”，或把一个坚固的硬纸板箱子作为孩子可以独处一会儿的地方。知道如何通过一段时间的反省来管理你的社交能力或到达自我平衡是一项终身的技巧。当我们设计一种环境和一门课程，让该水平的儿童自我控制，就是在帮助他们了解自我和找到他们生活中的平衡点。如果要求进入这个私人空间的人太多，孩子们要么在排队表上做记号，要么再创设属于自己的地方。一些孩子会躲在课桌或桌子下或只是躺在地板上，远离活动。当班级中太多孩子需要安静的空间时，这也是给教师的一个提示：需要反思一下班级里给孩子的刺激了。

思考

回想章节开始时提到过的那个嘈杂的教室，教师应该如何通过改变物理环境从而改善这个局面？

教室的物理环境向儿童传递着强烈的信息，包括教室是为谁（教师还是学生）提供的，以及在这个环境中人们期待的行为是怎样的。当儿童进入一个围绕着他们的兴趣和需要设计的环境，他们会感到自己是受欢迎的、合作的学习者（见表4-3）。

表4-3　创造性环境可以减少行为问题

区域	那里会发生什么	与积极的行为有何关联
过渡（区）	当儿童进入的时候，该区域给儿童提供了一个安静的场所来观察和倾听他人在做什么。	帮助害羞或“慢热”的儿童对环境进行评估，给成年人一些时间帮助刚加入集体的孩子适应。让孩子们可以过来跟新来的孩子打招呼，以便于他们能制订计划一起玩耍。
创意（区）	这里包含表演艺术和视觉艺术。确保包括用于雕塑的3D材料，如黏土和线材。	允许儿童自由表达，包括通过角色扮演和探索音乐、木偶以及各种艺术项目，给儿童提供亲身体验的机会。重要的是，幼儿需要有足够的时间在此区域。同时要给孩子们准备好足够的材料（例如画架上的绘画、角色扮演用的小道具等）。该区域能提升儿童的自信和幸福感，同时减少压力。
建构和设计（区）	包括建构材料，例如积木和其他小的结构材料。	儿童们一起创造建构作品并相互比较。他们合作完成较大的项目，根据建构区的辅助材料来创造故事和主题。该区域需要足够的空间来容纳所有想玩的孩子，同时又要有足够数量的坚固材料。
运动空间	用于室内大肌肉运动。允许孩子在室内自主活动，除非你周围的环境允许孩子在室外长时间地运动。	应该有机会可以进行爬、荡秋千、跳、球类运动和平衡类运动。理想情况下还可以有空间骑童车。如果空间受限不能进行所有活动，你可以安排材料轮换，让儿童可进行一到两项大肌肉运动。运动游戏可以促进儿童健康，在课堂中减少孩子间的冲突，提高孩子们的问题解决能力并使孩子们的注意力更加集中。
自然和科学（区）	观察和探索自然世界。材料可以包括植物、动物、少量的矿物材料等。	儿童在教室里照顾宠物的过程可以提高他们的同理心和同情心。他们可以学习并同其他人分享世界中的神秘和秘密。他们可以一起猜测：“当……的时候，将会发生什么？”当猜测结果正确的时候，可以分享他们的发现。他们记录自己所学到的并和其他人分享，从而促进了团队合作。

续表

数学和逻辑（区）	计数、图案、顺序、数字符号和拼图等。材料可以包括配有球或玩具车的斜坡、天平、砝码、沟槽和磁铁等。	儿童试图找出他们所处世界的逻辑。在分类、分开、组织和重组的时候，孩子们可以2人一起或分小组来发现世界是如何运转和为什么如此运转。通过这种方式，他们学习如何量化和识别模式。他们可以分享自己的理解并把自己的想法记录下来给别人看。
图书（区）	读、听。	儿童可以一起分享喜欢的故事。可用木偶或毛绒故事书等创造出一个舒适的环境来与朋友分享。
书写（区）	书写。	一个放置很多不同种类的书写工具和纸张的区域可以鼓励儿童通过书写和绘画来表达，包括信封以及一些可粘贴的假“邮票”，为每个孩子提供一个班级邮箱，鼓励孩子互相发信息或给他们的朋友及家人发信息。
感知（区）	包括水、沙、雪和其他材料。	在这个区域，儿童能够探索不同的纹理、香味、味道和声音。通常会放置一张大桌子，摆上材料。一次可以容纳4到6个孩子使用，这有助于孩子们学会合作和友好相处。
操作（区）	包括用小工具就可拆开的物品、拼图、游戏、木工活动或市场上买得到的材料。	在该区域，儿童们经常一起玩游戏或摆弄小的部件或零件。这个区域特别受男孩子欢迎，他们通过一起玩材料可以很容易地交到朋友。这些玩具往往可以帮助他们创造故事，提高前阅读技能。
生活练习（区）	采用蒙台梭利的理念，帮助孩子们用系统的方法来学习生活技能。	所提供的材料可以帮助儿童学习如何使用各种各样的生活器具，并锻炼精细动作技能。例如包括正确使用海绵擦拭、叠餐巾、倾倒液体及使用镊子、钳子、公勺等。通常儿童独自进行这样的练习，教师在帮助儿童学会技能的同时，也帮助他们树立了自信。
私人空间	就是字面意思。	一个可以让儿童进入的安静区域，远离喧嚣以及集体活动常有的要求。成年人应该可以监控这个区域，但儿童不应该感到被监视。理想状况下，私人空间越安静越好。在一个教室里，最好有多个这样的私人空间来满足孩子们的需求。给孩子们提供时间来反思。

智力环境

儿童需要智力刺激。当成年人没有给儿童提供足够的刺激导致儿童无聊时，抑或当成年人所安排的活动对儿童而言太难且儿童觉得沮丧的时候，问题就会随之而来。根据加林斯基（Galinsky）的观点，婴儿是一个停不下来的学习者，他们渴望看、触摸、理解和控制每样东西。“如果你曾看过一个宝宝或孩子探究和尝试事物的过程，你就会看出儿童是天生的学习者。根据全美幼教协会所提倡的发展适宜性实践可知，人类，尤其是儿童，会主动去理解或做略超越他们当前发展水平的事。高效的教师创设丰富的学习环境来激发主动性。”一个丰富的学习环境意味着在领先于其发展的水平上为儿童提供多种机会，有足够的时间去探索和研究具体材料。当我们鼓励有价值的活动时，就没时间做无意义的行为了，这些无意义的行为常常是儿童集体中矛盾的来源。皮亚杰把线性思维描述成前运算阶段认知发展的一部分，它在童年早期占主导地位。他认为，儿童一次只能关注一样东西。如果我们创设的环境是复杂的、让人探究和实验的，那么他们常常无法分心去捣乱了。

❐ 材料

“每样东西都有它的位置，并且每样东西都应该在它合适的位置上”是对教师非常有益的老格言。走进大多数的早教班级，你会看到这句格言的存在。教师通过在学习区系统地设置材料来进行整理，例如所有儿童使用的艺术材料都存放在一个区域。可以通过使用干净的塑料收纳盒来进一步整理材料，这样孩子们不需要移动架子上的盒子就能看到材料。在低架子上陈列材料并在架子和收纳盒上贴上标签，有助于儿童独立取放并整理他们在活动中需要的材料。对于刚开始认字的孩子，在每个盒子的标签上增加一张图片，可以提供额外的整理指导。以清晰和要求明确的方式来整理材料，有助于培养儿童的独立性和记忆力。如果环境整理得有序且都贴上了标签，那么孩子们就会记住材料存放在哪里，更能够参与整理环节。

开放性活动允许儿童发挥创造力来完成任务，从而既承认了个体差异，也抑制了相互之间的比较。

开放性活动 一些儿童虽然在教师布置的大多数任务中都轻松地获得成功，但是他们可能并没有得到充分的挑战，因此对成功未必感觉良好。而其他孩子则更容易失败。就这两种情况而言，开放性活动有助于所有的孩子都感受到挑战并体验成功。可以用多种途径来进行这些活动，例如使用积木和角色扮演小道具等。对于材料的使用，不是只有一种“正确的”使用方法。开放式材料允许个体差异，鼓励创造，限制相互比较。儿童可以进行一个简单的项目或如他们所愿的有挑战性的项目。开放性活动也是全纳教育的重要部分。有特殊需要的儿童常常需要通过开放性活动与其他儿童合作。容易的作业并不会带来成就感，成就感来自挑战与儿童能力的适宜匹配。

在丹尼斯所带的学前班，书写区既适合于不同能力水平的孩子，也适合于具有不同兴趣的孩子。它备有许多不同尺寸和颜色的纸，包括有横线和无横线的；也备有铅笔、记号笔、订书机和打孔机。在作业和游戏中有需要时，儿童可以自由使用这些材料。弗朗西斯卡“假装”书写，卡洛琳乱涂乱画以及艾哈迈德画画，都是允许的。每个儿童可以出于不同的目的来书写。弗朗西斯卡把写字用于社交的目的，她在一张小纸片上组合了图画和符号，然后把它送给一个朋友，通过这种方式与朋友进行交往；卡洛琳对不同类型的蜡笔和记号笔怎样做出不同的记号感兴趣；而艾哈迈德则在创作连环故事画并制作成书的过程中展现了他惊人的文学功底。当孩子们决定花时间在书写区的时候，他们的读写能力也会随之提高。

与丹尼斯的开放性选择相反的是接下来描述的珍妮的班级。所有孩子在规定的时间里做同样的字母作业单。一些早就认识字母的学生感到厌烦，而另一些孩子则觉得太难且毫无意义。当然，只有一个正确答案的活动也是需要的，但这些活动要顾及个体差异。你需要在教室里保持开放性活动和封闭性活动的平衡，以满足所有孩子的需要。有时，凯拉会在幼儿园的封闭性任务中发现挑战，如拼出一个字谜或在工艺桌上学习编织纸垫。当她向专门任务发出挑战并获得成功时，她的自我效能感得到培养。有时她又会寻找自由，试探自己在美术区能用各种操作材料建造什么或进行自由探索和创造。

资源　对于所有年龄段而言，拥有一个教育材料和想法的资源库是非常有帮助的，这样教师就能在日常安排和每日计划之外，获取个别教育或小组活动所需的东西。很多教师按话题或主题（如青蛙）来存放文件夹和课程盒子，这样当孩子们在操场上发现一只青蛙时，马上就可以提供材料（如故事书、拼图、照片和塑料玩具模型）来支持儿童的兴趣并开始探索学习。当教师能追随儿童的兴趣并快速满足儿童的探究和探索需要时，教师遇到的纪律问题会更少。

如果孩子们能自己取放材料，就会减少等待并加强学习。教师就可以关注更为重要的互动而不是分发纸张。等得不耐烦的孩子们会找东西自娱自乐，在教师讲话时在地板上滚来滚去，或开玩笑地踢旁边的孩子，都可以成为有趣的消遣。同样，当材料不够充分时，孩子们就会做出错误的选择。如果没有纸，他们会认为要画在墙上或忽略书写。

教师应根据个体和集体的需要调整活动、材料和环境空间。考虑和使用所有可取的资源，包括多媒体技术，这是好教师的标志之一。一些教师担心如果班级里有计算机的话，儿童会在计算机前花太多时间。而其他一些教师则发现，当学前班的学生们有很多充满创造性和教育性的活动（包括有教育游戏和内容的计算机）供选择时，大多数孩子都会自然地寻求活动之间的平衡。在环境中充分结合媒体技术，而不是仅有一个核心多媒体区域，是另一个有效的方法。这经常会帮助教师更广泛地思考应用多媒体技术：包括透写桌（看片台）、照相机、闪光灯、电子天平和声音设备等会改变你关于在教室里应用技术的想法。

思考

现在，你对智力环境知道得更多了，回到本章开头那个混乱的教室，你有什么指标表明智力发展没有适当的挑战和支持？

成年人　在智力环境中教师扮演着重要的角色，不仅仅是提前安排课程，还包括通过仔细观察每个儿童了解他们所问的问题，然后提供支持，并创造出相应的挑战。在后面两个关于情感和社会环境的章节中，给出了关于教师角色更多的信息。

情感环境

情绪发展是指我们如何感受自己。积极的情感环境能增进儿童在自我认同和自我优势方面的自尊。自尊的两个部分有一个比较容易记忆的方法，就是“我是”和“我能”。为了支持儿童的“我是”，我们帮助他们建立对自己的传统、文化、种族、家庭、习俗、性别、身体的自豪，并通过觉察他人想法和同情他人来见证自我认同的发展。展示全家福是一个好的开始。为了支持他们的胜任感或“我能”，我们创设大量机会并鼓励儿童通过各种方式去获得成功，如爬楼梯、用积木搭一座塔、穿鞋子或创作一座雕塑以及在学校中所取得的所有学业成就。

带着尊重回应宝宝们的需要和愿望。温柔地对待他们的需要，跟上他们的节拍。让自己跟从他们的信号。

能给孩子良好感受的班级也鼓励“好的”行为。相反，自尊或自信受破坏常常通过某些不良行为表达出来。事实上，任何坏的感觉都可以通过“坏的”行为表现出来。帮助你班里的孩子自我感觉良好并拥有良好的学校经历，是有效班级管理、建立集体以及和谐团队的动力的一个重要部分。

❑ 关系

一般来说，关系是建立集体和进行有效教学的基础。班级内存在多种关系：

教师与儿童之间的关系、儿童和同伴之间的关系以及教师与儿童家庭之间的关系。所有这些关系对建立集体和创设支持儿童发展的环境都具有重要作用。

为了了解婴幼儿，你需要注意他们给你的暗示，注意他们的眼睛关注哪里、他们的头转向何处。带着尊重回应他们的需要和愿望。面带微笑地递给他们玩具。温柔地对待他们的需要，跟上他们的节拍。如果他们分心了，就等待他们。你是一个“舞伴”，让你跟从他们的信号并满足你自己的期望和需要。

和幼儿在一起，要将自己降低到他们的身体发展水平，让他们引导你游戏，倾听儿童谈论他们的兴趣和体验，给予他们拥抱和击掌，握住某个孩子的手，在点心或午餐后进行一次有意义的谈话并逐个地问候他们。认可孩子的缺课：“昨天你生病了，我们都很想你！”了解他们生活中的变化：“你搬到一所新公寓了，是不是？”评论不同的形象：“你看上去好像剪头发了！”评论不同的心情：“你看上去很担心。”让孩子们知道你关心他们，他们对你和集体而言都是重要的。

与孩子建立关系和与你的同龄人交朋友有很多共同之处。关系是建立在分享、关心、关注与信任的基础之上的。与孩子们分享一些你的家庭生活也有助于建立关系。孩子们可能会吃惊：“原来老师也有父母！”

拒绝的感觉　“你很好。”“没必要哭。”“振作起来，男孩。”你曾听到成人以多少种不同的方式来否认儿童的感受？我们知道欺骗会破坏关系，成人也常因对孩子不诚实而感到内疚。我们常常以忽视儿童的恐惧与担忧的方式来力图保护他们。然而，否定儿童的观察与感受是无效的。有时儿童与其他成人之间有了不愉快的经历；你应该让他们知道，他们可以信任你，向你倾诉和寻求关爱。有时在同伴之间也会有类似的问题。

蔡斯哭着来到雪莉身边，告诉她其他孩子不喜欢他。雪莉的第一个想法是安慰他，说：“是的，他们是这样的！”但她发现蔡斯受到了排斥，知道蔡斯的感受肯定有他的原因。于是，她说：“杰克没有让你坐在他旁边，这让你感觉很糟，是吗？”认同蔡斯的感受是教师帮助他解决问题的第一步。

认可　孩子们来到学校，进入了一个很大的新天地，同时也有了任务，即寻找一些方法让自己不会迷失在人群中。如果教师总是把孩子当作集体中的一员来与其互动，那么很多孩子会感到自己被遗忘或被忽视了。以个体为基础与儿童进行交流使教师更容易与具有不同文化背景的孩子进行适宜的互动。延森老师保证在自选活动时间能关注并评价每个孩子的活动，同时也让孩子们知道，即使在其他时间她也在关注着他们。她的评论和提问使每个孩子都感到自己是重要的、有价值的。她的学生不需要通过不恰当的、以吸引他人注意为目的的行为来让她关注自己。由于每个孩子都会在某段时间内得到延森老师的单独关注，所以在集体时间或在延森老师与另一个孩子一起时，他们更容易分享延森老师的关注。

竞争 美国社会是一个非常强调竞争的社会。人们通常认为一个人是第一名才意味着成功。这一点在全民娱乐的体育界更加明显，竞争尤为激烈。力争“第一”可能会引起孩子间的冲突，破坏团队相互关心的氛围。在竞争中，男孩和女孩的表现有显著的不同。对超过1000名儿童和青少年的调查研究表明，同女孩相比男孩更容易成为竞争者，而且3—18岁的孩子均是如此。此外，来自强调个人主义文化背景的学生（例如欧裔美国人）同来自强调集体主义文化背景的学生（例如美洲原住民和非裔美国人）相比更喜欢竞争。同成年人相似，当材料不足时儿童之间也会形成竞争。

最好的自己 当孩子是与自己过去的记录竞争而不是与同学竞争时，每个孩子都能获得成就感并被激发去努力尝试。例如，当孩子们看到收藏有他们这一年的文章和画作的文件夹时，会发现自己有了多大的进步。新的评估方式能帮助儿童为自己树立个人目标，并为自己不断地向这些目标前进而感到自豪。评估儿童学业进步的方式能让每个儿童感受到自己的重要性，也能让每个人都感受到成功。如果要求所有的孩子都以同样的方式完成同样的任务，相互间的比较就无法避免，其结果与竞争游戏极为相似。

思考

回顾本章节最开始时的那个混乱的课堂，你是如何知道孩子们并未感受到我们在早期幼儿教育课程中希望他们得到的快乐感和安全感的？

成功 儿童在不同的在校活动、户外游戏中以及通过教师布置的作业，都能体验到成功或失败。希尔德布莱特和赞恩敦促我们考察那些我们鼓励进行的游戏，特别指出了那些需要合作的、能更好地促进儿童使用高水平协商技能的游戏而不是竞争性游戏。竞争性环境是一个产生失败的环境，因为不是每个人都能赢。因此，除胜利者外其他人都是失败者。此外，竞争与建立友爱互助的集体的目标是相矛盾的。如果你引导孩子们互相对抗，那么你就在不知不觉中破坏了幼儿友好与合作能力的发展。要培养一个互助友爱的集体并帮助每个人都体验到成功，你需要安排合作性游戏、竞赛和方案。在一个有效的环境中，孩子们作为一个团队为一个共同的目标而努力。如果孩子们坚持要在集体中加入竞争，那么就试着让孩子“与最好的自己比赛”而不是与另一个孩子比赛。

社会环境

创造一个提升儿童社交能力的环境是必要的，尤其是在早期的几年。然而，提高学业成绩的压力有时让教师不再有时间或主动去关注儿童社会性发展的长期目标。以牺牲建立关系为代价，只关注学业成绩会事与愿违，因为学业成绩与健康的人际关系息息相关。

❑ 同伴关系

如果儿童们相处不好，不仅会干扰学习，而且会影响集体归属感的获得。在与同伴相处方面有困难的儿童是孤独的，而且经常成为其他儿童攻击的牺牲品。陷入社交问题时，儿童会缺乏学习的动机。帮助儿童学习社交技能对创设和谐的学习环境至关重要。与孩子关系融洽的教师是帮助儿童建立同伴关系的最佳人选。

鼓励友谊和社会交往的教室与儿童看护中心很可能是个快乐、和谐的地方。

父母观点：当女儿莫莉3岁时，我们认为她应该有一段学前教育经历，所以我们给她报名参加了一个声誉良好的半日制课程，一周去3个上午。那里没有小年龄班的教师，但因为莫莉的语言能力很好，她进入了4—5岁的年龄班中。事情进展得不顺利。每天，我们都被告状困扰，我们的“小甜心”推别的孩子、尖叫、抓玩具、不听从教师的指令。我们也觉得很困惑，因为她在家从不这样。学校想让我们同意请一个心理专家来评估莫莉，也想让我们签一份遵从心理专家建议的同意书，包括给莫莉服用药物。我们感觉莫莉的做法像是过度反应，所以咨询了一些专家。他们告诉我们，这是因为莫莉从来没有和那么多孩子在一起过，她需要学习社交技能，如交朋友。这正是我们想要从她的初次早教经历中获得的。感谢上帝，我们找到了丹尼斯执教的学校。他解释他如何帮助孩子学习分享、一起工作以及表达他们的感受。莫莉喜欢这里，在丹尼斯的班里她得到了真正的发展。

在以教师为中心的班级里，儿童常常忙于应对教师布置的任务，几乎没有时间与同伴交往或解决社交问题。领导能力和合作能力是与阅读和数学一样重要的生存技能。神经科学强调，自愿的开放式活动和合作性活动、运动和游戏时间或休息时间，对儿童的学习很重要。这些活动也为儿童之间的深度互动提供了机会。在这些活动中观察同伴互动，为教师提供了关于个体社交能力和团体动态的必要信息。教师可以使用这些信息计划有意识的互动和评估，以发展儿童的社会性能力。

友谊 鼓励友谊和社会交往的教室与儿童看护中心很可能是个快乐、和谐的地方。重要的社会性学习课程经常发生在教师帮助幼儿努力合作的时候。应将争吵视为教育的契机而不是把孩子们分开的理由。在这样的教室里，教师不会反复要求孩子保持安静。教师的精力集中在想方设法帮助儿童更有效地利用他们的时间上。

如果将建立班级共同体作为目标，那么就不会把儿童的精力浪费在努力不跟别人说话上。教师如果了解儿童对友谊的需求和与同伴交往的价值，就不会为孩子自然出现的行为而忙得团团转了。同样，孩子们也不会因为想与同伴交往而感到痛苦。教师和儿童越快乐，就越能创造一个有利于进行各种学习的、友好的、放松的氛围。

事实上，如果学校真正想建立充满关爱的集体，就应该为孩子们安排一些时间，让他们在轻松的氛围内享受与别人相处。延森老师所在的学校鼓励教师们花两天一夜的时间带学生到附近的一个露营地，那里提供了睡袋和集体聚会的草棚。为了让获益最大化，延森老师在学年初就安排了这个活动。许多家长也同去，帮助照看孩子，这也使家长之间以及家长与教师之间有机会建立关系。我们也知道，将家庭远足安排在周六的教师，为了建立班级共同体这个重要的目标而牺牲了自己的时间。

交友困难的儿童需要得到教师的帮助。交友技能包括分享、轮流、推动游戏进行、提供帮助和接受帮助、赞赏他人以及应对嘲弄或欺负等。有时候，问题在于缺乏技能；而另一些时候，问题则在于因害羞而缺乏交流。你可以通过建立合作学习活动小组来鼓励害羞的孩子进行互动。

尽管拥有朋友非常重要，但你可能也会注意到这样的情形：在学校里，最好的朋友被分开以避免干扰彼此的学习。这种情况也可能会发生在你自己身上。如果你经历过，你能不能回想起当和你不信任的人一起学习，对你造成了什么样的干扰？这种“出于好心”的干涉忽视了儿童智力和情感发展过程中友谊的重要性。安全感对学习过程非常重要。儿童在努力跟上朋友的节奏的时候，会学会很多：他们会学会用他人的观点思考，他们可以学到关于妥协和问题解决的能力，同时他们也会学到关心他人以及感受到被他人关心。他们也锻炼了情绪调节。这些事不会随便发生在两个孩子中间，只有对孩子非常特殊的人才能做得到。一个孩子必须对另一个孩子足够关心，乐意检查以自我为中心的观点并且能够解决冲突。

延森老师努力确保在她的一年级班，孩子们都能找到朋友。她一开始并没有确定座位表；相反，她鼓励孩子们在两周内尝试不同的位置。当他们有机会互相认识后，她要求孩子们选择一个地方坐一会儿，延森老师将他们的名字标在了他们这次坐的位置上。当新的关系逐渐发展起来后，孩子们还有机会做出新的选择。延森老师说："在一学年中，你能为一些孩子做的最重要的事情就是确保他们交到朋友。"

一些教师没有把友谊看作一种正当需要，也忽视了它的教育价值。慧勒老师就不仅没有意识到友谊的重要性，也不认为这是学习的一部分。她每天都将大量的精力白白放在阻止孩子进行社会交往上。她的强制使她的教室里呈现出不自然的安静，这对儿童的学业和情感发展都是毫无益处的。

而延森老师则喜欢听到孩子们忙于分享想法和讨论经验时所发出的嗡嗡声。在这样的环境中，一些不讲英语的孩子到了她的班级之后很快就能讲出流利的英语。班级中的互动学习模式很好地满足了孩子们进行语言学习的需要。在延森老师的教室里，有时她只需要提醒个别孩子说话轻一点儿，但从不会要求孩子们保持沉默。延森老师注意到，即使成人在工作和思考时也会讲话，那么她为什么要不断地试图强迫孩子们保持沉默呢？

接纳有特殊需要的儿童 普通教室里会有一些有特殊需要的儿童，他们体现了另一种多样性。有特殊需要的儿童通常不容易被其他儿童接纳，因为他们是与众不同的。有特殊需要的儿童常常由于他们的不同而遭到同伴的拒绝，敏感的教师能够通过带头接纳和尊重所有孩子的长处来化解这一问题。当成年人关注的是儿童而不是他的残障时，有特殊需要的儿童就更容易被纳入集体中。你可以帮助你的其他学生对轮椅、假肢或某个孩子所需要的特殊辅助器械感到舒适自然，然后，你的学生也会把这个孩子当作一个正常人来看待。儿童每天的在校时间占日常时间的一大部分，每个人都应该能够找到朋友，获得成功，得到认可。教师的职责就是让所有儿童都觉得班级是积极的学习社区。

❑ 互相尊重

一个充满关爱的班级共同体需要一个和蔼亲切、尊重儿童且清楚自己权威的教师。正如德沃里斯和赞说的："儿童不会尊重他人，除非他们得到了尊重。"有时，如果你乐于顺应儿童的需要，儿童也会听从你的要求。换句话说，你通过尊重儿童来鼓励儿童尊重你的要求。学会尊重他人的需要和权利是善待他人的基础，善待他人是我们的社会认可的行为核心。学会尊重他人被公认为建构道德价值观的基础。

思考

回想一下，当你和孩子交流的时候是否用平和的语调，就如同你和你的朋友交流那样？或者你的口气是很严厉、霸道或苛刻的？

充满尊重地交流　尊重儿童意味着什么？我们怎样对儿童讲话是衡量是否尊重儿童的重要标志之一。尊重儿童也包括接纳他们本来的样子，而不是试图将他们改变成你所希望的样子。许多成人很难接受儿童的推理方式，因为他们不了解儿童是如何发展协商技能或观点采择能力的。这些成人试图让幼儿鹦鹉学舌般地模仿成人的推理，而全然不顾他们缺乏成熟的归因能力。成人和儿童之间彼此尊重的互动包括倾听儿童、理解他们的观点以及对他们的想法提出真诚的问题。如果我们问别人他们在想什么，就要接纳他们的回答。

一天，丹尼斯有了这方面的教训。他说："在把你们弄乱的地方整理完之前，谁也不准吃午饭。"艾娃断然拒绝收起她刚才试穿过的表演服。现在的情况怎样呢？丹尼斯并不想真正剥夺任何人的午餐，他的话只是冲动之言；但是其他儿童已经听到了，还不断告诉艾娃她会吃不到午餐。艾娃歇斯底里地号啕大哭，但她始终没有捡起任何一件表演服。如果艾娃不收拾表演服，丹尼斯就让她吃午饭，那么孩子们是否还会一如既往地相信丹尼斯呢？事实上，丹尼斯也不是真心地想不给艾娃食物。他该怎么办呢？丹尼斯决定，他应该体面地承认错误，给年幼的学生们上一节真正有意义的课。学前儿童相处时，这一社会技能与他们的生活息息相关。因此，他走到艾娃身边，轻轻地抚摩她的肩膀以引起她的注意。他坐在艾娃旁边，解释说他刚才的话并没有经过思考；他确保艾娃一定有午饭吃。

艾娃渐渐平静下来，能够听丹尼斯解释他的意图了：把玩具收拾好，才能腾出地方吃午饭。在最后通牒解除以后，艾娃能解决问题并进行归因了。她提议，暂时先把表演服放在一旁，等午饭后自己并不是很饿时再把它们收好。丹尼斯很乐意地接受了她的妥协，也意识到这不仅是一个符合逻辑的办法，而且是一个互相保全面子的办法。

后来，当丹尼斯回想这件事时，他发现保全面子的问题总是与权力斗争相关。他承认，在这件事中他既考虑到了自己的尊严，也顾及了孩子的自尊。一般认为，成人在与儿童进行意志斗争时不应该失败，丹尼斯分析了自己违背这一惯例的原因。他发现输掉一次斗争意味着损害了自己的尊严与自尊。他的尊严与自尊难道就比孩子们的更重要吗？增强孩子们的自尊是他的主要教育目的之一，丹尼斯很清楚自己应该怎样做。他不想牺牲孩子的自尊来突出自己的重要。他也意识到，如果他放弃，就会失去对班级的控制，这才是他担忧的根本。经过思考后，他意识到同情和承认错误比起匆忙之间坚持做出的一个声明，能给孩子更多的影响。如果再遇到类似的情况，他会毫不犹豫地退出。于是，他采用了尊重儿童的解决办法，同时他也从中受到了鼓舞。

尊重儿童的决定 人都有让自己显得重要的需要，这是尊重儿童包括让他们有选择权并做决定的原因之一。成人通过在所有 PIES 领域帮助儿童满足他们的发展性需求，表达出对儿童的尊重。例如，幼儿可能出于情感需要用一些过渡性物品（如一只从家里带来的泰迪熊）来帮助他们在学校获得安全感。有的课程或教师规定不许从家里带玩具来，相比对儿童需要的尊重，这体现的是更尊重成人的愿望和便利。

正如皮亚杰所言，选择对道德与智力自主的发展起着重要作用。同样，埃里克森也曾描述过选择在情感自主阶段扮演着核心角色，阿德勒也曾描述过儿童对权力的需求。拥有选择权是对生活及你在生活中的位置感到满意的基础。亲自对班内所有事务做决定的教师往往会有更难以控制的学生。允许儿童参与决定（如怎样才能最佳地达到目标）的教师通常会觉得更轻松。儿童有着强烈的需要，想“长大”，成为重要、成功以及对集体有贡献的人。有时候，即使是最明智的教师也会发现自己陷入了权力斗争之中。当你下了最后通牒而孩子却决定不服从时，权力斗争就产生了。

尊重差异 只有当人们接受你的本来面目时，你才会自我感觉良好。一个充满关爱的集体尊重团体中的差异。接受和尊重文化差异的班级既能满足少数族裔学生的需要，也能让其他学生了解多元文化的概念。一个包容和合作的班级鼓励所有学生做出贡献，这会促进天赋的发挥和强调优势。在尊重某个儿童的文化背景的同时，将儿童视为一个独立个体而非仅仅是某个集体的一员也是非常重要的。将儿童视为独立的个体能帮助我们避免根据他们的文化将他们模式化。教师的态度能影响儿童的态度，也能抵制偏见。

小　结

当成人尊重儿童个体、尊重他们的家庭以及他们的文化时，就会培养出一个互相关心的班级共同体。与儿童个体及其家庭建立关系的教师会为儿童习得社会技能和学习技能打好必要的基础。教师如果理解环境是如何影响儿童的主动性、观点采择、归属感以及安全感的，他们的日子会过得更顺利。对儿童抱有合理期望并能清晰地表达期望的成人会发现，儿童的行为变得越来越积极，创设环境、为孩子提供更多选择甚至与孩子分享权力的成人会有更热情和更乐于助人的学生。帮助幼儿找到友谊、成功以及认可的教师能帮助孩子更有效地学习。当教室里的物理、智力、情感、社会环境都能满足儿童的需要时，许多常见的纪律问题就不会出现了。

摘　要

- 计划一个供特定儿童使用的、可用以消除很多行为问题的物理环境。在你规划的物理环境中，活动数量和精力投入量是否像在时代广场或狂欢节过程中一样？视觉和听觉的刺激密度会影响儿童和成年人，你所创造的空间是否能够容纳各种类型的学习和安静的反思？
- 一个由教师创设的智力环境，也应同样能让儿童随取随用各种材料和资源。这样的环境鼓励提问、实验和主动参与。
- 人际关系是情感环境的根本和所有学习的基础。儿童在哪里建立了他们最初的人际关系？我们应该如何建立家庭和学校环境的联系来帮助儿童获得个人的成功？如果我们否认儿童的情感或创造了一个使儿童感觉自己是失败者的环境，会对儿童的行为造成衍生影响。

- 社交环境需要包括儿童间的相互尊重以及儿童与成人间的相互尊重。能够促进友谊并尊重不同能力和才能的环境能够培养出相互关爱的集体。当期望儿童保持安静并只做他们被允许做的事情的时候，或当他们处于彼此竞争的状态时，将会带来更多的行为问题。如果要求儿童学会尊重却不尊重他们，他们会表现出反抗并在班级里引发行为问题。

讨论或反思

1．在一份你花时间制订的幼儿早期教育计划中，幼儿的行为准则是什么？这些准则是怎样制定的？你为什么认为儿童会或不会遵守这些准则？

2．从哪些方式你看出教师、家长或其他成人对幼儿的尊重？你又从哪些方式看出他们不尊重幼儿？哪个例子与你自己和幼儿的交往最接近？

3．你熟悉的一份幼儿早期教育计划或在你管理的一个较大的班集体中，成人是怎样促进或妨碍友谊的？你能提出一些改变来帮助儿童形成有意义的友谊吗？

挑战一下

4．分析本章节最初描述的问题，考虑这个环境中有关生理、智力、情感和社会性的各个方面，你会做出什么样的改变来把这个混乱的局面变得更加合作、更有利于学习？

5．练习用三种方式使用你的大会议区：用来活动、变成剧场风格供教师指导、围坐成圆圈集体讨论。采用不同的方式使用同样的场所，你会得出什么样的结论？在这个区域，如何支持每个活动目的？

实 地 研 究

6．从开放式活动和封闭式活动的角度来观察和分析一份早教计划。它们是平衡的还是某项活动占了主导地位？儿童对这两种类型的反应有什么不同？

7．观察教师和儿童之间的互动，关注教师所提供的对儿童个别关注的量。儿童个体与教师互动时儿童的反应和儿童作为集体的一员与教师互动时儿童的回应有什么不同？

推 荐 读 物

Bullard, J. (2010). *Creating environments for leaning*. Upper Saddle River, NJ: Pearson Education.

Greenman, J. (2007). *Caring spaces, learning places, children's environments that work* (2nd ed.). Redmond, WA: Exchange Press.

第五章

设计可以预防纪律问题的课程

本章节所涉及的全美幼教协会（NAEYC）标准

标准2c：让家庭和社区参与孩子的发展和学习。

标准4b：知道并理解早期教育的有效策略和工具，包括恰当地使用媒体技术。

标准5c：使用你自己的知识、适宜的学习标准和其他资源，为每个孩子设计、实施并评价具有发展意义和挑战性的课程。

【学习收获】

有了对本章的理解，你应能：

- 解释如何通过良好的关系缓解压力以及同家庭合作来设定不同的学习阶段从而影响幼儿的学习。
- 描述如何通过有意义的学习来减少不良习惯，有意义的学习涵盖综合课程、真实体验以及游戏。
- 通过实例来回顾和区分三种不同类型的知识。
- 通过和其他组织策略的交流来帮助儿童学会等待，在过渡时间、休息时间以及团体活动时间对儿童进行指导。

当组织的课程能够帮助儿童发展对学习的热爱并对社会有积极作用的时候，有关纪律的问题会减少。本章节会继续讨论文中“部分 B”关于如何防止行为问题的话题，重点在指导和纪律教育的方法。

当儿童对学习感兴趣并沉浸其中时，他们就无暇捣乱了。你想想，下面哪一种情况能让幼儿更投入？是点数作业纸上的圆点，还是在吃点心时计算怎样均分葡萄干？大多数教师都会同意，当计数变得有意义时，孩子们会更投入地计数，就像吃点心时数葡萄干那样。对幼教课程的判断受很多因素的影响，诸如社会价值观、政策性任务等。我们相信幼儿的需要是主导力量，这也是我们提倡有意义和有目的的课程的原因。

南森在分享时间带来一个鸟巢，孩子们看到后开始讨论，延森老师鼓励他们讨论并问他们对鸟和鸟巢了解多少。绝大多数孩子都能讲出一些。约拿分享了他的一个故事：当他妈妈在室外露台给他理发的时候，他看到鸟儿飞过来，叼走地上的头发来筑巢。其他孩子也讲了，当鸟巢里有鸟蛋的时候要小心。延森老师决定根据孩子们的经验来扩展他们的知识。

延森老师也给孩子们分享了过去她积累的关于鸟巢的知识，同时讨论了鸟儿用什么样的材料来筑巢，她带着孩子们在校园里收集能筑巢的材料，每个孩子都能够用他们收集的材料来做一个鸟巢。延森老师提供泥巴给孩子们，让他们用手头的材料把鸟巢搭建起来。她用胶水、泥土和水做成泥巴，根据她的经验，这样的材料非常适合做鸟巢。在此章节中，你会发现此类活动的重要性。

儿童出现的不适宜行为常常是不适宜的课程和教育导致的。当课程目标和教育方法适合幼儿发展时，幼儿在学校就能更加配合。因此，教师的期望和教学方法必须符合儿童的成熟水平。强迫儿童去完成无法达到的期望或借由效率低下的教学策略来学习会导致儿童认为他们在学习方面很差劲。本章描述了课程设计和教育的方式，这些都能有助于减少许多行为问题的诱因。

表5-1　教师在课堂教学中常见的错误

- 依赖之前学到的方法，而不是采用最新的、关于最佳教学实践的研究结果。
- 让孩子坐的时间过长。
- 在孩子学习的过程中希望他们保持安静。
- 试图让孩子记住孤立的及无意义的信息。
- 希望孩子在教师长时间谈论或说明的过程中保持注意力。
- 话题跳跃太快，不是通过多种方式或采用游戏的方法来进行概念的探索。
- 期望孩子能够理解来自历史或遥远地域的抽象概念。
- 依赖孩子还不具备的能力，特别是与时间或精细动作相关的能力。
- 采用看起来与（石头）主题相关的活动或材料（例如石头糖），但实际上此类活动或材料对孩子来讲同主题关联不大，而且可能还会提供错误的信息（石头其实是不能吃的）。
- 给留级到低年级或低龄班的孩子使用为年长儿童开发的高年级课程。
- 仅考虑团体，不关注个体的兴趣点。
- 直接告诉孩子信息，而不是鼓励他们通过问问题的方式来想问题并提供使孩子感兴趣的经验来激发他们的探索欲和实验精神。

设定学习的阶段

为了让教学最为有效，需要满足某些特定的条件。当我们同孩子及其家庭建立积极的关系，同时减少在班级中的压力时，我们就是在为儿童设定成功的阶梯而不是在制造混乱。

❐ 压力造成的影响

在学习过程中，压力会造成非常负面的影响。当人们处于压力之下的时候，体内会发生相应的化学变化，大脑中某些使人们感受到威胁警报的化学成分会升高。这种状况会阻碍人们的高阶思考和记忆。不良的社交状况、孤立或者社会“挫败感”所带来的压力与脑细胞的减少相关。当孩子们感受到威胁的时候，他们往往无法专注、创造、游戏以及好奇。无论教师还是儿童都会长期受到压力的影响，这是学校中真实存在的问题。有学者提出，在校园里，约有30% ~ 50%的儿童每天都会受到轻微或比较大的压力。研究表明，在不符合儿童发展水平的课程中，儿童表现得更为紧张。经过对该项目15年以上的研究，路易斯安那州立大学（Louisiana State University，LSU）的研究者们报告：在幼儿园之前的学前班或幼儿园的教室中，比起教师使用适宜发展的教学实践，教师使用不适宜发展的教学实践会让幼儿表现出双倍的应激行为。进一步说，看护者的压力水平越高会导致看护质量越低。

处于发展适宜性课程计划中的儿童比在其他类型的方案中表现出的社会技能更高，这也意味着他们会更合作以及更少捣乱。LSU的另外一项研究发现，幼儿园阶段的孩子，如果所在班级的教师使用与发展不相适宜的教学策略，孩子们积极的社会性行为会减少。相反，如果孩子们所在幼儿园班级的教师使用具有发展适宜性的教学策略，那么孩子在校期间积极的社会性行为会增加。

❐ 积极的关系

我们鼓励采用温馨的、互动的、身体的接触来建立积极的关系。当教师蹲下身以孩子的视角同孩子进行经常性的一对一、面对面的友好互动时，孩子会感到自己很重要且有安全感。用简单的话语同儿童进行愉快的对话可以促进积极的关系，说话声音要平静，这能使孩子更活跃。倾听孩子的话，同时鼓励他们聆听他人，了解他们所取得的成就和付出的努力，这些都是与班级里的孩子建立积极关系的方法。这里所讨论的观点是第二章、第三章的深化，再次强调的原因是积极的关系确实对学习者有深刻的影响。

❒ 和家庭一起合作

对幼儿而言，家庭是最重要的人际关系。这里有很多原因可以说明在你与孩子们一起工作的时候，把家庭融入进来的重要性。家长志愿者能为规划和实施某个参与性课程以及班级的平稳运行做出重要贡献。家长能为儿童的探究提供真实的材料，他们也可以像某个专题的“专家”那样帮助儿童的学习。他们也可以提高方案活动中成人与孩子的比率，减少儿童等待成人帮助的时间，在发生问题时也能提供干预。通过家庭成员的参与，教师可进一步丰富他们的课堂教学，引入真实的文化体验。家庭成员能够自然而然地提供多样性。

家庭成员参与到儿童的学习中时，也传递了一个明确的信息：所有照料他们的成人认为学校是重要的。因此，儿童也会相信学校是重要的。

如果家庭成员花时间提供帮助，那么他们就能更好地理解学校的课程以及班级的常规。对教师的目的和方法的进一步理解，也使得父母们能更好地支持孩子们在家学习。父母向他们孩子传递的关于学校的信息会影响其一生，因此首先要帮助父母们感到在学校是受欢迎的。这样在孩子的眼中，家庭和学校都认为彼此是有价值的。当父母参与到子女的教育中时，儿童的行为问题会减少，特别是在小学的时候。

在所有的人群中，文化成见和误解都是常见现象。一个好的教师知道如何结合孩子家庭的文化背景来给孩子提供一个更有兴趣、更安全的学习环境，在这种环境下，将很少发生矛盾冲突。理解一个孩子的文化也就意味着能够理解其家庭的信仰和日常。

每个来到学校的孩子都有着一系列独一无二的前经验，这些经验包括一套极具影响力的家庭“价值观”。这些“价值观”中很多也会带来指导方面的问题。要知道，每个家庭对“可接受”和“不可接受”的行为都有着不同的理解，对于如何教育儿童养成良好的行为也有不同的看法。这也是教师需要了解孩子家长的另一个原因。对家庭的了解，是教师与家长讨论如何应对家庭和学校对儿童不同期望的基础。

家庭参与的方式有很多。幼儿园和小学低年级的教师通常在学年开始时就邀请家长担任志愿者。许多教师发现，列一张每项工作的清单并要求父母填写，是一种很好的策略。那些因工作不能花时间到学校的父母，可以请其他家庭成员（例如祖辈父母）帮忙，也可以志愿做一些晚上可以做的工作。开端计划也有家长政策委员会，他们对该项目做出主要的决议。一些私立学校还请家长参与入学条件的制定。

越来越多的儿童在入学的时候只会说除了英语之外的母语。语言的不同不但会给教师和儿童的交流带来障碍，还会让孩子面临巨大的社会孤立的风险。缺乏共同语言有时阻碍儿童与同伴游戏或互动，这往往会导致这些不熟悉主导语言的孩子感到沮丧和（或）退缩。在这种情况下，善解人意的教师会创造一些不需要语言的游戏机会，来帮助儿童消除社会孤立对其学习的负面影响。延森老师注意到积木游戏提供了一个学习第二语言的理想机会。其他有用的教学策略包括：提供一张可预测的时间表以及使用一些重复的儿歌和节奏乐。这些策略有助于学龄前或小学低年级的孩子们学习英语这第二语言，正如帮助幼儿学习母语一样。

❑ 社交能力和情绪管理能力的重要性

目前针对入园前幼儿早期学习标准的评论，推动着早教人员更多（或并不少）地强调社会性和情绪管理技能以及学习方式，像他们教授知识内容那样［早期学习社交和情绪基础中心（Center on the Social and Emotional Foundations for Early

Learning，CSEFEL)]。对处于K—12[1]的学生来说，社会性和情感教育包含着类似的任务。这些努力包括课程中的社会性和情绪学习，这些学习源于儿童对课程内容的理解，他们的成功将直接关系到他们社会性和情感的发展。

有时，最重要的课程正是基于有待解决的社会和情绪问题，如：交朋友、与父母分离、处理沮丧或面对恐惧。特别是那些有情绪问题的小男孩，他们的情绪问题很可能会转变成行为问题，从而让他们陷入麻烦之中。政策制定者们、教育者们以及社会成员都同意，所有的学业课程都应强调儿童社会—情感发展的课程目标以及他们学习这些的方式。

使学习有意义

当儿童感到厌烦或索然无趣时，他们会做什么呢？你很可能会回忆起自己小时候应对这种情况的行为，或者你在跟儿童一起工作时曾有过这样一些经历。大多数孩子会发明一些行为。然而，这些具有创造性的努力却常常不是可接受的集体行为，教师称之为纪律问题。

❒ 相关与兴趣

作为成年人，我们会更关注自己感兴趣的事情。儿童也是如此。对每个儿童而言，兴趣是个别化且独一无二的东西，它对儿童的学习倾向有着显著的影响。兴趣萌芽于儿童早期的知识和经验。儿童的兴趣也会因环境发生改变。新的或新奇的经历会带来新的兴趣点。然而尽管大脑喜欢新奇的事物，除非学习者发现这些经历与他们的生活相关且具有价值，否则这种兴趣会很快消失。学生的脱离是有效学习的主要障碍。当儿童未曾参与的时候，纪律问题更有可能发生。

相关而有趣的课程让儿童能探索那些他们的生活能接触到的事物或他们关心的事物（见表5-2）。例如，如果孩子们生活在迈阿密，那么在1月份出现的雪花就

---

[1] 美国基础教育的统称。“K”代表Kindergarten（幼儿园），“12”代表12年级（相当于我国的高三）。——译者注

应该删除。幼儿每天所关注的，诸如秋千下面的泥洞，也能提供有意义学习的机会。相关的学习有助于幼儿保持学习的动机，这反过来也让他们持续工作——这是班级管理方面的挑战。

表5-2 课程开发案例列表

可能的主题	问自己：是否同大多数儿童相关	问自己：是否可以同大多数内容结合起来	问：是否能促进进一步的思考
学步儿 学习颜色	当某个幼儿对颜色好奇时，可以通过口头交流为其指出颜色，这可说是在建立联系。不建议用一组色卡来要求或测试孩子对颜色的认知。	在某一刻，幼儿会面对某些特定的颜色，例如吃点心、玩玩偶以及画天空时，可以帮助幼儿与“蓝色”建立联系。然而，这更多算是一个单一的、很快就学会的概念，而不是一个真正的主题或单元。	颜色的学习是一种社会性认知。必须采用主动的方式去教。这需要记忆以及词汇交流，而不是进一步的分析或推理。而对水、球、我们的身体、宠物或婴儿等的研究则会引发深入的推理分析。
学前班或幼儿园 了解美国总统	儿童对政治体系和总统角色并无概念。虽然他们有能力记住，但这对他们没有什么意义或与他们无关。	你可以列举一些美国总统，比较下他们的历史和成就，寻找相似和不同之处。孩子们可以把林肯和华盛顿侧面剪影剪下来贴在纸上，可为什么要这样做呢？	不适合幼儿园阶段的儿童。这只是通过采用一些相关联的活动来进行简单的机械学习。
二年级 研究鲸鱼	这个年龄段的孩子，不是非得居住在海边才能对海洋生命有一定的了解。对于在居住过或旅行过的地方亲眼见过鲸鱼的孩子来说，这一主题与他们最为相关。但书本或视频也能将这一话题带入所有孩子的生活。	可以通过其不同之处和行为对比来给鲸鱼分类。这能激发艺术和文学表达。有大量的相关材料可供儿童进行探究和调查。鲸鱼的尺寸可以增加儿童对数学的探究。科学博物馆里的比例模型可以强化儿童的表征性游戏。	这个年龄段的儿童可以探索进一步的话题，例如如何“囚禁”鲸鱼供人观察，同时避免有人受到伤害。还可以讨论鲸鱼用于人类生存或作为人类美食的不同作用。

好的课程应该富有挑战性并且吸引人，延森老师对儿童的提问和评论一直很敏感，这些提问和评论反映了他们当前的兴趣。她鼓励儿童探究这些兴趣，并将当前的兴趣融入班级活动中。她通过查找书籍为这个想法做准备，针对这些主题的活动创意常常能吸引她班里孩子们的注意。根据经验，延森老师认为幼儿普遍对恐龙、宇宙、动物和昆虫感兴趣。在延森老师的一年级班里，来自个别幼儿的想法常常成为一个主要的关注点，这可以消除很多消极行为。

国家标准化趋势、问责制以及与资金（诸如“卓越竞争”基金）相关的新方案，使K—12的教师经常受到诸如此类问题的挑战：“你为什么这样做？”以及“学生学到了什么？”在这种氛围中，让学习变得严格且有意义尤为重要。这也给教师带来更大的压力，他们需要同儿童一起准备迎接“严格”的幼儿园教育。很多教师将幼儿园称为“新的一年级”。

学龄期　延森老师知道怎样帮助孩子们对国家标准所包含的科目感兴趣。例如，营养主题也许听起来十分无聊或超出幼儿所能涉及的范围。但是如果让你去趟超市，从每类食品中各买几样，并把它们用于班级的烹饪项目时，你就再不会觉得无聊。当我们把一家玩具商店建在娃娃家旁边，同时提供创造性材料让孩子能根据目前美国农业部（U. S. Department of Agriculture，USDA）的指导方针创造他们自己的“我的餐桌”时，孩子们的兴趣就能一直维持在这个主题上。许多想法和精力都花在了拟定杂货店清单和陈列体现着营养餐计划的个人餐盘上。研究显示，多重表达方式的重要性在于能有助于他们表达其对世界的理解。

> **思考**
>
> 你有没有注意到，当你建构性地引导孩子们的能量时，他们就不会有那么多额外的能量以不合适的方式来发泄？

学前班　在为学前班学生制订教育计划时，丹尼斯也使用了同样的课程进程。尽管对孩子的期望根据他们的年级有所不同，但是他也确保课程对孩子们来说是有意义的。他的学生没有机械地学习字母，相反，他们常常有机会看到自己的名字和好友的名字被用来标记美术作品和在等待列表上占位子。许多孩子能够认出他们自己的和最亲密的伙伴的名字，当他们看到诸如Kelsey（凯尔西）和Kayla（凯拉）都是以相同的字母开头时，他们会变得非常兴奋。诸如这样的课程是幼儿认识字母的先导。最重要的是，在这些讨论中所伴随的思考产生了对知识的真正建构、对字母学习的真正投入以及与社会的交互作用。

婴儿和学步儿 在儿童看护中心，凯沙知道婴儿也在学习尊重其他婴儿的空间以及用温柔的手互相触摸。学步儿也在通过洋娃娃探索关于宝宝的概念或在投掷或追逐球的过程中学习什么是滚动。分享、轮流以及使用你的语言表达你的需要都是对2岁孩子很有意义的学习。通过创建有意义的课程，凯沙帮助这些非常幼小的孩子更加合作，并从一开始就在建构一个学习群体。

无论儿童年龄大小，教师应该问自己这样一个问题：学生为什么要在给定的课程上花时间？如果学生变得无聊或沮丧，他们会通过他们的行为来让教师知道。这时我们的第一反应应该是反思自己课程的相关性和趣味性。

❐ 整合课程

比起只关注单个学科领域的课程，儿童从整合的学习单元或方案中学到更多，这一观点已被广为接受。课程整合与儿童的参与和学习动机有关。因此，对于缺乏兴趣而导致的分心、高于或低于儿童发展程度的期望而引发的纪律问题，这是一个有效的预防工具。

儿童在花园研究瓢虫的时候，可以学习相关的知识。

整合课程可以加深儿童的理解，并且包含了多个领域知识的学习。例如研究瓢虫可以包含：从科学领域对瓢虫身体各部分和生命周期的探索，测量瓢虫的飞行距离或通过相似或不同之处来区分不同种类的瓢虫的数学活动，模仿瓢虫运动的机会以及通过各种类型的视觉艺术来画瓢虫。一个整合的课程也可涉及关于瓢虫的阅读、故事创作、唱歌等。通过这些案例，你会发现对瓢虫的研究不仅会带来对瓢虫的深入和有意义的理解，同时还可以发展关于科学、数学、身体运动、艺术创作以及读写方面的技巧。

整合课程需要和儿童的生活相关。这样儿童会更感兴趣，学习也变得更有意义。这也是早期教育领域的专家出版的课程指导用书中所推荐的。丹尼斯知道，真实地使用算术来解决一个问题比单纯练习算术技巧更有用，因此他帮助儿童在感兴趣的主题中寻找潜在的数学。这样儿童可以使用几乎任何主题来学习教学内容和技巧。

当寄宿制学前班的恐龙专家报告，某种恐龙有200颗牙齿时，丹尼斯向这个孩子和其他也感兴趣的、想要弄清楚200到底是多少的孩子们提出挑战。他们拿出许多小立方块，并以小组为单位一起数出200个，然后他们按照在恐龙嘴里看到的那样将数出的小立方块分成上下两排排列。艾哈迈德评论道："我敢打赌，恐龙吃得比我们快！"

这一评论促使丹尼斯建议孩子们找个同伴，互相数数对方的牙齿。梅甘认为他们应该数出他们嘴巴里牙齿的总数，并用最小的古氏积木把它们摆出来。数恐龙的牙齿和他们自己的牙齿变成了名副其实的方案活动，在接下来的几天时间里，这项活动吸引了不同的孩子。最终，它也促进了阅读，促进了更多科学信息的获得。

奥莉薇受到了启发，她画了一些用她的牙齿来象征自己和用恐龙的牙齿代表恐龙的图画。其他几个孩子也跟她学着画，艾哈迈德用黏土创造了一个模型。于是，艺术再现也融入了数学、科学和阅读之中，课程围绕着恐龙的牙齿这一主题整合在了一起。

方案的点子也可能来自教室之外。戴维斯老师二年级班的孩子们在休息时发现了一个方案；在学习与环保有关的科学的过程中，他们最终使用到了数学和语文。

暴风雨正侵蚀着操场尽头的陡峭山坡。在休息时，操场助理员告诉大家不要靠近这座山，否则会变得更糟。但是，这座山是几乎所有人都最爱去玩的地方，因此她很难强制实施这项规定。她一次又一次地吹哨子，把不遵守规定的孩子赶回教室。

戴维斯老师听见学生们都在抱怨这一损失，他们怀疑是否真的有必要关闭这个区域。这一讨论成了班会的主题，戴维斯老师问学生们是否愿意回到操场上，进一步研究这一问题。孩子们总是渴望有理由去户外，他们重新披上外套，拿上戴维斯老师发下来的记录簿出去了。

他们考察了山坡的表层，它充斥着小溪里的水，表层土和沙砾层正在脱落，之后他们展开了一场激烈的讨论。渐渐地，观察者们变得更严肃了。戴维斯老师鼓励他们记下他们所看到的和感到疑惑的。他引导孩子们关注这里可能发生了什么以及他们可以做什么来改善状况。有益的争论产生了。戴维斯老师不断地说："我想知道别人对你的想法怎么看！"

在教室里重新集合后，这些二年级的学生们互相分享了他们看到的情况以及他们认为有用的想法。这些想法包括使用碎石筑成石基、在山上钉上粗麻布、安装排水设施甚至让其脱落成一个更平的山坡。一些儿童引用了他们对稳固山坡的市政工程项目的观察结果，还有两个孩子说他们的父母知道怎样处理类似的情况。

他们决定开展"拯救小山"的方案活动，但他们首先需要更多的信息。戴维斯老师提醒他们，这一方案需要一些缜密的计划、工作、记录和评估。孩子们很兴奋，想立刻开始工作。他们计划外出对其他地方进行田野考察；父母是专家的儿童则说他们会邀请父母做嘉宾解说员；同时，戴维斯老师也和图书馆管理员一起搜集相关的研究材料。

数恐龙牙齿和拯救小山都是真正的整合活动，因为孩子们认真思考这一主题，并使用他们的技能作为调查研究的一种手段。不是所有贴上"整合课程"标签的内容都符合方案活动的标准。往往，教师使用主题只是表面化地将其作为一种手段来覆盖所要求的学科领域内容。可怜的慧勒老师就是这样做的，她也很奇怪为何她的学生总是不感兴趣。

慧勒老师每周都有一个不同的主题。这周是岩石。她给孩子们带来了许多不同的岩石。（她认为让孩子外出搜集岩石会占掉太多的时间。）在写作课上，她要求每个孩子给自己的岩石写一封信。在艺术课上，她让孩子们在自己的岩石上画画。在吃点心时，每个孩子都得到了一小块岩石糖果以及一些更有营养的食物。

思考

思考一些你或你认识的人在幼儿身上实施的课程样本。现在你能不能区分哪些是关联的，哪些是整合的？

这些活动可能都包含着岩石，但是它们并不能帮助儿童学到任何关于岩石的东西。这是关联课程而不是整合课程。成人有时这样评判相关活动："孩子们获得了乐趣。"我们相信，当孩子们持续探究时，他们会获得乐趣，这种探究对他们而言是真正复杂的事，而且发现和分析的过程能帮助他们获得真正的知识和技能。事实上，儿童确实会从"关联课程"中获得错误的信息；岩石无法阅读，而且我们也不想让孩子们吃它！

真实经验与真实材料

丹尼斯老师和延森老师都知道，如果教学能与孩子们自然的学习相结合，那么儿童将受益匪浅，同时在校的时间也会更加顺利。整合课程是一种能将你的教与儿童的学以及你的课程目标相匹配的方法。孩子们当然不会把世界分割成分门别类的科学、数学和社会学习，他们只想在体验这个世界的过程中，理解他们的世界及其内部联系。因此，为了让孩子们认识到学校的重要性，学校也应该反映儿童真实的世界和儿童自己的经验。教师需要记住，学习不但是具有理论性的，也是具有社会性和文化性的。

做到这一点的方法之一，是建构儿童关于课程的背景知识和经验。另一种方法是让儿童深入思考某个方案，将真实的材料用作探索的资源。延森老师在学校努力帮助她的同事摆脱"伪多元文化主义"。她们的学校上上下下都以年度多元文化展自豪，活动中每个年级代表不同的国家或文化，每个小组穿着不同国家的服装并学习表演歌曲和舞蹈。他们进行盛大的绕场游行并在多功能室表演歌唱和舞蹈，场面看起来很壮观，但延森老师认为这其实并没教会学生有用的东西，反而可能会形成刻板印象。

当幼儿园里的孩子们被教师指导着用纸袋做“长筒靴”[1]作为其表现的因纽特人风俗的一部分时，孩子们是怎么思考和理解的？他们是否意识到因纽特人的长筒靴是用兽皮制成的，而不是纸袋？他们是否理解生活在严寒自然条件下的因纽特人不能去商店买靴子，只能自己来制作和穿长筒靴？他们是否会意识到平时穿着带魔术贴运动鞋的莫莉同学，实际上有一半因纽特人血统？记住，幼儿很难理解发生在不同时代和遥远地区的抽象事物，他们基于他们所看到的、所经历的来形成自己的理论。

儿童的学习之旅是从真实的经验和他们能感知的真实物体开始的。思考本章节开始时的例子，如果延森老师的学生没有个人经验和教师提供的混凝材料，就不会在“鸟巢”一课中获得这么多的感受。学生们观察、提出问题、开始探索鸟类如何筑巢。他们沉浸在这些教育经验中，也参与到了学习的过程之中，因而不可能去打扰他人的工作。他们也会建立起深入思考鸟类的知识基础，这会帮助他们读懂这个科目的阅读材料。这些思考的内容会跨越学科领域的边界。学生们带着真实的目的参与这类课程，并在其他的探索活动中运用他们的知识。一些教师不了解这一点，他们浪费了宝贵的时间向儿童讲授完全超出儿童经验范围的主题。教师往往会忘记幼儿需要关注“当前”周围的真实世界。这些用心良苦的教师常常会把孩子带入“很久以前”或“很遥远”的完全难以理解的世界中去。一些教师毫不关注该年度该班儿童的热情和问题，而是年复一年地重复着相同的主题。感恩节就特别会引发教师们去解释原始庆典的历史。然而，幼儿对时间和空间的概念很模糊，他们不可能理解发生在300年前的事和发生在上周的事有什么不同。如果你要求一个第一次听到感恩节故事的孩子对你说说感恩节，你会听到十分惊人的错误概念。用介绍一个孩子们理解不了的史实浪费孩子们的时间，会让儿童

[1] 一种因纽特人用裘皮作衬里制成的长筒靴子。——译者注

最终获得对以前的人和事的错误概念。例如，在学习了感恩节之后，很多孩子会认为所有美洲土著人都会在脸上画画，在头上插上羽毛，生活在圆锥形帐篷里。然后，孩子们接着上毫无意义的课，做着与发展不相适应的作业。尽管许多孩子都忠实地跟随教师完成这些毫无意义的任务；但另外一些孩子则会引发一些课堂问题，因为他们想找些有趣的事情做。

近来的教育趋势正鼓励在学校中回归死记硬背的机械式学习。对于年长儿童，他们可能可以有效地记住事实或模式，例如乘法口诀表[1]；但对于年纪小的儿童，需尽量避免此种方法，直到这一内容同他们的生活相关并对他们有实际意义。乘法表的背诵采用了类似儿歌的形式，当儿童还不能理解16比28大还是小的时候，是否能够跳过横向四格来计数毫无意义。对于幼儿而言，可以让他们数真实的物体来获得很多经验，把真实的物体分成集合，将单张卡片变成“10张一条”，或思考10条如何换算成一块“百数板”。通过操作真实的物体，儿童会形成深入的理解。同理，幼儿可以按顺序记住每届总统的名字，但如果他们不理解总统的角色，这种记忆就毫无意义。我们认为对于珍贵的早期学习的头几年，这样浪费时间是不合理的。

[1] 美国乘法口诀表见下图。——译者注

X	1	2	3	4	5	6	7	8	9	10	11	12
1	1	2	3	4	5	6	7	8	9	10	11	12
2	2	4	6	8	10	12	14	16	18	20	22	24
3	3	6	9	12	15	18	21	24	27	30	33	36
4	4	8	12	16	20	24	28	32	36	40	44	48
5	5	10	15	20	25	30	35	40	45	50	55	60
6	6	12	18	24	30	36	42	48	54	60	66	72
7	7	14	21	28	35	42	49	56	63	70	77	84
8	8	16	24	32	40	48	56	64	72	80	88	96
9	9	18	27	36	45	54	63	72	81	90	99	108
10	10	20	30	40	50	60	70	80	90	100	110	120
11	11	22	33	44	55	66	77	88	99	110	121	132
12	12	24	36	48	60	72	84	96	108	120	132	144

学校开学的时候正值鲑鱼在附近的小溪里洄游，许多孩子都曾和他们的家长一起钓过鱼。孩子们对鱼的兴趣高涨，桑切斯老师决定利用这一兴趣。她安排了一次到当地的鱼卵孵化所参观的远足旅行，这样，她的学生就能看到鲑鱼在鱼架上为自己挤出一条路的情景，他们也会看到鲑鱼产卵、孵化以及在水箱中养殖的过程。这趟远足对于幼儿来说非常适合：大量的行动和仅在回答问题时才使用的言语。

这个计划接下来的部分则完全不同。孵化所赠送了一些鲑鱼，供孩子们更近距离地进行研究。一位孩子的母亲是鱼类生物专家，她愿意牺牲自己的时间来帮助进行这项研究。回到教室后，孩子们挤在一张小桌子周围，观察生物专家解剖鱼，看看里面有什么。但是，这位鱼类专家首先想告诉孩子们一些东西：鱼是怎样在水里游动的、每片鱼鳍的名称和用途、鱼是怎么呼吸的、鱼鳃是怎样工作的以及鱼对研究有多么重要。

尽管各种部位的拉丁名字盘旋在脑海中，桑切斯老师认为讲解还是很有吸引力的，但是，她发现适合她的讲解对她的学生却不适合。一些孩子开始交头接耳，其他孩子则为了能更好地观察这条鱼而正在想方设法往上爬。一个孩子走到另一张摆放着其他鱼的桌子旁边，他全神贯注地测量着它们的尺寸。一些儿童仍然对生物学家感兴趣，但他们想告诉她他们对鱼的了解。生物专家看到孩子们静不下来，决定进一步解剖鱼。不幸的是，大多数儿童已经失去了兴趣。桑切斯老师意识到，她本应该与客人一起更细致地规划，以确保这些介绍能让儿童主动参与而不是只被动地听。

积极学习

儿童对学习的直接参与，与他们学习方式及把自己看成什么样的学习者有关。如果儿童所在的班级，是由教师告诉儿童需要知道的每件事情，儿童就不会发展出探索解决能力。如果教师是班级中唯一能够触碰和操作物体的人，孩子们就会认为学习是一种消极的努力。桑切斯老师刚刚意识到，规划学习经验对学生专心学习有多么重要。

> **思考**
>
> 如果有人给你看一幅猫的图画，你能学到什么？请列出清单。现在假设给你看一张照片呢？如果你真的看到一个人带着一只猫呢？假设你能够近距离观察一只真的猫，又会如何？如果你抓住这只猫，它在你手掌中呜呜叫，用它粗粗的舌头舔你，把它的尾巴缠绕在你的胳膊上，你会获得多少更有意义或难忘的体验？

积极的学习能促进归因、提升解决学业问题和社会问题的能力。在上文的小插曲中，没有要求孩子们推理或思考鲑鱼以及在产卵季节它们的行为会怎么样，儿童对此的行为反应也没包括在内。离开集体、插嘴、干扰以及和别的孩子悄悄打闹，都是儿童在向成人表示：这个可没有满足他们的需要。如果他们没有为孩子们提供积极参与学习的机会，即使是最佳的课程计划也可能会歪曲。与此相反，一名当地渔业部官员通过游戏的形式来教小学生鲑鱼是如何进行洄游的。他让大多数孩子扮成“鲑鱼”，少数几个孩子扮成“熊”来抓“鲑鱼”。在“游”上“人工河”边界前，“鲑鱼”被“熊”贴上标签的话，“鲑鱼”就无法返回“产卵地”。这种游戏学习的方式给孩子们留下深刻的印象。

积极参与也会让学习变得更有意义、更记忆深刻。如果有人给你看一幅猫的图画，你能学到什么？请列出清单。现在假设给你看一张照片，你还能学到哪些？如果你真的看到一个人带着一只猫，你又能获得哪些新的信息？假设你能够近距离观察一只真的猫——你能给你的“猫的知识”清单里增加些什么？如果你抓住这只猫，它在你手掌中呜呜叫，用它粗粗的舌头舔你，把它的尾巴缠绕在你的胳膊上，你会获得多少更有意义或难忘的体验？如果你长时间与一只猫一起生活并照料它，甚至看到它生小猫，你又会增长知识。当你给孩子们看图片或识物卡而不是让他们真实参与该项目，孩子又会懂得多少呢？幼儿的知识系统有限，因此他们能

积极地亲身实践学习，这提供了对真实实践的真实体验，能让儿童更好地参与且把行为问题减少到最少。

参考比较的点很少。从没见过猫的成人也能够建构出一些细节，因为他们曾接触过其他宠物。孩子越年幼，他们越应该接触真实物体而不是抽象表征或符号。当孩子们积极参与时，他们会自然地通过他们的感官来探索。多感官的参与能增强对物体的识别和记忆。所以，当孩子们积极参与时，他们不仅更可能会理解，而且更可能会记住所学的。你可能无法带只猫来教室，但是你让儿童接触真实物品越多，就越接近可能的表征，学习也会变得更有意义且持续得更久。

❐ 游戏的作用

幼儿通过游戏来学习，它能增强幼儿的好奇心，帮助他们建构各种主题的知识。游戏也促进儿童探索、思考以及质疑，这些也是学习的基本组成部分。然而，当前的趋势是基于标准的课程和测试，对教师（K—3）而言，以游戏为基础的学习变得越来越难实施。在1998年至2011年之间，包含数学、科学、拼图、积木、沙水盘在内的实物教具以及幼儿园班级中的扮演游戏，都显著减少了。这也许就是为什么复读学前班的幼儿数目那么触目惊心了。最近的研究表明，在洛杉矶联合校区有8.5%的儿童在复读，他们中的大多数是较为年幼的男孩。此外，数个对此现象进行了研究的校长也指出男孩子因不够成熟而难以在幼儿园里获得成功。也许这不是因为男孩子不够成熟，而是学校的课程不再允许孩子们去游戏。

在延森老师的教室里，玩商店游戏不仅是整合课程的一个例子，它还有许多其他的优点。在游戏过程中，不论是商店游戏这类假想游戏，还是诸如西洋棋或纸牌等竞赛游戏，都需要做出很多重要的决定、解决很多问题：谁来管理收银机？如果现在每个人都想管理，该怎样解决这个问题？今天我们应该采用“疯狂八”（一种纸牌游戏）的哪种玩法？如果内森输了，他能改变规则吗？教师应该问自己：这个活动或玩具是否能够促进儿童的思考、提高儿童的问题解决能力、使儿童好奇、保持儿童的兴趣、提高创造性的表达、促进表征转换、促进合作和交流？一些电子游戏设计者所设计的游戏可促进游戏者的科学思维，这也是电子游戏在幼儿中如此流行的原因之一。

维果茨基指出，游戏必须包括学习规则和遵守规则。在维果茨基看来，“有想象情境的时候，就有规则”。在一个想象的情境中，指导行为必然需要规则，因为儿童必须商定“剧本”和角色特征。当儿童制定维持他们假想游戏的情境所必需的规则时（如怎样购物、怎样从着火的房子中救出别人等），他们的逻辑推理能力以及创造性思维能力和批判性思维能力就会得到发展。教师可以通过鼓励假想游戏来促进儿童的认知发展和社会性发展。

有趣的是，随着孩子长大，他们的游戏越来越强调规则。维果茨基将这一发展描述成从明显的想象和细微规则限制的游戏（如娃娃家）向强调规则但只有些许想象背景的游戏（如棋类游戏）转变。他们从用自己的身体来具体地表征，发展到通过画板上的记号来抽象地表征。练习得越多就做得越好，因此，当孩子们创造着他们的游戏规则并与朋友合作遵守规则时，他们普遍能更好地理解规则。这也是将游戏纳入课程的众多理由之一，尽管此类游戏会随着儿童的成长而改变。

教师在游戏中的角色　在儿童游戏时，教师扮演着多重角色，如扮演舞台管理员、合作玩伴或游戏的领导者。每个角色都能促进儿童的社交能力。舞台管理员安排儿童的游戏活动，帮助儿童开始互动，随后安静地退出游戏环境，这样他们就可以自己玩了。这一角色对不知道如何加入游戏的幼儿而言特别好，用固定的游戏行为促进儿童的技能或为需要帮助的孩子提供支持，是教师指导性最弱的角色。游戏领导者是教师主导性最强的角色，它用于支持一群自己没有尝试进入游戏的孩子。游戏领导者开启游戏的互动，安排孩子们承担游戏角色，例如“我做妈妈，你做爸爸”，并导演着整个游戏。游戏领导者会一直和孩子们待在一起，直到游戏结束。根据某个孩子的需要能够有意识地选择介入游戏的教师常常是效率最高的教师。

❒ 明智地使用时间

或许最关键的课程指南是必须确保要求孩子们学习的内容是他们应该知道的。对儿童的尊重将引导我们停止进行那些极为普遍的、琐碎且装腔作势的学校活动。比起浪费时间让孩子们为布告栏做一模一样的红花，不如让我们思考一下在他们的生活中究竟什么才是真正重要的。费尼、莫拉维克和诺尔特目光长远地提醒我们：每个人能够学习的最重要的事情之一也许是“当你伤心时怎样找到一个朋友”。他们是在对值得学习的内容进行广泛研究后，做出这一论述的；它包括了解物质环境、社会环境以及你自己，以更好地尊重和爱护这个世界以及这个世界上的人们。例如，评估是颜色和形状重要，还是变得更友好以及帮助我们在世界上生存下去的目标更重要。尊重儿童包括尊重他们的时间并明智地使用它。延森老师惊奇地发现“鸟巢”活动非常符合这一目标。

当孩子们制作完他们的鸟巢后，延森老师把他们召集到一起进行了一次集体讨论。“在做鸟巢的过程中，你学到了什么？”她问。她期待的回答是黏土的感觉如何以及什么原料最好用，然而令她吃惊的是，她听到了完全不同水平的回答：“鸟巢真的很难做！”“我再不会从树上把鸟巢打下来了。”“我再也不会打鸟了。”……做鸟巢模型促使这些幼儿能从鸟类的角度进行思考，这也有助于他们欣赏鸟类及其为生存所做的斗争。当然，这些儿童也会更加尊重和爱护他们生活的这个世界。

思考

扪心自问——对于孩子的一生而言，你所教授的内容是否值得孩子们此刻去付诸努力？

许多教师发现，尝试教会幼儿园阶段的孩子说出时间是不值得的，也会很困难。另一些教师也认为，尝试在一年级教会每个孩子硬币的价值以及如何做换算简直是浪费精力。过早地尝试教这些符号与试图教5个月大的婴儿学习走路是一样的结果。由于一些主题太容易，不需要专门花费学校的时间就能学会，因此也是浪费时间。例如，对大多数儿童来说，直接教他们颜色和形状都是没必要的。这些概念是生活的一部分，孩子们在很小的时候决定选用哪种颜色的蜡笔、穿哪件衬衫或用不同形状的物体来进行游戏时，就普遍获得了这种能力。

然而，一些观念却非常值得花时间和精力。我们希望多强调，以帮助儿童学习尊重和保护环境，学习在尊重个体差异的基础上和平共处。为了达到做个有责任的公民的目标，我们需要学习批判性思维、解决问题、合作和领导，而不是简单地记忆某个转瞬即逝的事实。让我们用我们的时间使孩子们变得更强大，而不是陷入琐事的泥淖。

三种类型的知识

其余的课程指导方针可以根据对学习过程的理解来划分。当教学方法符合人们的学习方法时，所有的学习者都会更投入，注意力更集中在任务上。了解了儿童在学习三种类型知识上的差异，教师就能设计出让学习者最受益的学习活动。我们知道，这一信息有时候容易混淆，因为知识的类型和发展领域有着类似的名字，却有着完全不同的概念。知识的类型与儿童所需理解的方式有关。总之，儿童通过做来学习物理知识，通过被告知或演示来学习社会知识，通过推理来学习数理逻辑知识。

❒ 物理知识

根据皮亚杰的理论，经验或物理知识源于我们与世界上的物体的接触。它通过感官来学习——思考物理学的研究，世界是如何运转的，而不是儿童身体的发育。当儿童发现放在斜坡上的球滚了下来，他们就获得了物理知识。物理知识也包括对变化的观察，这种变化是由一个物体变成另一个物体而产生的（如泥土加水变成泥浆）。这种类型的知识只有通过直接操作或对物体变化的亲自观察才能获得（如一块方冰在太阳下融化）。这也是为什么大多数国家课程指导方针都鼓励儿童采用实验、探索和提问的方式来主动参与学习。

❒ 社会知识

社会知识有时也称为文化知识。这是一种与团体中成员分享的知识，因团体的语言、规范及习俗的不同而不同。它在人们的口口相传中传递，而无法仅仅通过对现实世界的亲身实践来发现。社会知识是专制性的，一种文化与另一种文化的社会知识迥然不同。例如，我们在英语中把一种颜料称为“red”（红），而在西班牙语里则是“rojo”（红色的）。一个孩

思考

自我检查：你可以给别人区分和解释三种类型的知识吗？记住，知识类型与发展领域是不同的。

子不会去想这一点，在面对红色的事物时，必须有人去告诉这个孩子。如何向长者正确地表示尊敬以及在吃饭时所需注意的礼节也都是社会知识。既定的每周的天数和每年的月份数的名字也是社会知识。

❐ 数理逻辑知识

数理逻辑知识指的是我们的推理能力，推论出物体与行为间的关系，则产生了规律或理论。这种知识并不存在于物体本身，说到这一点，物体如何运动也会揭示彼此的联系；这是儿童必须在自己的脑海中想象的东西。例如，皮亚杰曾说过一个故事——一个小男孩是如何开始理解交换性的（如改变数字或物体的顺序，不会改变结果或物体的总数）。小男孩有10颗卵石，他把它们排成一排。他从1开始数卵石，最终数到了10。他从另一端开始数，也得到了10，这让他很吃惊。然后，他把卵石排成一个圆圈，数一数，还是得到10。他开始意识到，卵石的放置顺序不会影响数量。男孩不是从卵石或重新排列卵石学到这些；相反，他是通过思考发生的事情学会这点的。或者说在这个例子中，每次他移动卵石时并没有发生学习。数理逻辑思维为信息的分类提供了框架，因此使这些信息有了意义。

数理逻辑知识的建构需要用到物理知识和社会知识，而数理逻辑知识对物理知识和社会知识的建构也是必需的。因此，要想真正使儿童的心智参与并帮助他们成为成功的学习者，教师必须确保为儿童提供实验和反思的机会。太多的班级通过有限的教学传递社会知识，要求学生记住一系列的事实而不理解背后的原理——这些原理会让事实更可信，这样做会弱化教育和儿童的能力。例如，我们可以教儿童记住科学探究的步骤，但是只有在真正的调查中体验过这个过程的每个步骤，他们才能理解提问、收集数据以及分析和分享结果的重要性。

另一个案例是对考试分数的强调，教师被迫“灌输考试会涉及的知识”，而不是教育孩子。对这种劣质教育有所了解的教师们都看到了它对儿童的学习和行为所造成的负面影响，但是又不确定如何规划学习经验使学生们思考这三种知识、让儿童有兴趣和动机去学习、从主动的学习和游戏中获益同时又符合国家标准。请参考图5-1中一名成功教师的建议。下文讨论的所有策略都会帮助你完成这项任务。本章的下一节会帮助你组织活动和设计学习经验，以确保它们符合儿童的社会性和学业需要。

亲爱的未来教师们：

当前的教学时代并不容易。当权者为教师和儿童创造了一个不友好的教学氛围。家长们需要的是能为孩子们大声疾呼的教师，这样的教师计划并创造出合适的教育环境并牢记孩子是通过游戏来学习的。

在教学过程中，你们可能被要求采用不合适的方法，即把所有孩子都看成一样的，没有入学前的背景知识（空瓶子），或采用同样的进度学习。然而，你自身关于最佳教学的认知以及当前儿童发展的研究会使你认识到每个孩子的经历不同，应同每个家庭建立起纽带并找出将真实教学引入课堂的方法。

我还是继续用晨会来开始每天的教学，其次是日常的发展中心目标。对我而言，每天在晨会中聆听孩子们在科学探究、数学探索以及阅读和书写工作坊中的主意和看法是非常重要的。是的，我的课堂对阅读课程进行了明显的调整。我并不反对词汇记忆、拼写练习以及每天的阅读和书写练习，这些都是重要的。我也把数学术语表、拼写表放在孩子们看得到的地方。因为我相信并且知道儿童需要有选择的机会，并且每个孩子都有权利用他（她）自己独一无二的方法来学习。因此我们组织了大量的数学游戏，认识数量的概念并且每天享受解决问题的快乐。

超越以帮助儿童应对标准化测验为目的的重复训练和乏味课程的教学是可行且必需的。每天的新创意、有趣的材料、歌曲和手指游戏、有质量的儿童文学、启发式的提问和讨论是这种教学的基础。除了要确保教室墙上的基本学习材料，还需要引入真实的体验。利用好你周围的环境，让孩子能够看到、感觉到、闻到、听到或品尝到那些真正的食物、来自大自然的实物以及本土的有趣材料。

与有同样想法的同事合作并结合本土资源找到创新方法可以帮助你找到具有发展适宜性的教学方法，例如当地的食品店、社区花园、消防站、邮局、鱼市场，也可以是某些社团组织、公园或机构等。你和你的学生可以帮助他人理解这些经验的价值。通过展示照片、录音、数字媒体创作以及艺术作品等来获得社区的支持。你和你的同事需要得到他们的积极支持和密切合作。了解最新研究并与地方和国家的幼儿教育组织保持密切联系。为你所知的理念持续呼吁才是支持儿童的最佳实践。

此致

一名已经开始这种教学并与你共同努力的教师
詹尼弗·汤普逊，NBCT

2006　NAECTE——教师教育工作者奖
2006　PAEMST——数学和科学卓越教学总统奖
2007　NSTA Sylvia Shugrue——科学教育奖
2008-09　国家科学基金会极地项目办公室，爱因斯坦研究员
2012　全国委员会认证教师——幼儿教育

图5-1　来自一名一线获奖教师的建议

组 织 策 略

当不知道班级里的常规和预期且从一个活动切换到另一个活动时，孩子们常常会体验到行为上的困境。为了避免这些类型的问题，在活动切换和集体时间，教师可综合使用策略、常规以及惯例来减少等待和避免混乱。对于了解儿童学习方式、知道人际关系、综合课程以及真实体验重要性的教师，他们知道什么时候行为问题最有可能发生，并且在这些问题刚萌芽的时候就消除它们。事实证明，采用组织策略进行教学是成功的。

❒ 一份好的时间表的特征

时间表因儿童的年龄、集体的目标和规模、一天的时间长短以及可使用的设备而不同。然而，除去这些环境因素，在建立一日常规时，还应该考虑某些因素。表5-3为教师们提供了一份发展检核表，供设计一日作息制度之用。

表5-3　发展检核表

生理需要	智力需要	情感需要	社会性需要
是否有足够的活动游戏时间？	有没有足够的时间给儿童去探索、提问和创造？	时间表是否支持儿童的独立？	有没有机会和同伴分享活动？
有没有提供充足的食物和水？	是否允许儿童使用室内和户外的各种空间？	时间表是否最大限度地给予儿童权利，让他们选择活动和玩伴？	在每3个小时的混合游戏中，是否至少有45分钟不受干扰的时间？
儿童有没有休息的时间，或半私人的安静时间？	是否有整合课程让儿童运用阅读、数学、艺术、科学以及社会学习的技能？	在多种有代表性的文化中，这张时间表是否都支持个体获得成功？	每天有没有小组集中时间，以便儿童有足够的时间发展领导技能？
是否能灵活地满足个体需要？	有没有足够的时间留给各个学科，以符合课程标准？	这张时间表有没有通过常规和支架提供儿童所必需的安全感？	这张时间表是否也强调合作和移情？

低年级的教师们面临额外的挑战——在有限的学校生活中满足本年级水平的标准。这是一个特别的困难，因为学习时间常常被打断，打断它的是每周的例行机会，包括音乐、体育健康、计算机实验、班级阅读之旅以及个别学生的资源时间。教师们还不得不将午餐、休息以及整个学校的集会列入时间表。学习时间则变成额外时间。

常规 我们都喜欢常规。想一想，当你起床晚了，不能享受你的晨间例行时间，你会感觉如何？你有可能感到无组织而且凌乱，担心接下来的一天会有什么等着你。当进入一个不知道接下来会发生什么的环境时，儿童也会有类似的体验。稳定的常规能帮助儿童了解教师的期望，进而也能帮助他们成为愿意合作的集体成员。常规也通过可预期性来提供安全感，这一点对于那些来自无序家庭的儿童来说尤为重要。

由于儿童了解了常规，因此延森老师一年级班的学生在集体活动时几乎不用专门花时间来集合。他们有一套从自己的座位上顺利转移到集体区域的程序，并且每个孩子都知道要做什么。他们从重复的每日常规中受益，它提供了可能性，让他们有越来越多的深入参与的活动时间。

虽然儿童对事件顺序有概念并知道自己所应该扮演的角色是非常重要的，但建立常规并不是要受钟表控制。它不意味着每天一到了11点15分，就必须停下正在做的事情而进入故事时间。通过在每日常规板上按序列出每天孩子们需要参与的事件的照片，丹尼斯帮助自己学前班的孩子们学习常规（见图5-2）。丹尼斯学前班里的孩子们知道，他们一到校就可以开始自由选择工作和游戏，然后，大约在整个上午的中间段他们需要集合一次。他们知道，如果他们准备好吃点心了，可以在哪里坐下来吃点心。如果他们忘了接下来的活动，丹尼斯会把他们带到常规板前，讨论接下来会发生什么。当孩子们担心父母什么时候会回来时，或他们期待某个激动人心的事件时（例如有人来教室参观），这么做尤其重要。

丹尼斯根据儿童的需要安排他的常规；他选择较安静的时段作为主动探索时段，同时安排每日的户外游戏。当期望儿童长时间安静或当孩子们过于激动需要一些安静时间时，这么做能避免行为问题的产生。尽管丹尼斯每天都遵守同样的

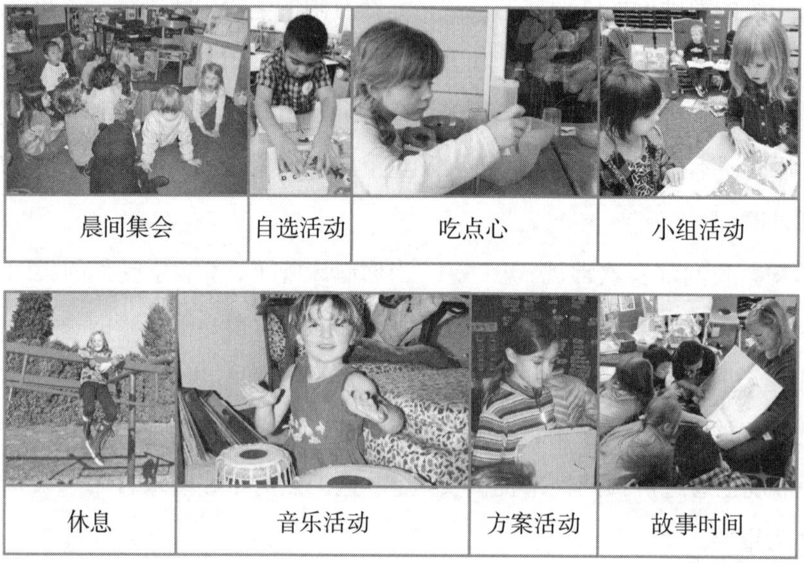

图5-2 图片式一日安排

常规，但是活动之间的确切过渡时间则基于他对学前班幼儿的观察。丹尼斯的目标之一，是对孩子们想要延长不受打扰的时间的需要很敏感。丹尼斯知道，幼儿需要花时间才能进行高质量的游戏和探索，因此他想要确保他们有时间完成他们已经开始的工作。丹尼斯也知道，当孩子们做对自己很重要的事情时，他们能长时间地集中注意力，根据这一点他小心地进行着判断，目的是避免频繁地改变活动来影响儿童的专注力。

当看上去大多数孩子都将结束他们的自选活动，活动逐渐进入尾声时，丹尼斯就带着日程安排表巡视教室，并告诉孩子们还有5分钟就到集体活动时间了。这一预先提醒让孩子们能完成正在做的事情，同时也在心理上做好转换的准备。偶尔一个孩子太投入而不愿停下来，他可以请求不参加集体活动或几分钟后再参加。丹尼斯对孩子们及其工作的尊重体现在他对这些请求的信任上。当丹尼斯不能满足某个孩子要求更多时间的请求时，他会花时间解释原因并帮助这个孩子规划可行的安排，如把作品存放在教室里的保存区直到孩子有机会去完成它或者给孩子的“大工程”拍张照片发给家长分享。

婴儿和学步儿尤其能从遵守常规中获益。知道接下来会发生什么提供了一定水平的安全感，也能减少一些权力斗争以及发脾气。在儿童通过啜泣、呜呜哭或进攻行为表现其需要之前，一份时间表就应预先考虑到儿童的饮食、睡眠、换尿布或参与一个积极游戏的需要，从而创造更愉快的一整天。

艾哈迈德跑进大肌肉活动室。他急切地想进入攀爬塔，那是他最喜欢玩的地方。突然，一位教师过来告诉他，他应该下来排队等候。攀爬塔上已经有4个孩子了。4个是极限，这是规则。

艾哈迈德看上去又困惑又伤心，但还是爬了下来。他充满渴望地盯着爬上爬下激动得大喊大叫的同学们，不断地问管理员雪莉什么时候轮到他。慢慢地，眼泪涌出了他的眼眶。雪莉知道艾哈迈德很伤心。她努力地向他解释，是其他孩子先来到这个房间的。雪莉发现她的解释并没有用，就开始考虑其他的选择。看护中心的规则是幼儿可以一直使用器械，直到他们自己决定结束为止。因此，她不能向艾哈迈德许诺他确切需要等到什么时间。她试着通过建议艾哈迈德去积木区或木工区玩来分散他的注意力。但艾哈迈德决定要留在这里，直到有人离开攀爬塔。

雪莉忽然记起上周的报名单了，那是上周用来帮助儿童们轮流抱新来的宠物用的。她问艾哈迈德是否愿意做一份使用攀爬塔的报名单。他接受了这一安排，并帮助雪莉放好纸、胶带和一支记号笔。艾哈迈德按照4岁孩子的风格在纸上写下了名字，并把它粘在攀爬塔旁边的墙上。现在，他看上去好多了，他的要求已经正式写在纸上了。他说他会在旁边的积木区等着。雪莉向他保证，一旦有人离开，就立刻叫他。没有了在附近徘徊等待的人，在攀爬塔上玩的孩子的压力也消失了。很快这里就空了，雪莉提醒艾哈迈德来玩。艾哈迈德在雪莉的帮助下应对了这一困境。即使他没有立刻如愿，但他也感受了尊重。在等待过程中，这种经历帮他建立了理解和信任。

轮流　排队等待与等待集体活动开始既会引发纪律问题，又严重浪费了儿童的时间。你能否立即发现一些活跃的孩子开始想“如果我推了我前面的那个孩子，会怎么样呢？会不会像多米诺骨牌那样，然后我就成了排头？”当成年人需要从

思考

你看到孩子们无谓等待的频率是多少？孩子们单一的等待会导致什么行为？如果你正和孩子们一起工作，你可以做出哪些改变？

一个地方一同移动到另一地方的时候，往往是拥簇而行，而不是像军队一样排着队过去。很难看到人们保持一定的队形从一处移到另一处，那么我们为什么期望儿童会这样做？一些人可能会说学习排成一条直线是一个很好的练习。我们相信那是因为这些人在杂货店或其他需要排队的地方很有经验，但没必要让很小的孩子也这样做。

然而，另外一种等待是非常重要且会导致许多问题的，即儿童必须等待轮到他们。从神经科学的角度来看，幼儿的大脑几乎总是难以置信地活跃，探寻着周围世界的意义。对于幼儿来说，要等待轮到自己确实非常枯燥且真的很困难。他们不擅长无所事事，因此如果他们没有积极参与，他们就会发明与成人的目标相反的试验和娱乐。另一个原因是他们没有时间感。因为时间是抽象的，告诉一个孩子要等5分钟才能轮到他骑三轮脚踏车是毫无意义的。当教师前后不一致时，这个5分钟就更让人困惑了，教师说“再多5分钟”是抽象的，因此有时候“5分钟”会变成15分钟，而有时只是2分钟。孩子们是自我中心的，他们不能从他人的角度看问题，因此他们考虑不到其他儿童的要求。3岁的萨姆想要三轮脚踏车，这一愿望对于他来说是唯一真实的东西；伊莱也想要三轮脚踏车的事实则与他无关。在成人的帮助下，儿童逐渐了解他人的需要和感受。当他们有一些经验并成熟一些时，他们也学会了估计时间间隔。在幼儿学习的过程中，了解幼儿的教师能帮助他们应对这一切。

大多数儿童的等待也包含着等待成人的帮助。帮助他们的成人越多，他们等待的时间就越短。一般情况下，公立学校的班级人数不仅超过了所建议的人数，而且和儿童的总人数相比，成人的人数更少。全美幼教协会的幼儿教育方案认证标准设立了关于班级规模和师生比的指导方针。如果你不明白为什么需要控制集体规模，那就想象一下27个2岁孩子和9个看护人员。1名成人对应3个孩子的比例是很好的，但质量仍会很糟，因为集体中有太多的学步儿。表5-4说明了全美幼教协会2011年的指导方针，因此，班集体常常欢迎更低的比例和班级规模。不同州的规则差异很大。全美幼教协会的指导方针是帮助班集体找到最高质量的看护集体。

表5-4　推荐的比例和班级规模

年龄范围	推荐比例	最大比例	最大班级规模
婴儿：0—15个月	1∶3	1∶4	8
学步儿：12—28个月	1∶3	1∶4	12
学步儿：21—36个月	1∶4	1∶6	12
学前班：2.5—4岁	1∶6	1∶9	18
学前班：4—5岁	1∶8	1∶10	20
幼儿园	1∶10	1∶12	24

延森老师不喜欢让她的学生排队，也不喜欢让他们排着队一起走。她知道排队等候对孩子们来说是非常无聊的，也会引发行为问题；她知道成人也很少排着直直的队伍从一个地方到另一个地方。当她的学生要到室外休息时，她让孩子们准备好之后就单独出去或组成小组出去。在学年伊始，她会花时间和班里的孩子们讨论，并练习应该怎样走过低年级教室的走廊。她的孩子们逐渐记住——为了减少噪音，他们应该走过去而不是跑过去。如果有人忘记，别的同学会提醒他。不排队给延森老师和她的学生们减少了很多麻烦，同时也减少了许多纪律问题。

但是，图书管理员希尔老师坚持要他们排队，因此延森老师的学生只好练习排队进图书馆。延森老师在关照拖拉的学生时，为了避免迅速做好准备的学生等待和感到无聊，想出了一些排队时进行的活动。她引导大家唱他们喜欢的歌和做手指游戏，这样就可以避免其他不恰当的活动。这种方式也比唠叨更能让拖拉的学生加快动作，因为他们急切地想参加这项有趣的活动。

当延森老师需要把孩子们集中起来进行集体活动时，她也使用了类似的方法。如果距离每个人都到齐还有一段时间，她就和先到的学生进行一些讨论。她常常用这段时间来帮助幼儿评估他们的活动，如提这样的问题：

“今天你读了什么书？”有时，她要求孩子们在集体中分享他们开展活动方案的作品或成果。以玩偶表演或唱歌来开始活动也能使孩子的参与度更高。

过渡 许多纪律问题和小的受伤事件发生在过渡环节，即孩子们从一个活动或一个地方转移到另一个活动或另一个地方的时候。在看护中心，一些孩子的性格不能应对教室里伴随过渡环节所产生的嘈杂和移动。这些孩子需要在别人的帮助下处理这一情况。之所以大多数过渡时间儿童会出现行为问题，是因为教师不切实际地期望儿童能耐心地等待很长时间，直至其他孩子也做好准备。尊重儿童的成人不会浪费孩子们的时间来长久等待。如果成人这么做了，那么你几乎可以肯定，孩子们一定会很聪明地找到一些缓解无聊的办法，即使是捣乱。

在中途岛儿童中心的上午班，孩子们必须做的唯一的重要过渡是上午10点左右进行的集合。孩子们在中午回家之前，可以通过进行户外游戏来避免多余的、浪费时间的过渡环节。在学习时间，孩子们也可以选择吃点心，因此整个集体就不需要再有一个吃点心的过渡环节了。丹尼斯通过预先提醒来帮助大多数儿童准备好活动之间的过渡。如果在一个方案活动中没有受打扰，他们就会更愉快。把过渡压缩到最小就能将干扰减少至最小。在绝大多数的上午，孩子们准备好了之后就可以自由改变学习活动。

过渡环节也常常是问题时刻，特别是孩子们排队等待的时候。孩子们常常寻找一些更有趣的事情去做，而不只是安静地站着。

在集体活动结束后，为了防止孩子们一下子蜂拥到学习区，丹尼斯通过游戏的方式，一次只让一批孩子离开。有时，他说：“今天带臂章的人可以去学习区了。”接下来可能轮到衣服上有格子花纹或印刷图案的孩子。在其他日子里，丹尼斯会要求每个孩子思考他们要去哪个区，并在离开集合圈时确定好自己的安排。有时，他又会举着名字卡片，一次让一个孩子离开；孩子们练习阅读自己和朋友的名字以判断轮到谁了。这些游戏吸引了孩子们的注意力，同时他们在短暂的等待中又进行了学习。那些先进入小组活动（如烹饪方案）的孩子们，也必须在等待时有事可做。要么允许他们立刻开始，要么必须有其他成人组织他们唱歌或活动，直到整个活动开始。

那些在儿童中心待一整天的孩子要面对一系列的过渡：午餐、午休、午休后起床、午点、再次到户外以及家长接领时间。每次过渡都要求儿童更换装备，从一个活动模式转换到另一个活动模式。大多数的过渡环节也包括集体从一个地方转移到另一个地方。这两方面的过渡常常让儿童感到烦躁。幼儿在这些活动之间的过渡需要得到教师的支持，才能让他们了解并感到放松。教师也许不认为过渡环节是他们教育目标的中心，但孩子们从一个地方转移到另一个地方、从一个活动进入另一个活动的方式，培养着孩子们合作和移情的社交技能。如何处理过渡也关系到儿童如何进入新工作或新环境，也会影响他们的学习。

非常小的孩子也需要注意过渡。和宝宝在一起时，我们要告诉他们接下来会发生什么并观察他们的反应。例如，我们可以说："有没有准备好换尿布呀？"然后再伸出手。如果宝宝到处看，在看他的玩具，我们可以说："好吧，你可以玩玩玩具，但过会儿到时间了要换尿布哦。"然后去给另一个孩子换。最终他们一定要换尿布，但你可以找一个他们看着你、对你笑、伸手来抓尿布的时间，这表明他们已经准备好了。有时，你会说："我们不得不现在就做，但我们可以唱首歌《老麦克唐纳德》（*Old MacDonald*）。"婴儿和学步儿不会直接集体性地回应。我们要给他们个别过渡的信号。比起说"好宝贝们""宝宝们，洗手吃点心了"，我们可以通过叫名字来单独请孩子。给学步儿机会，让他们按自己的时间表选择是非常有用的。这往往只是花费了双倍的时间，却避免了一场会花费更长时间的权力斗争。告诉学步儿，接下来会发生哪些积极、有趣或激动人心的事，常常有助于顺利地过渡，贴一张作息表也非常有用。

关注儿童个体，有助于提醒你不要将孩子集中在一起进入下一个活动。顺利过渡的关键之一是不要催促孩子。一旦你开始催促孩子，他们就会立刻反叛。尊重儿童的个体差异是顺利过渡的另一个重要指导方针。一到午餐时间，约舒亚总是很饿，总是急切地要开始吃饭；而安娜过渡得较慢，她总是沉浸在戏剧游戏中难以自拔。这两个孩子需要区别对待。强迫安娜服从约舒亚的时间表，对安娜来说显然并不合适。

在孩子们等待下一个活动时，安排好过渡环节能避免纪律问题的发生。正如上文提到的，一些教师用唱歌、故事或运动来排遣过渡时间；而有的教师则把过渡环节看成额外的学习机会。在这些班级里，你会看到儿童练习绕口令（练习语音意识），通过点数人行道上的裂缝来休息（数学），猜出教师给的谜语（问题解决能力）。大运动活动也能让等待变得有趣：原地踏步、用脚尖站立或者轻轻敲打不同的身体部位也是所有孩子都喜欢的活动。因为幼儿普遍一次都只能考虑一件事情，如果他们忙于猜谜语或进行节奏活动，他们就很少能撩拨旁边的孩子。安排过渡活动通过帮助儿童学习建设性地度过时间减少了行为问题，也提供了有趣的额外学习机会。表5-5列出了针对过渡活动的补充建议，适用于幼儿园到小学初级阶段的儿童。

表5-5 三种类型的过渡活动

排队等待	活动到活动的过渡	到达与离开的过渡
唱歌。 做手指游戏。 在头脑中解数学题。 玩“我说你做”的游戏。 节奏乐。	用头发颜色、眼睛颜色、姓氏中的字母、衣服、家庭成员来描述孩子们。 用姓氏中的第一个字母来请孩子们做活动。 给出一个5分钟的限制时间。 用播放音乐来发出活动变换的信号。 从篮子中随机选择名字。	在一张大纸上标出。 不会写字的可以画一张图。 把出勤表上的姓名贴从“不在”移动到“在”。 用开火车的方法移动。 像某种动物那样走、像飞机飞着走、拍手走、像芭蕾舞演员那样踮着脚尖走，等等。

❐ 休息时间

对于全日制的机构，休息时间是幼儿干扰行为最严重的时间之一。参考下述方法来使休息时间变成一段平和的恢复时间。

- 孩子处于疲劳状态，在大运动游戏后最好安排小憩一会儿。
- 建立常规，诸如熄灯、讲故事、听音乐、固定孩子的午睡地点。

- (如果需要)每个孩子都应该有自己的寝具和伴睡玩偶。
- 睡前孩子可以自己整理床铺、做睡前准备,但要注意保证每天每个孩子都在同一地点睡觉。
- 尽量避免孩子和好伙伴挨着睡,休息时间不是社交时间。
- 减少周围环境的视觉刺激,把玩具柜转过去对着墙、关闭显示器等。
- 减少吸引注意力的噪音,可播放海浪的声音、轻柔的摇篮曲或其他白噪音。
- 尽可能让孩子脱下有束缚感的衣服,包括鞋子。如果衣服太紧影响休息就解开,例如牛仔服上的扣子。
- 把每个孩子分别抱到自己的小床上,祝他们睡个好觉。
- 读故事的时候语速要放慢,音调要温柔。不要在休息时间读戏剧或容易让孩子兴奋的故事。
- 允许那些不想睡的孩子在休息时间安静地看书。
- 如果孩子已经睡了30分钟然后不想睡了,可安排一处地方,让他(她)去搭积木、画画、读书或进行其他安静的活动。
- 当休息时间结束时,轻轻地把房间的灯打开,给每个孩子时间来洗脸、梳头,并给他们一个关爱、欢快的问候。
- 孩子可帮助收拾自己的寝具,而成人则给简易床消毒。

游戏的活动水平、压力、在家中睡眠的总量、先天的差异以及儿童的年龄都会影响儿童所需要的睡眠时间。预估儿童的需要能提前避免随后的问题。学前班的孩子们不会在下午1点前表现出疲惫,但如果没有机会休息一下,他们在接下来的三四个小时中就会非常暴躁和不合作。了解孩子们需求的教师可以根据需要调整时间表,允许还不累的孩子们在外面多玩一会儿再休息。至少不要有统一的午睡时间。孩子们想休息了,随时可以去他们的垫子和毯子上,他们常常会在一天中多次进行短暂的休息。

对于婴儿和学步儿来说,建立一个可预期的常规,使用同样的词语如"晚安"以

思考

让你看护的孩子们午休,你会有困难吗?这些技巧中,你认为哪一个会让整个过程更顺利?

及温柔地提醒——“彼得快点，现在要说晚安了”，会有助于巩固这一节律。利用环境因素，例如调暗灯光、拿出他们的睡毯，也可以帮助婴儿轻松过渡到睡眠。照料者应该避免固守一个绝对的、呆板的时间表。和学前班的孩子们在一起，当宝宝们睡不着时，应该允许他们起床直到他们想睡了再睡。父母可以提供宝宝和学步儿如何在家入睡的信息，这样照料者就可以使用部分一样的语言或方式。一些宝宝喜欢摇晃，而另外一些宝宝要独自入睡，不要人碰他。如果你想要他们睡着的话，就应避免把宝宝置于充满视觉刺激（如悬挂风铃）的婴儿床。

❐ 集体活动

集体活动可以服务于许多不同的目的，因而也有许多不同的名称。我们把孩子们集中起来讲故事、唱歌、上课、规划和解决问题。无论它被称为故事时间、“圆圈时间”、班会或其他什么，集合成一个集体是在班里建立集体感的基础。归属感和对他人的关心对发展社会良知是很有必要的。当儿童们定期聚集在一起例行分享（如喜爱的歌和故事等）内容时，他们就会把大家视为一个集体。作为一个集体，他们可以讨论共同的问题，并凝聚个体的智慧来创造解决办法。这一过程促进了道德归因能力，并促进了从自我中心向去自我中心观点的转变。具有集体感的孩子在教室里更愿意合作，有更多的互相支持且更具有同情心。

为了让学生从集体活动中获益最多，教师需要真正鼓励学生参与，让他们思考。有的集体活动没有真正吸引儿童思考，而是用一系列重复的机械练习来勉强孩子们参与。儿童仅仅背诵这些问题的答案，如“今天是星期几？”“今天是几号？”和“我们已经在学校待几天了？”——如果你把日历视为因为天体运动而产生的抽象符号，我们真应该问下这和小孩子有什么关系呢？在这样的集体活动中，我们看到了许多无聊的学生和失望的教师。我们也看到，孩子们因为坐不住和不能给出期望的答案而惹上麻烦。尽管一些教师告诉我们这有助于学数学，但我们相信有更有意义的方式数数和记录数字。当将集体活动用于帮助儿童解决他们关心的智力问题或道德问题时，集体活动才会更有价值。

尽管集体活动非常重要，但是将幼儿集中在一起常常会惹出麻烦。教师们都抱怨，在集体活动中要不断地提醒孩子们坐下或集中注意，感觉自己成了警察。

幼儿总是在不该讲话时讲话；幼儿扭来扭去、互相推挤，有的甚至干脆走开。了解幼儿发展常识的教师都知道这些行为与儿童的成熟阶段有关。她们知道，幼儿不能够坐着不动或保持安静，也不善于进行大组活动，他们也不擅长对他们不懂的事物假装有兴趣。

成功的集体活动不可能是被动倾听的体验。对于幼儿来说，建议每次倾听教师“说内容”的时间不超过4～5分钟。集体时间必须真正让所有儿童都参与，一起讨论。一些教师发现，将座位排成圆圈最能实现这一目标。圆圈让儿童能在讨论时看到对方，在倾听言语时，阅读身体语言。集体围成一个圆圈与以儿童为中心的方法相一致，也与集体互动的目的相一致；而教师坐在集体前面则具有不同的含义。

另一种方法允许儿童选择参加一些集体活动，丹尼斯允许他的学前班的孩子们做出选择，因为其他成人可以照看那些选择不参加的孩子。丹尼斯努力让他的“圆圈时间”更有吸引力，好让孩子们愿意参加，并能投入地参加。如果他看到孩子们的热情不高，他会将此作为一种对他为集体活动所提供的内容是否适宜和相关的有益反馈。

作为另一种满足个体需要的方式，丹尼斯允许儿童部分地参与集体活动。一些儿童似乎不拿东西就不能坐着听讲。因此，他允许班里的孩子们在集中区域的后排看书或玩字谜，只要安静地活动，不干扰集体讨论即可。允许儿童进行安静的活动，这让不能忍受被动强迫的儿童也能从讨论和故事中有所收获。通过这种灵活处理，丹尼斯为有需要的儿童提供了一个进入集体活动的过渡。

在其他方案中，教师们强烈地认为要让儿童全体参与，但也会尽最大努力让集体活动的时间更符合儿童的需要。他们缩短集体活动的时间，回应儿童发出的表示他们已经达到极限的信号。频繁的活动机会和频繁的主动参与都会延长儿童参加集体活动的时间。全身心参与的唱歌和朗诵韵律诗也能为幼儿提供有用的短暂休息。尽管如此，对于大多数学前班的儿童来说，15分钟的集体时间可能已经足够长了。随着儿童一天天长大，这一时间长度也会逐渐增加，但教师需要从儿童那里获得可以延长的征兆。许多观点认为，幼儿需要学习社会技能，其中包括传统的集合时间，因为下一年级的教师会希望这样。我们相信，等再长大点儿，儿童会

为了让学生从集体活动中获益最多，教师需要真正鼓励学生参与。教师要观察儿童的身体语言，判断他们是否在参与。

更容易获得这些技能。很多教师试图通过集体活动来帮助幼儿建立课堂行为准则。相反，我们相信聪明的教师会为儿童行为建立起简单而清楚的指导原则。参照第十二章中更多的介绍。

“分享活动”是常见的集体活动之一，我们认为需要反复斟酌。一般来说，“分享活动日”意味着孩子们从家里带来东西，每个孩子都要站起来介绍自己的东西。这么做的教师认为这是一个很好的机会让孩子们学习在大家面前说话，也让每个孩子有机会成为大家注意的中心。通过观察我们发现，很多纪律问题伴随着“分享活动”。发生在丹尼斯身上的就是一个典型的例子。

尽管丹尼斯强调的事实是：儿童能够讲述他们和家人参与的活动，孩子们都很激动地要展示他们从家里带来的物品。17个学前班的孩子参与了那天的“圆圈时间”，他们坐得笔直、盘着腿、手放在膝盖上。丹尼斯从他右边的孩子开始：“杰克，你可以向我们展示你带来了什么吗？”杰克展示并谈了他的新变形金刚玩具，解释了它如何工作——从一辆车变成一个机器人再变回来。每个人都很感兴趣，一些孩子围绕在杰克周围，这一展示持续了大概3分钟。丹尼斯让孩子们都回到圆圈位置，继续进行分享。在接下来的分享中，少数孩子背对着其他孩子只想对着丹尼斯说，而大多数孩子分享的是玩具。其中2个孩子说他们忘了带玩具，轮到他们时，他们目光低垂、摇着脑袋。其中有一个孩子家庭经济困难，丹尼斯担心这个孩子没有带来“很酷”的东西会感觉不好。在大概6个孩子分享之后，整个班级变得烦躁不安。那些已经分享过的孩子不再关心其他人。杰克已经在地板上伸懒腰，开始玩变形金刚机器人了。丹尼斯试着让孩子们关注别人正在说什么，但这是一场失败的战斗。一些孩子开始说话，一个男孩膝盖着地旋转。最后，孩子们坐得实在太久了，丹尼斯虽然真的想要轮上一圈，但他知道这会非常仓促。看到已经成功介绍过的孩子们都已经行为懈怠，丹尼斯说：“我想我们已经坐得够久了。在你们回家之前，我们休息一下再进行接下来的分享，怎么样？”还没轮到的孩子们不情愿地同意了；安妮莉眼睛里含着眼泪，因为下一个就轮到她了。那些已经分享过的孩子们不再关注她了。丹尼斯让他们一个个离开去学习区，感到集体学习时间被浪费了。

通过反思，丹尼斯认为“分享活动”不是孩子们获得谈话经验的最佳方式。他认为一些孩子已经准备好站在集体面前谈论某事，而他也认为期盼孩子们安静地坐着听完16个人讲是不现实的。尽管他可以将其拆分，每天让几个孩子来说，但他相信“分享活动”无意中强调了唯物主义的价值观，而没有强调生活体验或人际关系。他看到有着最新玩具的孩子在同伴间的地位得以抬升。他决定尝试一种不同的方式。

思考

是哪里出错了？你会采取哪些不同的措施？

现在，他与父母们合作，鼓励孩子们在愿意的某天带来有教育意义的内容。孩子们到了以后先给他看。有时，这些内容只与几个朋友分享，给他们小组内的演讲体验，或将其陈列在科学区。在其他日子里，如果一个孩子已经准备好在一个更大的集体前演说某个特别有趣或相关的主题，就会在“圆圈时间”闪亮登场。有价值的分享不会受每周一天的限制，而在集体时间不应该要求孩子们坐着听很长时间，因此，我们认为传统的“分享活动”已经过时了，丹尼斯也同意这一点。请不要再这样做！

对于学步儿来说，“圆圈时间”一定要短，而且要灵活！布兰娜的班级由10个2岁孩子组成，她通过播放音乐让孩子们参与到她的舞蹈中。大多数的孩子会跑过来参与唱歌和跳舞或者跟着她唱。埃文、麦迪逊以及考利只参与了一点就跑开了，直到歌曲结束前才回来。接下来布兰娜坐在地板上，让孩子们一起做动作“可爱小蜘蛛”。大多数孩子都围坐在她周围，而瓦迪姆和拉腊则坐在她的膝盖上。接下来，亚斯明用牙齿发出声音，那是他喜欢的一首歌。布兰娜说：“你想要用乐器来演唱吗？好的，准备好你的小喇叭！”然后，她举起手，假装在演奏单簧管。他们一起演唱，并弹奏起想象中的乐器。接下来是吹泡泡环节，孩子们试着去抓泡泡并击碎它们。这个环节伴随的是一首行车曲。他们在教室里的各个地方跺着脚，喜欢就加入进来。同时，助理教师凯莎则帮助哪些不参与的孩子或有个别需要的孩子。大概15分钟之后，布兰娜发现大多数的孩子不再参与其中，整个集体就转入另一个活动。

小 结

预防纪律问题要建立在儿童与家庭成员之间互相关爱的关系基础上。预防纪律问题也要在尊重儿童方面下功夫。尊重儿童，包括：让他们更容易满足学校的期望；让他们的父母参与对他们的教育；将他们的情感需要作为正当需要来接纳；谨慎地按照他们的发展水平来制订计划；帮助他们学习理解他人；明智地使用他们的时间和精力等。遵守这些指导方针做到尊重儿童之后，你会发现，大多数儿童变得更合作、更刻苦、更乐意学习。

摘 要

- 按阶段进行学习可以使教师的日常教学活动更顺畅。本章节给出了大量案例和解释来说明：对于儿童的学习而言，为什么积极的关系是最基本的以及压力是如何给儿童的学习造成有害且严重的消极影响的。
- 使学习变得有意义会减少问题行为。关于整合课程和关联课程的信息以及真实经验、主动学习、通过游戏来增加学习兴趣等将有助于你合理安排幼儿的学习。
- 回顾和区分三种不同类型的知识，并且采用这些信息来为儿童准备相关的学习机会，你会对教学有一个全新的理解。
- 通过组织策略来应对儿童在等待、过渡、休息时间和集体活动中的能力不足，是幼儿教师的重要技巧。

讨论或反思

1．讨论三种不同的知识。你可以计划何种活动来促进每种知识的学习？你是否可以组织单个活动来促进儿童对这三种知识的学习？

2．为一个全日制幼儿园里的班级制定一份一日时间表。使用本章节中的信息来检验你计划的合理性。

3．针对某些你认为孩子会感兴趣或同孩子相关的主题，和同事进行一次头脑风暴。对各种想法进行评估，讨论其优缺点，如果可能的话要关注具体的儿童。

挑战一下

4．一个尚待解决的问题：幼儿园的孩子们正排队去图书馆。尤里插入队伍中，并立即开始推前面的艾登。接下来，尤里抓住蒂姆的手臂，然后开始玩他的头发。

(1) 导致这一问题的可能原因是什么？

(2) 现在你最好的处理方式是什么？

(3) 你如何预防类似的情况？

5．当你采用本章节介绍的方法来帮助儿童轮流等待或从一个地方转移到另一个地方时，分析过程中的成功和不足之处。

实地研究

6．对你熟悉的婴儿和幼童进行观察，记录并讨论其常规。对于如何利用这些常规来避免和减少潜在问题，说出你的想法。

7．观察某个幼儿园或初级班的某个全班集体活动时间。记录发生的行为问题。使用本章的信息，解释教师可以做什么避免来这些问题。如果在观察中，你没有发现任何行为问题，请描述教师在避免行为问题发生方面使用的策略。

8．访谈一组幼儿，了解他们的兴趣或他们喜欢学什么。描述你可以如何利用儿童的兴趣去计划一个整合活动。

推荐读物

Bohart, H., Charner, K., & Koralek, D. (Eds.). (2015). *Spotlight on young children: Exploring play*. Washington, DC: National Association for the Education of Young People.

Bredekamp, S. (2011). *Effective practices in early childhood education: Building a foundation*. Upper Saddle River, NJ: Pearson Education.

Chaille, C., & Britain, L. (2003). *The young child as scientist: A constructivist approach to early childhood science education*. New York: Longman.

Jones, E., & Reynolds, G. (2011). *The play's the thing: Teachers' roles in children's play*. New York: Teachers College Press.

Koplow, L. (2014). *Politics Aside: Our Children and Their Teachers in Score Driven Times*. Outskirts Press, USA.

第六章

通过榜样教导可取的行为

本章节所涉及的全美幼教协会（NAEYC）标准

标准 1b：知道并理解发展和学习所受的多重影响。

标准 1c：使用相关的发展知识，创造一个健康、充满尊重并具有支持性和挑战性的学习环境。

标准 4a：知道积极的关系和支持性互动是与幼儿一起工作的基础。

标准 4b：知道并理解早期教育的有效策略和工具，包括恰当地使用媒体技术。

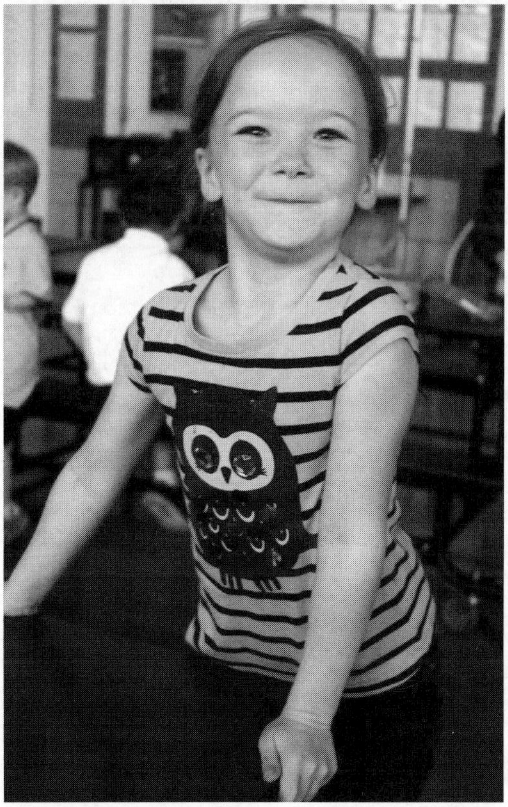

【学习收获】

有了对本章的理解，你应能：

- 解释为什么示范也是一种强有力的教学。
- 演示可取的行为模式。
- 根据有效性来分析角色模式。

纪律教育是一种教育活动，通过案例来指导儿童是一种颇有成效的方法。儿童用他们所尊敬的成人的榜样来建构自己关于适当行为的观点。因此，教师和父母的榜样就是有效的指导和纪律教育的方法。教师在示范适当的情感表达和适当的行为上花的时间越多，随着时间的推移他们在纪律问题上花费的时间就会越来越少。本章将举例说明怎样通过示范可取的行为来帮助儿童学会按照社会期望的方式行事。这是本书第二部分的第三章：纪律教育的方法。

想想你看到过多少次成年人因为孩子的无礼而指责孩子。同样，你也会看到一名成年人在骑单车的时候不戴头盔，同时却在生气地指责同行的孩子不想戴头盔。本章节将讨论这些互动所产生的影响。

有时，不当行为的产生是儿童向不当角色榜样学习的结果。如果你不相信儿童会模仿成人，那么请观察一下他们的假想游戏。当父母和教师看到儿童模仿了他们不愿意重复的行为时，常常会感到尴尬。儿童也会模仿他们从电视和电影中看到的暴力行为，这些行为具有反社会性后果。积极的成人榜样是抵制这种普遍存在的暴力影响的关键。

当成人提供榜样，儿童模仿他们，就可以说成人是在示范行为。让我们考察一下，儿童是如何通过示范学习可取的、有用的行为方式的。

如何通过示范来教育

那些影响深远的研究者们——阿尔伯特·班杜拉和利维·维果茨基帮助我们理解为什么示范是一种强有力的学习和教学工具以及如何成为强有力的工具。班杜拉在漫长而杰出的职业生涯中建立了"人类功能的社会认知理论"；维果茨基则在20世纪20年代末期到30年代初期，在英年早逝之前建立了社会文化发展理论。维果茨基的原著是俄语版的，直到20世纪70年代才被翻译成英文。因此，其著作的英文译本在他去世后才得以发行。

维果茨基和班杜拉都强调，模仿角色榜样是认知发展的一部分，人们据此建构自己的个体知识和理解。维果茨基说，模仿学习是三种引发儿童思维和行为发生改变的社会互动之一。（指导性学习和合作性学习则是另外两种方法。）维果茨基广为人知的是其"最近发展区"概念，它帮助我们关注并支持儿童准备学习的内容。

你还记得"狼孩"的故事吗？"狼孩"在狼群中长大，学习了狼的生活习性，而不是人类的。对此事件，人们也进行了研究来了解其发生原因。班杜拉通过大量研究得出结论：大多数人的行为是通过观察他们的榜样来学习的。然而，他强调，行为并不是不需要通过大脑就能模仿，事实上是选择性地使用之前储存的、从观察中收集的信息。他的研究证明：奖励和惩罚都是决定我们模仿哪种行为的相关因素。班杜拉的研究表明：成人适应和重建他们观察到的行为，以符合自己的目标、能力和所处环境。班杜拉对认知的关注与他从行为主义学习理论中获得的社会认知理论是有区别的。

让我们来看一看如何运用对这些过程的认识来帮助儿童学习可取的行为。

❐ 你是在教你想教的吗？

你是否一直都是个快乐的人？性格积极的教师比起性格不愉快的教师，更倾向于对儿童的自主表现出更多的尊重并提供更高质量的指导。反过来，孩子们在这样的教室中，会表现出更高的自我概念和自治行为。一个一贯以温和和充满尊重的语调跟学生讲话的教师，其班级的学生也更可能温和、充满尊重地对别人说话。相反，使用讽刺和强制来控制儿童的教师，其学生之间也必定会表现出类似的互动风格。你也许曾把这样的教师称为“霸王”。

> **思考**
>
> 你自己的风格是怎样的？在疲惫或承受压力时，你会发生改变吗？如何改变？

走进一些教室和儿童中心时，你会有热情友好的感觉，而在另外一些教室和儿童中心则会弥漫着紧张。教师往往为教室定下了基调，儿童则反映着成人的互动风格。同样，对班里的孩子敏感、积极回应并且接纳的教师更可能拥有与教师、同伴合作的学生。儿童会注意到成人何时尊重他们的想法和感受。从这些榜样行为中，他们获得了与其他儿童相处以及通过和平协商解决矛盾的态度和技能。而表现出高控制行为的教师则树立了一个只顾自己而无视他人的榜样。如果成人示范的是这种态度，那么儿童将会按照同样的方式行事。

❐ 关爱他人

你也许已经注意到，一些儿童伶牙俐齿，会对其他儿童说一些残忍的事；而另外一些儿童则对痛苦的人表示关心。这种行为多数都是向榜样学来的。现在，我们知道大脑把镜像行为和情绪联系在一起，大脑中的镜像神经元系统在社会认知中扮演着重要角色。我们也知道儿童把成人视为镜子：他们通过观察他人来学习。由于成人在儿童心目中是权威的角色榜样，所以你的榜样具有很大的影响力。如果成人示范了关心行为并提醒要关注他人的感受，那么儿童就会学着考虑他们的话对别人的影响。如果一个班的学生之间互不关爱，那么这个班的教师就需要考察儿童们体验到的是哪种类型的角色榜样。

示范接纳 你是如何宽容那些与你不同的人的？有越来越多的证据证明儿

童会模仿成人不论是暗示的还是明显表现的偏见。正因如此，越来越多的早教教师们开始意识到，在课程中立刻开始教授宽容，与教孩子阅读一样，都是基础性的且都具有深远的意义。这里所提及的宽容实际上包括欣赏差异以及学会尊重别人的不同观点和行为方式。很明显，世界上许多地方的人们都没有学过这一课：全球发生在不同宗教信仰、不同肤色和不同文化的人们之间的战争证明了宽容的缺乏。

作为一名教师，你如何抵制在班上和在世界上制造种族和民族分裂的陋习呢？过去，教师们认为，为了表明每个人都能被平等接纳，只要对所有的儿童一视同仁、忽视差异就足够了。然而，这些方法在外部影响面前是无效的。很显然，现在学校必须采取积极主动的姿态来反对不宽容。例如，如果一个孩子反复讲一个民族的耻辱，那么与其令他闭嘴，不如将其作为“教育的契机”。与其假装没有肤色差异，不如组织活动来庆祝这些差异。用整盒蜡笔来代表各种肤色，可以使这种庆祝锦上添花。杂志《教会宽容》（*Teaching Tolerance*）是一个设计活动的好来源，这类活动能促使儿童欣赏差异。该杂志也提供了一份儿童文学作品的清单，这类文学作品有助于教授儿童尊重差异。

有时，会有这样的学生——他们的个体差异常常使他们成为其他儿童的笑柄。一个有尿床问题的孩子可能会带着尿味来到学校，而有的孩子可能会穿着既破烂不堪又不合体的衣服。有的时候，这些孩子就会像亚历克斯一样，自尊心被严重地伤害了，实际上他好像在故意招惹其他孩子的辱骂。这些儿童有很多需要，其中之一就是教师要率先垂范，鼓励同学关爱他们。这些孩子往往难以让人喜欢和吸引别人在他们身边；然而，他们是最需要你的接纳和关心的人。

从与他们的家庭成员和朋友们在一起，儿童开始理解与接纳差异和共同点。然后，他们会把注意力延伸到更大的世界。在我们多样化的世界中，学习关心他人并与他人和谐相处是课程领域的核心主题，被称为社会性学习。一些教师的指导似乎暗示着社会学习只涉及其他国家的食物和音乐，因此，一些孩子从没进行过这样的学习，它是以发展促进人类福祉的态度和理解为目标的——换句话说是成为公民。如果教育者意识到，同情和学习建立友爱关系是所有人都可以学习的最重要的内容之一，那么他们就会在班级里花时间促进这种社会技能的发展。是的，在小学里很难找出时间如此关注教孩子们考试，但教导彼此关爱的行为实际上会给你更多时间来教别的内容。

示范友善 儿童首先需要在具体水平上学习这些观念，即在他们自己的环境中，通过自己的经验来学习这些观念。就幼儿的思维而言，遥不可及的人物和问题都太抽象。儿童在自己的家庭、班级以及社区里亲身感受了这些概念之后，才能理解诸如同情等观念。

儿童掌握这些课程的最好方式是在日常生活中、频频出现的情境中进行学习，因为25个人要试图在一个教室里和睦地生活与学习。延森老师认识到，学会和睦相处是一个重要问题，因此，她毫不犹豫地将上课时间花费在帮助儿童学会处理集体问题上。她称其为社会学习课程，并认为值得下功夫学习。她将很多时间花费在人际关系的技能上，这表明她认为这种技能非常重要。

延森老师和其他教育者都很关心学校里盛行的恃强凌弱现象。学校中的恃强凌弱是一个世界性的问题，它影响着儿童在校的安全感和学习能力。欺人者和被欺者都受到了负面影响：欺人者如果没有被及时制止，就会学会一种虐待模式，并会在未来延续成为暴力关系；同时，被欺者也忍受着自尊心低下、焦虑和不安全。教师常常对欺凌行为并不采取行动，这或许是因为他们没有发现它，抑或是因为他们想打击告状。如果教师们认识到欺凌的严重后果，就不会忽视它。

延森老师宣布，她不会容忍这种行为。她的班级准则强调彼此友爱，任何对这一准则的违背都与全班同学息息相关。要鼓励在班上、操场上、午餐室甚至校车上感到不安的孩子向教师说明情况。如果一个孩子常常欺负别人，延森老师就会密切观察他，并和他的父母及他人一起帮助这个孩子。

延森老师也采取了一些预防恃强凌弱发生的措施：当她营造出一种促进合作而非竞争的班级氛围时，当她帮助儿童学会让自己平静下来时，以及当她把孩子们集中起来讨论他们想要什么样的班级时，她都在抵制恃强凌弱和其他不友好的行为。每当你满足了孩子们的需要，营造出一种互相关爱的班级氛围时，你都在防止恃强凌弱的发生。

薇薇安·佩里的课堂故事告诉我们，幼儿能够友爱和关心他人。佩里通过与幼儿分享故事来帮助他们理解他人：乐于助人和有同情心的故事让孩子们获得了必需的观念和榜样。

❐ 表达感受

> **思考**
>
> 你有没有试着理解你的情感的来源？你有没有认识到，愤怒常常不是一种初级的情绪，而是一种对其他情绪（如恐惧或受伤）的反应？

你怎样处理你的情绪？你会忍着并试图隐藏你很难受的事实吗？当事态不妙时，你会发现自己“失去控制”并大声尖叫吗？对于幼儿来说，忍受的方法听起来似乎是一种可取的方式，但是，我们认为，从长远来看，这对他们和你都没有好处。你可以从自己的经验中或其他与你较亲密的人身上了解到，被压抑的情绪最后会以某种形式浮出水面，并导致不断加重的情绪和生理问题。正如本章后面所讨论的，一个人的文化常常决定了他怎样表达感情。文化规范同时影响着教师和学生如何表达情绪和对彼此的期待。一些人拥有充满爱意、善解人意的家庭成员，但他们所接受的教育要求他们完全压抑负面情绪。在童年时代有这种经验的教师也许需要战胜在表达愤怒和悲伤上的不适应。检视自己的生活体验，是我们能够示范健康的情绪表达的重要一步。

教师的示范能帮助儿童学习如何处理他们的情绪。

虽然我们不提倡教师们压抑自己的情绪，但通过发脾气来表达你的感受也同样毫无价值。学会接纳和处理自己情绪的成人，在情绪的过度发泄和过少发泄这两个极端中达成了一个社会可接受的折中。许多成人发现，重要的是：当水蒸气要蒸发时让它慢慢散发，而不是让它积聚成一次爆炸。具备这种自我认知的教师能够为孩子们提供有益的榜样。有时，教师需要与家长们不适宜的角色榜样相对抗。表6-1提供了教师们示范行为的方法总结。

表6-1　示范所期待的行为

行为	例子
直接表达	我很失望，因为我没法让交互式白板正常工作。
表达歉意	我很遗憾，朱莉。我看到你确实把你的试卷放进你的库比小熊中。我看的是卡莉的库比而不是你的。这就是为什么我找不到你的试卷的原因。
接纳情感	我可以说：今天你不是排头，你觉得很遗憾。让我们来看看日历，看看什么时候轮到你。
关于差异的教育	是的，我的肤色与你的肤色不同。我的是红褐色，你是浅蜜桃色。
表现友好	你把果汁溅到你的衬衫上了。我可以帮你弄干净。
参与挑战	对我来说发出这个名字的音真难，但如果我不断练习，我会学会准确地发出这个音。
负责任地提供帮助	哦，我们今天有很多要清洗的。你要不要把所有的三角积木递给我，然后我把它们放到架子上？
信守你的承诺	我正在和汤米一起工作。我会把你的名字写在我们的预约单上，这样我就不会忘记，等我一帮完汤米就跟你碰头。
演示，而不是告诉	走路时让剪刀尖对着地板。保持你的桌面或工作区整洁。在和孩子们一起假装乘上摇摆船时，假装穿上你的救生衣。
遵守规则	坐在你想要孩子们坐的地方。如果你想要他们坐在地板上，你就不要坐在桌子上。
分享相似处	我也有个兄弟。他的名字叫吉米，他比我大。我也喜欢肉桂烤面包。
变得可爱	微笑，展示你的幽默感，加入孩子们发起的活动。

让其表达　当你和孩子们分享你的感受时，你教给了孩子很多东西，也让他们看到了你是如何表达你的沮丧、兴奋、悲伤和愉悦的。从婴儿阶段开始，儿童就会有一个被称为“像我一样”的发展框架。首先，儿童通过观察他人的行为来学习自己的行为结果。当儿童验证他们看到的行为时，他们不仅开始理解他们行为的后果，也开始理解其他人采取类似行为的目的。这些早期模仿经验的结果是，儿童开始发现一个“像我”—“像他们”的关系，这是情绪表达、观点采择以及移情的基础。

当成人谈论他们的感受并通过面部表情、肢体语言和语音语调将其表现出来时，儿童学到的最多。通过倾听和观察，儿童开始理解什么是感受、在什么情况下可能会产生这种感受以及如何表达感受。学校的日常生活充分提供了示范情绪表达的机会，但正如海森所说：“早期教育工作者不应满足于把这一过程完全交付于偶然。乐于接受挑战并善于思考的专业人员会有意识地决定她们应该示范哪些情感以及与情感相关的行为。”

根据多年的教学经验，延森老师知道什么时候达到了她的极限。这一次，她可以说已经达到了忍耐的极限。她知道休息一下对她会有好处，而且对孩子们也是一个模范榜样。在离开混乱、做了几次深呼吸之后，她真的感觉好多了。

思考

你如何释放你的愤怒、压力和沮丧？你使用哪些放松技巧？

一天，班里几个孩子的捣乱行为终于使延森老师的忍耐达到了极限。她的朋友常常对她说，对做一名优秀教师的“报答”，就是你会获得更多的较调皮的孩子。然而，当她在日常生活中被踢被打时，这种想法并不能安抚她。而另一个问题是，要尽量使其他孩子不要受到那些失去控制的孩子的影响。

延森老师对学生说话的声音很响亮：“同学们，我需要你们的帮助。我现在太沮丧了，所以我无法帮助任何人。我要找个安静的地方待两分钟，调整一下呼吸。在我平静之后，我会和你们当中需要我的人谈谈。”在孩子们惊奇的目光中，延森老师走到窗边，闭上眼睛做了几个深呼吸。她提醒自己，她的目标是这个班级，而且周末也快到了。她慢慢地睁开眼睛，让注意力又回到班上。这时，她对班里孩子说话的声音比刚才温和了许多：“现在我比较平静了，我会努力在和你们当中需要我帮助的人谈话时保持这种状态。”当孩子们轮流跟延森老师谈话时，她平和的情绪感染了所有的孩子，风暴开始平息。

当你不堪重负时，独自离开一段时间通常是最好的选择。显然，当有几个成人照顾一群孩子时，这一点是容易做到的。不幸的是，对于公立学校的教师来说，他们几乎一刻也不可能离开现场。但即使只有你一个成人和一群孩子在一起，你仍然能够在事情失去控制之前停下来做个深呼吸。你没必要立即对问题做出回应。相反，如果你这样做了之后，向他们解释你做了什么，那么你让自己冷静下来的榜样行为就是对学生最有效的指导。当教师们感到压力过大而选择暂时离开时，儿童将会从生理和情感两方面受益：一段时间的冷静能帮助教师更理智地对待儿童的行为，同时教师的榜样行为也向儿童展示了一种有用的缓解自身压力的方法。

这仅仅是通过成人的榜样来教导的诸多社交技能中的一个。在决定示范哪种情感和行为时，考虑班里孩子的个体需要和发展阶段将会很有帮助。你优先考虑的事和你的个性都决定了你会怎样做以及选择什么情绪来影响班里的孩子。你可以在执行常规任务期间着重表达你的一些情绪，或者创设专门的时机来处理一些复杂的情感或问题。当丹尼斯对坏了的订书机感到沮丧时，他会将他的感受告诉周围的孩子们。他也会在“圆圈时间”使用木偶来讨论刚过完假期的伤心或兴奋之感。之前曾提到，整合课程包含了许多有关情感的重要的课，但班杜拉认为观察成人真实地处理某种情绪状况，更有可能帮助儿童学习。

道歉 有时即使最优秀的教师，在没空休息时，也会因过度疲劳而失去控制。这也是一个教育契机，譬如下面的例子。

丹尼斯平时并不介意孩子们出现不可避免的混乱，但校长提醒他，要为今晚的开放日做些“布置”，这一提醒让他陷入窘境。好像映入他的眼帘的所有地方都很糟糕。当弗朗西斯卡因想够着布告板旁边的书架而不小心扯掉了丹尼斯正在做的布告板的边时，丹尼斯把弗朗西斯卡大骂了一通。他又指责杰克逊把沙箱里的沙子撒到了外面。然后，丹尼斯看到了前面倾斜的画架，蓝紫色、绿色和红色的颜料喷得附近的积木区到处都是。他不由得大叫了一声：“嗨！”声音是如此之大，以至于整个教室立刻安静了下来。刚刚从画板上踩过的梅根蜷缩着，似乎对惩罚充满了恐惧。

> 丹尼斯做了几次深呼吸，恢复了沉着并微笑着安慰了受惊的女孩。然后，他对全班孩子说："哦，今晚是开放日，所有人都会来我们的教室，我真的很担心。当我看到颜料洒出来时，我很烦躁。很抱歉我刚才大喊大叫。但是，一整天的脏乱让我非常生气，因为我希望当你们的家人今晚来参观时，我们的教室会看起来很漂亮。我相信你们也希望教室看起来很漂亮。我们应该怎么做才能解决这一问题呢？"孩子们热切地想要帮忙，立即开始忙着清理颜料。

丹尼斯因吓着了孩子而道歉并向孩子们解释了他的感受，然后他们共同努力解决问题。由于在这个世界上以及在一些孩子的家中，充斥着如此多的不恰当的情感表达方式，因此学校示范更好的方式是非常重要的。这一点对于幼儿们来说尤其重要，他们正在学习道歉的方式、道歉的目的以及道歉所传递的情绪。我们表达自己愤怒的方式制造了暴力情境和非暴力情境的差异以及破坏性生气和建设性生气的差异。

❒ 承认感受

在辨别并恰当地表达自己的情绪时，教师就向孩子们说明了没有哪种情绪是错误的，只有好的表达方式和坏的表达方式。教师也有机会示范所有情绪的可接受的表达方式，这对消极情绪（如愤怒、悲伤或害羞）的表达尤为重要。一些儿童几乎没见过适宜的表达这些消极情绪的方式，在他们的家庭里，常常通过暴力方式来表达这些情绪或在他们的经验中消极情绪完全被否定。

有时成人试图否认儿童的消极情绪，因为他们拼命地想让儿童快乐或者不想处理因儿童不能随心所欲而导致的潜在暴躁。于是，一些成人试图用食物或活动来分散儿童的注意力，让坏情绪消失。回应儿童不开心的一个常见方式是："别哭了，你想要一块小甜饼吗？"一些成人则在儿童情绪反应强烈时惩罚和贬低他们，例如："不许再恨你的朋友，如果我再听到一次，你就要去暂停区。"尽管出发点是好的，但是这些回应不能帮助儿童学会有效地处理他们的情绪。相反，他们可能认为自己的情绪是错误的并因此而感到自责。这种负罪感加上受压抑的情感，很可能导致一些消极行为。

我们不应该试图让儿童的坏情绪消失，相反，在接受和表达你自己的感受时，你已经在帮助儿童学习接受和表达他们的感受了。除了示范，识别和认可儿童的情绪也是教儿童用健康的方式处理其情感的关键之一。

用你的话来表达 当两岁的考利说“恨你”时，她正在表达她的愤怒。从你的角度来看，愤怒可能是合理的，也可能是不合理的，但考利确实有这种感受。幼儿通常缺乏语言技巧以充分地用语言来表达他们的感受。像这个例子中的考利一样，他们经常陷入所谓的“次级情绪”，并没意识到触发情感变化的“原始情绪”。无论是儿童还是成人，当初始感觉是耻辱、失望或沮丧的时候，经常最终表现出的是愤怒。作为教师，你可以通过示范更适宜的语言来帮助儿童澄清感受。在这种情况下，你的回应可以是：“我知道你生气了。”也许她是因为你对她说“不”而生你的气。如果是这种情况，你可以同情她的感受，并用这样的话来示范：“我很遗憾，你想要在户外再玩一会儿，但不得不回教室。”

如果这样的情感爆发来自学前班的凯拉，你也许能帮她找到明确表达她为什么难过的词语。也许她想要成为领队，而你却选了别人。在你帮助她更恰当地表达感受时，你也会接受她的感受。这种方式包括向她示范表达性语言，也许可以说：“我敢说，你为你必须这么做而感到非常失望。”然后，你要让凯拉明白，对你说她想做领队比对你说恨你要有用得多。不论儿童正处于哪个发展阶段，我们都会支持儿童从现有的基础迈向目标。

通过让儿童体验这一类情绪并帮助他们给他们的感受命名，你能教给他们有价值的、受用一生的技能。面对负面情绪可以引发重要的学习。例如，一位从未因被集体排斥而感受孤独的儿童很少会同情受到集体排斥的儿童。能同情那些受到排斥的儿童的感受的孩子，也会开始学习同情他人。

认可和倾听 有时仅仅认可儿童不好的感受并认真倾听就能帮助他们。从教师那里感觉到社会性支持的孩子在面对学业和亲社会目标时，会表现出越来越多的主动性。倾听，是我们可以为儿童提供的最有力的社会性支持来源。倾听儿童谈论他们的感受而不命令他们去做什么，就表明你接纳了他们以及他们的感受。这常常是所有儿童都需要的。然后他们就能腾出精力开始自己解决问题的过程。

在下面的例子中，我们能看到接纳和认可的力量。嫉妒刚出生的弟弟（妹妹）是大多数成人不想接受的常见问题之一；然而，加百利为安妮莉提供了一个安全的地方，在这里，安妮莉可以感受自己的嫉妒，并逐渐战胜它。

安妮莉需要能够理解她并让她安全地表达情绪的人。如果加百利没有分享类似的经历，这也许会变得非常困难。不管怎样，加百利花时间去了解安妮莉的感受并给她更多的时间去体会，而不是试着说服她放弃她的感受。

安妮莉趴在学前班的告别窗口上。她挥着手，试图引起妈妈的注意，但是妈妈正背对着窗子调整婴儿的汽车座椅。加百利注意到安妮莉的表情，问她是否愿意下楼去找妈妈。安妮莉愤恨地回答："她在为宝宝忙着呢！"然后她走开了，她的神情愤怒而悲伤。

加百利感受到安妮莉所受到的刺激，因为她也曾是家里唯一的孩子，直到弟弟的到来粉碎了她的美梦。她记得，当她为不得不与弟弟分享父母的关注而伤心时，成人常对她说的话是："你爱你的弟弟，对吗？他也爱你。你成了大姐姐是多么幸运啊！"加百利知道安妮莉没有感到幸运。她温和地说："做大姐姐并不总是有趣的，对吗？"然后，她给了安妮莉一些时间来回应。安妮莉看上去很伤心，但什么也没说。

加百利坐下来，问安妮莉是否愿意坐在她的膝盖上。安妮莉接受了，坐在加百利的膝盖上。加百利抱了她一会儿，然后对她说："我也是个大姐姐。我记得，当我妈妈总是抱着还是婴儿的弟弟时，我对妈妈充满了愤怒。我有时也很伤心。"安妮莉似乎十分惊讶，问道："你喜欢你弟弟吗？"加百利想了一想，然后说："我小时候不怎么喜欢他，因为他总是把妈妈从我身边夺走。"安妮莉似乎放松了一些，她同意这一点并且笑了起来。加百利本来想告诉安妮莉，有一天她也会喜欢她的妹妹的，但她没这么做。她知道，安妮莉已经听够了这些。过了一会儿，安妮莉主动说妈妈会来接她，然后带她到公园玩，而且只带她一个人！加百利为安妮莉感到高兴，两个人一起走到绘画的桌子前，安妮莉决定在这里为妈妈画一张画。

❐ 性别与情绪

我们将在本章后一部分讨论，在示范过程中相似性尤其重要。男性角色榜样对小男孩尤为重要。“男儿有泪不轻弹”的陈旧观念并未从社会上消失。许多男人不仅在表达悲伤或恐惧时感到不自在，而且在表达感动和关心的积极情感时也会感到焦虑。对于一些男人而言，愤怒是他们唯一容易表达的情绪。因此，对教师而言非常困难的是：要鉴别有些男孩什么时候感到悲伤、孤独或嫉妒。帮助男孩子们识别他们的感受并诉诸语言来表达尤为重要。

为儿童提供机会，分别通过男性和女性角色榜样来学习表达情绪，对儿童的发展而言非常有意义。如果男教师稀缺，可从社区请来一些男性志愿者或从高年级请来一些年长的男孩，让他们提供男性化的指导。这对家中没有父亲角色的男孩们来说尤为重要。

丹尼斯尽力消除这一陈规陋习，给男孩们和女孩们提供很多的时间和机会去表达他们的所有情感。他用拥抱、微笑和语言反馈（如“我喜欢和你在一起”）自由表达他对孩子们的感情。他展示了他从小事中获得快乐：阳光灿烂的一天、一份美味的点心或一个孩子的精美创作。当豚鼠死了时，他也表达了他的伤心。尽管当一些东西出了故障时，丹尼斯也没有掩饰他的沮丧，但他谨慎地用希望儿童效仿的方式来表达他的消极情绪。他知道，无论他的榜样行为是消极的还是积极的，儿童都可能模仿他。

❐ 文化差异

在教室里处理情绪问题时，你的文化背景以及你所面对的儿童的文化背景都是应该重点考虑的事项。一些孩子在家里和在学校里获得的表达情绪的信息截然不同。有些孩子来自某种允许攻击性地表达愤怒的文化，另一些孩子则来自不允许表达情绪的文化。在不同的文化中，教给儿童的对他人尊重的表达方式、相信谁应该信任以及所谓礼貌的讲话方式都有所不同。在礼貌方面的文化差异决定了孩子们是大声说话还是柔声细语以及直视说话者是否被接受。家庭期望和学校期望之间可能存在的许多差异，都强调了从儿童的利益出发了解家长并与其达成共识的重要性。向家长询问他们的文化规范，有助于澄清由于不同的期望而产生的困惑或误解。

也许你自己的文化背景使你不同意本文所讨论的处理情绪的最佳方法。本书只阐释了一个观点：你的专业判断力会引导你用对你和你的学生最有利的方式来使用这些信息。

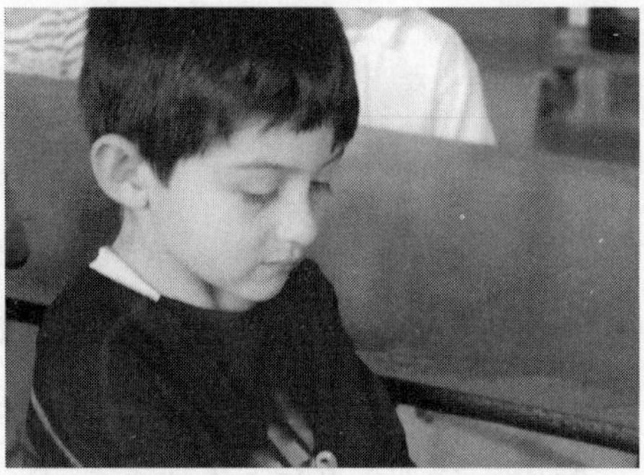

当你帮助儿童适宜地表达他们的情感时，文化背景是一个重要的考虑因素。

示范可取的行为

成人可以是很多行为模式的角色榜样，从使用安全带到良好的进餐习惯都是如此。永远不要低估你的榜样作用对那些尊敬你的幼儿所产生的影响。尽管你可以示范的最重要的行为是友爱和关心他人，但还是有一些其他内容要考虑。

❒ 承担责任

成人总是唠叨着承担责任：收拾好自己用过的东西、爱护材料、做事善始善终以及按时完成任务等，都是常见的主题。要将这些重要观念教给孩子们，最好的方法是你率先垂范。

帮助整理　整理时间是一个很好的着手之处。读过前面章节中丹尼斯关于整理的权力斗争后，你就会知道整理经常会引发冲突。无论在家里还是在学校，这通常都是个问题。许多幼儿只是陷入了混乱；他们不知道从何入手，他们认为不可能打扫干净。要求孩子去整理的成人则以为儿童知道要怎样做。这是一个不合逻辑的假设。幼儿需要有人教他们怎样收拾脏乱；对于他们来说，最好的学习方法是你向他们展示你所谓的整理意味着什么。换言之，你和他们一起干。看到你帮忙整理，也会给儿童传递一个清晰的信息，即教师认为整理是一件值得做的事。你就是一个有效的榜样。将下面的场景和教师仅仅要求儿童快速整理的场景做一个对比。

> 在积木区里，一堆积木乱七八糟地散落一地，刚才一直在积木铺成的路面上行驶的小玩具汽车和卡车也散置在这里。丹尼斯的一位助教南希，看到莎蒂和卢克无助地站在这片混乱当中。南希来到孩子们身边，为他们提供帮助。她先收拾积木，将长长的矩形积木递给莎蒂，让她放到架子上；把小小的正方形积木递给卢克，让他放好。她相信，孩子们能将积木和画在架子上的用来标示放哪种积木的简图匹配起来。在和他们一起工作时，她让孩子们注意尺寸和形状的差别。
>
> 过了一会儿，南希亲自到架子旁，让孩子们将所有的三角形积木都递给她。然后，孩子们开始按形状收拾积木，任务很快完成了。莎蒂和卢克对自己的努力工作感到满意，同时他们也获得了有组织地收拾积木区的技能。最终，他们只需要一些口头提示即可自行完成。南希与他们一起工作会让他们重视所做的事情。
>
> 与此同时，丹尼斯正在和孩子们一起清洗颜料刷。他们一边工作，丹尼斯一边谈论用冷水洗刷子的好处：这样洗就不会使笔杆里粘笔毛的胶水松开。他也鼓励和他一起清洗刷子的孩子们试验哪种方法洗得最快。
>
> 在丹尼斯和南希帮忙整理积木和颜料时，丹尼斯的另一位助手雪莉在巡视其他的整理工作。雪莉停下来帮助孩子们，让玩具娃娃在他们的床上睡得更舒服，而不是睡在娃娃家的地板上。然后，她称赞了艾哈迈德和弗朗西斯卡整理的厨房的柜子，它们看上去是那么整齐。接着，她又去帮助手工桌前的梅甘和马科斯。

信守你的承诺 信赖感与儿童的健康发展、在校的自我调整、友谊的形成以及学业能力相关。因此，对于儿童而言，拥有一个良好的值得信任的成人榜样是很重要的。对于教师来说，与学生建立信赖关系的最容易的方法之一是信守承诺。

履行计划或诺言对建立信任和责任心非常重要。延森老师通过示范有效地教授了孩子们信守承诺这一行为。在每天的开始阶段，她总是和孩子们一起讨论日程表，并把日程表写在黑板上，同时孩子们也观察了解了书写和规划。当孩子们在一天中回顾日程表时，他们也练习了阅读。延森老师把日常计划看作对一天要进行的活动的一个约定或承诺。

思考

你能不能回忆起一个例子：在那时，对某个孩子来说信守承诺是困难的？你认为你对那种情况处理得好吗？

如果因为天气而不得不取消孩子们盼望的户外散步，那么延森老师会和孩子们讨论这一改变，并商量在不久后的一天再去。延森老师保证按计划执行，从不认为孩子们会很快将计划遗忘。她示范着坚持履行计划，同时向孩子们保证一定会信守诺言。她还要确保孩子们知道她向他们示范了什么。一些儿童在家里没有坚持和遵守承诺的经验，往往需要得到成人的帮助才能认识这些内容。

延森老师班里的孩子能在个人层面上信赖这些承诺。当他们想和老师说话而老师正在忙时，他们知道老师一会儿就会来到他们身边。

当特雷跑过来拍延森老师的肩膀时，她正在和玲玲讨论她刚才读的那个故事。当教师正在和其他学生交谈，而另一个孩子想表达需要教师的注意时，轻拍肩膀是一个公允的信号。延森老师对特雷笑了笑，用手指发出一个信号，说她待会儿就会和他在一起。为了确保自己不会忘掉，延森老师把特雷的名字写在了记事本上。特雷回到座位上，他相信老师很快就会来到他的身边。延森老师一结束和玲玲的讨论，就立即去了解特雷需要什么。特雷和他的同学已经开始模仿他们的老师，给自己写提醒便条了。

有时，延森老师列出的要求她关注的清单实在太长了，她知道她不能及时满足这么多的孩子，与其让他们等着，不如和他们预约稍后的时间。即使老师没有立即过来，孩子们也相信她会来的。当然，如果孩子们有紧急需要，他们可以先进行交流，延森老师会帮助他们。作为鼓励孩子自主的一部分，延森老师会向学生展示怎样有效地使用各种资源（包括其他学生），以解决问题或满足他们的需要。这样，当教师正和一个孩子单独相处时，其他孩子就能够互相帮助。

即使是非常小的孩子，成人遵守对他们的承诺也非常重要。有时，父母通过许诺让一个孩子配合，然后发现不一定要忠于承诺——因为孩子会忘记。然而，这种做法最终会遭报复。婴儿会懂得“我会马上回来”毫无意义；学步儿会懂得对糖果的许诺不会成真，除非现在就得到。

凯莎从不轻易对她看护的学步儿们许诺，除非她打算信守这一承诺。她也鼓励孩子们的家长在离开孩子之前跟他们说再见。一些家长认为溜之大吉会更好；在短时期内，这也许容易做到，但会让孩子一直担心家长会消失。

爱护物品 在延森老师的班级里，学生们能够在没有人一直盯着的情况下独自或一起工作的原因在于：延森老师曾花时间专门教育她的学生如何负责任地使用材料。孩子们掌握了这些内容，因为他们的教师并不是仅仅讲解适当使用材料的方法。你一定猜到了：她向孩子们演示了如何使用。

延森老师花时间和孩子们在每个学习区内一起工作，用这种方法帮助他们学习自由使用材料。自由使用与按规定单独使用有很大的不同。自由使用不是限制儿童如何使用材料，而是给孩子们创造性的表达提供准则。延森老师发现她的学生很快就接受了示范的做法，并开始相互展示重要的想法。迪伦知道，在橡皮泥下面必须垫一块瓷砖才能保护桌面。然后，当内森忘记时，迪伦就承担起了提醒他的责任。延森老师无论使用任何材料，都会遵守班级的行为准则。因为她知道，如果不这么做，她的努力就会白费。

遵守准则 在戴维斯老师的班里，贝斯第一天的教学实习就让她知道成人角色示范的重要性，至少一些孩子非常关注成人是否遵守规则。

教师要开晨会，通知大家集合。大家都开始集合了，贝斯坐在集合区的沙发上。这时，天佑大声告诉她：“今天不该是你坐沙发。”贝斯问他是怎么知道今天应该由谁坐的，天佑指给她看一张表格。贝斯过去查看后说：“你是对的，今天不应该由我坐。”贝斯和孩子们一起坐在了地板上。

会后，孩子们被分散到指定的学习区。当贝斯正忙着帮助一组孩子时，她发现天佑爬到了桌子上。贝斯怀疑地看着他。天佑避开了她的目光。贝斯问："难道你应该坐在桌子上吗？"天佑只是盯着她看，她忽然意识到自己也正坐在桌子的拐角上。她立刻承认："我正坐在桌子上，是吗？"天佑点头称是。贝斯回答道："好，那么我必须下来，对吧？"天佑一直等到贝斯站起来，才跳回到地上。以后，每当贝斯忘记了，又坐到桌子上时，天佑就开始爬到桌子上。贝斯一站起来，天佑就跳下来。

高效的教师示范所有类型的准则。不坐在桌子上是一个社会传统方针，有助于保持教室秩序。处理道德问题的准则更难以让幼儿理解；他们用伤害和公平来处理问题（如"友好""每个人都参加"）。与个人特权有关的准则注重保护个人权利（如隐私权、学习权、自由选择权）。

注重个人权利的准则常常与社会传统和道德规范相矛盾。例如，当一个孩子需要保护隐私权而离开了集体，他就很可能破坏了社会传统方针"在'圆圈时间'要坐着听教师说话"。准则之间常常会发生冲突，因为儿童并不总是把自己的个人需求与他人的需要相联系。教师可以示范如何通过使用反馈式自言自语处理这类矛盾（如"我想要一个沃特里安纸杯蛋糕，但我会等待，因为她还没有发给我"）。

然而，这种克制需要智力上和情绪上的成熟，不论我们示范得有多好，都不能指望非常小的幼儿做到这一点。但就像我们为不能说话的宝宝们示范说话一样，我们也需要在学步儿和学龄前儿童有能力达到的时候，为他们示范我们想让他们获得的可取行为。我们为同一个目标而努力，你可以打赌婴儿和学步儿会储存以后会用到的那些信息。

保证身体安全　"照我说的做，不要跟我学"并不能将安全的行为教给孩子们，学习其他规则也是一样。中途岛儿童中心的所有教师经常互相提醒，要记得拿剪刀时确保剪刀尖向下，以确保他们的示范与他们对孩子们说的保持一致。他们也小心地不和正在荡秋千的孩子靠得太近。当和孩子们讨论散步的注意事项时，他们会示范安全过马路。在乘汽车或货车去郊外时，教师和孩子们都会系上安全带。

延森老师确保当她不用椅子时，将椅子推到桌子下面。在她的学校里，把椅子推到桌子下是一条重要的安全规定。这一规定主要是为了保证万一发生火灾时，过道能保持畅通无阻，而且它也避免了在日常活动中孩子们被椅子绊倒。延森老师通过她的榜样作用，帮助学生内化了这一安全规定。

如果希望孩子们遵守安全规则，成人必须表现出他们也遵守这些规则。

加百利在观看了幼儿们的假扮游戏后，开始相信成人榜样的影响力。

在游乐场的一条船上，一些幼儿正沉浸在一场想象的旅行中。梅甘跑过去拿了一些救生衣，那是捐赠来的道具。她将救生衣给了杰克和马科斯，他们不屑一顾地说道："我们是爸爸！我们不穿这些。"显然，这些儿童已发现，在全家乘船出游时，孩子们必须穿救生衣，而爸爸们却不穿。

❑ 智力冒险

教师也可以成为冒险的角色榜样。教师为什么要鼓励冒险呢？请放心，我们并不是指危险的身体冒险，而是指智力冒险。智力冒险包括坚持实施一种观念或假设，看看它们是否有效。当人们在科学领域里谈论智力冒险时，他们将其称为形成中的、尚待检验的假设。当人们谈到艺术时，就把智力冒险称为创造。

为什么烦恼？ 冒险是学习过程的一个基本部分，也是一种非常可取的行为。除非愿意思考概念并检验新观念，否则人们能记住的只是别人说的所谓正确的东西。这种死记硬背的学习是非常受限制的教育，它也是教育的一个受限制的方面。只用这种方式学习的人，对整个世界的知识将毫无贡献。纵观历史，最伟大的科学家、数学家、作曲家、艺术家以及其他对人类文明做出主要贡献的人，都曾经是爱冒险和质疑现状的人。

一些人可能认为，不会自己思考的儿童更容易被管理。他们甚至认为，鼓励冒险会增加纪律问题。毕竟，一个会质疑成人强加规定的公正性及其后果的儿童常常会让人头痛。但你也可以把这样的质疑看作一个有教育价值的潜在的挑战。你对这一观点的感受与你决定为孩子们制定什么样的目标有关。由于我们（本书的作者）的目标在于智力和道德的自主，因此，无疑我们想要鼓励儿童去智力冒险——自己思考。

> **思考**
>
> 你有哪些方法可以为儿童示范适宜的冒险？

我们相信，你会发现，教给孩子们自主而不是服从，将会让指导和纪律教育变得更容易而不是更难。当你帮助孩子们学习做需要他们自己负责的决定时，你就从不得不制定并强制执行的所有规定中解脱出来。此外，受到智力上的挑战且能自己思考的儿童，常常对学习感到兴奋。在探索自己的假设时，他们成为自主、自发的学习者，这将使班级管理更容易。于是，教师从“警察”的工作中解放出来，全身心地投入到教育指导者和学习促进者的角色之中。

怎么做？ 教师如何示范冒险？第一步是战胜对失败和犯错的恐惧。这种恐惧严重阻碍了对新想法的各种尝试。延森老师从引导大家关注她自己犯的错误入手。她坦率地分享了她的失败，例如从新山地车上摔下来。她没有因作为正常人的失败而瞧不起自己，相反，她展示了对这些失败的接纳。如果把一本书或某些急需的物品放错了地方，她会说：“我对伊莎贝拉的积木创作太感兴趣了，所以我忘记将今天的故事时间要用的书放到哪里了。你们能帮我找找吗？”然后，她利用这一情境来鼓励儿童回忆他们什么时候也忘记把东西放哪儿了。延森老师对他们以及自己的健忘的接纳，为他们提供了学会类似的接纳的榜样。对于教师来说非常重要的一点是，将冒险作为自己的学习体验的一部分来示范。

俄罗斯参观者要来林肯小学。学校的一位助工会说一些俄语，因此延森老师邀请他来班里教孩子们一些基本的问候语。由于以前从未听过这种语言，延森老师和孩子们都同样处在初学者的水平上。助工首先告诉他们的是“我的名字叫……”“Menya zavoot。”他说。延森老师试着说

"Menizoot"。他重复"Menya zavoot"。延森老师感到很困惑，微笑着说："Menyesavoot？"当她又尝试时，孩子们笑了起来。她承认说："这对我来说有点儿难。"她请孩子们和她一起试试："你们能帮帮我吗？"这些灵敏的小耳朵很快就捕捉到了发音的细微差别，几分钟后，大家都会说"Menya zavoot Jazzy，Menya zavoot Noah"了。最终，连延森老师也掌握了！

冒险与学业 桑切斯老师认为，冒险与孩子们在写作方面的发展尤其相关。前读写研究表明，当孩子们基于自己对写作和拼写的假设而学习时，他们的字母和声调学得最好。因此，桑切斯老师鼓励孩子们通过"儿童写作"和创作式拼写来试验他们的想法。这些方法包含了冒险。一些儿童兴致勃勃地投入儿童写作，而其他的儿童则踌躇不决，害怕写错字母或拼错单词。一些孩子是冒险家，而另外一些则不是。

大胆的孩子写出了一页又一页潦草的文字，其中也包括他们记得的一些词语，如他们的名字和"妈妈""爸爸"以及"我爱你"等。他们自豪地将写下的内容告诉每个人。不久，这些儿童在他们的音—符假设的基础上又取得了良好的进步，他们试验着哪个字母可以发出哪个音。而那些害怕失败的儿童可能会在学习上受到阻碍。

佐伊刚刚来到延森老师的一年级班，显然，她除了教师强调的正确格式的抄写就没有再写过别的。她非常害怕犯错误，因此在大多数写日志的时间里她都无所事事。当延森老师试着鼓励她说"'儿童写作'很有趣"时，佐伊脱口就说："要是我弄糟了怎么办？"延森老师尽力让她打消顾虑，但她知道，佐伊需要一些时间才可能有勇气用写作来表达自己。

在某一领域（如书法）追求完美的想法也会延伸到其他主题，进而妨碍了对其他内容的学习。一些儿童感到不能胜任艺术创作，总想让某个人告诉他们完成一项开放式作业的"正确"方法。另一些孩子重复阅读一本书，不只是因为他们喜欢这本书，而是因为他们认识书中所有的字，这样的阅读是安全的。这些孩子尤其需要教师向他们示范接纳不完美和冒险探索未知事物的勇气；他们需要得到帮助，才能慢慢习惯通过错误来学习。为了成为有效的学习者和自主的学生，他们需要这种帮助。

有效的角色榜样

行为的社会性镜像让我们将自己的行为与他人的行为相匹配。当然，我们不必试着匹配我们看到的所有行为，只要与那些重要他人的行为相匹配就行。当作为榜样的人是儿童尊敬的人，即他们是重要的、有权威的和有修养的人时，角色榜样最为有效。幼儿（不论男孩还是女孩）都尊敬那些能为他们提供帮助、温柔、热情、充满活力、工作努力、勇敢、自信、愉快且漂亮的人。这种想法让和孩子们在一起的成人，感到责任重大。要抓住机会！随着年龄的增长，孩子们越来越不将成人视为他们的榜样，而是更多地将他们钦佩的同伴视为榜样。

> **思考**
>
> 想想曾经作为你的榜样的那个人。他是如何影响你的生活的？

❑ 相似的人

确定角色榜样的能力对于所有年龄的人来说都是重要的。埃里克森著名的发展阶段理论认为：角色榜样为儿童提供了一种机制，帮他们理解他们的文化和社会。如前所述，儿童更可能模仿在某方面与自己相似的人。教师可以通过讨论相似的兴趣和感受来强调其与学生的相似性。例如：弗朗西斯卡最喜欢紫色；南希特地告诉弗朗西斯卡，她也最喜欢紫色。莎蒂和卢克都有宠物米格鲁猎犬，他们常常谈论它；南希也常询问他们的小狗。

年长的儿童常常以同龄人为榜样。同性别和同文化背景的榜样非常重要，因为同性别和同文化背景的人之间具有相似性。使用的母语与教师的母语不同或其肤色与教师的肤色不同的儿童，从教师的示范中获益会比较少。当出现这种情况时，重要的一点是，教师应帮助儿童认识到教师和他们在其他方面很相似。为所有儿童提供相似的角色榜样，这也正是从各种文化群体中招募更多教师和助手如此重要的原因之一。

❐ 令人钦佩的人

如果孩子们想成为像你一样的人，那么你很可能成为一个有效的角色榜样。这意味着，孩子们已把你看成有趣的、和蔼可亲的人；这也意味着你要与儿童建立一种积极的关系。因为他们喜欢你，所以才想成为像你一样的人。

媒体示范 虽然我们知道媒体技术的教学用途，也知道可以用其来增强孩子对学习的动力和兴趣，但我们对如何利用媒体以及媒体向孩子传输的内容还是有顾虑的。孩子们往往想要成为他们所接触的媒体中的运动明星、电视人物和超级英雄。这就是聘请这些明星做产品代言人的公司所看重的，它可以提高他们的利润。广告的作用非常强大，但不幸的是，它们越来越瞄准孩子。幼儿特别容易受这些人物的影响，因为他们无法理解广告的目的。儿童被淹没在游戏、衣服、食品尤其是玩具里的流行角色榜样中。

媒体对儿童的强烈影响还存在其他问题，尤其是移动媒体平台例如平板电脑、智能手机等应用的激增。8岁左右的儿童，在我们的文化环境下可能每天有近8小时同各种各样的媒体接触。电视、电影、视频网站以及视频游戏提供了强有力的角色榜样，与我们努力塑造的良好榜样所产生的影响相抗衡。儿童通过效仿他们在媒体上看到的榜样习得了整个的行为模式。这些角色榜样中，只有很少一部分示范了可取的行为，而大多数示范的是不尊重、粗鲁甚至是暴力行为得到了奖励、获得了笑声或成功。当讽刺性的羞辱被表现得滑稽而有趣时，很容易让受影响的年轻人认为这是一种可取的交往方式。当莉莉开始模仿她喜欢的电视节目中同龄明星的态度和行为时，这会在她的学校里甚至家里给她带来问题。在与莉莉的教师面谈之后，家长们决定更仔细地监督她看的电视节目。

超级英雄是儿童的另外一种角色榜样。

暴力示范 粗鲁是不可取的，但暴力角色榜样是一个更严重的问题。超级英雄所造成的影响最令人担忧，一些卡通人物和视频游戏角色最有可能让孩子们模仿他们观察到的暴力行为。

美国儿科学会呼吁仔细监管儿童所接触的媒体。很明显，电视、音乐、视频游戏以及电影中的暴力会让儿童变得更具攻击性、更胆小、更无礼且对暴力的后果更麻木。全美幼教协会和弗雷德·罗杰斯早期学习与儿童媒体中心针对媒体技术和互动媒体发也发表了联合声明，呼吁使用屏幕媒体时需注意儿童观看了多少媒体信息、看到了什么媒体信息以及儿童怎么使用媒体设备等。显而易见，在当今媒体屏幕无处不在的环境下，媒体会对儿童造成巨大影响。这不仅局限于电视和数字游戏，也包括平板电脑、智能手机以及不断升级换代且对儿童有巨大吸引力的新型互动式数字设备。

诸如“教师抵制不健康的儿童娱乐”（Teachers Resisting Unhealthy Children’s Entertainment，TRUCE）组织，一直积极致力于消除儿童电视节目和玩具中的暴力影响。其他联盟，包括“无商业化童年运动”，专门致力于反对针对儿童的销售。在互联网上快速搜索一下，就会找出更多有着相似使命的组织。

儿童看到暴力之后，常常将暴力带入游戏。这是他们对亲眼看见的事情进行加工并尝试理解其意义的一种方式。在教室里建立有关暴力和安全的班级准则是很有必要的。出现暴力游戏时，教师有大量的机会帮助儿童从他们看到的事情中学习。当儿童模仿他最喜欢的超级英雄时，我们就能借此机会来讨论幻想与事实以及暴力的影响，并支持乐于助人且感到自己很有力量的正面形象。你可以鼓励儿童形成自己的关于超级英雄游戏的非暴力情节，而不是模仿屏幕上看到的超级英雄。这是一个绝好的机会，让我们讨论真正的英雄气概以及我们的行为如何影响他人。一些儿童对他们真正体验过或看过的暴力产生了切实的恐惧。在某些时候，你公开讨论暴力，可能会对一个正因恐惧而痛苦或处在真正危险中的儿童有所帮助。

❐ 与家庭一起抵制媒体影响

幸运的是，当父母监督儿童的媒体活动时，他们可以帮助孩子们明白他们所看到的。因此，教师应努力鼓励父母和监护人与他们的孩子讨论广告和媒体的内容，并为家庭提供可选择的教育措施。孩子们需要知道，与他们从电视上看到的相反，大多数人实际上并不携带武器——人们为了避免暴力，常常通过对话进行协商，而不是用武力将自己的观点强加于别人。成人的责任在于帮助儿童思考与分析积极和消极的社会互动，这些是他们在真实生活中和在电视里必定会遇到的。儿童从榜样身上学习消极的行为模式和学习积极的行为模式一样容易。教师和家庭成员必须共同努力，确保消极的行为模式不会战胜积极的行为模式。

将非常小的孩子暴露在各种屏幕媒体前，对他们的整体发展显然是有害的。美国儿科学会建议两岁前不要接触电子媒体。问题是，聚焦于被各种媒体占用的应花在真实游戏以及与成人互动上的时间，才是幼儿学习的真正途径。即使是电子玩具也会破坏孩子的学习，而且很难找到一个玩具不是一按按钮就说话、嘟嘟响且（或）到处跑的。

因此，针对婴儿和学步儿的课程不应该包含任何看电视的时间，对于两岁以上的孩子，每周半小时已经是极限。此外，针对婴儿和学步儿的儿童保育和学前机构应该提供玩具并鼓励孩子们进行体力和脑力活动，而不仅仅是提供玩具。幼儿教师可以与家长们合作，取消宝宝们看屏幕的时间，而且限制两岁以上孩子看高质量节目的时间为每周不超过两小时。

有很多资源可以用来帮助儿童和家长谨慎地选择积极的荧屏形象，促进他们关于媒体影响的讨论。为家长举办的讨论会和简讯都是很好的交流这些信息的途径。TRUCE 组织的网站也提供了有用、能分发到家的宣传材料，包括一些关于媒体对儿童影响的令人震惊的数据。这些传单也为促进家庭讨论潜在的负面媒体形象提供了建议。教师也可以鼓励儿童使用允许其发挥想象力的开放式玩具来取代与媒体暴力和不健康的广告相关的、代表特定角色的玩具。我们可以通力合作，减少儿童受到的暴力影响。

小　结

你的积极榜样会引发更积极的儿童行为。如果你与学生之间是一种互相关心的关系，那么你尊重和公正地对待孩子的榜样行为就会在孩子们与他人相处时得到效仿。你如何处理自己的感受以及他人的感受，会影响孩子们处理他们的感受。你表现的关心和友好会给孩子们留下深刻的印象。如果你喜欢在学习新技能上冒险，并乐于尝试新的想法，那么这将有助于儿童更勇敢地尝试他们的新技能和新想法。比起反复演说，树立一个负责任的榜样并遵守良好的安全习惯，更可能让孩子们关注。作为一个成人，你对幼儿有着很大的影响。你做的每一件事情都是在教育幼儿。

摘 要

- 人类的大多数行为都是通过观察其他人的行为习得的，尤其是观察学习者想要成为的人。这个过程通常被称为榜样示范。你会通过互动来模仿某个理想中的榜样。如果想让孩子能关心别人并用积极的方式表达情感，你最好检查一下自己是不是一个好的榜样。
- 因为儿童会模仿他人的行为，所以你需要确保你想要孩子做到的和你做的相一致：你骑车时是否戴头盔？你开车的时候是不是用手机打字聊天？当你做错了或面临挑战的时候你会怎么做？你所做的是你想让孩子模仿的吗？
- 与孩子切身相关且孩子想要成为的角色会是有效的角色榜样。然而需要注意的是：一个十分有效的榜样也可能教会孩子你不想要的态度和行为。

讨论或反思

1．分析在个人生活中你对情感的表达。你能向信任的朋友或家人表达害怕或孤独吗？你有用表达愤怒来掩盖其他消极情感的习惯吗？你需要提高自己有效表达感情的能力，以便为儿童树立榜样吗？

实地研究

2．观察幼儿以及每天与他们相处的成人。记下儿童模仿成人树立的榜样的方式。

3．当儿童受伤或难过时，注意成人是如何回应的。他们是否认还是接纳儿童的消极情绪？他们是否试着将儿童生理上的痛苦和情感上的痛苦区分开来？你通常的回应是什么？你需要学习回应儿童的痛苦的新方法吗？

4．观察教师们以什么方式来鼓励或阻碍儿童自己进行思考。你是否发现教师自身的自主思考和教师鼓励儿童自主思考之间的联系？你如何评价你自己的自主思考？

5．观察教师只是要求儿童整理的班级，和教师与儿童一起整理、向儿童示范有用的整理方法的班级，找出它们的不同之处。

推荐读物

Coloroso, B. (2011, Spring). Bully, bullied, bystander... and beyond: Help your students choose a new role. *Teaching Tolerance,* 39, 51–53.

Darling-Kuria, N., & Bohlander, A. H. (2014). Promoting social-emotional development: Helping infants learn about feeling. *Young Children,* 69(3), 94–95.

De-Souza, D., & Radell, J. (2011). Superheroes: An opportunity for prosocial play *Young Children,* 66(4), 26–31.

Lerner, C. (2015). Screen sense: Making smart decisions about media use for young children. *Young Children,* 7(1), 102–103.

Milner, H. R. (2010). *Start where you are, but don't stay there: Understanding diversity, opportunity gaps, and teaching in today's classroom*. Cambridge, MA: Harvard University Press.

Shaw, N. (2011). Combating anti-Muslim bias. *Teaching Tolerance,* 39, 34–37.

Teaching Tolerance (1997). *Starting small: Teaching tolerance in preschool and the early grades*. Montgomery, AL: The southern Poverty Law Center.

第七章

有效纪律教育的沟通策略

本章节所涉及的全美幼教协会（NAEYC）标准

标准 1c：使用相关的发展知识，创造一个健康、充满尊重并具有支持性和挑战性的学习环境。

标准 4a：知道积极的关系和支持性互动是与幼儿一起工作的基础。

标准 4c：使用协会列出的具有发展适宜性的教学（学习）方法。

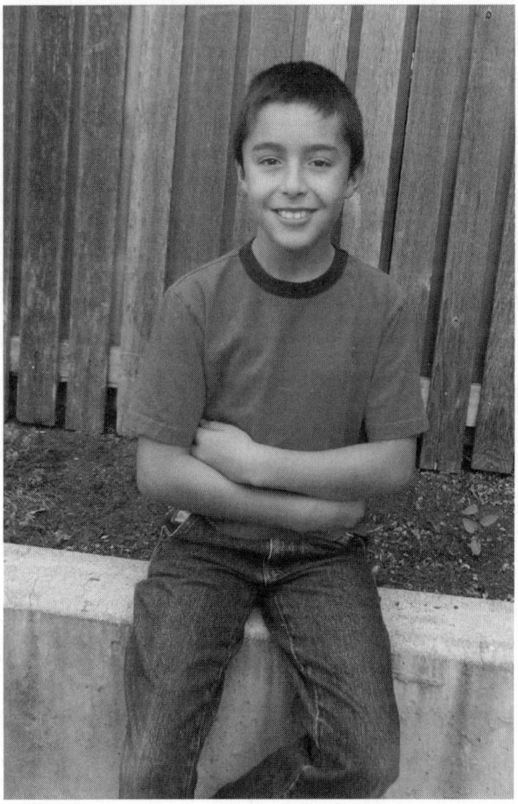

【学习收获】

有了对本章的理解，你应能：

- 明确与儿童交流的障碍，然后解释为什么儿童不想听。
- 描述如何有礼貌地与儿童交谈，让他们愿意听。
- 解释什么是好的倾听者。
- 展示教师如何指导儿童解决冲突。

当你还是个孩子的时候，你的父母和教师是不是经常对你说：

- “去干活，年轻人。”
- “不要装得像个宝宝似的。”
- “你是一个多么好的小女孩。”
- “不做完这张卷子，就不许休息。”
- “你真粗鲁。”
- “一切都会好的；只需要等等看。”
- “你的照片真漂亮。”
- “你没事。你没有理由哭。”
- “你需要改善你的态度。”

也许你自己也曾对孩子们说过这样的话。本章将考察为什么这样的表述会阻碍与儿童的沟通并导致儿童的行为恶化，使你成为儿童的负面影响源。托马斯·戈登在纪律教育经典著作《父母效能训练》（*Parent Effectiveness Training*）一书中称它们为“交流障碍”。

许多父母和教师都是伴随着这些适得其反的交流方式长大的，这也使得这些成人与自己的孩子或学生交谈时，会自动运用这些方式。这么做的结果是，这些成人在自己和他们想要与之交流的孩子们之间筑起了一道墙。有效交流的知识能戏剧性地改变人际关系。可以用来改善婚姻、友谊或同事关系的类似交流策略也可以用来促进成人与儿童的关系。互相尊重的关系是有效交流的基础，而有效交流是有效纪律教育的基本组成部分。

本章为你提供工具，让你建立更好的关系，更积极地与儿童交流。本书第二部分的各章节给出了关于指导和纪律教育的方法。每个方法同本书第三部分中行为问题的相关原因相对应。当你示范有效的交流模式并明确地教导交往技能时，你就是在帮助儿童学习更好地与他人相处。当你和你的学生依照本章分享的准则来交谈、倾听和消弭分歧时，你的教室就会成为一个更和平的地方。

为什么孩子们不听

成人常常抱怨儿童不听他们说话，而且他们常常不知道是为什么。成人几乎不认为这可能是自己的过错。思考下面的情境：

（1）你刚刚警告过艾哈迈德要小心水坑，可现在他正站在水坑中踩水。

（2）你已经重申三遍数学活动的要领了，但仍然有个别儿童跑来问你怎么做。

（3）你听到自己说：“我告诉过你多少次不要这样做了？！”

这些小事情可能都是对儿童采用的说话方式无效的表现。诚然，我们不能担保你说什么，艾哈迈德就会远离水坑，但你可以提高成功率。你怎样对孩子们说话，对儿童是否听你说有很大的影响。你对儿童和他人怎样说话，也对他们是否注意你说的内容有很大的影响。

❒ 批评与说教

人们不会听那些让人感到不舒服的话，这没什么可大惊小怪的。这似乎是一种天生的自我保护机制，用以过滤令人不愉快的消息。然而，当儿童不听那些不停的唠叨时，许多教师和父母就会表达他们的沮丧。成人把频繁的提醒和改正看成一种指导形式。指导当然是目的，但是如果儿童不理睬指导，那么这种指导方式明显是无效的。

不论年龄多大，人们几乎都不愿意听到有人说他们的行为有多么差。同样，没有人希望别人给他起侮辱性的绰号（例如“自私鬼”或“告密者”）。当别人告诉你应该怎么做时，大多数人都会生气。那些分析你行为的可能原因的好心评论可能是最令人生气的。记住，孩子也是人，如果你想让他们听你的，就要避免采用导致儿童拒绝倾听的方式对他们说话。思考一下，如果你处于下面的情境中会有什么感受。

你上班迟到了，你为此感到懊恼。这是一个糟糕的早晨：每件可能出错的事都出错了。你的闹钟没有响，你昨天洗了并放进烘干机的衣服今天是湿的、没有干，而且你到公共汽车站时，公共汽车刚刚开走。

最后你来到了上班的地方，又沮丧又饥饿，头发凌乱。你的管理者指出你上个月也迟到了一次，并且说你一向考虑不周。她继续对你说，她对你的考虑不周感到多么失望，还认为你在对待权威和规则方面有问题。最后，她向你说教了一番守时的重要性。

这位管理者的方式能让你接纳她的指导吗？你是否会密切关注她说了什么，并想从她那儿学到更多的东西？总的来说，这件事情会怎样影响你对她的感觉？你那天对工作的态度会受到怎样的影响？大多数人会非常生气，不理睬管理者，并因此会度过更糟糕的一天。然而，许多教师总是以这种方式对学生说话，并期望得到的结果是行为的改善。戈登称这种行为“传递了贬低的信息”。幸运的是，儿童常常会过滤掉这些信息，因为它们太伤自尊了。

❑ 发布命令

你很容易觉察到听别人谈及你的错误给你带来的不愉快，但是你也许没有想过，为什么儿童（和成人）也不愿意总是被告知要做什么和该怎么做。这些指导表达出的是对他人想法和能力的不尊重。当你告诉别人在一个情境中必须要做的每件事情时，你也告诉了他们你认为他们自己想不出来。戈登把这种交流方式称为"解决型信息"。当你向别人传递了这种不尊重时，回报你的是你也得不到多少合作。相反，你更可能引起他们对你的指导的抵制。对孩子的长期影响更值得关注。这样的不尊重不仅伤害了孩子们的自尊，而且也阻碍了孩子们朝着自主方向成长。当你替孩子们解决问题时，孩子们就学会了不相信自己的解决方法。你正在建立一种不健康的依赖关系。

阿丹娜挤不出胶水。她把胶水瓶倒过来，仔细思考，用力地挤。最后，她只有拿下盖子，试着把胶水倒在她的拼贴画上。胶水没有立即流出来，于是她开始摇晃瓶子。胶水真黏啊！正当阿丹娜思考得到胶水的最佳方式时，慧勒老师走了过来，命令她："用海绵！"阿丹娜皱起眉头。她本来打算用一小片垫板铲出大部分胶水的，然而她现在要拿一块海绵来完成任务。阿丹娜感到很奇怪：为什么慧勒老师不让她来做决定呢？

海姆·吉诺特也写过一本儿童纪律教育方面的经典著作：《亲子之间》(*Between Parent and Child*)。托马斯·戈登和吉诺特探讨了成人对孩子们谈话与对成人谈话有什么不同。他们指出，很少有教师或父母以霸道的、粗鲁的口吻对朋友或熟人说话，而他们却常常以这样的方式对孩子说话。想一想，如果你把常用于儿童的、不尊重的词汇用于成人，是不是听起来很荒唐呢？如果阿丹娜是个成人，教师还会以这种方式对她说话吗？很可能，慧勒老师会说："如果你愿意，你可以用我桌子上的海绵。"

❐ 非真实的交流

像对待成人一样充满尊重地对儿童说话，可能会是一种有用的指导。但是很多人不知道如何用最好的方式向不同年龄阶段的人表达自己。你也许是一个当别人冒犯你或让你心烦时一言不发的人，因为你不想表现得粗鲁或无礼；或者，你可能用语言保护自己。更为常见的是，如果不表达生气，人们很难保护自己，而这又会进一步引发愤怒的反应。

如果在别人伤害你或使你心情沮丧时什么也不说，你就会产生怨恨。你的非语言的表达将是消极的，它显示出你的真实感受。未表达的感受和未解决的冲突会破坏人际关系。这不是一种真实的交往方式。如果父母和教师提供了这种行为榜样，那么儿童就没有有效的榜样可模仿。

如果你发现自己说话时常常怒气冲天，那么你也可能正在掩盖自己的真实感受。愤怒往往是一个次要情感，它是由诸如恐惧、痛苦或尴尬这样的主要情感引发的。愤怒的表达关注的是别人的所作所为，而没有接受自己的感受。一些教师和父母感到暴露他们自己的恐惧或痛苦与他们的权威角色不相符。他们也许认为，表达真实感受就会显露自己的软弱，而他们的工作就是要证明力量。然而就像抑制不愉快的感受一样，以愤怒的方式把它们表达出来也会破坏人际关系。因此，这是不诚实的角色榜样，也是拙劣的角色榜样。

成人不能表露恐惧、悲伤或其他任何与软弱有关的情感，这种想法与以权力为基础的专制的纪律教育模式相关，这种模式会伴随着产生消极的行为和消极的自尊。就其他方面而言，这一不屈的成人角色也与长远的纪律教育目标相抵触。我们知道，儿童用健康的方式表达他们情感的能力是受成人角色榜样影响的。此外，无懈可击的成人模式也会妨碍成人与儿童之间建立信任关系，因为成人不能暴露真实的自己。成人与儿童之间的信任关系如同同伴间的关系一样，能促进合作和移情。这些特征显然与更可取的行为有关。

说话时要尊重儿童

表达你的个人需要和界限十分重要。要有效地做到这一点，意味着你要在不指责哪个孩子不好也不命令孩子们改变的情况下表达你的感受。这样，你就会在表达自尊与表达对他人的尊重之间取得平衡。戈登第一个把这种简单地表达自我感受的方式称为“我的信息”。

如果问题是你的，即所发生的事正让你本人难受，那么使用“我的信息”很合适。儿童需要学习当有人做了让他们烦恼的事时使用“我的信息”。有时，成人似乎很困惑，他们认为所有问题都是成人的问题；这种观点阻碍了成人教孩子使用“我的信息”来表达他们自己的感受。

与“你的信息”相反，“我的信息”没有责备或谴责任何人，它们不含有羞辱的意思；“我的信息”也没有命令别人去做什么，因而避免了“解决型信息”；它们关注的是你的需要而不是他人的行为。因此，人们更愿意听这种类型的交流；它很少引起争论或辩护。

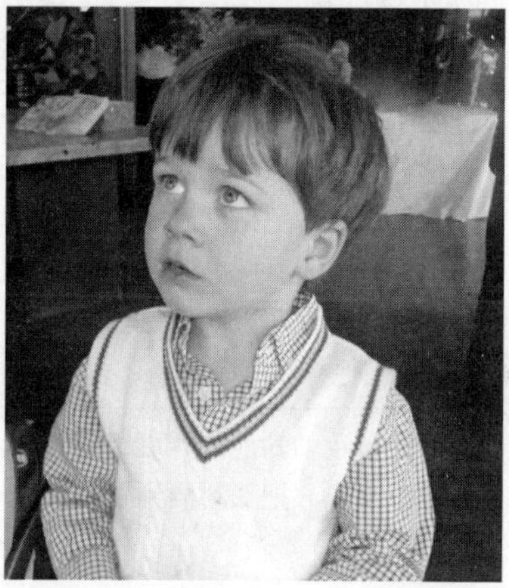

成人带着尊重对儿童说话，儿童就会倾听。

托马斯·戈登认为，一个完整的“我的信息”包括三个要素：

(1) 具体说明不能接受的行为。

(2) 表达你的感受。

(3) 这个行为对你的具体影响。

我们又增加了一个要素：

(4) 表达了以上三点后，到此为止。

相当多的人往往开始时都能很好地使用“我的信息”，接着就会告诉孩子他(她)应该做哪些改变，或加以评判或对孩子轻蔑地进行评论，而这会将先前的努力毁于一旦。一些社会技能方面的课程计划在教导“我的信息”时也犯了这一错误：他们直接告诉别人怎样改变他(她)的行为。这就传递了一个“解决型信息”，而这又是交流的一个障碍。如果你在表达了问题和产生问题的原因后还不停地说，那么你的听众就会听到这些改进建议并倾向于做出消极反馈。

在交流了你的问题的实质之后就退出，让儿童自己改正，这更有效，也更尊重他们。表7-1展示了三个有效的“我的信息”的例子。

❒ 关系

“我的信息”的前提是听你说话的人确实关心你的感受。如果你和艾莉克西斯之间没有建立起互相关爱的关系，你就不能指望在告诉她你有麻烦时她会关注。我们又一次提及了人际关系的核心作用。皮亚杰把互相尊重的关系看作道德发展的基础。为了让指导和纪律教育变得有效，你必须与你照料的儿童建立关系。

表7-1　有效的“我的信息”

情况	我的信息	结果
延森老师正在给全班朗读故事，而杰西却在很大声地对她的朋友说话。	延森老师看着杰西说：“教室里太吵了，我读不下去了。为了让大家都能听到，我得大声地讲话，所以我的喉咙都痛了。”	杰西明白了要小声说话的原因，她愉快地接受了。
丹尼斯正弯腰帮助弗朗西斯卡穿靴子，萨姆从后面跑来，用手臂紧绕住丹尼斯的脖子，爬到了他的背上。丹尼斯差点向后摔倒，但他明白萨姆是在表达感情，他并没有恶意。	丹尼斯对这个深爱着他的孩子说：“我怕我会和你一起摔倒，萨姆。而且现在这个样子，我也无法帮弗朗西斯卡穿靴子了。”	萨姆跳了下来，等到帮弗朗西斯卡穿完靴子，丹尼斯就给予了萨姆一些关注。
玲玲在兴致勃勃地画着班级壁画时，不小心把颜料洒到了地毯上。	延森老师走到玲玲正在工作的地方，对她说：“我担心地毯上的颜料会洗不掉，尤其是颜料干了的话。”	玲玲取了一块海绵清理颜料，然后在地毯上铺上纸，以便接住掉落的颜料。

上面的例子（见表7-1）中的儿童可以自由思考教师的担心，而不是为了保护自己而抵制错误行为带来的谴责。儿童也自由地去思考他们该怎样改正。你有没有注意到延森老师并没有告诉玲玲要怎么做才能解决问题，相反，她尊重孩子，让孩子提出解决方法。这种方式让玲玲对自己感觉良好，并增加了未来可取行为出现的可能性。如果延森老师追加上解决办法，那么交流的有效性就会大打折扣。相反，延森老师知道孩子们有能力也有意愿来找出解决方案。

❑ 错误的概念

有时人们搞不清“我的信息”的内涵。一些人认为，任何以“我感觉……”开头的话都是“我的信息”。记住，“我的信息”表达的是你自己的期望；“我的信息”之所以是“我的信息”，是因为它不以指责他人为目的。如果你尝试进行批评，就很容易错误地传递一个“你的信息”，而你自己则傻乎乎地认为这是一条“我的信息”。例如，延森老师也许会告诉玲玲：“你的画脏兮兮的，我很生气。”她的“我很生气”只会是一连串伤害的开始。“你的信息”则像这个例子中那样，可能把孩子置于自我防御的处境，让孩子感到受伤或愤怒。这种信息不会在这种情况下激发一个孩子或任何成人去寻找成熟的、安全的解决方法。

“我的信息”真正的关键是不使用“我”这个词。与其说“当你踢我时，我很伤心”，不如更自然地说“噢，好痛”。这样的信息没有因被踢着而指责儿童，只是表达了你被踢到时的感受。“我为你感到骄傲”这句话，一开始听上去比说“谢谢你”更像是“我的信息”，然而分析这两句话后，你就会发现恰恰相反。“谢谢你”实际上说的是你的感受，意思是“我很感激你所做的”，而“我为你感到骄傲”则本质上是对他人的评价。

❑ 有效性

根据柯温和门得勒的观点，“我的信息”之所以有效，原因如下：

（1）它们表达你对某个孩子正在做或没有做的事情的感受。

（2）它们给出了该行为之所以有问题的原因。

（3）它们从不批评或指责孩子。

（4）它们让儿童去解决问题。

要娴熟地使用“我的信息”还需练习，但是最终你会克制自己，这样你就能更自然地表达自己的期望而不是评判他人的行为。你会发现其结果是值得我们付诸努力的，任何年龄的人都会对你所说的话报以最积极的回应。表7-2中的情况包含了“你的信息”。阅读每一条，然后把它改成积极的“我的信息”。

❑ 教儿童使用“我的信息”

你的示范对鼓励学生使用“我的信息”来表达自己大有裨益，但是指导他们使用“我的信息”也很有用。记住，那个有问题的人就是需要说出“我的信息”的人。因此，当莎拉因为有人拿走了她正在使用的东西而难受时，正是帮助她使用“我的信息”的合适机会。卷入其中的另一个孩子往往会对这个问题有不同的看法，你也可以帮助他（她）说出自己的“我的信息”来加以回应。“我的信息”帮助儿童学习以他人的观点来看待问题，是解决冲突非常重要的第一步。

表7-2　创设有效的“我的信息”

情况
你正带着一群孩子外出散步，途中要横穿马路。萨姆没有按要求和你在一起，而是跑到了队伍的前面。你发疯地冲萨姆大叫：“你必须和我们在一起！立刻回来！”
和你搭档的教师正为准备一个课题活动而打扫柜台，没有注意到身后有5个孩子举起了手。你只想到了要尽量满足他们对关注的需要，于是你对同事说：“因为你没有足够地关注孩子们，所以我感到很有压力！”
一位妈妈又送孩子来晚了，这似乎已成惯例，总是会打扰你的晨读时间。而且，这个男孩需要帮助才能流畅地阅读。你希望这位母亲能准时送他到校。于是，你对这位妈妈说：“你务必要准时送马科斯到校。”

成为一名好听众

思考

想想当有人试图告诉你应该如何解决你的问题而不是听你的想法和感受时，你是什么感觉？

也许儿童不听成人说话的原因之一，是成人往往并没有真正地听儿童说话。教师和父母常常以否定的态度来回应儿童的问题。有时成人认为儿童关注的事情无足轻重或对儿童的沮丧大惊小怪；有时成人无法处理真正的感受；也可能因为太忙了，所以意识不到自己并没有真正倾听。你甚至认为你一直很关心孩子，而且继续以适得其反的方式予以回应。

❒ 这不是倾听

许多常见的、善意的回应儿童的方式都可以归结为在迅速否定儿童。试图让儿童不注意自己的悲伤并不是真正的倾听方式。转移注意力的惯用说法也许是“我们来吃块饼干吧”或“让我们来想一些开心的事吧”。用“一切都会好起来的”来迅速安慰儿童，也表明你对倾听儿童关心的事毫无兴趣。甚至，你试图用建议来解决儿童所表达的问题也不是真正的倾听。所有这些试图解除儿童的问题的尝试都是沟通的绊脚石。

加百利有一位朋友简，她总是能很快地提出建议。当加百利因某事而难受去向简吐露心声时，简总会用一种快速的解决办法来打断她。简的建议流于表面而且没有任何价值，因为简没有花时间认真思考加百利的问题。加百利自然也考虑过那些明显而简单的解决办法，并最后得出结论：这些方法都没用，否则她就不会还有问题。

因为简不知道情况的复杂性，所以她的想法几乎都是毫不相关的。加百利真正需要的是有人倾听并理解她有多难过。相反，简的回应表明她没有听出问题的严重性；她给出的简单回答显然是在对加百利说："你的问题没什么大不了的。如果我是你，我可以立即解决，你没有把事情处理好。"

由此可见，戈登将"给出建议"列为交流的绊脚石之一也就不足为奇。

❐ 只说不听

有时，成人急于告诉孩子他们的想法，以至于没有听到孩子说了什么。孩子提出问题后，许多教师和父母都认为他们的工作是告诉孩子该去做什么。有人从道德的角度来告诉孩子他们"应该"做什么；而其他人倾向于罗列事实，试图从逻辑的角度来影响他；还有一些人仅仅给出命令并期望儿童服从。所有这些方法都没有倾听儿童或尊重儿童寻找问题答案的能力。你一定可以回忆在接受这种训话时，你的感受如何。这样的说教有没有激发你改变你的行为呢？

评判向你倾诉的人，是另一种必定会阻碍深入交流的方式。你一定听过这样的回应"这是你自己的错"或"你讲的没有道理"。你也许还听过更糟糕的。最糟的一种是对一个努力想长大的儿童说："你还是个小宝宝。"这样的中伤正是一种让儿童感到羞愧、觉得自己一无是处的方式。不幸的是，一些教师使用嘲笑和其他形式的羞辱来阻止儿童挑战权威。

与之相反，你是否曾注意到表扬也是一种进行评判的方式？在这种情况下，你已经判断出事情是好的，但是很显然这暗示着你将继续做出评价，而下次也许就会出现负面的结果。与表扬有关的信息也会妨碍交流的进行。戈登罗列出了阻碍交流的障碍，包括表扬，也包括安慰、转移注意力和刨根问底。这些方法都试图帮助儿童减轻痛苦，但和戈登列出的其他12个有碍交流的绊脚石一样，它们都是没有倾听就给出了回应。

成人可以通过成为一名好听众来培养孩子们良好的倾听习惯。成人也能从倾听孩子们的过程中学到许多，并了解孩子们在想什么。此外，只有出于非常关心孩子们的真正倾听，才能与他们建立起富有成效的关系。当你和孩子们拥有了良好的关系时，他们才会更努力地与你合作。良好的倾听会收获许多回报。

❒ 被动倾听

一种表示你正在听的方式就是：停止谈论你自己。一些人似乎无法安静一段时间来听听别人在说什么。安静地注意听孩子们所说的话，频繁点头，再加上最低限度的评论，就能鼓励孩子们不停地说下去（例如，“嗯啊”或“好的”会非常有效）。即使是表示共鸣的“嗯、嗯”也比“绊脚石”要好。有时需要追问，如问“你是怎么看这个的？”或“你愿意谈谈它吗？”。这些回应体现了你对孩子想法的接纳与尊重。这些都是基本的被动倾听的方法。

❒ 印证式倾听

正如卡尔·罗杰斯所描述的那样，印证式倾听包括聚精会神地倾听、对个体不加以判断，然后用你自己的话向他（她）重复你认为其对你说的内容。这一策略说明你接纳和关心诉说者，鼓励更多的充分表达。有了印证式倾听，说话者想要传达的内容就得到了真正的理解，而不是关注流程。心理学家罗杰斯用这种以诊所为中心的交往策略强烈地影响了心理咨询领域。同样，很多教育者吸纳了这种技术，发现不论是在社交情境还是在学术情境中，印证式倾听都是师生有效互动的基础。托马斯·戈登以罗杰斯的论著为基础，使用这种倾听策略作为他非常成功的父母和教师教育计划、父母有效培训以及教师有效培训的关键组成部分。这些项目直到今日都是备受推崇的父母和教师教育计划。

戈登在他的书中和教育计划中使用“主动式倾听”一词，而我们认为“印证式倾听”更具有描述性，因而在我们的讨论中使用这个词。在印证式倾听中，倾听者通过不断反馈他所听到的内容，以确保交流的准确性。印证式倾听不仅包括复述，还包括验证他人关心的事和（或）感受。表7-3列出了印证式倾听的步骤。

思考

你能不能想起，在你的生命中有那么一次，当你跟一个朋友或家庭成员不带任何冒犯意图地谈论某事时，他所听到的却完全不是你的意思？假如那个倾听者简单地印证他听到的你所说的内容，澄清你的目的，而不是直接得出结论，那会怎样？这种彼此交换在巩固关系和避免不必要的矛盾上会起到怎样的作用？

表7-3 印证式倾听的步骤

- 停止说话——倾听来自儿童视角的问题。
- 不要急于做判断——找出儿童的想法或感受。
- 重申你所听到的——用你自己的话，直到儿童确认你的理解是对的。
- 验证儿童所关心的以及其感受——表现你的关心。

在实践印证式倾听时，你会发现误解的发生有多么频繁。当你说出你所认为的别人的意思时，你其实是让说话者确认或修正你的解释。因经验和视角不同，人们会给同一组词赋予完全不同的意义。印证式倾听让说者和听者共同努力，以确保交流的准确性。

当你以这种方式努力理解孩子时，你就向这个孩子展示了你对他的关心，你也更有可能发现到底发生了什么。

加西亚女士的三年级班里正在玩纵横字谜游戏，其中用到的数学概念对一些学生来说很有挑战性，对瑞安妮尤其如此。她似乎呆坐着正在做白日梦，而不是完成字谜。加西亚女士待在瑞安妮的桌子边，试着帮助她集中注意力。她问道：“进行得怎么样了，瑞安妮？”

瑞安妮回答道：“我累了。”

加西亚女士复述了她所认为的瑞安妮试图表达的内容：“这个任务太难

了，让你的大脑感到疲劳了，对吗？”

瑞安妮澄清道：“不，我只是全身都很累。”

加西亚女士再次试着阐明并反馈瑞安妮想表达的：“你今天只是由于某些原因而感到非常累，对吗？”

瑞安妮点点头：“是的，我妈妈昨天晚上去医院了，我们上床睡觉太晚了。我现在真的很困。”加西亚女士随即更多地询问瑞安妮妈妈的状况，并给瑞安妮一些必要的支持。在休息时间，她让瑞安妮选择要不要待着安静地休息一会儿，这有助于瑞安妮恢复体力，度过整个下午。

当与更小的孩子一起使用印证式倾听时，你需要问他们更多的问题才能澄清他们的问题，并帮助他们用语言表达需要。

索菲的妈妈把她送到学前班之后，她总是很难受。然而，她今天的反应却一反常态。以前丹尼斯有时不得不温柔地阻止索菲不要跟着妈妈走出门。索菲通常在妈妈离开后哭个30秒就会停下来，但今天她没有这样。

丹尼斯知道索菲和全家在过去的两周里去了郊外，这也许是她的分离困难有所增强的原因。丹尼斯坐在一张椅子上，这样他就能平视索菲了。他温和地对她说：“看来，你现在真的很伤心。”

索菲吸着鼻子：“我想回家。”

丹尼斯回应道：“你和你妈妈以及全家人外出旅行了一次，对吗？”索菲点了点头。丹尼斯继续说道：“有时在你离开一段时间后，再回到学校会很困难。一切似乎又都是陌生的了。”

索菲只是点头，靠在丹尼斯的肩头，不停地吸着鼻子。

丹尼斯想知道索菲是否在长途旅行后也感到疲劳，于是对她说：“我在长途旅行回来后，会感到特别累。”

索菲坐正了身子，说道：“我在德博拉姑妈家发烧时，感到很累。”

丹尼斯问：“你在旅途中生病了吗？”索菲点了点头。似乎一切都水落石出了。索菲的分离焦虑因她离开了学校一段时间而恶化，同时她正在从旅行和生病的筋疲力尽中恢复。明白了为什么索菲感觉那么糟糕之后，丹尼斯就更容易同情索菲了。丹尼斯总结道："在你想妈妈而且很累时，的确很难待在学校里玩。"

索菲提出："我现在不想玩。"丹尼斯理解她的需要，并和她坐在一起让她继续靠着他并东张西望了几分钟。最后索菲停止了哭泣。当她的朋友莎拉停下来问她是否想"扮演公主"时，索菲接受了，并去教室的另一边加入了游戏。

印证式倾听有许多好处。在这个例子中，丹尼斯并没有强行解决或试图转移索菲的注意力，降低她反抗的欲望，而是了解并回应了索菲所关注的事情，并且与索菲之间建立了关系。在鼓励儿童谈论问题或所关注的事情的同时，你也在鼓励他们去思考这些东西并给他们时间处理自己的需要。儿童能主动找出他们自己的解决方法。很有可能他们的解决方法会与你的相似，但他们会更愿意实施它，因为那是他们自己的方法。

❐ 印证式倾听注意事项

在你将印证式倾听付诸实践时，务必要注意一些常见的陷阱。大多数人发现很难避免提建议。有时越俎代庖的倾向常常通过不恰当的试探性提问（诸如"为什么你认为是这样的？"或"你什么时候有这种感觉的？"等）表现出来。

当问题属于儿童时，使用印证式倾听很合适；而对于你自己的问题，记得使用"我的信息"。当问题属于儿童时，最好的解决办法是儿童自己的办法。如果你认为应该如何解决问题，那么你的交流就缺乏了对儿童解决问题能力的尊重。当你试图替儿童思考并解决问题的时候，你实际上阻碍了儿童的学习。自己解决问题的体验，让儿童在未来也有能力解决自己的问题。孩子常常不用成人的解决办法。如果他们习惯于依赖成人来解决自己的问题，他们就失去了发展自己的问题解决技能的机会。

感到尴尬或假惺惺　试着寻找合适的词汇来进行印证式倾听时，你最初也许会觉得很笨拙。这种倾听方式包括告诉说话者你所听到的他（她）说的内容，但

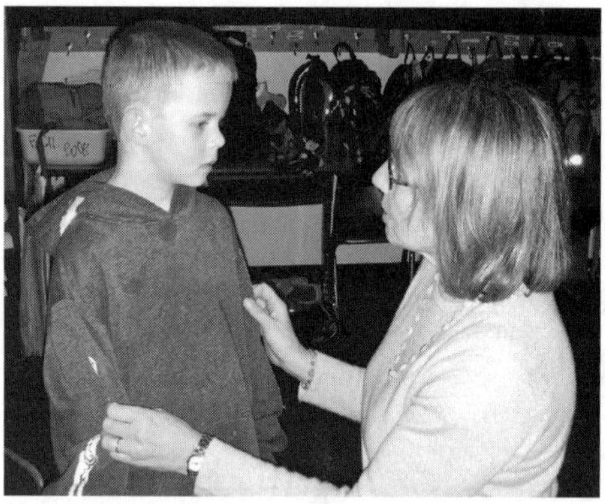

印证式倾听让说者和听者共同努力，以确保交流的准确性。当你以这种方式努力理解孩子时，你就向这个孩子展示了你对他的关心。

必须是你自己的解释而不是仅仅鹦鹉学舌般地说同样的话。当你给出你的解释时，你实际上是在确认你是否理解了说话者的意图。这一澄清信息的过程会鼓励说话者继续深入地探究主题。通过向倾听者澄清想法，说话者会进一步澄清他（她）自己的想法。

最初，你可能会觉得印证式倾听的过程很做作，同时你会感觉像在欺骗性地对某人解释他刚刚对你说过的内容。然而，如果你确实在努力理解他人所说的话，那么你的诚意会让你获得成功。只要注意他人的感受和准确地交流，你就不仅能很愉悦地进行印证式倾听，也将成为一个更有效的听众。你的榜样作用将能帮助儿童在他们成熟到一定程度之后学会更好地倾听他人。大多数学前班的孩子甚至很多低年级的孩子还没有能力进行如此复杂的交流，然而，你的示范将为他们将来的良好交流打下基础。

儿童的交流 大多数学步儿和学龄前的儿童做不到凭自己的力量进行印证式倾听。他们对让他们烦恼的事物可能缺乏清晰的概念，或者缺乏词汇来描述他们的感受或告诉我们是什么让他们烦恼。正如我们在丹尼斯和索菲的例子中所看到的，采用印证式倾听与非常年幼的幼儿交流时，需要仔细倾听并密切关注他们的非语言表达。对于熟悉的孩子，你常常能够从他们的行为中获得关于困扰他们的事物的线索。你可以通过与幼儿核对你的理解来追踪这些线索。对于还不会说话的幼儿，可以用基本的手势语言来对其需求进行交流。他们可以学习这些基本手势，并让你知道他们是否需要帮助或者是否感到疲倦、饥饿或害怕。

回应这些非语言信息的过程与回应你所听到的话语的方式是一样的。仅仅依靠口头交流，你也许不能获得准确的信息。与其立刻解决你认为他们正面临的问题，不如用语言表达你的假设，直到你确认儿童所面临的真实情况为止。

杰克抓住萨姆的脚踏车把手，把萨姆拉倒在一边。萨姆试着把他推开并尖叫着要教师快来。当南茜赶来时，杰克正说着："下来！下来！"南茜猜测他想要骑脚踏车，而旁边有其他空置的脚踏车可以提供给杰克。南茜几乎就这么做了，但她认为最好确认一下他真正的问题是不是在脚踏车上。"你想要骑脚踏车吗？"南茜问道。杰克牢牢地挡在脚踏车前，"不，我想让萨姆下来！"他回答，仍然紧抓着萨姆的车把手。

南茜又开始思考，寻找其他的线索。然后她发现了杰克的手上和衣服上沾满了粉笔灰。南茜看到有一大段人行道被涂成了彩色的。"看来，你担心萨姆会骑过你的画。"南茜猜道。杰克点点头："是的。"于是，南茜示范了一些杰克可以用来要求萨姆绕开他的画的话。他们尽力交流，然后解决了矛盾。两个男孩又回到了各自的游戏中。

文化差异是印证式倾听的又一障碍。例如，一些家庭不鼓励儿童向成人表达自己的想法或教育孩子不要看着那个说话的人。因此，如果你试着对某个孩子使用印证式倾听，但又因为孩子不看你或当你说话时他一直沉默而感到沮丧，那么要考虑这是否是不同文化之间的误解。当他（她）因交流风格的文化差异而用沉默来表达尊重时，我们就应了解这种差异并考虑儿童的需要，为儿童提供安静的空间。

帮助儿童解决冲突

当矛盾产生时，印证式倾听和"我的信息"都要用到。当你的需要和孩子的需要相矛盾时，这些交流技巧能帮助你协商出解决办法。你可以捍卫你个人的底线，同时仍然尊重儿童的需要。当儿童之间发生矛盾时，你可以教导他们使用有效的交流来解决争端。你的教室会变成一个实验室，用来学习冲突解决的精妙艺术。这一技能是你应教授的最重要的主题之一。

很多人认为矛盾是不好的，应该避免；然而避免矛盾常常意味着压抑情感。

人们极少能一起完全和睦地工作或学习，而不发生某人的需要受他人侵犯的事件。教室里和操场上产生的矛盾可以看作学习机会，这种机会能够让儿童了解他人的需要和需求，学到共同解决问题的终生技能。在练习解决冲突的过程中，儿童有机会进一步学习观点采择、移情、自控以及合作。

❐ 学校的一致性

在处理矛盾上，学校一贯使用的是一种权力模式而非协商模式。由于儿童总是看到成人使用威胁和恐吓的方式来解决差异，所以要努力才能教会儿童选择和平、尊重的方式。然而，你会发现，从提高学生社会技能和增强班级和睦这两方面而言，值得付诸努力。

许多社会技能课程规划依赖于学校的指导，包括对解决问题的指导，这种指导基于协调与共识原理，与托马斯・戈登的训练计划非常相似。这些课程计划的成功需要学校放弃专制的纪律教育模式。如果在与孩子交往时你示范的是另一种不同的方式，那么就很难教会学生以一种合作的方式来解决他们的问题。如果成人使用的是一种“强权”模式，那么儿童学到的就是“强权出公理”，而不是协商与合作。为了成功解决冲突，儿童必须有信任感，知道他们的情感和身体是安全的。

❐ 共赢

共同协商可接受的解决办法能让双方都享有权力和尊重。没有人说：“你必须按我的方式或其他某种方式来做。”也没有哪个集体说：“我们的票多，你输了。”也没有人以愤怒和怨恨而告终。因此，普通的态度和关系更令人愉快。由于每个人都参与了选择解决办法，所以每个人都会更愿意遵从这些办法。

此外，共同的解决办法的质量也会提高，更能反映所有人的需要和想法。协商过程有助于儿童考虑他人的观点。解决问题的过程中所包含的对他人的考虑和思考过程，都有助于达到智力自主和道德自主的长期目标。达成共识比仅仅用投票决定花费的精力更多，但这会使协商过程成为一个更好的学习机会。

共同解决问题不仅有助于儿童自主性的发展，也使他们变得更善于合作。它还让教师摆脱了被迫不断地用唠叨、强制和管理来代替教育。儿童感到拥有了一种权力，而不是感到愤怒和对惩罚的恐惧——这是教师权威模式的典型结果。共同解决问题让学校成为一个对教师和学生来说都更愉快、更有价值的地方。

❑ 冲突解决方案

很多社会与情感学习课程和暴力预防方案的综合方案中都包含了冲突解决。冲突解决课程方案一般适用于下面四种规定或方式之一：过程课程、调解方案、和平班级或和平学校。“过程课程”方式包括：一门专门的教授问题解决过程的课程，它独立于班级其他课程之外。而“调解方案”方式则包括：向特定的个人、儿童或成人讲授解决冲突的过程，然后由这些人在学生发生争议时充当这一过程的中立的第三方调解人。在“和平班级”方式中，冲突的解决整合在整个学校的课程中，同时，解决冲突的技能也整合在班级的核心课程中。“和平学校”方式则把这一步进行得更深入，教师、教职员工、家长以及学生都要学习冲突解决课程计划，并广泛使用这一体系。

4R课程方案：阅读（Reading）、书写（Writing）、尊重（Respect）和问题解决（Resolution）是一种全校课程方案建立的基础，它获得了很大的成功。这个课程方案的每个单元都使用了一本儿童故事书作为探索概念的基础，来探索处理情感、解决冲突以及建立团队等概念。在本书中，儿童探索课程包括角色扮演、讨论、书写练习以及学生可以在家里和父母一起完成的活动。实践证明，4R课程的实施能起到如下作用：增加积极的社交行为，减少行为问题，减少情绪伤害，改善社交和情感技能，同时提高高危学生的学业成就和表现。

社会与情感学习课程以及其冲突解决方案内容只有在全校范围内实施才最能获得成功。这样不只是教师，连操场和午餐室的助理人员、校长、图书管理员乃至学校里的所有成人，都尊重儿童并知道怎样鼓励儿童和平地解决冲突。如果家长也参与进来，那么情况会更好。即使你的学校不适合这样的课程方案，你也可以找到许多素材来给班级讨论和活动提供有益的观念，以促进同伴之间的友爱、关心和合作。各种渠道都有很多冲突解决课程和资源可用，包括儿童第二步计划委员会、晨兴社会责任感教育中心、社会责任感教育者、国家冲突解决教育中心以及和平教育基金会。戈登的父母和教师培训方案也为和平协商和解决冲突提供了基本模式。

不论你的学校是否使用正规的课程方案，你都可以帮助学生学习解决冲突。当冲突产生时，你可以引导儿童使用问题解决策略来解决冲突。把握教育契机往往比正式的课程方案更有效。表7-4展示了一些协商解决问题的标准步骤。这些解决冲突的基本步骤贯彻在了很多课程方案中。我们会使用戈登的模式来探讨这些基本步骤。

表7-4 协商解决问题的步骤

戈登	格林斯基	克莱依德勒
• 明确问题。 • 形成解决办法。 • 评估解决办法。 • 选择最佳解决办法。 • 实施计划。 • 评价计划。	• 明确两难处境、问题或争议。 • 确定目标。 • 得出解决办法。 • 思考每个解决办法会产生怎样的作用。 • 选择一个解决办法去尝试。 • 评价结果。	ABCD • 问（Ask）：问题是什么？ • 通过头脑风暴（Brainstorm）思考解决办法。 • 选择（Choose）最佳办法。 • 实施（Do）！

来源：Thomas Gordon，“父母效能培训”，P. H. Wyden，1975；Ellen Galinsky，“梅金的想法：儿童的七种基本生活技能”，William Morrow，2010；WillIm J Kreidler，“通过儿童文学来传授如何解决冲突”，Schoolastic Inc.，1994.

❒ 明确问题

怎样开始解决问题的过程呢？你可以在班级会议上开始或者在冲突的现场就开始。当儿童十分难受或愤怒时，解决问题的过程就会失败，除非儿童在开始解决问题前有一段时间先让自己冷静下来。因此，某些课程方案同时教授诸如深呼吸等让自己冷静下来的技巧；而另一些课程方案则让儿童离开冲突的现场到一个专门用于解决冲突的地方。在“冲突解决的创造性方案”中，把这个地方称为“和平区”，里面有一张桌子和一把椅子，一面墙上贴着问题解决步骤图，还有一个计时器。不论你是否设置这样一个专门的区域，解决冲突的步骤都是相同的。解决冲突的第一步就是明确问题。这一步使用“我的信息”来帮助双方表达自己的需要和期望如何没有得到满足。印证式倾听有助于倾听对方，同时它对于发现问题的真正诱因也是必要的。如果你把自己看成故事讲述者，那么你就能保持客观而让孩子们做自己的事。作为故事讲述者，你要向涉及的所有孩子描述双方的情况，你也可以指出孩子们表达的感受。

在下面的例子中，教师帮助儿童采用冲突解决策略和有效的交流来解决他们的冲突。

在放学后的儿童看护项目中，项目主管安注意到篮球场上弥漫着一丝紧张的气氛。

“嗨，小家伙们。”安走过去说，“你们好像出了些问题。”

“他们不让我们拿球！”较小的孩子们抱怨道。

“他们不让啊？”安回应道。然后孩子们又告诉她更多的情况。“他们从不把球传给我们。”几个年幼的孩子说。“他们运球过操场时总是掉球。”一些年长的孩子反驳道。安没有责备任何一方，而是总结他们的评论，并把问题定性为分享问题：“你们双方都遇到了问题，不是吗？每个人都想有机会拿到球，而你们玩球的规则又不许双方同时拿到球。对小的孩子们来说被排除在外一点都不好玩，而不断失球给对方又让年长的孩子们感到很沮丧。”孩子们对安的理解显然很满意，他们确认了她对他们感受的认识。

❐ 头脑风暴解决法

问题一旦明确，涉及的每个人都要帮忙思考可行的解决办法。许多旨在解决冲突的课程方案在这一步都禁止责备或批评任何儿童。在这一阶段，任何想法都不会太出格，因此任何想法也都不应遭到拒绝。事实上，也不应评价任何想法的价值。要确保不断想出点子，直到每个人“黔驴技穷”为止。有时，把所有的想法都写在每个人能看到的地方会很管用，即使孩子们还太小不能阅读。在回顾时你可以参考这张清单，同时儿童也可以认识到他们的想法。

安问所有的孩子：“你们能不能想一想，怎么做才能让每个人都玩到，而且都可以持一会儿球？”大家提出了许多想法，安把这些想法写在一张大纸上，这样每个人都能看得到。

“按从大到小轮流玩。”高文建议道，他是一位好竞争、有实力的选手。

“在我们运球时不要抢球。”戴文主张。

特雷在脑海里似乎闪过一个念头。“我知道！”他激动地说，“让我们做出规定，小孩子可以运球，也可以抱着球在球场上跑。”

“好啊。”高文附和道，“在他们运球时，大孩子不可以去抢球；但如果他们抱着球，我们就可以去抢球。”

头脑风暴在这时似乎结束了，该到下一步解决问题的时候了。

❐ 评估解决办法并做出选择

下一步就是评价这些建议。哪个建议没有可行性或让某些人完全无法接受？立刻把它划掉。现在还剩下什么？是不是剩下来的每一个都是好主意？讨论还得继续，直到每个人都同意尝试某一种方法或某几个解决方法的组合时为止。确保儿童理解所选择的某种解决方法，意味着一个执行这种方法的承诺。投票不包括在整个过程之中。这是一个共识模式：所有人都同意尝试某种解决方法，没有人会因“一些人的失败”或“少数服从多数”的方法（如投票）而被迫接受。

从针对篮球冲突的建议中做出选择并没有花太多时间。高文坚持了一下他的观点——大孩子不和小孩子一起玩，但小孩子们不同意这个提议。大多数人支持建立新规则的提议，即在年长选手和年幼选手之间确保平等。共识很快就达成了，新的篮球规则也明确了下来。

❐ 实施计划

比起仅仅确定某个解决方案，实施过程要复杂得多。除非你想出如何将其付诸实施，否则这个计划的价值就不大。谁做什么？何时以及多长时间做一次？在哪里做以及怎么做？标准是什么？谁来检查？当孩子们做出这种决定并准备实施时，他们就不再需要教师的指导了。

> 特雷和高文觉得他们拥有新计划的所有权。他们在建立能力平衡的队伍并保证游戏继续方面承担着领导角色。在打球时，每个孩子都会提醒别人遵守新规则。

❐ 评估计划

如果解决方案不起作用怎么办？方案不起作用的原因有很多。也许是太难实施或你和孩子们都忽视了某些条件。在你们尝试某个解决方案一段时间后，基本的结束步骤就是评价这一方案。如果你发现方案不起作用，这并不表明你无法驾驭，而只是意味着大家需要再次努力寻找可行的解决方案。

> 安很高兴，游戏进行了整整45分钟，没有出现一个问题。谢天谢地！抱怨和争吵曾经一度是篮球场上的主要事件。此外，她还注意到这些新规则可以鼓励年幼儿童练习运球。现在，年长儿童在队伍中与年幼儿童配合，把球传给他们并鼓励他们运球，因为这样可以避免球被抢掉。每个人看上去都很开心。
>
> 第二天放学后，安和大家一起检查，她问孩子们新的“大孩子—小孩子”规则实施得怎样，大家毫无异议地一致认为规则实施得很好。

❐ 节约时间

解决问题的过程听上去要花很多时间。这的确是一个常见问题。有时在几分钟之内就能解决问题，而有时要占用许多时间。然而，如果你面临一个反复出现的问题，那么它也会占去许多时间。据使用这种问题解决方式的教师和家长反映，从长期来看，它节省了许多时间。比起一次又一次低效率地处理同一个问题，应把时间集中在一起有效地处理一个问题，直到完全解决为止。在解决这个问题上花的时间对安来说是值得的；这个问题已经干扰了游戏并让整个集体分裂了很长一段时间。

❐ 问题解决者

你可以通过教孩子协商解决问题来节省他们的时间和减少麻烦。在班级会议中教授冲突解决的方法是培养儿童独立解决问题的好办法。集体活动时间提供了一个机会来教授和实践应对那些影响大部分班级成员的问题，你可以一次性对多名幼儿进行有效教学。你可以从前两步开始，慢慢教授整个方法。然后你可以和孩子们一起评估解决方案并选出最好的。最后，孩子们将能够在某个情境中运用这些步骤，这时你再逐步地加入实施和评估两个阶段。你所提供的解决集体问题的模式是教授必要技能的重要部分，但在他们学习这种模式时，你需要将过程分解后再告诉儿童。当发生不可避免的争论时，你可以加入其中提醒和指导儿童通过协商步骤来解决。

通过教授孩子协商解决问题，你可以节省自己的时间，也可以减少麻烦。

通过真实的班级矛盾（而不是假设的例子）来教授这些步骤是最有效的。有些教师备有一份登记表，用来记录孩子们的姓名或需在班级会议上通过冲突解决步骤来解决的争执。使用木偶和儿童文学也是一个引发幼儿集体讨论冲突的好方法。有许多渠道可获得有意义的儿童书籍以及使用这些书籍的建议，例如《关于调停和冲突解决主题的儿童文学注释指南》（*Book by Book: An Annotated Guide to Young People's Literature with Peacemaking and Conflict Resolution Themes*）以及《链接文学：促进阅读、性格以及社交技能的教学工具》（*Links to Literature: Teaching Tools to Enhance Literacy, Character, and Social Skills*）。在使用儿童故事时，你可以通过提问帮助儿童在他们自己的生活中运用这些内容。

如果你与个别儿童或者在班级会议上重复练习同样的冲突解决步骤，那么孩子们就会习以为常。教师也要练习提有价值的问题，让儿童在这一过程中解决他们自己的问题。目前有很多类似的被推荐的冲突解决步骤，克莱依德勒（2011）将协商简化成 ABCDE 版本，这也许是最便于孩子们记忆的：

A. 问（Ask）：问题是什么？

B. 通过头脑风暴（Brainstorm）思考解决方法。

C. 选择（Choose）最佳办法。

D. 实施（Do）。

E. 评价（Evaluate）。

让我们来看看约拿和特雷在沙箱旁是如何解决他们的问题的。

约拿和特雷又一起玩沙箱了，但和往常一样，他们有着截然不同的游戏计划。约拿试图用沙子做出图案；而特雷正到处推着推土机，试图把所有的沙子堆在靠边的地方露出箱底。

约拿抱怨推土车挖到了他的地方，破坏了他的图案。延森老师观察到了这一冲突，放下别的事来帮助他们明确问题。“看上去你们互相妨碍了对方。”她评论道。然后，她建议男孩们尝试用头脑风暴的方法一起找出可以一起在沙箱里玩的办法。

约拿皱着眉头，希望教师可以直接告诉特雷不要再毁坏他的作品。而延森老师提醒他：“你的伙伴们在咱们的班级会议上把问题解决得那么好。我打赌你也会找出一种办法来解决这个问题！”约拿的心情立刻愉快了起来。

然后延森老师问道：“你还记得大家是怎样头脑风暴，想出解决方法的吗？”特雷一直都喜欢这一部分：因为你想的任何事情都是对的，所以你所想的既可以是荒唐的，也可以是严肃的。特雷就很荒唐地说：“数出沙子后精确地分成两份。”约拿也加入了讨论，建议道：“我们可以轮流玩沙箱。”“我知道了！我们可以建造中国的长城，我们谁都不可以越过它！”特雷激动地说，他想起了他看到过的画中的长城。约拿又想了想，得出了最后一个想法：“特雷可以玩沙漏，不玩推车。”

延森老师提醒两个男孩，选择最好的解决方法意味着他们都要同意去尝试这一方法。测量听上去是一项挑战，两个孩子都觉得太难了；轮流的想法也遭到了拒绝，因为两个人都不愿意排在第二；而特雷又对玩沙漏不感兴趣；但建造“长城”的主意吸引了两个男孩。他们问道，是否可以在沙箱里用一些积木搭建一道阻隔墙。

延森老师私下里认为这个想法也许起不了作用，但还是告诉他们不管怎样都要去尝试一下。他们热切地渴望尝试他们的解决方案。隔离墙在阻挡沙子方面并不完美，但它非常有效地解决了两个男孩之间的冲突。不论它何时会倒塌，至少他们都忽略了他们的图案和推车，一起建他们的阻隔墙，这是新的焦点！

如果你教会了儿童协商他们自己的问题，那么他们很快就会互相教，而且不会再不断地跑到你面前争吵或互相告状。即使是学步儿和幼儿园的孩子也有能力解决问题。当你跟幼儿们一起工作时，你最有可能需要告知问题是什么并帮他们说出一些解决方法。当你准确地说出他们所关心的内容时，学龄前儿童就可以确认并选出有效的解决方法。高瞻教育研究中心建议针对学龄前儿童进行下列步骤：

(1) 用冷静的方法，停止任何伤害行为。

(2) 了解儿童的感受。

(3) 搜集信息。

(4) 复述问题。

(5) 寻找解决问题的方法，并一起选择一个。

(6) 准备好提供支持。

在过去，成人只是把有冲突的孩子分开或由教师来判定谁是对的和谁“赢”了。占用一些时间来教孩子们获得双方满意的解决争执的方法是值得的。在学习解决问题的过程中，你的学生们将学会和平地应对差异，他们甚至会把这项技能用于成人身上，也有可能帮助全世界的人们和平地应对他们的差异。

❒ 家庭和社区

想象一下，如果孩子们形成了互相关心的情感，从未想象过要伤害自己或他人，那将会是一个怎样不同的世界啊！如果家庭、学校和社区一起致力于保护儿童并教他们诸如合作和关心他人等，那将会怎样？美国在监狱系统上花的钱是不是仍比教育多？是否可以相信学校会成为家庭和社区的榜样？当儿童知道自己很重要，值得别人在其身上花时间，值得给予关注、倾听并受到友好而尊重的对待时，他们就会在自己的一生中以这种方式对待他人。

预防暴力的综合方案，如“解决冲突的创造性计划”，教给教师、儿童、家长以及学校主管和员工如何有效地交流与和平解决冲突。一所学校在使用了这一方案仅仅一年的时间后，就呈现出了一些令人鼓舞的结果：“92% 的儿童自我感觉更好；超过 90% 的家长反映自己交流和解决问题的技能得到了增强。”4R 课程方案也让一位家长参与其中，成功地给学校的氛围带来了积极的影响。

我们相信，学校向孩子们和家长示范并教给他们充满尊重地、和平地交流的任何方法都会产生影响，而且这种影响会辐射到整个社区。如果儿童在年幼时内化了这些技能，并在成长过程中不断体验和使用它们，那么这些技能对他们成年后的影响将是惊人的。也许他们会成为世界领袖，能够不发动战争、和平解决国际争端；也许虐待儿童和家庭暴力会仅仅是一个恐怖的回忆。我们知道这些都是长远的理想目标。然而，从一所学校的一个班级开始，与儿童和他们的家庭建立积极的关系则在你的能力范围之内。通过你的示范、班级会议以及其他整合的班级活动，儿童能够学会友善地对待他人。通过研讨会、简报、社区新闻和你自己与家庭成员的交往，他们也能学到更多有效、和平的交往技巧。如果有更多的教师和学校使用这种方法，那么它所带来的影响就会证明这种努力是值得的。

小　　结

带着尊重与儿童交流，我们就能预防许多纪律问题，同时也能解决其他许多问题。当我们充满尊重地表述自己的需要时，一开始儿童会更倾向于使行为更体谅他人，逐渐地，他们会更愿意改变自己的不当行为。通过印证式倾听儿童，不论是在他们的行为产生负面影响之前还是至少及时改善状况，我们都能够帮助他们解决自己的问题。当我们教授解决问题的技能时，儿童就学会了如何避免争执和解决争执。友好而充满尊重地与孩子交流并教孩子该怎么做会形成长远的潜在影响。在本书开头我们的献词中就反映了我们与儿童交往的目标。写作本书的目的在于："为了世界和平与和谐的事业。或许它就萌发于孩子的心里并由此得到传播。而教师们或许就是和平与和谐种子的播种者。"

摘　　要

- 如果你想让孩子听你的，需要避免阻碍倾听的方式。批评和说教、严厉命令、不真实的交流等都是有效沟通的障碍。
- 在不贴"坏孩子"标签和不命令孩子改变的情况下开启你的感受，使尊重自己与尊重他人达到平衡。当你使用"我的信息"在你心里构建与儿童的相互尊重关系时，他们会更愿意听你说。
- 好的倾听者不会用转移孩子的感受或强行介入的方式来指导儿童。相反，我们可以用印证式倾听来向孩子们展示我们真的在乎他们的需求，想帮助他们找到解决方法。
- 选择一组冲突解决步骤，并在你和孩子们的互动中不断加以强化，这就给孩子们提供了解决问题的工具。召开班级会议、打造专属空间和榜样示范等都是你通过冲突解决步骤来指导孩子们的一些方法。

讨论或反思

1．听成人对儿童谈话。考虑把同样的词汇用于另一个成人身上，它们听上去是荒谬的还是合理的？分析你自己对儿童说话的方式。你是否对你看护的儿童说话不如对成人说话那样尊重？

2．当某人让你难受时，练习使用“我的信息”。结果会怎样？你有没有小心地避免传递一个变相的“你的信息”？你能不能在告诉别人要做什么或不要做什么之前就停下来？要不断地尝试，打破旧习惯需要时间。

挑战一下

3．一个有待解决的问题：梅甘来到你跟前抱怨，因为别的孩子正在玩秋千，而她也想玩秋千。

（1）描述一个常见的无效回应。

（2）描述一个印证式倾听的回应。

4．一个有待解决的问题：在学前班里，曼迪和阿斯拉正在进行磁铁实验。阿斯拉把磁铁拿到别处玩去了，于是曼迪哭了起来。

（1）一位精通印证式倾听的教师会说什么？

（2）一位不了解沟通障碍的教师会说什么？

实地研究

5．当朋友向你倾诉一个问题时，试着采用印证式倾听。小心不要提建议或安慰，只澄清你对他人感受的理解。这种态度是如何影响交流的？这很难做到吗？

6．尝试本章中描述的冲突解决步骤。通过分析结果来学习怎样做才能更有效。

推荐读物

Committee for Children. (2011). *Second step: Social-emotional skills for early learning*.

Faber, A., & Mazlish, E. (2012). *How to talk so kids will listen and listen so kids will talk*. New York: Scribner/Simon & Schuster.

Ginott, A., & Goddard, H. W. (2003). *Between parent and child: The best-selling classic that revolutionized parent-child communication*. New York: Three Rivers/ Random House.

Gordon, T. (2000). *P.E.T.: Parent effectiveness training*. New York: Three Rivers/Random House.

Gordon, T. (2003). *T.E.T.: Teacher effectiveness training*. New York: Three Rivers/Random House.

Siegel, D. J., & Bryson, T. P. (2012). *The whole brain child: 12 revolutionary strategies to nurture your child's developing mind*. New York: Bantam Books.

Spiegel, C. (2010). *Book by Book: An Annotated Guide to Young People's Literature with Peacemaking and Conflict Resolution Themes*. Cambridge, MA: Education for Social Responsibility.

第八章

帮助儿童理解并接受限制

本章节所涉及的全美幼教协会（NAEYC）标准

标准4a：知道积极的关系和支持性互动是与幼儿一起工作的基础。

标准4c：使用协会列出的具有发展适宜性的教学（学习）方法。

标准4d：反思自己的实践，使每个儿童获得积极的结果。

【学习收获】

有了对本章的理解，你应能：

- ◆ 判断自然后果法在什么时候适合用来帮助幼儿学习。
- ◆ 判定成人施加的相关后果在什么时候是教育所必需的。
- ◆ 避免滥用后果法，以免后果变成了惩罚。
- ◆ 在必要时，选择并使用因果性的相关后果。

如果预防、示范、倾听以及问题解决法都不能奏效的话，你会做什么呢？要是需要立即改变一种行为，你又会怎么样？如果问题已经发生，无法提前加以避免，你又会做什么？你会不会施以惩罚？

自然后果法和相关后果法（而非惩罚）提供了答案。尽管在实践中常常把惩罚也称为一种后果，但在这里，我们对后果和惩罚的定义是有所区别的。后果（而非惩罚）提供与长远的、积极的目标相一致的有效的、直接的结果；而惩罚仅仅影响即刻的回应，一般情况下还会产生负面影响以及长远的消极影响。有效的纪律教育并不是惩罚。

为了排在午餐队列的前几个位置，詹森跑起来撞到了南森。这使得南森摔倒并擦伤了肘部。延森老师跑过去检查南森的伤势，詹森看上去吓坏了，说道：“我不是故意的，我不是故意的。”

延森老师并没有用惩罚来威胁詹森或者向他指明他不应该在教室里奔跑。相反，延森老师说道：“让我们一起去看看南森怎么样了。”南森坐在地板上，看到自己的胳膊上流血了，努力忍住不哭。延森老师把他扶起来并开始清洁他的胳膊。她让詹森去拿急救箱，让其他孩子去吃午餐。当你阅读本章以后，你就会明白为什么延森老师用这种方式回应。

本书第二部分主要解释教导和支持儿童良好行为的指导及纪律方法。我们从前两章的预防技术开始，逐渐转入与教学技巧相关的后续三章。

使用后果法，你可以在朝向长期纪律教育目标的同时仍然施加限制。只有当儿童因缺乏了解而引发不可取的行为时，将后果作为纪律教育的工具才是最好的。别忘了：忽视引发问题的原因的纪律教育基本上是无效的。将后果作为教育工具的目的是为了让儿童理解为什么某一行为是不合适的。

例如，与其因扬沙子而惩罚卡洛琳暂停游戏，不如把她带离沙箱，提醒她不能扬沙子的原因，并告诉她，只有她保证不把沙子弄出来，她才可以回去继续玩沙子。当然，这只有在卡洛琳发育足够成熟、能够有效控制冲动的情况下才会成功。由于信息误解和能力不成熟的共同作用，儿童越年幼，就越需要反复教育。所有的教导都会花费时间并不断重复；记得教导行为和传递文化规范也同样需要像教育学者那样进行大量的思考和计划。后果法强调并澄清了限制；它帮助儿童通过体验来学习哪些言行是有用的，哪些是没用的。通过这些经验，儿童可以懂得为什么某些行为比其他行为更好，从而做出个人改变。后果法不是仅仅强迫儿童按照成人认为最好的那样去做，而是帮助幼儿反思自己行为的后果。这种纪律教育形式有助于培养个人的责任心，这种责任心对自我纪律教育和道德自主而言是必需的。

当你通过阅读了解后果法时，记住，后果法不是首选方法，它也不适合那些还不能把原因和结果联系起来的儿童。首先，要确认没有因不适宜的环境、期望或角色榜样引发问题，错误行为也没有在无意间得到强化。同时，要确保儿童在生理、智力、情感方面能够做出可取的行为并拥有必要的技能。如果使用后果法作为你主要的纪律教育模式，你就可能会误用，因为你会忽视行为问题的真正原因并过度使用成人的权力，这将导致用惩罚来代替后果。

关于后果法的概念，不同的作者有不同的描述。皮亚杰和德瑞克斯的著作为这一概念奠定了基础；随后，其他人继续探索为什么以及怎样使用这种纪律教育方式。

在《儿童的道德判断》（*The Moral Judgment of the Child*）一书中，皮亚杰指出了不使用这种方式的两个理由，即惩罚具有武断的本质；它与不良行为之间缺乏联系。皮亚杰描述了错误行为的5个后果，即替代惩罚。这些翻译成英文是"sanctions"（处罚），但有时也称为"consequences"（后果）。皮亚杰认为，后果应该有助于儿童理解错误行为是如何影响他人的。正如示范良好行为一样，后果法也在很大程度上依赖儿童与成人及同伴的关系。与同伴和教师建立起重要关系的幼儿会明白错误行为会对关系造成负面影响，这样他（她）才会主动采取行动以维护关系的完好。在这里，后果法被用于指导儿童朝向自我管理和道德自主。

这些处罚或后果可以由成人施加，或只作为儿童行为的自然后果而发生。

(1) 自然后果：儿童体验到他（她）自己行为的直接后果。皮亚杰举了一个例子，一个孩子打碎了自己卧室的窗户，那么他（她）的房间就变得很冷。

(2) 隔离：要求打人的孩子去做其他事，直到他（她）觉得自己能够举止适宜为止。

(3) 剥夺：不许滥用或误用材料的孩子再碰材料，直到他（她）觉得自己能够举止适宜为止。要注意的是，这时要让孩子来决定什么时候可以再次尝试。其目的是让儿童思考他们的行为，而不是让儿童以为是成人在阻碍他们玩耍。

(4) 补偿：儿童偿还、赔偿损坏或丢失的物件；让儿童帮助因为其错误而受伤的人。

(5) 回报：以其人之道还治其人之身。皮亚杰特别澄清，这种回应并不意味着成人要以恶制恶，如一个孩子咬别人，成人就去咬这个孩子——这种行为不仅是一个坏榜样，而且是"虐待"。相反地，皮亚杰所指的回应是，例如，让不干完指定杂活儿的孩子也得不到别人的帮助。如果这个孩子不帮助你，你也不要帮助他。

德瑞克斯关于自然后果和逻辑后果的概念与皮亚杰“回报性后果”的概念基本相同。在《儿童：挑战》（*Children: The Challenge*）及他随后的书中，德瑞克斯解释了两种后果的含义。就像皮亚杰那样，他认为自然后果是指没有成人的介入，由儿童的行为自动产生的后果。德瑞克斯把“逻辑后果”定义为：由成人施加的但与儿童的行为相关联的后果。不论是自然发生的还是施加的，惩罚与后果最重要的区别是，后果是直接与行为相关联的；而惩罚常常并非如此，例如，因儿童不坐到椅子上而让他们在课间休息时坐椅子。如果他们的行为与后果真的相关，儿童才能理解这两者间的关系。

在这里，我们综合了皮亚杰和德瑞克斯的观点。像德瑞克斯一样，我们主要根据以下两点来区分后果，没有成人介入（自然后果）和由成人力量强加的后果（逻辑后果）。我们发现皮亚杰的一些后果分类有助于我们做出适宜的选择。因此，为了强调后果与行为相联系的必要性，我们使用了“相关后果”一词来描述强加的后果。重要的是，牢记相关后果的设计要能够帮助儿童思考：为什么某些行为不能被接受以及为什么有些行为可以被接受；所设置的后果也要有助于儿童把自己看成有能力且乐于解决问题的人。相反，惩罚则有碍思考，让孩子们认为自己是坏的。

自然后果

如果卡洛琳扬起沙子的时候把沙子弄到自己眼睛里或其他孩子的眼睛里，就会有一个自然后果，就是她破坏了沙池的规则。在前面关于卡洛琳扬沙子的讨论中，我们并不建议你静候其变。但有时不论我们是否希望，自然后果都会发生。皮亚杰和德瑞克斯都建议在有必要的时候使用自然后果，让儿童体验自己的行为带来的后果。儿童可以从自然后果中学习，因为其后果立刻且直接与行为相关联。最重要的是，它们通过关注儿童的行为来教育，因为没有成人去做会制造怨恨和愤怒的事——而这也会有碍学习。自然后果还有另外的好处，把教师从时刻提醒或不断唠叨会发生的事的过程中解放出来。

成人不用强加自然后果。自然后果是大家都想要避开的，它让儿童从自己的经验中学习。因为不想让他们有不快乐或失望的体验，成人往往剥夺了儿童体验自己行为后果的机会。不幸的是，这导致儿童变得对自己的行为不负责任。接下来的例子是绝大多数教师经常见到的一种类型。

杰克森又开始向后扭他的椅子了。延森老师曾提醒过他无数遍，如果椅子扭倒，他会后背着地摔倒，那样他可能就会受伤。他的行为说明这样的唠叨对这种情况毫无用处。延森老师还没来得及再次提醒杰克森，椅子就扭倒了。杰克森一把扶住，没有完全跌倒，但他明显被吓了一跳。延森老师从地上扶起杰克森，问他有没有受伤。他说他还好，但是从他脸上可以明显看出，他受到惊吓了，也有点为自己刚刚制造的骚动而感到尴尬。延森老师没有对杰克森说“我告诉过你是这样的吧”，相反，她让后果自己说话。

儿童的行为常常会导致自然后果，例如同伴的拒绝。

如果延森老师给杰克森一句典型的说教——“我告诉过你是这样的吧”，那就起了反作用。需要关注的是体验。然而，这个例子也说明了为什么在学校刻意使用自然后果法是很难的。教师们对学生们的安全负有法律责任，因此他们没有家长那样的弹性，可以将一些体验称为学习。

❒ 不可避免地发生

尽管教师和家长对允许自然后果发生感到很不放心，但儿童仍然能体验到它们。他们会建造一个不稳定的积木塔并体验它的倒塌，从这个自然后果中，他们开始了解平衡、物理极限以及当他们把积木放在膝盖上时所感受到的坚硬的感觉。也就是说，如果成人没有限制他们建构，他们就会从中学习。孩子们同样也会学到，如果不吃点心或午饭，他们可能过会儿就会挨饿。成人可以唠叨并威胁儿童吃，但那只能让儿童去思考如何激怒成人。如果想要儿童将后果与他们的选择联系起来的话，成人只需要从其中抽离出来。

思考

这种方式与你过去的经验相比如何？你会不会觉得难以使用这一模式？

社会行为和友谊也可以通过自然后果来加以大量塑造。幼儿对同伴行为的反馈可以看成一个自然后果，因为这些反馈更倾向于自发的而不是计划好的。如果还有其他人的参与，或许也可以考虑相关后果法。虽然如此，一个不断伤害他人身体或伤害他人感情的儿童，可能会遭到同伴的拒绝，正如下面的例子。

在林肯小学的操场上，教师助理和儿童的比例是2∶250。在这里，没有了教室里老师一直监视的眼睛和耳朵，儿童自己学习怎样与人相处。一天早上在教室里，爱玛特别霸道地对待她的同桌。她命令基莎离开读书角，并命令安德瑞安清理干净她的垃圾。当爱玛外出休息时，他们都躲开她，不让她参加他们的游戏。她抱怨道："为什么我不能玩？"基莎直率地回答："因为你总是想做首领！"爱玛体验到了之前的行为带来的后果。

教师可以帮助爱玛思考这一体验，而不是让她避免这种体验。尽管对她受到的情感伤害表示同情是适当的，但是解决爱玛引发的问题并不能帮助她学习。有些成人坚持认为，任何孩子都不应受到排斥，但这会影响对爱玛的教训。教师更有益的回应是鼓励爱玛思考，她应该怎样采取不同的行为才能在操场上被人接受。

❑ 不要过度保护

延森老师努力尝试不阻碍儿童从他们的错误中学习。因为，她带的一年级学生已经足够成熟，能够把错误行为与其导致的结果联系起来。她提醒自己，当他们忘掉自己的责任时不要去替他们承担。她不唠叨、不劝诱和不提醒儿童去做他们应该记得做的事。延森老师认为幼儿学习为自己负责比确保每个孩子记得把订书单或班级简报带回家要重要得多。她通过帮助儿童找出他们的行为和结果之间的因果关系来有效地教导儿童。孩子们很快就发现，如果他们不把订书单带回家，得到家长的允许和钱，填写订货单，然后把表格和钱带回学校，他们就买不到书。延森老师知道儿童要从他们的经验中学习，而且这种学习需要花时间。

真实世界比学校能提供更多的体验自然后果的机会。从本质上来看，学校是一个人造环境，没有机会提供太多的自然回应。在家中，延森老师可以让她自己的孩子自由地从他们的错误中学到更多的东西，比在学校和她的学生们一起时学到的要多得多。如果她自己的孩子在家里没有收好他们的东西，它们自然就会被弄丢。在学校里，东西放乱了时，管理员会把它们捡起来整理好。当她自己的孩子在寒冷的天气里不穿外套就跑出去时，她就让他们自己发现他们必须回来拿外套；而在学校，如果她让学生不穿外套外出休息，她担心学生家长会认为她在逃避责任。此外，学校规定不允许幼儿在休息时中途跑回教室拿外套。在学校，延森老师很难被允许让自然后果发生。

相关后果

当自然后果不起作用时，相关后果就很有用。有时不仅学校的规则使得自然后果不可能及时发生，而且在许多情境中自然后果是不可行的。成人确实有责任保护儿童远离伤害，很明显，没人会允许一个孩子体验在大街上玩耍的自然后果。

当自然后果不可行时，教师可以运用相关后果来帮助儿童学习他们的行为所带来的后果。相关后果是一种直接与行为相关联的后果。它们通过行为表达出某些行为是无法得到默许的；同时，相关后果能帮助儿童学到为什么这一行为是无法接受的，并给出改变行为的自我归因。与仅仅强迫儿童做成人认为的最好的事情相比，相关后果更能帮助儿童反思自己的行为是如何影响自己和他人的。相关后果将儿童自己的经验用作教导可取行为的基础。这种纪律教育的方式有助于发展个体责任感，这种责任感对自我管理和道德自主而言都是必需的。同时，这种纪律教育尊重儿童的权利以及选择更适宜的行为的能力。

有时，自然后果法太过危险，如有的孩子爬树爬得太高；而有时，自然后果对孩子们而言不那么重要，如没有准时来到图书馆。因此，成人施加的后果常常是唯一可选择的学习体验。下面是四个不同类型的相关后果的例子。要注意，每个例子的目的都在于帮助儿童将他们的行为与结果联系起来。这一意图意味着，对于太小的孩子而言，他们的心智不能将原因和结果联系起来，因此也不会有相关后果。在孩子能够从任何形式的后果中学习之前，其智力必须要达到某种成熟水平。

❐ 回报性后果

从皮亚杰的观点来看，将孩子刚刚做过的事再次施加在这个孩子身上，是一种适宜的教育方式。它可以教会儿童某个行为是如何破坏信任或关系纽带的。运用这种后果并不是意图报复。皮亚杰指出的关于这类后果的例子是：让装病的孩子整天待在床上；如果你寻求帮助而那个孩子没有帮助你，那你也不要帮助他。为了在惩罚和施加后果之间把握好界限，在你的回应中避免愤怒和控诉是最基本的。

思考

孩子们不停地要求你的帮助特别让人沮丧，特别是漫长的一天快要结束的时候。在这样的情况下，你如何才能避免情绪化和发火呢？

在家里，如果贝特西没有完成要帮家里干的杂事，延森老师就会使用回报性后果——不开车送贝特西去她的朋友家。在学校，“己所不欲，勿施于人”在儿童之间很常见。例如，迈卡不会帮助艾米丽亚做她的项目，因为上次一起工作时，艾米丽亚鲁莽地弄糟了迈卡的项目。延森老师为了帮助艾米丽亚从这一经验中学习，没有坚持让迈卡帮助她。要是萨姆打了扎彻会怎样？你会允许扎彻打萨姆吗？有时丹尼斯认为这种回应正是他学前班里的幼儿所需的学习经验之一。也许儿童缺乏足够的社会交往以使他们意识到打别人会从同伴那里得到消极的回应。于是，丹尼斯假装没有注意到发生了什么，当然，他不能对打人表现出宽恕。在他没有加以阻止的极少的几次中，丹尼斯密切监视以确保任何人不会真正受伤。

❐ 隔离

然而，通常情况下丹尼斯不允许打人，而是常常使用相关后果来代替。在下面的例子中，我们看到丹尼斯是如何使用被皮亚杰称为“隔离”的后果的。

> 午睡后，萨姆想与扎彻一起玩。不巧的是，扎彻刚刚醒来，只想单独待着。出于沮丧，萨姆变得更加具有攻击性，最终诉诸身体接触来引起扎彻的注意。他的行为从轻碰升级为用力推，然后是打。扎彻号啕大哭起来，丹尼斯介入其中，知道扎彻此时不能用语言表达他的个人需要，所以丹尼斯选择采用后果法告诉萨姆必须找其他地方玩，并解释说自己不能让他打扎彻。“打人会痛。”丹尼斯说着冷静地带萨姆到房间的另一处，帮他找到一些事情干。他告诉这个孩子：“等你准备好用你的语言而不是拳头后，你就可以回来和扎彻一起玩了。扎彻受伤了，他需要感到安全。”

注意，丹尼斯没有命令萨姆在多长时间内不许接近扎彻。丹尼斯没有利用成人的权力来做所有的决定，相反他让孩子把握自己需要多少时间，他让萨姆反思自己的行为，并判断何时能控制自己的感情；同时，也注意没有把萨姆限制在某个特殊的地方。他把萨姆与扎彻隔离开，而不是与所有人和所有物品隔离开。萨姆侵犯了扎彻，因此这种隔离应该只针对萨姆与扎彻的接触。这种方法帮助萨姆认识到他对扎彻采取的行为的后果，即他不能再跟扎彻一起玩了。这也有助于教育萨姆：他有责任在以和平的方式与扎彻一起玩或独自玩之间做出选择。基于所有这些原因，这一后果与惩罚是不同的。

尽管隔离看上去很像是惩罚“暂停”，但二者之间有区别。暂停把孩子摒除在所有活动和集体中的所有儿童之外；而隔离则允许这个孩子仍是集体的一部分，只是把他（她）带离其所侵犯的那个人，目的是教育孩子，他（她）的行为破坏了彼此的关系。在我们的例子中，萨姆想要和扎彻一起玩，所设置的后果利用了萨姆想与扎彻建立关系的渴望。如果萨姆想要修复与扎彻的关系，让他接受和自己一起玩，他就会主动对扎彻表示尊重来实现他的愿望。在理想情况下，一位教师或助手应跟隔离的孩子在一起，支持他思考并鼓励他尽快回到被侵犯的人身边，这样才能修复关系。

❐ 剥夺

如果艾哈迈德不断撞倒其他儿童的积木建筑，教师除了尝试帮助艾哈迈德学习一种更好地表达自己想法的方法以外，也可以向艾哈迈德解释：除非他准备好了，可以不破坏别人的建筑，否则他就不能玩积木。这是一个包含了剥夺性后果的例子：误用材料就不许再用材料。告诉艾哈迈德，除非他认为他可以在玩的时候不撞倒别的孩子的作品，否则他就不能去积木区玩，这与让他坐着“暂停”有很大的不同。让他决定自己什么时候准备好回去，向他传递了这样一个信息：你相信他有能力对自己的行为做出必要的调整；让他坐着暂停则教他知道了教师要控制他的行为。但是要小心——如果它们与儿童的需要不匹配，即使是好的剥夺性后果也可能不起作用。

一天，汉娜用洋娃娃打了她的朋友本杰明，学步儿班里的新教师布丽安娜拿走了洋娃娃。布丽安娜想，这会帮汉娜学会不要用洋娃娃当武器。然而，汉娜只有18个月大。她只是撕心裂肺地号啕大哭，要拿回洋娃娃，没有表现出明白了布丽安娜把洋娃娃从她手里拿走的原因。此外，汉娜真的不了解布丽安娜。有效的指导和纪律教育必须建立在互相关爱的基础上。

小心你使用成人权力的方式。这也很容易误用，从而变成惩罚，破坏你与孩子们的关系，破坏他们对自己的感觉。

❐ 补偿

亚伦把他从水箱中泼洒出来的水擦干，也是一个相关后果。打扫你制造的脏乱也是一种补偿的方式，这是皮亚杰提倡的方式。补偿是我们喜欢的相关结果类型，它不会与惩罚相混淆。我们尤其愿意让不小心伤到对方的孩子做出补偿，这就是一个例子。然而，如果是故意破坏且毫无悔意，那么这种方法不会起作用。

如果迪伦扔积木时正好有一块积木打到了杰西，那么比起被赶到校长办公室，迪伦通过用冰袋敷杰西的头，可以学到更多的对扔积木的危险性的认识。艾哈迈德破坏积木问题也能用补偿来处理。如果周围的情况看上去是合适的，教师可以要求他帮忙重建他撞倒的积木。即使是学步儿也要参与补偿：汉娜打了本杰明之后，可以让她去拿个冰袋给本杰明。做出补偿能帮助幼儿把自己看成有用的人而不是坏人。这些例子都描述了如何激发儿童建立自我指导的规则。

❒ 将后果法与其他指导相结合

在类似萨姆打扎彻的情境中，确保不要忽视儿童的感受，那是事件的诱因，尽管这并不意味着你应该质问儿童以判定是谁先动手的。质问会让成人重新控制幼儿的行为。相反，应思考你可以怎样帮助儿童处理他们的感受或学习必备的技能。

施加后果以阻止打架，并不是排斥使用其他的指导技巧。例如，在萨姆和扎彻冷静下来以后，你可以和他们一起努力学习使用语言而不是打人。不要尝试在孩子们烦心的时候进行这样的教育，因为那时他们脑部的较高水平的区域不能运转得很好。等到冷静后，两个男孩就都能在帮助下调整自己的感受，并将其转化为语言。打人往往是一种原始的交流方式；学习更高水平的交流技巧能帮助儿童放弃打人。

当后果法变成了惩罚

很多人在使用“后果”一词时，其实际的意思是“惩罚”。“他不得不面对后果”常常意味着一个巴掌或失去特权。我们希望你明白我们所说的惩罚与后果之间的区别。

针对行为问题所设置的后果是为了解决问题而不是惩罚该儿童，正如皮亚杰和德瑞克斯所描述的那样，后果的目的不是为了惩罚。但是许多人开始使用“较动听”的词来表达他们实际上所指的惩罚含义，以至于这两个词最终发生了混淆。表8-1对比了纪律教育的术语。

表8-1　对比纪律教育术语

自然后果法	相关后果法	惩罚
自然后果的发生不需要外力的介入。它们常常就是强有力的教师。	相关后果的施加不带愤怒的情绪。它们直接与某个行为相关，并指向教授可取行为的原因。	惩罚在努力改变行为的同时导致了身体上或情绪上的痛苦。

❐ 考察你的态度

如果成人大发雷霆的话，即使是完美的相关后果也可能转变成惩罚，正如下面的例子所述。

在幼儿园里，桑切斯老师班里的孩子们都知道，她不会开始讲故事，除非他们整理好在自选时间里他们在区域里用过的积木、拼图以及操作材料。这一做法很有道理，因为这些材料要为讲故事用到的柔软坐垫让路。后果法生效了，因为孩子们渴望听故事。桑切斯老师是个实事求是的人，当她坚持让孩子们整理玩具时，她也是令人愉快的。然而，有一天，当班级助理教师马凯拉试着实施这项措施时，安娜没来帮忙，而纳特还在继续拼他的拼图。马凯拉生气了，她非常粗鲁地对两个孩子说话，把他们说哭了，但这于事无补。桑切斯老师赶来处理这一情况。

如果成人表达出对行为的愤怒，那么结果就会成为一种报复而不是一个后果。冷静并实事求是地施加后果很重要。事实上，重要的是不要生气，否则所听到的都将是你愤怒的叫喊声。有效的后果包括成人无愤怒、无责备的介入。

思考

对某个孩子生气时，你如何让自己冷静下来？

如果把将要发生的后果作为威胁，也会将后果转化成惩罚。“现在就把这些玩具整理好，否则就没有故事时间”不是相关后果的精神实质。有时你想提前告诉儿童后果，但必须以不威胁且冷静的方式进行。

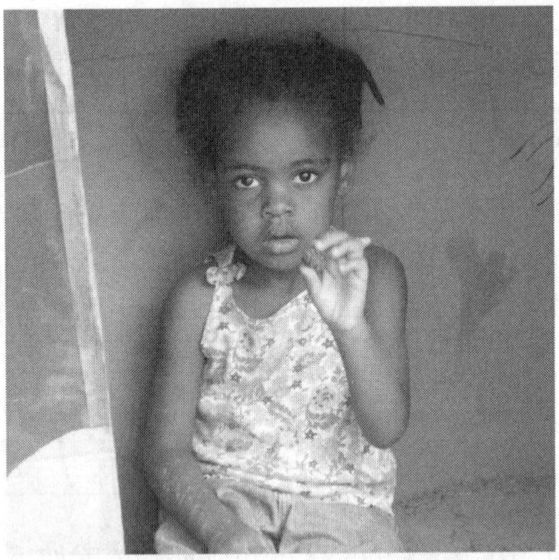

后果法的目的在于让儿童自己努力去自我控制，并帮助他们把自己看成好人。惩罚则让孩子们相信他们是坏的且伤害其自尊心。

“我告诉你是这样的吧”及其变体是破坏相关后果的教育价值的另一种方式。当一个拒绝吃点心的孩子开始抱怨说饿了时，你也许想说：“我告诉过你，如果不吃你会挨饿的。”这些话都把焦点从实际问题上转移走了，进而引发了一场愤怒的权力斗争。相反，你可以同情他饿肚子，并向孩子保证午餐马上就会来。什么都不说往往更好，让结果自己来说话。

尊重儿童是底线。如果你在处理儿童的行为时夺走了他（她）的尊严，那你就伤害了这个孩子。讽刺和侮辱对教导更好的行为毫无帮助。比起试图报复一个错误，努力解决问题才是有益的方式。使用后果法的建构性指导要求寻找弥补过失的方式，帮助儿童补偿他（她）所伤害的人也许是所有后果中最有用的。

❐ 谨慎使用后果

惩罚和后果的一大区别是：后果与行为相关，因而能帮助儿童学习（见表8-2）。大多数成人不明白这一点；他们常用剥夺看电视的权利来威胁儿童服从。另一个区别之处是，这两者让孩子们对自己的感受不同。惩罚让孩子们相信他们是坏的且伤害其自尊心；而后果法的目的在于让儿童努力自我控制并帮助他们把自己看成好人。

然而，如果成人不小心，相关后果可能很容易变成惩罚。由于成人控制着后果，所以后果就体现了成人对儿童的权力。出于这一原因，应优先尝试其他低介入性的纪律教育方式。介入性最低的纪律教育方式就是避免问题的发生。通过示范、训练以及协调冲突来教育，都能在不使用成人权力的情况下进行纪律教育。

然而，如果这些方法都没有针对错误行为的诱因，那么就需要采取其他方法。如果行为的起因是缺乏了解，那么就可以用后果法来帮助儿童理解。为了保证儿

表8-2　对比不同类型的后果

特里斯坦正和其他三个孩子一起玩沙箱。他生气了，把坦克扔了出去。

自然后果	隔离	剥夺	补偿
轮胎摔坏了，特里斯坦再也没法开坦克了。	教师要求特里斯坦离开沙箱，直到他觉得自己准备好安全地玩游戏并不再扔东西才能回来。	延森老师冷静地告诉他，他只能找其他东西玩了。她把坦克收了起来。	延森老师和他讨论扔坦克的后果，并帮他修坦克。

艾莉在分享阅读时戳了梅根。

自然后果	隔离	剥夺	补偿
梅根“嗷”地叫了出来，然后回戳了一下艾莉。	在余下的分享阅读时间，教师都让艾莉坐回到自己的座位上。	延森老师说：“如果你不能自己控制自己的手，那你就只能去图书馆自己看书了。”	延森老师说：“艾莉，看来你弄疼梅根了。如果你给她拿个冰袋来，也许能让她好受点。”

童的安全，明智地、充满尊重地、有限制地使用成人的权力也是必要的。如果已经接受过安全守则的检验，那么就可以设置相关后果了。依靠后果来进行纪律教育有两个理由：①教儿童理解；②在处理行为问题的诱因时施加必要的限制。

❐ 提前计划

有时，相关后果的审慎和尊重方面很容易被人遗忘。强加的后果会很快导致一场向轻率的成人发起的权力斗争。还记得丹尼斯因“你要是整理不好，就不要吃午饭”的最后通牒所引发的问题吗？对这个规定，丹尼斯有他的实际理由：他想要打扫房间以准备午餐。然而，确实是丹尼斯而不是当时的情境剥夺了艾娃的午餐。艾娃的表演服并没有放在午餐桌上，因此她看不出为什么她必须整理好才可以吃饭。丹尼斯只是以他作为成人的权力来强加他仓促的最后通牒，而这一权力最终导致了对抗。有效的后果力求成人不使用权力而不是施加权力。幸运的是，丹尼斯的自我意识让他改变了态度，印证式地去倾听孩子，并与孩子协商出了解决办法。

相关后果法要有计划、有远见地使用。这要求教师离开成人的需求，从儿童的角度看待行为。相关后果法的使用也需要仔细地将儿童的需要和环境相匹配。在设置相关后果时，儿童行为及其后果之间的关系必须对儿童而言清晰可见。德瑞克斯提醒我们，如果后果与行为无关，儿童就不会知道他们的行为是如何影响别人的。相反，他们会认为成人不公平并常常挑起权力斗争，以寻找机会反击这种不公正。

因此，当你遭遇一个正在发生的问题，并决定用相关后果法来解决时，请花些时间思考问题并设置一个有意义的相关后果。

选择合理的后果

思考

你如何保护儿童不受不适宜的或有害的学校规章制度的影响？你会甘愿冒这个险吗？

选择一个与行为相关的后果需要思考和理解。许多成人不懂得如何设置后果。他们把完全不相干的结果施加在儿童的行为上，称其为后果法。他们没有意识到，行为和后果之间没有了联系，就不会有学习了；这样的后果就只能是惩罚。

公立学校的纪律教育常常把各种惩罚称为后果：因为嚼口香糖而取消休息、因为和老师顶嘴而放学后留校或因为打人而做俯卧撑。这些都与儿童的行为无关，这些惩罚教会了怨恨、预估被老师抓到的风险以及思考这件事是不是值得做。嚼口香糖可以有一个合理后果，如需要清理地板上和桌子上的口香糖；针对顶嘴和打人的纪律教育可以根据这些行为的原因来进行。没有适用于所有情况的万能方法来处理所有的行为问题。如果纪律教育的方法没有基于行为的原因同时考虑到个别儿童的天性、特殊的环境以及所涉及的人际关系，那么它的价值就值得怀疑。

❐ 仔细思考

相关后果法应帮助儿童在遇到分歧时判断某一行为的对错。因此，教师必须仔细选择后果。除了所选择的后果要与行为相关，还需要考虑后果要与儿童有关。

如果迟到对儿童不重要，那么告诉他们"快点，你要迟到了"就不会有任何作用。后果也必须让你能接受，且你确实愿意接受并能够实施。

❑ 清晰的教学目标

在一个集体中和谐地生活和工作需要人们互相为对方考虑和合作。相关后果法对帮助儿童形成并牢记这些态度非常有用。延森老师规划课程的这一部分像规划课程的学业知识一样仔细。在她的计划中，她牢记她的目标是帮助儿童发展自主性；她想要在给儿童自由的同时帮助他们理解自由意味着责任。

这一责任包括不要侵犯别人的自由，如别的教室有权不受打扰。延森老师的课程计划也围绕尊重每个儿童的原则来设计，这可以通过她对儿童能力的信任和对行为责任的期望体现出来。她坚信任何人包括儿童，都同样有权得到尊严和尊重。她喜欢瑟斯先生在《霍顿听到了谁》(*Horton Hears a Who*)一书中所说的："无论多小的人都是人。"

延森老师使用各种策略帮助她的学生来判断为对方着想和合作的价值。除了施加必要的相关后果，她也通过个人榜样来说明可取的态度和行为。她与她的学生之间建立起了互相关爱的关系，也确保班级环境能鼓励孩子之间和谐的社会交往。指导和纪律教育的最好方法往往是综合地使用预防策略、后果法以及反思的机会。

儿童的心智必须成熟到能进行因果联系，相关后果法才能有效实施。

❑ 使用多种后果

由于需要思考和计划，所以某个行为发生后，你往往不能在第一时间实施后果。首先，教师要分析某个正在发生的问题，尝试对原因做出各种假设。当越来越清晰地发现问题不是出于成人不切实际的预期、缺乏技能或欲求不满时，成人可能会判定原因在于儿童缺乏理解。这时，教师必须先判定自然后果是否已足够，或者是否需要采用相关后果法。如果需要采用相关后果法，成人的挑战就是找出能说明行为与结果之间关系的事物。

□ 帮助儿童建立联系

学龄前儿童可能不擅长建立因果联系，但他们能够从相关后果中学习。丹尼斯和加百利知道，他们可以用相关后果法来帮助学生学习。成人可以帮助儿童思考因果关系以及他们的行为是怎样影响别人的。因此，体验相关后果是学前课程中很有价值的一部分。正如下例所示，教师要谨慎地避免因说教或斥责而破坏学习经验。

> 莎蒂和凯尔对待豚鼠“碧琪儿”太粗鲁了。当豚鼠惊恐地尖叫着并竭力挣脱时，莎蒂抓住了它的软毛。许多软毛被她的手揪下来。凯尔觉得这些软毛很光滑，就又拽了一束软毛。教师听到了碧琪儿的惨叫声，赶来施以援手。当她检查碧琪儿杂乱的毛发后，她认为需要让它暂时休息一下。她把碧琪儿的笼子拿到了孩子们够不着的地方，并向孩子们解释她所做的一切：“你们已经把碧琪儿的毛发拔下来了，我想应该给它机会让毛发再长出来。它需要在安全地带休整一段时间。等到它好点儿之后，而且你们觉得能温柔地和它一起玩时，它就会回来了。”

剥夺孩子们与碧琪儿玩耍的权利符合皮亚杰提出的回应——剥夺法。丹尼斯发现他的学生们接受这种后果呼应了本能的正义感，他们常常并不愤怒或抵制某个真实的相关后果。在注意到这一事实的同时，丹尼斯面临的挑战是思考什么是最可行的后果。他一直牢记：一个行为可能是另一个值得关注的问题的征兆。

□ 综合使用多种方法

丹尼斯不仅希望阻止错误行为，而且想做得更多；他想要同时触及行为的原因。如果原因仅仅是儿童不理解为什么某个行为是不恰当的，那么仅有结果和反思就足够了。如果行为是欲求不满的信号，如萨姆打扎彻，那么也必须考虑到这个需要。

当萨姆不断骚扰并最后弄伤他的朋友扎彻时，丹尼斯通过带走萨姆——一个隔离后果，来阻止这一不断升级的行为。如果丹尼斯考虑到萨姆的行为是渴望关注的欲求未得到满足的征兆，那么他就会帮助萨姆满足这一需求。如果萨姆抱怨说，扎彻不再是他的朋友了，丹尼斯就会通过倾听来回应，以求进一步了解。也许萨姆只是想要一个玩伴，那么丹尼斯可以教给他与人合作玩耍的方法。

成功综合各种策略的关键是：评估情境以及所有导致儿童行为的可能原因。首先，你必须判断你是否需要立刻改变行为来保护孩子们的安全；抑或是否适合让儿童体验一个自然后果。接下来，你需要判断行为的原因，是环境布置引发了行为，还是课程要求引发了行为？该行为是这个孩子在其发展阶段中的典型行为吗？最后，你需要考虑你或其他成人需要教或不需要教什么。在这个孩子的生活中，有没有成人为他示范良好的行为榜样？有没有教过他有效的沟通技巧？正如你所看到的，有效的指导和纪律教育并不简单，如果有人教你用一种方法解决所有问题，那就太简单化了。

小　结

自然后果法和相关后果法都是帮助儿童通过反思他们的经验建构道德准则和价值观的方法。与通过示范教导一样，通过经验教导也是一种非常有效的方法。当然，仅仅经验本身对于学习还是不够的。教师必须为儿童提供机会，让他们反思经验并努力理解经验的意义。思考经验的过程就会产生学习。儿童就是通过这种方式建构自己的正误观的。与他人强加的道德准则不同，儿童主动建构的道德准则最令他们信服。儿童最能接受自己理解的引导。同样，他们自己建构的价值观在将来的情境中也最有可能引导他们的行为。

因此，后果能教会自律。它们不仅帮助儿童及时对自己的行为负责，而且促进了终身自主行为的发展。在帮助儿童迈向自主的时候，你也正向着理想的民主社会努力。秩序并非出于独裁的强制，而是为了每个人都来维护所有人的利益。当学校采用民主的原理并根据这些原理来对待学生时，学生就会少反叛、多学习。在本书的第二部分，你读到了多种预防不良行为的方法以及多种教授良好行为的方法。然而，这是第二部分中描述有效的纪律教育的最后一章；在接下来的两章中，我们会讨论一些并不令人满意的纪律教育方式。

摘　要

- 有时最好的教育就是什么都不做。本章解释了为什么自然后果法可以是有效的教育手段。
- 有时你需要解释和指出相关后果，以帮助儿童理解为什么他们的行为需要做出改变。本章描述了相关后果的类型以及如何教导孩子。
- 如果使用不当，强加后果很容易转变成惩罚。本章分享了该问题的危险性，并讨论了如何避免这一问题。
- 有效地使用后果是一种复杂的教育技术。匹配适宜的相关后果需要进行很多思考和计划。本章为这一过程提供了相应的指导准则。

讨论或反思

1．列出你观察到的孩子们一起游戏时的三四种错误行为。描述你将如何使用自然后果法或相关后果法（例如剥夺、隔离、对孩子做他刚刚做的事或补偿），来帮助儿童将其行为和后果联系起来。说明你在每种情境下选择这些后果的原因。

挑战一下

2．一个有待解决的问题（使用本书及第一章至第七章的内容来帮助你）：切尔西和凯蒂在积木区与其他四个孩子一起玩积木。切尔西转身无意间撞倒了凯蒂的积木建筑。凯蒂对切尔西大喊并威胁说要撞倒切尔西已经搭好的建筑。

（1）描述如何才能避免这类问题。

（2）描述一种有助于帮助女孩们解决自己的问题的指导方法。

（3）描述你会如何使用后果法来指导孩子们互相尊重并共同解决他们的问题。

实地研究

3．观察一项早期儿童教育计划，找出儿童通过自然后果法体验自己行为结果的频率以及成人不让他们体验这些结果的频率。描述这些情境，判断是成人阻碍了儿童学习，还是他们在进行必要的保护。

4．在观察儿童与他人的互动时，寻找这样一种情境：对于某个不适宜的行为，补偿将是最具教育性的后果。描述你观察到的后果并讨论你如何帮助孩子对自己的行为做出补偿。

推荐读物

Dreikurs, R., Cassel, P., & Dreikurs-Ferguson, E. (2004). *Discipline without tears: How to reduce conflict and establish cooperation in the classroom.* Hoboken, NJ: Wiley.

Elkind, D. (2001, September/October). Instructive discipline is built on understanding. *Child Care Information Exchange,* 141, 7-8.

Goodman, J. F., & Lesnick, H. (2004). *Moral education: A teacher-centered approach.* Upper Saddle River, NJ: Pearson.

Kamii, C. (1982). Autonomy as the aim of education: Implications of Piaget's theory. In C. Kamii (Ed.), *Number in preschool and kindergarten* (pp.73-87). Washington, DC: National Association for the Education of Young Children.

Piaget, J. (1965). *The moral judgment of the child.* New York: Free Press. (Original work published in 1932)

第九章

超越行为主义

本章节所涉及的全美幼教协会（NAEYC）标准

标准1c：使用相关的发展知识，创造一个健康、充满尊重并具有支持性和挑战性的学习环境。

标准4a：知道积极的关系和支持性互动是与幼儿一起工作的基础。

标准4d：反思自己的实践，使每个儿童获得积极的结果。

标准6b：知道并秉持道德标准以及其他幼儿专业指导方针。

【学习收获】

有了对本章的理解，你应能：

- 解释行为矫正法背后的理论。
- 为某项不使用行为主义纪律教育方式的决定做辩护。
- 辨别不同类型的行为矫正法，从而更好地避免使用它们。

本章解释了行为主义纪律教育法的使用及滥用。建构主义理论对此有着截然不同的视角，其指导和纪律教育的方式方法指向的是长远的结果。

阿丹娜上一年级，一天她妈妈来接她的时候她正在歇斯底里地哭泣。她妈妈最后才弄明白是什么让阿丹娜如此沮丧。看起来，是因为她做了一些“好事”——她偶然间碰倒了老师桌子上的一叠纸。现在，阿丹娜不可能得到她期待了一整周的表扬了。本章中，我们将讨论为什么这种情况会对于儿童的行为和班级环境造成负面影响。

在阅读了我们所推荐的指导和纪律教育方法之后，你现在要读一读我们不推荐的一些方式。尽管我们不赞成行为主义，但我们也承认行为主义理论的基本前提：获得愉快结果的行为重复发生的可能性高，而获得不愉快结果的行为重复的可能性较低。这是人与动物都具有的自然反应。这个原则常用于训练马戏团的动物表演、让一只小狗入室行窃和让实验室的老鼠走迷宫。不幸的是，它也被广泛用来控制儿童的行为。这种方法叫

作行为矫正。它建立了一套人为设计的奖励系统，目的是让儿童按某种方式行事，它关注的是行为而不是儿童。需要特别注意的是，这套系统要求有人在场担任管理者进行奖励和惩罚，否则儿童的行为就不受控制。我们为你提供信息，帮助你考察你的价值观和目标，让你判断你是否会运用这种方式。

首先，我们会让你概览一下行为矫正法的基本原理，并解释将其作为一种纪律教育技术所造成的破坏性后果。然后，为了确保你一看到行为矫正法就能辨认出来，我们会描述班级里或学校里常见的行为矫正系统。

行为主义者关注行为中所能观察到的内容。他们相信，学习只受环境的影响——控制环境，你就能控制个体。他们忽视每个儿童行为背后的各种各样的原因。他们也忽视了一个事实，即学习者在内部建构知识，这是建构主义的核心。建构主义理论认为儿童通过他们的经验以及对这些经验的反思来学习。我们坚信的长期目标是培养情绪健康、自律、道德自主、自信的人，与使用行为矫正法来控制儿童行为是不同的。

行为矫正

行为矫正主要是基于斯金纳对操作性条件反射的研究。斯金纳相信，通过一系列的积极或消极强化和惩罚，可以调整行为。他通过在动物和人身上进行实验来验证他的理论。通过实验，斯金纳发现环境条件的改变并不必然引发行为的改变。以下是该设计的作用机理。

❒ 强化

根据行为主义者的观点，行为可以通过积极强化、消极强化和惩罚来改变。重要的一点是，在行为主义的术语中：积极意味着增加，而消极意味着减少或移走。积极和消极强化的目标都是用来增加好的行为。积极强化是当儿童每次出现一个良好行为时，就给予他（她）喜欢或令其感觉愉快的某物，以此来增加好的行为；而消极强化则是通过消除儿童讨厌或不愉快的事物，来达到同样的目的。

积极强化　积极强化包括针对好的行为给予儿童奖励。奖励可分为三种类型：有形的奖励、表扬和特权。有型的奖励包括贴纸、星星、盖章和食物。表扬可以是语言形式的，如“做得好”；也可以是非语言形式的，如微笑。特权包括：开派对、旅行、看电影或玩游戏。如果儿童按照所期望的那样行事，他们就一定会认为奖励是有趣的或带来愉快感受的。例如，花型贴纸也许刺激不了学前年龄段的男孩子并使其行为符合预期，但女孩子也许觉得贴纸很诱人。由于年长的孩子更能够延迟满足，所以特权奖励对他们来说更起作用。

消极强化 消极强化包括消除不愉快的某物，以刺激儿童完成某项任务或按某种方式行事。一个消极强化的例子是，告诉学生们：当有人来班里时，如果他们举止良好，你就不会布置家庭作业（消除不愉快的事物）。

❒ 惩罚

在行为矫正的过程中，惩罚也分成两类：通过厌恶的事物来惩罚和反应代价惩罚。通过厌恶来惩罚是增加不愉快的体验，以减少儿童做出某种不可取的行为。反应代价惩罚指取消孩子喜欢的某物，使孩子增加积极的行为。

根据厌恶的事物不同，惩罚可以分成身体上的惩罚和情绪上的惩罚，例如打屁股和责备。行为主义者相信，身体上或情绪上的痛苦会提醒儿童做出适宜的行为。你可能亲眼看见过这类惩罚的实施。当一位家长一巴掌打到孩子的手上，并说“不要碰”时，这位家长就是在用一个厌恶刺激来提醒孩子采取适宜的行为。尽管行为主义者相信厌恶性惩罚只应该作为最后手段，用于那些还不能控制其行为的儿童，但惩罚仍然在很多家庭和教育机构中实施着。在2011年，新墨西哥州成为禁止在校体罚的第31个州，但是仍然有19个州的法律是允许体罚的。我们也确信，你听到过教师当众批评某个孩子导致对这个孩子的羞辱和惩罚。

在反应代价惩罚体系中，作为一种控制行为的方式，积极强化（如贴纸、糖果、特权、表扬）是受到限制或被取消的。正如你在本章开头的情节中看到的那样，这样的结果与大多数的惩罚给人带来的感受是一样的。

❒ 不要适得其反

你需要明白行为矫正法是怎样起作用的，原因之一是这样你就不会在无意间强化不适宜的行为而导致孩子学习不当。我们也想让你明白行为矫正的结果，这样你就不会在无意间阻止良好的行为。尽管我们不把这种方法称为一种纪律教育的途径，但我们也认为人们是受奖励和惩罚的影响的。

当你注意某人所做的事情时，你的兴趣也可能是奖励性的反应。忽视不可取的行为是一种强有力的阻止方法。任何类型的回应都是一种关注，很多孩子分不清是愉快的回应还是不愉快的回应；而有些孩子则渴望被关注，他们重视消极回应。如果你不了解强化理论，就很容易强化那些错误行为。

你熟悉下面的例子吗？

（1）你见过一个成人追逐一个四处乱跑的学步儿吗？假如见过的话，你一定知道学步儿玩这个游戏时的快乐。当爸爸或老师追着他，并给他如此多的关注时，真的非常好玩。当然，这种关注将会鼓励他再次乱跑，甚至在某个不安全的地方乱跑。

（2）另一个很常见的例子：儿童是野蛮又愚蠢的。成人最初认为孩子很有趣，会和孩子一起欢笑，但没过多久孩子的愚蠢行为就失去了控制，成人开始恼火，命令孩子停下或通过其他方式表达成人的不悦，而这又引发了不适宜的行为。

（3）成人对学前儿童的粗鲁或不当语言进行嘲笑又将如何呢？当这些话出自一位天真无邪的儿童之口时一定非常有趣，但是笑声作为一种反应就可能在无意中成为一种奖励，使这种不恰当的语言再次出现。

（4）一般在课堂上，谁可能得到教师最多的关注呢？是认真回答问题的孩子，还是从不认真回答问题的孩子？教师是否不自觉地通过关注奖励了不认真的行为？

思考

想想是否有那么一次，你在无意间奖励了某个孩子的不适宜行为。将来，你会做出哪些改变呢？

记住：忽视你不想鼓励的行为，这才是关键。如果你意识到奖励可以有不同的形式，采取哪种形式取决于人与情境，那么你就能更容易地避免强化错误行为。如果孩子仅仅是希望得到关注，那么惩罚事实上也是一种奖励。仔细观察孩子将有助于你发现什么行为对孩子具有奖励作用。在下面的例子中，雪莉和加百利通过观察有了一个重大发现。

在儿童中心，马克斯很难与人相处。他经常发脾气，并常常选择在积木区发火。如果有一个搭好的积木直立在那里，他会将它推倒。如果积木是放在架子上的，他也会将它们全部拖出来。大家一直竭尽全力地帮助他。他们尝试了能想到的每种方法。最近，他们使用了回报性后果，但似乎没什么用。马克斯会帮助消除他制造的混乱，但是随后他会继续搞得满地都是。显然，这种方式并没有从原因入手。

当马克斯像往常一样，将积木弄得散落一地时，雪莉一直在观察他；她试图找出接下来可以尝试的方向。通过观察她发现，马克斯一直在观望区域外的老师，想看看老师是否在注视他。然后，加百利走过来，制止了他的破坏性行为。就像她以前经常做的那样，加百利告诉马克斯他的问题，让他坐在自己的膝盖上，并用手轻抚他的后背让他冷静下来。马克斯坐着，面露微笑，但是似乎根本没听老师的话。雪莉认为，这种体验对马克斯来说可能是一种愉快的体验。在员工会议上，雪莉提到，也许是他们在无意间强化了马克斯的坏脾气。

也许，行为矫正法中最值得记住的一点是：不要奖励你不想重复的行为。你最关注的行为就是你得到最多的行为。

这个例子说明了当无效行为被无意中强化时，错误的学习是如何发生的。孩子学会了使用不当的行为来满足需要。

为什么不用行为矫正法

行为矫正法似乎能快速起效，那么为什么那么多的儿童指导书籍反对它呢？再者，为什么那么多的教师和家长都拒绝将它作为纪律教育方法呢？认真分析其结果可以找到答案。这包括对道德自主、自律及其内在动机的影响。拒绝使用奖励和惩罚来控制儿童行为的成人，都主要是出于对儿童长远幸福的关注。

> **思考**
>
> 如果教育技巧本身的道德价值（如操纵、诱骗、惩罚、贿赂和其他"教师发明的诡计"）令人怀疑，儿童就不可能通过它来习得道德品质。

当成人使用他们的权力去强制儿童顺从时，许多成人自己也会感到不安；这违反了他们的伦理道德。然而，学校经常关注服从，而忽视在破坏关系和形成冷漠的心理方面所付出的代价。他们忽视了正面的收获只是暂时存在，伴随而来的是长期的负面结果。许多教育者不是设法了解儿童个体的行为问题所特有的原因，而是倾向于相信有一种"魔术戏法"能够解决所有的问题。行为矫正的假设满足了这种幻想。下面是孩子们被这种方式伤害的例子。

❒ 自主性被破坏

道德自主意味着一个人根据内部建构的关于对错的信念来做决定。一个道德自主的人无论是否有权威在旁监督，都会做正确的事。道德和智力的自主性要求一个人有思考问题和得出自己结论的技能。这种技能需要练习。行为矫正法剥夺了自己评价自己行为的练习机会，是给予奖励或惩罚的人而不是儿童控制着这个过程。运用行为矫正法，孩子的思考主要围绕着怎样得到奖励或怎样避免惩罚，而不是思考在某种情境中什么是正确的。

由于是成人对儿童的行为负责，所以成人拒绝给儿童提供机会，让他们通过经验以及对经验的反思进行学习。如果你经常控制儿童的行为，传递给孩子们的信息就是，他们没有能力为自己做出正确的决定，他们会怀疑自己是否是个思考者或做决定的人。

具有讽刺意味的是，学校主张在学科方面教给孩子们批判性思考和问题解决的技巧，但是在社会性和情感的发展上持相反的态度。这种互相矛盾的方法不仅损害了道德自主，也阻碍了对批判性思考来说非常必要的智力自主。你不能教孩子们在某个问题上自主思考，而同时在其他领域却让他们变得无能。

❑ 自我管理受限

行为矫正法中，由教师决定孩子们应该做什么，并通过奖励或惩罚强迫行使该决定。许多成人似乎认为，孩子可以通过这样的贿赂和强制来获得自律。实际上情况正相反，当成人强迫孩子做出适宜行为时，他们就剥夺了孩子学习积极自律的机会，而广义的行为也应包含自我管理。依赖外部控制会成为一个习惯；即使外部的“规则”被内化也是如此，与他们相伴的可能是内疚、害怕以及低自尊心。

替孩子做决定剥夺了他们自己做决定的机会。当成人向他们强加外部控制时，他们就失去了发展内部控制的机会。自我管理的技巧对于获得成功的人生是如此重要，它包括专注于一项工作的能力、克制冲动的能力以及评估选择的能力。它们是学业成功的基础，也是适宜的社会行为的基础。一直处于成人控制之下的孩子，当他们长大到需要独立做决定时，常常会有困难。如果没有外部奖励，他们就不知道或不关心什么是正确的。一旦奖励停止，良好的行为就会消失。

❑ 成绩下降

这是一个鲜为人知的事实：仅仅为得到奖励而学习的人，其学习表现也往往呈较低水平。这能够解释为什么在学校中，大多数学生是如此明显的冷漠。外部控制使学生变得消极，在学习上的兴趣和投入也减少了。许多研究都曾做过这样的对比，不同组的人做相同的任务，奖励其中的一组而不奖励另一组。结果很明显，比起没有得到奖励的一组，得到奖励的一组表现略差且更不愿意坚持。

❑ 问题的原因被忽视

本书传递着这样的理念：只要行为问题的原因继续存在，任何改变行为的努力都只会是表面的。“野火烧不尽，春风吹又生”，问题不久还会冒出来。改变行为的长久方法必须是寻找问题的原因并在原因上下功夫。行为主义方法关注的是症状而不是原因，从而让原因继续发展。

大多数国家都设立了与儿童的社会性和情感发展相关的学习标准，关于儿童的社交技能也有相关的标准。因此，所有纪律教育方式的目标都应该是："儿童有能力用适宜的方式表达自己的情感，管理情绪，解决常见问题，与同伴和成人建立积极的关系，参与有挑战性的任务并坚持。"使用行为矫正法的学校和教师让儿童遵守行为，但忽视了一些研究资料所说的：你不能改变儿童的错误行为却又不花时间教授适宜的社交情绪以及交往技能——这是一种歪曲的理解。

在奖励儿童独立阅读时，教师们的本意也许是想给儿童一段美妙的时间，而他们在引导儿童行为独立时却不愿付出耐心。当儿童不能解读文本或不具备语言技能时，教师们会教授这些缺乏的技能；但当儿童不能从他人角度看待问题或不知道如何表达自己的情绪时，他们却遭受惩罚。

很多信奉行为矫正法的人忘记了：没有哪种教育体系在实施过程中能不考虑每个儿童的独特需要。纪律教育的方法需要个性化。例如，教师要能够区分真正不适宜的行为和在第二语言习得过程中因误解而引发的不适宜行为。他们也需要明白儿童的社交和情绪发展、认知发展、社交技能以及问题行为之间的关系。环境适应良好的儿童能够学习解决问题，而有时间学习社交技能的儿童产生问题行为的可能性更小。

行为矫正的实施过程不注重教儿童为什么某些行为比其他行为更可取或哪种行为在哪种特定的场合使用；相反，他们把奖励和惩罚作为一种快速阻止儿童错误行为的方式。因为行为问题的原因仍在，任何改变行为的努力都只能是表面的。改变行为的长久方法必须是寻找问题的原因，并在原因上下功夫。

考虑行为矫正的同时，也要考虑行为问题的原因。如果艾米莉因缺乏社会性技能而出现不当的行为，将她的名字公示在黑板上有用吗？如果诺亚因权力的需要未被满足而做出某种行为，那让他暂停活动有用吗？如果伊莱因缺乏理解能力而误入歧途，剥夺他参加班级的爆米花派对有用吗？在应对儿童的行为问题时，教师们需要考虑策略的使用范围，因为每个行为都有不同的原因，一种方法不能适用所有的情况。

如果教师必须使用奖励才能使学生将注意力集中在学习任务上，那么最明显的问题就是“为什么？”为什么不是学生对活动感兴趣或主动投入呢？也许是因为学习任务并不有趣或挑战太大。这意味着教师应该停下来问一问：“我怎样才能创设出一种足够激发孩子持续工作的课程？”有的教师班里的学生更善于合作也更独立，观察这些教师，你一定能看到有趣且吸引人的课程。

❐ 关系遭破坏

我们一直强调，充满关爱的、互相尊重的关系是教导可取行为的基本要素。奖励和惩罚都会损害关系。惩罚会损害关系，听到这些你或许不会感到惊讶；毕竟，谁愿意接近伤害自己的人呢？但是，是不是得到奖励就相反呢？答案是否定的。

奖励和惩罚系统的性质破坏了儿童和他们所依赖的成人之间的关系。

得到奖励意味着你会根据别人的看法来判断你想做的事情的价值。这会使你努力给给予奖励的人留下好印象或努力奉承给予奖励的人；这不是一种真诚的关系。这种不真诚的关系不可能培养出信任和真正的关心，从而激发学生做到最好。此外，判断和奖励的过程也是不尊重人的；它强调给予奖励的人与期望得到奖励的人之间权力和地位的差异。再者，如果权威人物没有给予奖励，那么居于从属地位的人就相当于因没有得到奖励而受到了惩罚。因此奖励导致了惩罚。

严格的、以规则为导向的行为主义经典纪律教育方法也损害了关系。行为矫正过程既罗列了规则，也提出了对违背规则所实施的惩罚。这种对规则的关注没有考虑儿童个体，也没有考虑违背规则的原因，因此忽视了人际关系和行为发生的情境。

相互信任是互相关爱的基础，但是奖励和惩罚系统的非人性本质损害了儿童对成人的信任。成人不是充满关爱的、富有同情心的保护者，而是让儿童感到害怕的权威人物。这种信任的缺失是双向的，因为教师对这种管理系统的使用也意味着成人不信任孩子。行为矫正法的基础是，假设没有权威人物的强迫，人们就不会做正确的事。你是这么看待人类本性的吗？

❒ 内部动机遭破坏

内部动机意味着做某事是出于自己的目的。其行为的价值在于行为本身，其奖励在于你是怎样感受它的：奖励存在于你的内部。外部动机则相反；它意味着做某事是为了得到奖励。行为的价值不在于行为本身，而在于通过行为你得到了什么。需要注意的是，非常依赖于该体系的学校教会了孩子们工作（如阅读、数学）不是重点——奖励才是焦点。当奖励来自他人时，奖励就是外在的，而不是来自你工作出色带来的满足感。很显然，行为矫正依靠的是外部动机。

自律和内部动机之间的关系只是问题的一个方面。奖励能教会人们对它充满期待以及只为了它去做事。因此，外部动机不利于自律性和自主性的健全发展。自律、自主的人们不会仅仅为了奖励才举止得体。他们了解学习适宜举止的价值，其奖励在于适宜的行为本身。他们知道积极的互动和做出正确选择的自然好处。

思考

想想你因做某事而得到的奖励。你做的时候是什么感受？如果没有奖励，你会继续做吗？

如果某人做事的本意只是为了个人的满足感，那么奖励该行为可能会破坏已有的内在动机。事实上，研究表明奖励确实会剥夺乐趣，因而减少某些行为。

曼蒂已是三年级的学生了，但是她喜欢去她一年级时待过的教室帮忙。放学后，她经常到那里，帮助擦黑板或整理书架。这使她感觉良好，也使她感觉到自己长大了。慧勒老师认为她应该奖励曼蒂的行为，每次曼蒂来帮助做事，她都给这个女孩一件小奖品。不知何故，曼蒂感到帮助不再有乐趣，她到慧勒老师的教室的次数也越来越少。教师和这个女孩都不理解奖励与曼蒂的热情下降之间的关系。

在这个案例中，曼蒂对奖励的反应使她中断了她的志愿工作。有时候，外部奖励确实会起到致命的破坏作用。它可能会践踏某个孩子在学习中获得的乐趣，使孩子的注意力转变为获得奖励。正如阿尔菲·科恩所言："越是拿你想要的东西引诱你，你越可能不愿意竭尽所能地去得到它。"

❐ 必要的动机

强调了内部动机的重要性并将其与外部动机进行对比之后，我们还需要认识其他类型。有很多任务和行为并不源于内部动机。很多人认为，这时我们就必须使用外部动机了。

许多人会说："现实世界又如何呢？它难道不是基本上都受奖励系统的控制吗？"毕竟，谁不是为了得到薪水而工作？你的薪水难道不是你工作所得的外部奖励吗？可能并非如此。如果你喜欢你的工作，并在乎你所做的事，那么薪水就只是让你有可能遵循你的内部动机。它可以使你不必去做其他事情来养活自己。如果你的工作是枯燥无味或令人讨厌的，薪水的回报可能就是詹姆斯·海默斯所称的必要动机。你确实需要工作，也需要住所，因此，你去工作。然而，如前所述，如果人们工作仅仅是为了得到工资，那么他们的工作就是低效的。有趣的是，根据工作结果的水平（"值多少钱"）支付薪水影响了大多数人的工作效率。

延森老师认为有三种动机：内部动机、外部动机和必要动机。许多活动本身可能并不令人愉快，但它是针对目标的。因此，他们是出于必要动机才做的。虽然教学对延森老师来说是受内部动机驱动的，但是洗盘子对她则属于"必要"的范畴。她不喜欢刷盘子，但是她非常喜欢干净利落的厨房。在这种情况下，使厨房保持洁净就成了必要动机。延森老师通过让学生关注他们做诸如打扫卫生等枯燥的事情的目标，尽力帮助学生找到此类动机来从事这一活动。记住，目标必须是学生的目标，而非教师的目标，这一点很重要。

行为矫正的常见形式

行为矫正不顾人们对它的批评，一直是公立学校的传统。在当学生的时候，你曾体验过它；现在作为一名教师，你也会常常看到它。当你看到它时，我希望你可以分辨出来，这样你才能不与这种传统同流合污，而不是只意识到你实际上正在做什么。行为矫正会有许多不同的名称，让它听起来好听点儿，例如，“积极的行为支持”——一套贿赂体系。因此，要仔细检查这类方案，以判定它们是否是儿童最感兴趣的。

❒ 奖励与惩罚

你可能对诸如贴纸和星星等有形的奖励非常熟悉。你的记忆可能关注的是你对获得或没有获得令人垂涎的奖品的感受；你可能很少记得相关任务的实际目的或内容。这个事实证明了奖励所造成的损害：它们使注意力远离了真正有价值的东西。学校常常招收的是充满好奇心的、在学习中能体验到兴奋的幼儿，但到了四年级时，就将这些孩子变成了对学习毫无兴趣的、渴望逃学的学生。部分原因可以归结为在学习上惯用奖励：不仅有贴纸和星星，而且有爆米花派对、录像、奖品，（噢，对了）还有分数。大多数教师以为他们需要使用这样的花招来迫使儿童遵守规定和做作业，而没有思考这样的事实：不应该迫使儿童做对他们而言没有意义或不重要的事。

大多数孩子也逐渐接受了这种奖励（惩罚）系统，并开始相信为了做正确的事情，他们需要这种系统，正如下例。

> 慧勒老师班上的服装区凌乱不堪！服装不是挂在衣服架子上，而是散落一地。靴子和运动鞋扔得遍地都是。孩子们需要自己去找靴子或运动鞋。慧勒老师决定就这个问题开个班会。
>
> 她要求学生一起出谋划策。大家出的点子都只限于惩罚或奖励：“如果我们的靴子没有放在它们该在的地方，就让我们都待着，不准休息”，或

“如果我们把它们整理得整整齐齐的，那就给我们发糖果吃”。这是孩子们唯一知道的选择类型，因为这些点子都来源于他们的经验。谁都想不到还有其他解决问题的方法或帮助他们更有责任感的方法。孩子们在进入学校之前，就已经体验过行为矫正法。

如果在奖励和惩罚之间做出选择，孩子们自然会选择奖励。慧勒老师的直觉告诉她，为了整理服装区而给孩子们分发糖果是错误的，但是她没有更好的办法。因此，当孩子们匆匆整理好服装区后，慧勒老师就给他们分发了她藏起来的糖果奖品。当然，第二天，靴子、鞋子和外套仍然一如既往地凌乱不堪。

奖励整个班级是一回事，奖励个体则是另一回事。有人说，他们不用惩罚，只用奖励，但得不到所期待的奖品就是一种惩罚。如果其他人也收拾了服装区，却没有得到糖果，这必定会让幼儿不知所措。当教师说她喜欢某些孩子的坐姿，而你也坐得很好却没被点到名字时，这种感觉也像是惩罚。惩罚也可以以这样的形式出现：你的图画没有作为好作品展示出来；等到年末你才获得了“本周好学生奖”；当你弄不清规则时，当众挨批评让你尴尬不已。许多自认为没有使用过惩罚的教师也会有感到自己被惩罚过的学生。权威机构和有权力的成人表示的赞成或不赞成形成了惩罚的情境。即使是一个奖励也可能转变成一个惩罚，正如下面的情境。

这是赖安上幼儿园的第一周。他为自己已经成为一个上了学的大男孩而感到骄傲，并非常努力地做老师要求做的事。他做得很棒，教师给他一个“行为良好标签”，然后把标签放在一个广口瓶里去抽奖品。在一天快结束时，教师只抽出了一张标签，是其他孩子得到了奖品。赖安很吃惊：他原本以为那张标签自然会给他带来一件奖品，作为良好行为的回报。他眼中含泪回到家，伤心得没法告诉妈妈出了什么事。这一体验会怎样影响他对学校以及他与教师相处的态度呢？

一些教师自欺欺人地认为他们没有实施惩罚，但是孩子们自有判断。他们对没有遵守规则的孩子说："我看你已经准备放弃今天的自由时间了。"或者他们让这个孩子在两种他都不想做的事情之间做出一个"选择"，例如：要么立刻完成练习，要么放弃休息时间。这些都不是选择，因为它们都不是自由的选择：它们试图掩盖教师的处罚权，本质上是一种不诚实的方法。尽管行为主义者的主张正好相反，这种虚假的选择并没有教会儿童有责任心，而是造成了与惩罚相伴随的负面效果。

❑ 自成一套的程序

尽管许多学校在使用自成一套的行为矫正程序，《严明的纪律教育：为今天的教育者提供控制的方法》（*Assertive Discipline: A Take Charge Approach for Today's Educators*）是其中最持久、副产品最多的一个。作为其奖励系统的一部分，严明纪律教育法使用最隐蔽的奖励和惩罚形式：集体应急计划。在集体应急计划中，所有的孩子为了奖励必须按指定行事。在指定的时间（如一周或一个月）内，整个集体要求集满一定数目的、针对良好行为的代币（如弹珠）。如果全班得到了所要求的代币数目，他们就能得到一个奖励。这种类型的正面强迫是以同伴压力为前提来设计的。选择这种教育策略的教师希望孩子们能帮助彼此保持良好的行为。例如，如果每个人都遵照指导且按要求做事，整个集体就会得到一个弹珠。如果一个孩子忘记了规则，整个集体就会失去弹珠，这会使整个集体为了得到奖励而陷入危机，也会使儿童与同伴的关系陷入危机。如果你是那个让全

思考

提到童年时期学校里的纪律教育，一些大学生仍然感到深深的羞辱。对于学校里的惩罚，你的记忆是什么？今天，你对这些经验的感受又如何？

行为矫正法只针对表面的行为，而不考虑儿童的感受或行为问题的原因。

班幼儿吃不到爆米花或没开成电影派对的孩子，你会感觉怎么样？

慧勒老师刚刚结束了一个严明纪律教育法的暑期培训课程。她还观看了课程录像，做了作业。当时，她就迫不及待地想尝试一番。培训师李和马林·坎特承诺，如果她按照这些规则管理，她的教室就会井然有序。她已准备将学生的名字写在黑板上，并把一些弹珠放进广口瓶里。

开学第一天，慧勒老师清楚地向孩子们介绍了她的一系列严格规则。在允许孩子们站起来之前，他们都应该坐在位子上。规则一经宣布，他们就应该遵守规则。要想发言，必须先举手并等点到名再回答问题。每次他们做到这些，她就往广口瓶里放一颗弹珠。到了一天快结束时，如果他们得到了足够多的弹珠，他们就能开爆米花派对。

第二天，她告诉孩子们，如果有人忽视了这些规则将会发生什么。初犯时，学生会得到一个警告。第二次犯错时，会将他（她）的名字写在黑板上。第三次违反时，他（她）的名字上将会被画上一条杠，并且在户外休息时间的前5分钟，这个孩子要待在教室里。而画上两条杠则意味着该学生将失去全部休息时间。对于名字上有多于两条杠的学生，老师要通知其家长。（她没有告诉孩子们，为了让家长感到尴尬，那个课程建议她在家长工作的时间给他们打电话。）

艾米丽很焦虑。她说："可是，我对爆米花过敏。"慧勒老师决定拿这个女孩当例子，她说："你没有举手就说话了，艾米丽。举起你的手。"艾米丽重复道："如果我吃爆米花，我会生病的。""艾米丽，你没有举手，所以我把你的名字写在黑板上，帮你记住它。"慧勒老师回答。她对自己快速地处理了错误行为感到满意，并继续讲她的班级规则。但是，艾米丽并没有听慧勒老师对该怎样合适地使用班级区域的详细介绍——每次只能从架子上取1本书等。艾米丽一直盯着黑板上自己的名字，因尴尬而满脸通红。

当艾米丽被安排到阅读区时，她感到非常欣喜，她急切地希望浏览所有的书，于是，她从书架上取下了3本有趣的书，舒适地坐在豆袋椅上，选择最先阅读哪本书。她决定先读《青蛙和蟾蜍在一起》，这本书是她从家里带来的最喜欢的书。这时，她看到慧勒老师的脚步距离她放另外两本书的地方越来越近。慧勒老师俯视着这个女孩并斥责她："艾米丽，因为你没有遵守一次只能取1本书的规定，所以你已选择了在你的名字上画一条杠。你现在将失去一部分休息时间。你可以用这段时间来想想我们班的规定。"

慧勒老师让大家一起注意看她在艾米丽的名字上做记号，她说："我很抱歉，但是我们所有人都必须努力记住这些规则。或许，你可以帮助艾米丽，这样我们才能得到瓶子里的弹珠。"一些孩子朝着艾米丽挤眉弄眼。艾米丽的心里很不是滋味，她恨慧勒老师和她的哑巴规则，她恨学校！

像行为矫正的其他形式一样，严明纪律教育法解决的仅仅是表面行为问题；它没有考虑到孩子的情感或行为问题的原因。此外，这种方法忽视了成熟阶段和与之相对应的行为。它使用权力来获得顺从，忽视了儿童的发展。或许，最大的伤害是，它用羞辱作为惩罚的组成部分之一，严重地伤害了儿童的自尊心。

❐ 翻转你的卡片

在学校里，可以找到各种奖励（惩罚）体系，它们对儿童的行为、自尊心以及关系都有着消极影响。比较普遍的"翻转你的卡片"体系就是"在黑板上写名字"的另一种版本。这种体系常常给每个孩子一套5张不同颜色的卡片，用一组口袋来展示这些卡片以及一系列班级规则。每天，每个孩子开始时都是一张绿色的卡片，意思是"做得好"。如果某个孩子说错话或违反了其他规则，就要求这个孩子"翻转你的卡片"。这意味着把绿色的卡片翻到一叠卡片的后面，露出黄色的"警告"卡。如果这个孩子继续惹麻烦，卡片会不断翻转：黄色警告卡后面是红色卡，意思是会告诉父母；还有一张橘黄色的"严重条款"卡，意思是会立刻叫父母来，并要求孩子去校长室。现实中有各种版本和不同的教师实施方法：颜色和结果也可能会迥异，黄色或红色代表部分或全部剥夺休息时间。

假设可以通过奖励不翻你的卡片来平衡这种惩罚系统，那么儿童的需要又一次被这种热衷于快速解决的方法忽视了。我们观察发现，使用这一系统的班级中会是同样一批孩子在不停地翻他们的卡片；这些孩子很快被别人贴上"麻烦制造者”的标签，也会没有朋友。你认为这改善了他们的行为吗？

一套僵死的规则系统也存在着公平问题，它没有考虑破坏规则的原因。一旦你忽视了儿童行为背后的原因，你就失去了真正做出改变的机会。

艾拉认为，她班里的“翻卡片”不公平。她说，有一次，因为瑟奇戳她，她叫他住手，结果被要求去翻她的卡片。老师没有看到瑟奇的所作所为，只看到了艾拉的回应。艾拉还说，每个人都听到老师对她喊：“艾拉，翻你的卡！”这让她非常尴尬。

❑ 暂停

暂停是相当普遍的学校惯例。尽管人们常常把它看作对旧式“站墙角”惩罚的改进，但事实上两者之间并没有太大的区别。对比暂停的各种使用方式，有助于你理解行为主义与其他纪律教育方法之间的区别。

在中途岛儿童中心，珍妮为她在“圆圈时间”采用的纪律教育方法感到自豪。当所有的儿童都在圆圈上的指定小垫子上坐下时，她开始说：“我喜欢莎蒂这样坐：她的两腿交叉在一起，小手放在膝盖上。我喜欢卢克的坐姿：他将两腿交叉，把手放在膝盖上。我喜欢阿什莱这样坐：她……”直到所有的儿童都老老实实地坐好。然后，她开始她的教育内容。如果儿童坐得不标准了，她说：“我需要你全身心地注意，你不能那样做。请两腿交叉坐好！”一些儿童无法按这种姿势坐着。但珍妮严格规定，当幼儿第二次坐得不对时，在剩下的“圆圈时间”中，他们就要被打发坐到暂停椅上。助理教师雪莉负责看管暂停椅，直到“圆圈时间”结束为止。雪莉怀疑这种方法是否真正有效。每天几乎都是同样一些孩子坐这些椅子，几乎都是同样一些孩子得到很多表扬。

针对类似的问题，加布里埃尔采用了截然不同的方法，这种方法更强调自我管理，而不是依靠外部控制。

> 在午餐前的讲故事时间里，加布里埃尔放松了对坐姿的要求。尽管孩子们想坐在哪里就坐在哪里，想怎么坐就怎么坐，仍有不可避免的问题，孩子们会彼此妨碍或者与坐在旁边的孩子发生争吵。如果他们的不和睦逐渐升级打扰到了讲故事，加布里埃尔就会告诉那些孩子："你们吵吵闹闹，我就没办法讲故事了。我看到你们也很不舒服。你们需要坐在安静椅上，直到你们平静下来，可以互相讨论你们的问题时为止。当你们做到这些，觉得准备好回来听故事时，就可以回来。"

加布里埃尔将暂停作为一种"冷静"。安排暂停是为了解决问题而不是惩罚；她的做法也赋予了儿童权力来决定自己何时准备好重新加入集体中。因此，这是一个相关后果而不是惩罚。丹尼斯则尝试避免问题并解决已经产生的问题。他不仅让儿童选择何时回到集体，而且让儿童选择何时离开集体。他的方法让孩子能够最大限度地控制自己的行为，并帮助他们学会自我监督自己的感觉和需要。

> 丹尼斯知道，度过整个上午之后，学前班的孩子既疲惫又兴奋。如果在讲故事时间，一个孩子很难与他人和谐相处，丹尼斯就会和蔼地问："你独自待一会儿可能就会感觉好点儿。你能到什么地方独自待一会儿呢？"如果这个孩子接受了提议，去图书角读书或去安静地拼图，丹尼斯必定会补充："当你感觉好些的时候，随时可以回来！"丹尼斯能分辨出什么时候孩子们特别烦躁或疲惫，无法再待在集体中。他帮他们懂得：独处有助于他们了解自己的感受并学会自我控制。当然，这时他也会指导哪些是可以做的。

延森老师还提供了另一种帮助孩子们平静下来并满足个人需要的方法。她在教室里设置了一个小的区域，作为私人区域。她鼓励孩子们去装饰这个空间，使它成为当任何人感到烦躁时都可以去的舒适、诱人的地方。延森老师帮助孩子们将这个地方视为当他们需要独处时愿意去的安全港湾。如果她认为某个孩子需要她的帮助，她就会寻找方法花时间和这个孩子一起解决问题；这种方法有时被称为“暂停”。

❐ 表扬

表扬是行为矫正的另一种形式，一般认为它是一种无形的奖励。人们常常要求教师和父母表扬孩子们的可取行为。因此，听到教师做出这种表述是司空见惯的：“艾米莉亚等待的时候多安静啊，我真喜欢。”他们希望其他儿童为了得到类似的表扬也这样。而这样的努力却经常使其他孩子憎恨艾米莉亚，因为他们听出了未说出的信息：“为什么你们这些人不能像艾米莉亚一样好呢？”即使很小的孩子也会迅速学会识破这种不真诚的和控制性的方式。“我为你感到骄傲”是一种最具破坏力的表扬，因为这很可能让孩子们为了对自己感觉良好而依赖你。

表扬与行为矫正的其他形式一样，具有同样的作用和同样的影响。当然，它与其他奖励体系一样，对成绩、自尊、道德自主、自律和内部动机也具有同样的作用。这可能令人难以置信，因为大多数人已经坚信我们应该表扬儿童。然而，有一些令人无法忽视的证据表明，表扬不仅不会增加可取的行为，而且事实上，它甚至会对自尊产生消极影响。

通过描述儿童的行为来回应儿童以及通过提问来表示对他们的活动感兴趣，这就是鼓励。鼓励的结果比表扬要好得多。

如果有人告诉某些人，他们是聪明的、漂亮的或能干的，怎么会让这些人自我感觉不好呢？要回答这个问题，要先考虑无条件的爱对自尊的重要性，然后再想想表扬。表扬并不是说：“因为你就是你，所以你是重要的、值得爱的。”相反，它意味着“我赞美你，是因为你是聪明的、漂亮的或能干的”。让我们想想表扬这个硬币的背面：如果今天某人认为你很优秀，那么明天同一个人也可能做出完全不同的判断。表扬没有让孩子们感到自信，相反它让孩子们感到不安全而且唯恐被拒绝。

表扬常常被推荐为纪律教育的手段，大多数人都认为它是积极的、有益的。几乎没有人认为，表扬是对另一个人的价值的外部评价。当你表扬某人时，你正将自己当成一个权威人物，这个权威人物知道什么才是最好的；同时暗示着你比他们自己更有资格评价他们的表现。这些信息会使儿童依赖他人来告诉他们自己有没有做对。这使得儿童不能做出自我判断，不能形成自主性。表扬也是带有优越感的，因为它暗示着权力的不平等；地位较低的人几乎不会表扬地位较高的人。你会告诉你的老板你为他感到骄傲吗？

❒ 用鼓励代替表扬

那么，你向孩子说什么呢？是不是再也不说其他的好话？你可以学着给予正面的口头反馈，它是替代的评论而不是评价，这种替代评论可以帮助儿童学习自我评价和自我赏识。你可以帮助他们分辨自己的骄傲感或成功感，而不是告诉他们你对他们所获得的成功的看法。我们要传递对他们的兴趣、欣赏和尊重，而不是将我们的判断强加给儿童。有人把这种形式称为反馈性表扬，把有益的表扬与有害的表扬混为一谈。

积极的儿童指导先行者德瑞克斯第一次将表扬和鼓励区别开来。通过描述孩子们的行为以及提问来回应他们，兰迪・希茨和艾米・德里斯科尔称之为鼓励。自此“鼓励”一词才开始广泛使用。“鼓励”描述儿童的行为，询问关于他们的工作的重要问题或为他们参与班级生活表示真诚的感谢。一个鼓励的例子包括：“戴文告诉我，你帮他弄懂了数学。他感谢你的帮助。”“你能不能告诉我，你是怎样解决这个问题的？”“我真的很感谢你帮我清理豚鼠笼子。一起工作让任务变得更有趣了！”鼓励不是评价；它对儿童的行为表现出真正的兴趣和欣赏；它也告诉儿童：他们所做的和所想的都很重要。

简单地描述某个孩子做了什么是代替表扬的一个好方法。例如，对于你来说，与其说“你做得很好”或“我为你骄傲”等话来给出判断，不如将更多的精力放在孩子活动的过程中，描述你看到这个孩子做了什么。你可以说：“我看到你和马凯拉分享了娃娃车，这让她很开心。”你不需要告诉孩子她很慷慨或友好；让她自己对自己下结论会更好一些。用描述取代表扬可能包括这样的变化，比如说“你将所有的积木都归放到正确的位置上了”，而不是说“你真是一个优秀的工人”。这些例子都把注意力从表扬某人转移到强调某人的行为上。此外，它们都关注孩子具体做了什么，也因此提供了更多有用的信息。比起做判断（如“好样的”），描述一个孩子做了什么需要你给孩子更多的关注。儿童能辨别且灵活地区别。鼓励有时被称为具体的表扬，有时又被称为描述性表扬；不管名字如何，研究表明，使用鼓励会产生积极的结果。

提问是另一种可以代替表扬的、有价值的选择。当一个孩子向你展示一幅图画或其他方案时，你应该抵制做出判断的诱惑——一不留神说出诸如“太棒了”或“多漂亮呀”这样的话。实际上，这种反应降低了孩子对他（她）的工作的信心、兴趣和乐趣，并导致孩子日后的表现不佳。比起判断孩子的工作，更尊重和更支持孩子的做法是询问他的工作过程。

哈维尔在画架旁边待了很长时间。丹尼斯去看他正在做什么，哈维尔问道：“老师，你喜欢我的画吗？”丹尼斯正在研究如何使用鼓励而不使用表扬，所以他没有落入圈套。他没有直接回答，而是说：“哇，看看你画的各种颜色！你是怎样决定使用哪种颜色的？”哈维尔说他使用了他喜爱的颜色。于是，丹尼斯和哈维尔简单讨论了为什么他喜欢那些颜色。

丹尼斯看到特里斯坦和伊莱就在附近，他们想炫耀他们搭的复杂的积木结构。丹尼斯跪下来，非常认真地检查它，并问道：“搭这个时最难的部分是哪儿呢？”当他们提及桥时，丹尼斯又问：“你是怎么想出办法让这个桥不倒的？”男孩们详细解释了他们的试误过程，丹尼斯听得很专注。

正如案例所示，对孩子的努力表示热情并非要用表扬。关注孩子的努力过程的评论有助于他们对自己所做的事感觉良好且不会损害他们的自主性。

作为真诚互动的榜样的教师们也极有可能得到来自他们的学生的真诚互动。这里，“真诚”是一个关键词。真诚地表达感激或欣赏的表扬与旨在控制某人行为的表扬具有天壤之别。当你努力减少使用表扬时，首先应注意停止使用评价性的表扬，特别是让孩子与他人竞争的表扬。与公开面向全班陈述某个孩子的表现不同，私下面向某个孩子陈述的控制性更小。

❐ 鼓励是一种有效的互动形式

思考表扬和鼓励与互动技能之间的关系会很有帮助。表扬是一种判断，是戈登描述的另一种“交流障碍”。相反，鼓励可以是印证式倾听的一种形式。这种类型的鼓励是对孩子们所说和所做传递的信息的反应。如果纳特把你叫过去看他的积木塔，你可以从他的表情看出来，他对自己感到很满意。印证式倾听和鼓励针对其自己的感受做出回应，“看上去你为自己搭了这么大的塔而感到自豪”关注的是孩子的感觉，而不是对孩子所作所为的判断。

积极的“我的信息”也是鼓励的一种形式。例如，当孩子做了对你有帮助的事时，衷心的“感谢”就是一个比表扬更尊重人的信息。如果你认为，你确实想给出有价值的判断，那么将你对孩子说的话与你对熟悉的成人说的话相比较，这样，你可能会认为，“祝贺你！”或“天哪！”比“我为你骄傲”更尊重孩子。表9-1为你提供了更多的把表扬转变成鼓励的例子。

表9-1　表扬与鼓励

表扬	鼓励
我为你骄傲！	我发现你帮助布赖斯穿外套了。 你自己就把所有书都收到你的背包里了。 你踢球真用力！差点就把球踢到栅栏那里了。
做得好！	你故事的结尾让我笑了出来。 你去厕所尿尿了！ 是的，“pumpkin”（南瓜）一词是“p”开头的。
（在集体面前对每个人说）我喜欢艾米丽正在打扫卫生的样子。	（私下里单独对艾米丽说）谢谢你帮助打扫卫生，艾米丽。

你是否认识到了表扬与鼓励的区别？你是否清楚外部的成人判断与帮助儿童思考及评价他们自己的行为两者有什么不同？你是否认为值得努力做出这种改变？如果答案是否定的，那么请参阅本章末尾列出的推荐读物中科恩的文章《禁止说“做得好！”的五个理由》（Five Reasons to Stop Saying “Good Job!”）。这跟我

们大多数人之前体验到的有很大区别，它需要我们花时间并为之努力。

小结

本章说明了为什么行为矫正最终可能是无效的。也讨论了为什么奖励和表扬与建立相互尊重的关系是相冲突的。如果要使人际关系能促进关爱并培养出道德自主的人，那么互相尊重至关重要。

一些教师不加质疑就简单地使用行为矫正法，只是因为他们在接受从幼儿园到十二年级的教育时也是这样经历的。许多教师重复使用行为矫正法，是因为他们在实习期间或教学实践中曾亲眼看见过。这两种教师都没有做到智力自主。

教师的伦理道德要求他们阅读研究证据、反思这些证据并使用证据充分的策略来教学。在选择任何指导体系之前，很重要的一点是问自己这样一些问题：

- 这个方法是以学习者为中心的吗？
- 这个方法能教孩子们自我控制、利他、移情、正义以及公平吗？
- 这个方法会提高这个孩子及整个班级的生活质量吗？
- 它会促进班级氛围的改善吗？
- 孩子们会从中学习与他人建立积极的关系吗？
- 他们会学会信任和主动，并最终勤奋地工作吗？
- 这个方法是否立足于行为的原因和目标？
- 它是否容易察觉儿童的发展、生理及情感需要？
- 它是否能帮助儿童成长为独立的个体和集体中的一员？

这些问题的答案基于你对儿童的信任、教学以及你如何认识与你的学生所建立的关系的重要性。最终，你回答这些问题的方式有赖于你如何看待教育的目标。

摘要

- 本章解释了行为矫正法背后的理论：获得奖励的行为理论上会增加，而获得惩罚的行为理论上会减少。本章发出警告：要警惕表扬，你需要小心你所关注的内容。

- 你读到了许多行为矫正法是如何对人的行为造成负面影响的例子。它不会产生长远的积极效果，因为它需要有人随时进行监控并给予奖励和惩罚。我们希望这些信息会影响到你与孩子一起工作的方式。
- 你也许已经意识到奖励和惩罚都是行为矫正的形式，但你可能很惊讶地听到，表扬也是如此。我们希望你会学习使用鼓励来代替表扬。

讨论或反思

1．描述你上低年级时，两位教师使用的不同的纪律教育方法，说出两种纪律教育方法的区别，并说说你认为哪种最有效以及为什么。

挑战一下

2．一个有待解决的问题：柯特尼终于在今天的日记本上写了些东西，而不是只画画——这是一个大的突破！

（1）如果你想表扬她，你会说什么？

（2）如果你想鼓励她，你会说什么？

（3）这两种方法以及它们的目标有何不同？

实地研究

3．花一天时间在一个早教机构做观察。辨别机构中的教师使用的是哪种类型的指导方式。讨论这种方式的有效性，根据上面的提问来思考本章所讨论的指导方式。

4．在教室里进行观察，注意教师关注的焦点。是儿童不当的行为还是其良好的行为更能得到关注？儿童行为的结果是什么？

5．跟孩子们谈论他们因学业成绩而得到的星星和贴纸。儿童是关注学习还是关注奖赏？你认为，得到奖励是如何影响儿童的学习及学习态度的？

推荐读物

Gartrell, D. (2001). Replacing time-out: Part one—Using guidance to build and encouraging classroom. *Young Children,* 56(6), 8-16.

Gartrell, D. (2002). Replacing time-out: Part two—Using guidance to maintain an encouraging classroom. *Young Children,* 57(2), 36-43.

Kohn, A. (1996). *Beyond discipline: From compliance to community*. Reston, VA: Association for Supervision and Curriculum Development.

Kohn, A. (2001). Five reasons to stop saying "good job!" *Young Children,* 56(5), 24-28.

Kohn, A. (2005). *Unconditional parenting: Moving from rewards and punishment to love and reason*. New York: Atria Books.

Kohn, A. (2011). *Feel-bad education: And other contrarian essays on children and schooling*. Boston: Beacon Press.

第十章

惩罚与纪律教育

本章节所涉及的全美幼教协会（NAEYC）标准

标准 1b：知道并理解发展和学习所受的多重影响。

标准 6b：知道并秉持道德标准以及其他幼儿专业指导方针。

标准 6e：参与对儿童和本专业的宣传。

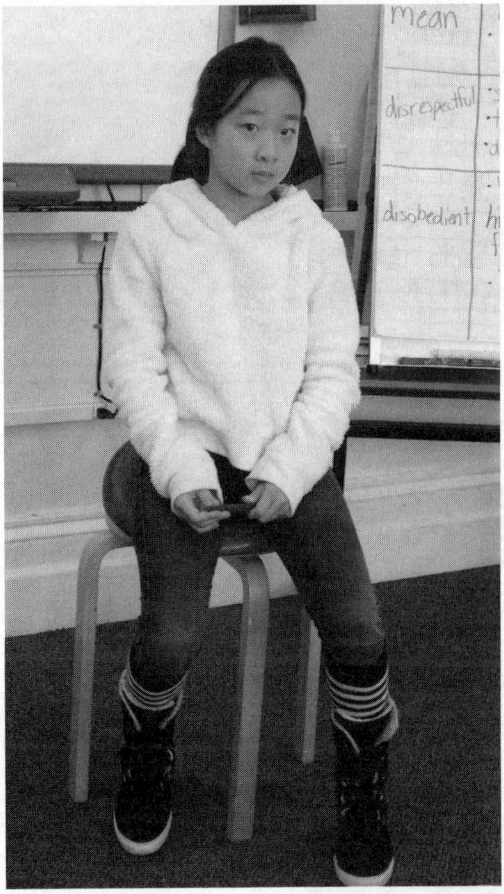

【学习收获】

有了对本章的理解，你应能：

- 解释惩罚如何影响儿童的发展。
- 说出如今还在使用惩罚的原因。

你可曾怀疑过，人们为什么会认为那些让孩子们感觉很糟的事会让孩子们做得更好？绝大多数的证据证明，自我感觉良好的人的行为方式也会更积极，这与刚才那种观点是相矛盾的。让儿童感到害羞、耻辱或伤害儿童都会造成消极的后果，哪怕当下的结果是顺从。

你可曾在学校里看到或听到这样的话：

“也许戒尺会帮你记住。”

“你缺课太多天了：你被延期一周放假。”

“因为你不能保持坐姿，让我们来看看你能不能站好：把你的鼻子对着白板上的圆圈，保持住。”

在本章中，我们讨论了为什么这些方式对于改善儿童的行为而言都是适得其反的。

我们的社会逐渐开始意识到体罚儿童的负面影响。全世界有39个国家已经宣布家长和教师的掌掴是不合法的，这与联合国儿童权利法案是一致的。然而，在美国一个州接一个州推进的过程是缓慢的。尽管在大多数州在学校掌掴学生是非法的，但截止到本书写作时，仍有19个州是允许体罚的。在亚拉巴马州、阿肯色州、佐治亚州、路易斯安那州、密西西比州、俄克拉荷马州、田纳西州、得克萨斯州的一些公立学校中体罚仍然有很高的比例（尽管在不断下降中）。1867年，新泽西州成为美国第一个废除在校体罚的州。第二个是马萨诸塞州，在104年后的1971年废除。最新的废除学校体罚的州是新墨西哥州，2011年废除。

然而，人们还在普遍地使用其他类型的惩罚来控制和指导学生。虽然本章考察了各种形式的体罚及其对儿童的负面影响，但本书主要介绍的是惩罚的替代选项。这是本书第二部分的最后一章，它描述了多样化的纪律教育方法。第二部分从介绍预防为主的措施开始，更具干预性、最不可取的方法则排在结束部分。在本书中，我们解释了为何其他的方法会更好。我们讨论了哪个原因对应各章中描述的哪种方法。然而，无论错误行为是出于什么原因，我们都不认为惩罚是一种适宜的方法。我们认同全美幼教协会的全国职业道德规范，上面清楚地说到该规范最重要的观点就是不伤害儿童。这意味着不许教师在身体或情感上伤害儿童，禁止威胁、不尊重、恐吓儿童。

惩罚的本意是当某人做出了不良行为时，伤害或羞辱这个人，以期望他改变行为。但情感上的痛苦往往比身体上的痛苦更强烈、更持久。你可能还记得因为犯错误而被逐至走廊时所感到的无比难堪；你也许还能感受到孩童时代因违反规定而被剥夺了渴望的外出散步时的绝望和沮丧；或者，你对学校最坏的记忆是当教师讽刺地记下名字时你所感到的羞耻和气愤。这些都是惩罚。

惩罚的结果

大多数使用惩罚的人都相信，惩罚可以改善行为。事实上，由于惩罚可以强制性地将消极行为转为“秘密”行为，因此从表面上看，它可以制止不良行为。这一快速的表面结果使很多人相信惩罚是有效的。然而，广泛的研究证明，惩罚不是纠正行为的有效方法。虽然所惩罚的行为此刻确实停止了，但是更坏的行为可能随之而来。研究表明，父母的人生态度消极的幼儿，从出生就体验到了攻击、挑衅以及发怒。惩罚常常带来严重的负面情绪，它通过各种各样的方式表现出来。

❐ 愤怒和攻击

愤怒是对惩罚最常见的反应。大多数被惩罚的儿童会产生报复的需要，以便在成为他人权力的牺牲品之后维护自己的权力。由于愤怒总是通过攻击性行为表达出来，所以儿童经常通过打人和伤害他人来发泄怒气。这些愤怒的孩子体内的负面情绪就自然流露出来。体验过惩罚之后，儿童就从强有力的角色榜样中学会了如何实施惩罚。因惹大人不高兴而挨打的儿童极有可能打那些惹他们不高兴的、比他们小的孩子。下面的例子清楚地体现了这一点：当凯尔试图证明打蔡斯有理的时候，他似乎是在模仿成人。

5岁的凯尔和3岁的蔡斯并排坐在一起玩磁铁。凯尔想要蔡斯的磁铁，于是准备拿走它。蔡斯抓住这块珍贵的磁铁，从这个比他大的男孩身边跑开，拒绝给他。于是，凯尔追着蔡斯，抓住他，然后打他，让他放弃这块磁铁。当雪莉安慰抽泣的蔡斯时，凯尔不停地重复："他不专心。他不专心。"

受到过其他类型惩罚的儿童也可能会转向身体攻击，他们也会学习其他的报复方法。这些孩子辱骂其他的孩子、毁坏他人的作品或者强抢他人的东西。随后，这些令人无法接受的行为会受到惩罚，进而变本加厉地引发错误行为。许多"坏孩子"的行为背后都隐藏着这个恶性循环。不幸的是，在家里，许多家长都将惩罚作为纪律教育的方法加以使用。于是，在学校里，教师必须处理这些后果。

当延森老师与梅森的父母面谈交流她对梅森的担心时，她的措辞非常谨慎："当梅森不喜欢其他人所做的事情时，他经常会伤害他们。"他的母亲看上去很关心，说："噢，天哪，他做了什么？"延森老师根据自己的观察记录描述了一件事："他不喜欢某位同学唱歌时，就会命令她不要唱。但只停了一会儿，这位同学又开始唱了起来。于是，梅森一边打她一边说：'我告诉你了不要这样做！'每次打人之后，他都说他打人是对的。"梅森母亲的脸有些泛红了。她知道梅森是从哪里学会这一套的，她也知道他是从哪里学会打人的！她责怪地瞪了丈夫一眼。他反驳道："那听起来像是一个正常孩子做的事情。"

这位父亲质问延森老师："当他打人时，你对他做了什么？"延森老师解释了她通常是如何处理这种情境的，她会关心那个受到伤害的孩子，并向梅森示范想得到他所需要的东西时可选择的方法。梅森的父亲斜躺在椅子上，狡黠地说："这种温和的方式对这个孩子不起作用。你必须告诉他不要做什么，然后就不要让他去做！要是在家我就痛打他一顿。"梅森的母亲故意盯着地毯上的图案，设法避开延森老师和她丈夫的眼睛。

可以说延森老师与这对夫妇触及了一个敏感的话题。尽管如此，她还是很高兴她提出了这一点。她承诺会让他们及时知道梅森的进步。同时，对于梅森为什么会表现出这种身体上的攻击性反应，她也有了一些新的认识——他似乎在模仿他父亲。

❑ 破坏关系

惩罚也会使被惩罚的人对实施惩罚的人产生敌意和憎恨。当它破坏了儿童和父母之间的关系时，其结果就格外严重。不论负面情感指向的是父母、教师还是其他权威人物，这些情感都会阻碍积极的纪律教育。人们不想再接近伤害他们或使他们感觉不佳的人。当然更没人渴望听那个人的话或向他学习。一些孩子仅仅避免与其接触，另一些人则可能会设法报复。根据孩子的经验和个性，报复可能会以多种形式出现，一些孩子可能公然目中无人和表现粗鲁；另一些孩子则可能会通过无能并拒绝尝试任何事情来实施报复；还有些孩子则可能变成欺凌弱小者，将更小的孩子作为替代目标。

所有这些对惩罚的回应都是弄巧成拙的，所有这些都只可能招致加倍惩罚，因而把事情变得更糟。它伤害的不仅仅是与惩罚者的关系；被惩罚的

思考

你认识的哪个人看上去非常憎恶权威形象？你知道他小时候经历的纪律教育是怎样的吗？这个人是否也乐于惩罚别人，或像他（她）曾被对待的那样去对待他人？

孩子与同伴之间的关系也可能会遇到困难。由于这些孩子总是用攻击性行为来达到目的，所以其他孩子都不愿意和他们玩耍。因打人或推挤他人而遭拒绝无疑会让这些孩子感到很困惑；受惩罚的经验教会这些孩子，当他们不能达到目的时，伤害他人就是恰当的反应。他们误以为他们的攻击性行为将会有积极的社会性结果。这些幼儿往往最终会被社会抛弃，为了报复他们又会表现出不断升级的反社会行为。

❑ 伤害自尊

惩罚也伤害了自尊，因为儿童是通过别人对待他的方式来了解自己的价值的。惩罚会使孩子认为自己很差，自己是坏的。这种像个没用的人或坏人的感觉可能会成为一个自我实现的预言，导致更加不可取的行为。许多孩子在家中经常体验到语言侮辱，内化了诸如“笨蛋”或“可恶的家伙”等标签，并按此行动。这些词语在学校也许更为敏感，一些教师也会使用讽刺和贬低的方式来伤害和羞辱儿童。受到口头惩罚或体罚的孩子会感到自己不受尊重或没有价值。任何类型的惩罚都是通过让孩子受到更有权威的人的宽恕进而伤害个人的尊严。此外，许多惩罚都是羞辱性的，正如下面的例子所示。

“嘟嘟！嘟嘟！嘟嘟！嘟嘟！”对讲机响了，同时图书馆里的灯也闪个不停。秘书不让挂断电话，因为柜台旁刚进来的一对父母正需要表格。她转向对讲机：“喂，这里是办公室。”图书馆里的管理员听起来好像要发疯了：“伊恩咬了斯爵一口，然后跑出了房间。他在礼堂里，我不能离开集体出去找他。”秘书回答：“很抱歉，现在只有我一个人在办公室，所以我也不能马上出去找他。”背对着留言板的保管员无意中听到了他们的交流，主动提出：“我去找他。”秘书放心了，她给图书馆管理员回电叮嘱道：“乔治去找伊恩。找到他我会通知你的。”

保管员大步流星地走过大厅，他的任务是带回这个任性的孩子。在一楼一无所获，于是他继续上楼，仍然没有看到这个男孩，他又检查了操场。该死的，他还要马上去餐厅营业呢。这个孩子在哪里呢？他想到了盥洗室。

肯定在那里，他看到一个隔间后面的角落里有两只脚。“出来！”乔治命令道。男孩按兵不动，他想知道保管员是否真的看到他了。“马上出来！”乔治重复道。当乔治蹲下去从门底下的缝隙看过去，并要求伊恩“出来！”时，其他在盥洗室里的男孩都笑了起来。伊恩慢慢地打开了隔间的门，像被捕获的动物一样，用眼睛扫视着四周。当他的玩伴埃里克斯和托马斯嘲笑他被抓住时，他的大脑开始高速运转起来。

一出盥洗室，乔治就像抓起一包西红柿一样拎起伊恩。他拖着这个男孩穿过图书馆，一路上这个孩子又踢又打，要求放开他。他的同学都簇拥到门口，看到了这一幕。由于感到羞愧难堪，伊恩的脾气终于爆发了。他从后面重重地踢乔治的腿，但是乔治更紧地抓着他径直向办公室走去，并为自己成功地完成了使命而得意扬扬。将伊恩扔到禁闭室后，乔治宣布：“这是你要的咬人动物！”当保管员向秘书描述盥洗室里的情景时，伊恩觉得自己已缩到了30厘米高。伊恩注意到，柜台旁边正在听他们叙述的女人正是他的朋友托马斯的母亲。伊恩多么希望自己马上消失啊！

不幸的是，这种不尊重地对待孩子的情况并不罕见。它对孩子自尊的伤害是不可估量的。这种情形与成人和儿童之间互相尊重的理念截然相反。

❒ 恐惧

惩罚通过恐惧来控制孩子。这种恐惧使一些孩子既不参加正面活动，也不参加负面活动。如果在没有被告知某些事情不能做的情况下，一些孩子因为做了这些事情而受到惩罚，那么许多孩子就可能倾向于避免参加任何新的活动。他们的策略是对任何可能惹祸上身的事保持警惕。为了满足平安和安全的需要，他们宁可牺牲探索和主动性。因此，儿童对惩罚的恐惧会妨碍学业。在第九章中，我们曾描述过一个使用严明纪律教育

任何类型的惩罚都是通过让孩子受到更有权威者的宽恕，进而侵害孩子的尊严。

法的场景。在那个例子中，艾米丽很少主动讲话或参加活动，因为她害怕教师在黑板上自己的名字下画线，而且她感到丢脸，因为同学们会责备她害得大家没有得到瓶子里的弹珠。下面詹森和摔坏了的手镯的例子则展示了不同方法的效果。

当詹森拿起摔成两截的艾丽的手镯时，他的脸上露出了惊讶的神情。延森老师看出他并不是有意摔碎的。延森老师既承认艾丽对此的关注，也接受了詹森将其作为一个“意外事件”的申辩。她鼓励两个孩子试着倾听这个故事的另一面。

那天晚上，延森老师叫来詹森的父母，向他们解释了所发生的事情。她澄清了一个事实，詹森并不是“淘气”，他仅仅是在检查手镯时有些不小心。她讨论了补偿的概念，并问他们能否帮助詹森想出一个补偿艾丽损失的方法。

几周之后，詹森到校后递给艾丽一个装有儿童手镯的包裹，艾丽很欣喜。这些手镯是詹森用几周时间挣钱买的，他把它们包装好送给了艾丽。延森老师知道，艾丽说的“谢谢你！”和詹森真心说出的那句“不用谢！”绝不是惩罚所能得到的结果。詹森明白了粗心意味着什么，但他因为改正了而自我感觉良好。他会认为自己是一个好孩子而不是一个坏孩子。

可悲的是，许多自己受过惩罚并曾忍受其后果的成人，在照顾孩子时，仍然使用惩罚控制孩子。他们意识到惩罚伤害了他们，但是这种榜样在他们身上已经烙下了深深的印记。

❐ 欺骗

那些仅仅出于害怕惩罚而克制自己的人无疑会变得鬼鬼祟祟的，他们变得善于撒谎和精于其他形式的欺骗。你或许认识一些以这种不诚实的方式生活的人。他们总是暗地里得到他们想要的东西。尽管他们可以表现得很清白，但是他人不久就会明白一切，知道不要再信任他们。诚然，这种行为并不是纪律教育所期待的结果。

最近的新闻头条告诉我们，青少年犯罪呈现令人担忧的上升趋势。公众的反应是“强硬起来”并加重惩罚，同时也惩罚孩子的父母，诸如公布青少年罪犯的名字的建议就是大多数人对如何改善行为一无所知的证据。公然给一个年轻人贴上罪犯的标签怎么能帮助其改善行为呢？当提出的建议关注的是如何预防青少年犯罪而不只是惩罚时，这个计划常常针对的是已陷入麻烦的较大的儿童。而幼儿园教师可以告诉你，除非得到帮助，否则她们的5岁学生中有些人最终可能会进入监狱；问题萌芽早，因此着手解决问题也要早。

通过惩罚的方法来处理问题的那些人需要阅读一份研究报告，该研究报告表明，受到惩罚的孩子入狱的可能性也大。据美国司法部透露，在2001年，几乎3%的美国成人蹲过监狱。服刑人员中几乎1/3的人仍然在接受改造，包括假释、缓刑，有的则仍在当地的监狱。美国的入狱率明显高于其他任何一个工业化国家。惩罚显然不起作用，因为修建越来越多的监狱，关押越来越多的人，这些都没有显著地减少犯罪。

❒ 错过学习的机会

事实上，惩罚破坏了孩子们对恰当行为或不恰当行为的隐性学习。幼儿没有思考过引起问题的行为，相反，以他们对惩罚的憎恨而告终。同时，惩罚关注的是不做什么而不是教给孩子们应该做什么。幼儿需要知道什么行为方式是可以被接受的，需要成人帮助他们理解为什么某些行为比其他行为更好。换言之，他们需要的是指导而不是惩罚。

在下午的自选时间里，儿童中心的主任苏珊注意到教室后排的一些悲伤面孔。这是珍妮的规定，如果一些孩子不能与其他孩子和睦相处，就必须离开游戏。苏珊决定和珍妮一起讨论这个规定。

苏珊见到珍妮，并和她交流了自己的担忧，她认为那些最需要锻炼社会技能的孩子却不能得到这方面的练习。离开游戏时，他们就离开了学习情境。她请求珍妮和她一起商量出解决问题的方法，以帮助这些幼儿学会与他人和睦相处，而不是仅仅将他们逐出游戏。

当她们讨论这些问题儿童需要哪几类学习经验时，珍妮开始考虑指导他们的方法而不是惩罚。但是她意识到，要做出改变就需要大游戏室里有两个以上的成人。“在自选时间，我必须请雪莉或加百利和我一起在蓝色房间工作。”她说。然而，这种改变意味着可供儿童做出的选择变少了。教师必须选择是开放木工区还是绘画区。珍妮认为，这种付出是值得的。有了两个成人的介入，教师就能个别地帮助儿童解决冲突。

苏珊对讨论的结果非常满意。她和珍妮回顾了这种角色模仿和问题的解决，这是最有利于教授社交技巧的。珍妮还安排了一次与其助手的会议，重新审视这个新计划。

缺乏批判性思维　惩罚不仅限制了对可接受行为的学习，也限制了普遍意义上的学习。脑研究表明，引起恐惧、焦虑或羞辱的事件对心理发展具有负面影响。脑研究还表明，惩罚所带来的压力会阻碍执行能力的发展，而执行能力是做出明智的行为选择所必需的。即使是只要求表面、机械的回应，严苛的环境也能抑制心理的发展。粗暴胁迫地命令“按照告诉你的那样做！”和期待迅速服从就是这种环境的典型。在这种纪律教育环境中长大的孩子通常除了机械记忆答案外，很少主动思考。他们会顺从他人的观点，不加批判地接受他人的观点，而不是自己动脑筋思考。一些父母也许认为顺从听起来不错，但他们没有意识到，当孩子进入青少年时期时，他也会这样顺从于同伴的压力。

相反，鼓励反思和其他思考则会促进心理的成长和智力的发展，“詹森和破碎的手镯”就是鼓励思考的一个例子。通过这次经历，詹森开始意识到他的行动和破碎的手镯之间的联系，然后又发现他挣钱和补偿损失之间的关系。这种纪律教育鼓励儿童自我思考，努力理解这个世界。经常锻炼的大脑才会变得更强壮、更能干。

缺少内部控制　对于一些孩子来说，对惩罚的恐惧是他们按社会可接受的方式调节自己言行的唯一理由。当有人监督这些幼儿时，他们才可能举止适宜。但是，惩罚的严重性经常难以抵制不当行为的潜在乐趣。孩子们常常选择先行动后“接受应得的惩罚”。接受惩罚甚至变成了一种对他们勇气的挑战。没有被抓则可能是另一种挑战。科尔伯格对道德发展的广泛研究得出了这样的结论，即惩罚不能促进道德的发展；反之，减少使用成人权力将有助于儿童的道德内化。

惩罚性的纪律教育方式忽视了不良行为的诱因，而且不能帮助儿童将来做得更好。真正改变的机会丧失了。表10-1总结了惩罚的后果。

表10-1　惩罚的后果

- 愤怒和攻击
- 破坏关系
- 伤害自尊
- 恐惧
- 错过学习的机会
- 缺乏批判性思维
- 缺少内部控制
- 欺骗

为什么会使用惩罚

很显然，惩罚的结果与自我纪律教育和自主的目标是完全不符的。惩罚破坏了个人责任感的形成。依赖惩罚的成人寻找的是本书开头所提及的速效方法，但是，因为一些孩子并没有顺从到足够屈服的程度，所以他们不可能得到想要的结果。

儿童的挑战会导致惩罚的升级，继而产生更大的反抗。惩罚明显不能阻止行为，而许多家长和教师仍在坚持使用它，因为他们不知道其他方法。在本章的剩余部分，我们将讨论这种技巧的缺乏以及成人使用惩罚的其他原因。表10-2提供了减少在校体罚的建议。

惩罚明显不能阻止行为，而许多家长和教师仍在坚持使用它，因为他们不知道其他方法。

表10-2 减少体罚的策略

班级里的选择	全校范围的预防策略
设立与年龄相适宜的限制。	让家长了解孩子的发展。
教授冲突解决和协商技巧。	给家长提供关于行为管理的家长课程。
归因，并与儿童讨论其行为。	建立校规来界定教职工对待学生的行为。
示范耐心、同情、友好以及合作。	使用教师的上班时间来讨论什么是合适及不合适的教育行为。
为儿童提供机会练习解决问题。	与社区顾问和心理健康项目组建立合作关系。
鼓励适宜的行为。	提供一套统一的体系，以维护儿童的利益。
和儿童一起设立集体的准则。	
保证有组织性、连续性、可预期性。	

❒ 成人的压力

即使那些不相信惩罚且知道比惩罚更好的方法的成人有时也会使用惩罚。有很多原因会让家长无法实现自己的理念。一些家长竭尽所能也仅能让全家人糊口，还有些单亲家长承受着多重压力；另外一些家长则脾气很坏，难以与孩子相处。有时生活中的小压力也会把人逼到极限。如果这种情况频频发生，那么家长就需要接受咨询。如果这种情况颇为罕见，最好是原谅你自己，尽量挽回，正如下面这个例子所示。

延森老师至今仍然为自己那个夏天的养育方式而感到内疚，她签字让她所有的孩子参加多种暑期活动。当她从足球营地冲到体操馆，或从游泳馆来到舞蹈班时，会对孩子们大吼大叫，并威胁会把他们丢下。例如，有一天，乔伊在体操馆等姐姐时要向延森老师展示她画的画和写的字，但那时延森老师正试图抓住贝琪给她穿上靴子，而艾米正哭闹着想要再玩一会儿。延森老师想要催每个人快点，因为还有一会儿乔伊的日间夏令营就开始了。但乔伊一直要她看自己的作品，最后，延森老师大吼道："停！我现在做不了。"时间表安排得太紧，没有放松的机会，不只是延森老师感觉有压力，她的孩子们也是这样。没有人享受这个暑假。

在以后的暑假中，延森老师把时间安排得相对灵活，这样压力小了很多，也省了很多钱。她可以真正关心孩子们在做什么、说什么，她和每个孩子之间的关系也得到了加强，而不是用语言惩罚来破坏彼此之间的关系。

这个情况几乎不可能发生在延森老师管理的课堂环境中。然而，有时候，某个孩子也会让她无法忍受。在扮演职业角色时，延森老师能够恪守她的职业道德。她绝不会打孩子，更不用说愤怒地揪住孩子。她知道自我控制对有效地解决纪律问题是多么重要。

在上西班牙语课时，梅森一而再地制造刺耳的噪声。森诺拉•卢皮塔一心想使全班孩子对她正在教的西班牙语歌曲和故事感兴趣，但是全班孩子都受到了梅森的滑稽动作的干扰。延森老师试图用目光与他交流，但是他回避了她的目光。最后，她走到他身旁坐下，希望这样能使他安静下来，但是他的破坏却有过之而无不及。

出于对森诺拉•卢皮塔的尊重，延森老师认为必须让梅森离开大家。然而，当延森老师试图让他离开时，梅森不接受这种办法，不配合她。在离开的过程中，他的叫声越来越大，还粗暴地打周围的人，用脚踢延森老师。这是一个多么令人不快的场面，延森老师开始生气了。

她知道，此时她不应该试图与梅森理论；相反，她悄悄地告诉他："我很生气，所以不能立刻和你谈论这件事。等我冷静下来后，我们再来谈这个问题。"

每当你生气的时候，你很有可能会惩罚行为而不是教孩子进行自我纪律教育。我们对相关后果的讨论描述过生气是如何仅仅通过不可避免的否定声调和体态语言就将后果变为惩罚的。同理，生气也会破坏那些让孩子平静下来的技巧。当你被激怒

思考

想想是否有那么一次，你把你正承受着的压力发泄到了某个孩子身上。现在想想，当你承受压力时，你可以通过一种让你感觉良好的方式表现出来。这两种情况有什么不同？

时监禁一个孩子，与一个失去控制的孩子所需要的使他感到放松的拥抱是多么不同。对大脑的研究清楚地表明，愤怒干扰归因思维。知道什么时候你不能从情感上为幼儿提供有益的指导，需要向持不同观点的人求助，这一点非常重要。为了帮助儿童控制他们的情绪，你需要了解你自己的情绪状态，这与儿童的需要是相关的。

❒ 错误的观念

一些成人说，虽然他们不相信惩罚有用，但是还在习惯性地依赖它。很显然，他们不认为自己的行为是惩罚。一些教师当着同学的面侮辱孩子，并将其称为"同伴压力"；另一些教师用讽刺性的回应贬低孩子，并为自己的"幽默感"而骄傲；还有一些教师剥夺了孩子与行为问题无关的一些权利，并称之为"后果"。所有这些回应都会造成伤害、制造愤怒、导致教育失败。事实上，它们都是惩罚，因为它们都造成了情绪上的痛苦。

在"圆圈时间"之前，艾哈迈德做整理的速度出了名的慢。事实上，他不愿意参加"圆圈时间"的活动，因此总是拖拖拉拉的。在珍妮组织"圆圈时间"的活动时，如果有一个孩子不参加活动，就会分散她的注意力。有一天，她决心改变艾哈迈德的习惯。她用响彻整个房间的声音宣布："我们都在等艾哈迈德加入我们的小组，然后我们就能开始'圆圈时间'的活动了。"

所有的孩子都盯着艾哈迈德，他因此感到非常尴尬，赶紧加快了速度。他企图立刻将一篮子的卡车和一盒子的动物一起搬走，可是"哗啦"一声，所有东西撒落一地。他的同学大笑起来，他慌乱中将一些卡车放进了动物盒子。珍妮发现了他的错误，并问道："谁能告诉艾哈迈德，卡车应该放进哪个容器里？""橘黄色的篮子！"一些孩子边享受着教师对艾哈迈德的捉弄边嘲笑他。现在艾哈迈德的眼泪几乎要掉下来了，但是珍妮没有看到他的表情。她再次使用了所谓的同伴压力来使他的行为和大家一致。"艾哈迈德，我们等你的时间将要超过3分钟了。现在，我们必须开始我们的活动了。让你的朋友们等待是不公平的。"艾哈迈德感到相当烦躁，他笨拙地将剩余的玩具收拾起来。最后，教师宣布："时间到！很遗憾，你已耽误了我们很多时间，你真是个慢性子的人。"艾哈迈德发怒了，他想："你一点都不遗憾！我恨你！"

❐ 缺乏纪律教育的技巧

很多人都担心，如果不让孩子们害怕惩罚，他们将会肆无忌惮；惩罚是这些成人知道的唯一的纪律教育方法。他们不了解其他纪律教育方法是如何设定限制并交流对可取行为的期望的。由于不了解其他方法，所以他们就认为他们的选择要么是惩罚，要么是完全没有纪律教育。简单的"要么……要么……"思维在西方文化中是如此普遍，这就是一个例子。

对于很多人来说，纪律教育就是惩罚。一个男孩的父亲告诉延森老师："我不知道还可以对他做什么。打他也不见效。"这就是一个显著的例子。

对缺乏指导和纪律教育的任何担忧都是合理的。与惩罚一样，对儿童实施放任的抚养方式也是具有破坏性的。没有限制或责任的自由是无序的，也是危险的。有时成人必须干预，才能保证儿童的安全，才能帮助他们学习。成人必须帮助儿童，这样他们才能学会社会认可的行为，才能尊重他人的权利。这些理解对于学习它们的儿童以及儿童周围的成人都是有益处的。没有掌握社会认可行为的儿童是不受欢迎的，他们会损坏物品、粗鲁、不顾别人。自然没有人想和他们在一起，这又会使他们产生被排斥的感觉，伤害他们的自尊。理解他人的权利和需要是自律发展的根本。自律不是来源于强制的行为，也不是自发产生的，它是使用建构主义的纪律教育方法进行认真指导的结果。

自律不是来源于强制的行为，它也不是自发产生的，它是使用建构主义的纪律教育方法进行认真指导的结果。

❐ 家庭和社会规范

许多真正充满关爱的家庭都坚信，惩罚将有长期的、积极的结果。虽然他们是出于好意，但他们的认识是基于传统而不是基于实证。他们实施惩罚仅仅是按照他们的父母对待他们的方式来对待自己的孩子，他们没有意识到惩罚对他们自身发展的消极影响。尤其是，他们宣称惩罚会让孩子们变好。当你听到这些的时候，你也许可以试着思考，如果这些孩子没有被惩罚他们会不会变得更好。

在很多文化中，惩罚被看作养育，在这样的文化中，惩罚是一种文化规范，消极后果很轻微。如果其他儿童在家也挨打，孩子有可能就不会觉得挨打是那么糟糕。在家被用惩罚来进行纪律教育的儿童，会发现自己难以理解学校的不同纪律教育方式。

思考

你的纪律教育观是以什么文化假设为基础的？让你适应另一种不同的文化观，你会感到不舒服吗？

正如你所知，惩罚并不只发生在家里；有时候教师会用他们的权力向孩子施加羞辱和恐惧。被教师欺凌的儿童随后也会欺凌同伴。学校文化倾向于忽视这类不适宜的教师行为，而侵犯别人的教师则会称其为纪律教育。然而，我们知道纪律教育会教导并支持儿童学习可取的行为，而恐惧和羞辱则会导致相反的结果。

教育可以作为一种工具来帮助家长和教师学习本书中介绍的其他更有用的方法。大多数关于指导和纪律教育的书都基于研究，它们坚决拒绝将惩罚作为一种选择。不幸的是，某些书的作者并没有儿童发展方面的背景或对相关的研究一无所知；家长可能不知道它们之间的区别，从而误入迷途。你所推荐的建构性纪律教育的书籍或家长课堂也许会成为一种有效途径，来向家长介绍惩罚程度更小的纪律教育方式。在本章和其他章节末尾的推荐读物中，我们推荐了一些我们喜欢的供家长阅读的书籍。

以我们的法律体系为蓝本，一些人认为因破坏规则而受到惩罚是合理的。但是，我们制定的法律体系仅仅是用来控制行为的，它并没有教给人们哪些是可接受的行为或帮助公民社会化。我们的监狱记录很清楚地表明，惩罚不能改善人们的行为；几乎2/3的刑满释放人员在3年内会重回监狱。有记录显示，美国的入狱率是世界上最高的。

社会的暴力传统使得很多人难以放弃使用惩罚的纪律教育方法。电影和电视也提倡以暴力作为“好人”取胜的合法途径。许多运动事件都涉及暴力，这是被大加赞赏的，世界各国领导人也依靠暴力去解决争端。暴力的使用不断得到美化。

然而，社会也认识到了反对使用暴力对儿童进行教育的价值，在法律上和态度上越来越明显地尊重所有人的权利，少数族裔大声疾呼，坚持要求得到尊重。或许，最少抗议的群体——儿童是声音最弱的群体。美国的宪法保障所有人的平等、权利并保护所有人，或许，孩子不久将会受到这方面的保障。教师可以成为幼儿权利的有效提倡者。代表幼儿教师的专业组织，如全美幼教协会和儿童早期教育国际协会，已经针对惩罚做出了申明。作为一名教师，你将有机会加入专业组织并倡导有效的纪律教育以及减少惩罚。

小　结

我们希望不再把惩罚视为合理的纪律教育方法。我们相信，当家长和教师了解了惩罚的危害、掌握了更有效的儿童指导方法时，世界将会变得更美好。那时，不再有人会认为自己毫无价值，欺骗行为会变得更少，为了避免被抓住而付出的精力也会越来越少。个人内部的控制和对他人的关心将会成为道德自主的人们的准则。

摘　要

- 多年的研究已经清楚地表明，惩罚具有负面效果：愤怒和攻击、破坏关系、缺乏自尊、恐惧、欺骗以及降低学习能力。此外，惩罚与某一范围内的精神健康问题也相关。
- 为什么一些家长和教师仍然在使用惩罚？一些人是由于压力过大，一些人是由于没有意识到羞辱和嘲笑也是惩罚，还有一些人是由于不知道还有其他方法。在惩罚中长大的人们常常认为惩罚是对的。

讨论或反思

1．在美国的19个州，体罚仍然是合法的。讨论体罚会如何影响美国的国家目标——“不让任何一个孩子掉队”。

2．当你还是孩子的时候，你曾体验过哪种纪律教育？它是如何影响你的生活、你的态度和你的自尊的？

3．你会如何向他人解释惩罚和纪律教育之间的根本区别？你能将它们之间的差别与道德自主和他律之间的差别联系起来吗？

实地研究

4．观察操场上的一组幼儿。判定哪些幼儿看上去具有良好的社会能力、哪些幼儿看上去富有攻击性；仔细倾听他们的互动。描述成人的榜样是如何对这两组幼儿的能力水平起作用的。

推荐读物

Gottman, J. (2004). *What am I feeling?* Seattle, WA: Parenting Press.

Kamii, C. (1984). Obedience is not enough. *Young Children,* 39(4), 11-14.

Kohn, A. (2011). *Feel-bad education: And other contrarian essays*. Boston: Beacon Press.

Nelson, J., Erwin, C., & Duffy, R. A. (2007). *Positive discipline for preschoolers: Raising children who are responsible, respectful and resourceful*. New York: Three Rivers Press.

Piaget, J. (1965). *The moral judgment of the child*. New York: Free Press. (Original work published in 1932)

Straus, M. (2013). *The primordial violence*. London: Routledge.

第三部分

将纪律教育的原因与纪律教育的方法相匹配

你刚刚读完本书的第二部分，第二部分介绍了不同的纪律教育方法。虽然这些知识是最基本的，但在真实生活中将它们组合起来并非就是万能模式。在真实的世界中，我们首先遇到的是行为而不是纪律教育方法。现在，在第三部分，我们从真实世界的视角来看待纪律教育：我们首先讨论行为，然后追溯第一部分中提到的生理、智力、情绪、社会发展等相关议题。这些关于儿童的信息帮助我们发现行为背后的原因。一旦判断出可能的原因，我们就能选择最适宜的教育方法，然后实施这个方法。这部分的章节将第一、第二部分的信息合并，从而将行为原因与指导策略相匹配。

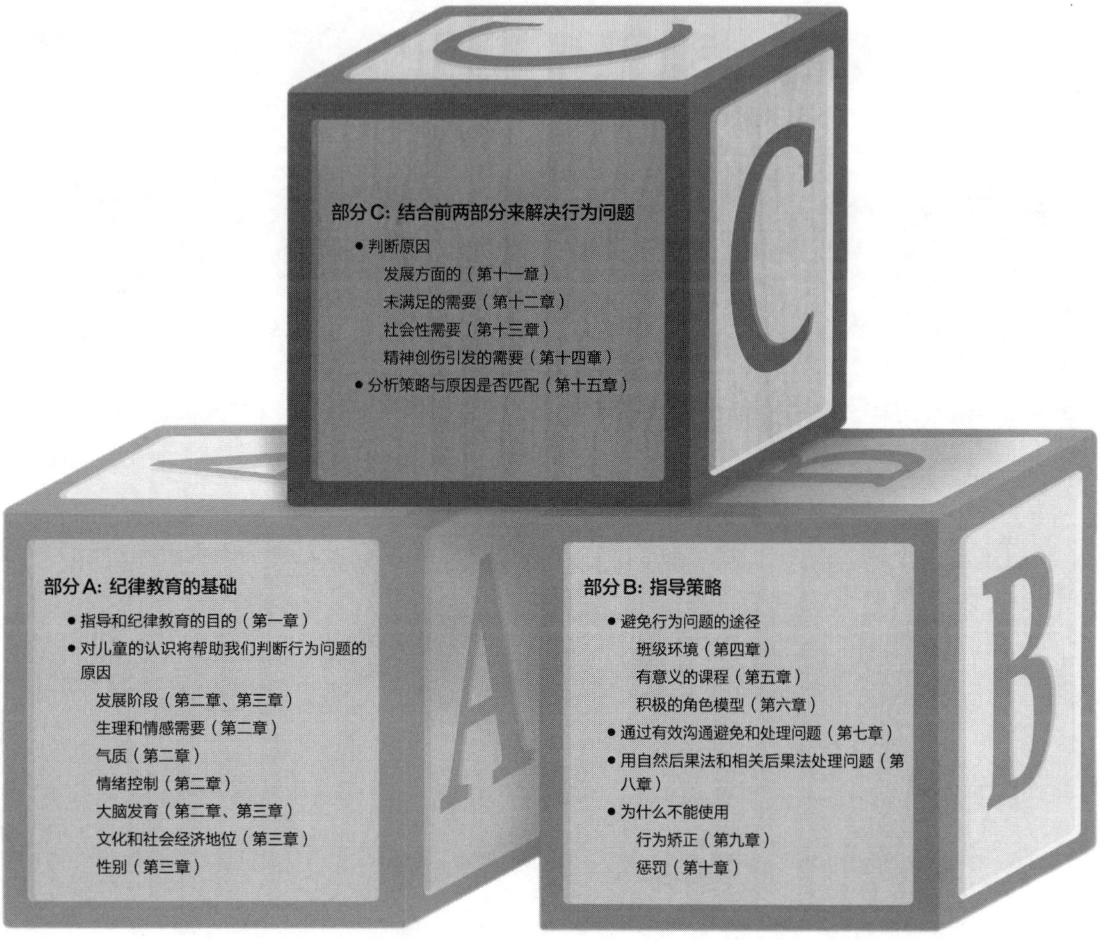

第十一章

幼稚行为

本章节所涉及的2010年的全美幼教协会（NAEYC）标准

标准1a：知道并理解儿童的特征和需要。

标准1b：知道并理解发展和学习所受的多重影响。

标准1c：使用相关的发展知识，创造一个健康、充满尊重并具有支持性和挑战性的学习环境。

标准3a：理解目标、效益以及评价的使用方法。

标准4c：使用协会列出的具有发展适宜性的教学（学习）方法。

【学习收获】

有了对本章的理解，你应能：

- ◆ 通过观察和记录，确定儿童行为的成因。
- ◆ 描述儿童的身体控制是如何导致行为困境的，制定让学习环境更适合儿童的生理成熟水平的策略。
- ◆ 解释儿童表达情绪的方式是如何引发冲突的；描述教师帮助儿童积极沟通其情感及控制其冲动的方法。
- ◆ 辨析某些幼稚的交朋友方法，列出教师用来支持儿童社交努力的成功方式。
- ◆ 描述一个情境表明对幼稚行为的理解，列出教师用来帮助儿童促进心智成熟的有效策略。

“不成熟”（immature）一词的意思是“没有完全长大”，因此，“幼小”也意味着不成熟。“幼小”往往是问题的原因所在，孩子越小，这种情况越明显。幼儿教师们每天都会碰到这样的问题，因为他们所教的孩子还缺乏顺利地适应日常生活所需要的能力。有经验的幼儿教师知道每天都会有泼洒、跌倒、吐口水、咬、打、哭或尖叫等情况发生。这些行为问题可以直接归咎于不够成熟、沟通能力没发展好、社交技巧太幼稚以及其他非常正常的方面。了解典型儿童发展知识的成年人能够清楚地区分“不良行为”和“幼稚行为”。这种区分是进行有益指导的基础。大多数人都会意识到婴儿是非常无助的，我们能预料到他们在需要未得到满足时会哭泣。从一个无助的、哭泣的婴儿到一个更有能力的大孩子的成长过程是复杂且需要时间的。在引导婴儿、学步儿以及幼儿走向独立的过程中，成人要耐心而温柔。

现在是学前班的游戏时间，每个人都很忙。虽然绝大多数儿童都能较好地合作做游戏，但仍然有些孩子还有待学习：凯尔刚刚打了索菲亚，乔治抢了奥利维亚的玩具，梅根弄湿了她的短裤，杰克正因某些事情而在歇斯底里地哭号。这正是幼儿们平常的一天里的某个片段。这些例子是少数孩子的典型行为，但其实值得我们深入研究。这种种不成熟也是孩子们之间行为问题的原因所在。本章探讨了因为不成熟而导致的幼稚行为以及“孩子就是孩子”，对于某些特定的不成熟案例，本章也介绍了一些恰当的回应方法。

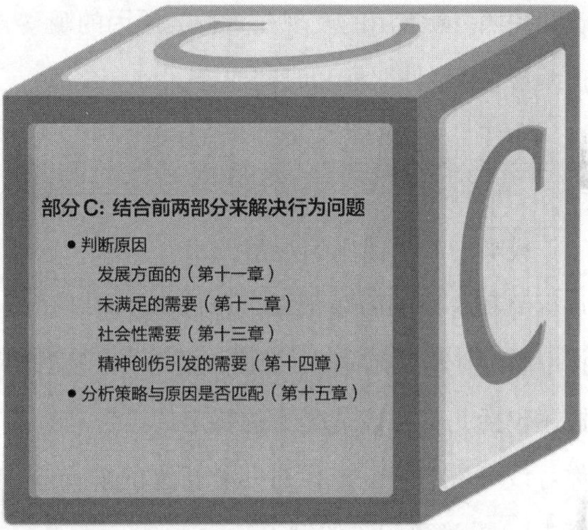

了解了不成熟行为所带来的问题，你就可以找到更多解决这些问题的方法。你所面临的挑战是如何精确地确定问题的原因。确定了原因，你就可以为这些儿童提供合适的教育方法或对课程进行必要的修改。相同的行为可能是由不同的原因引起的，你需要努力发现其原因。这需要深入的探究。可以通过查阅书面文件来找到答案，例如入学申请表；也可以通过与孩子的家庭成员或熟悉孩子的其他成人谈话来寻找答案。教师也可以通过仔细观察孩子的行为模式来确定孩子对环境的理解程度。

观察行为是发现行为模式及问题根源的唯一方法。第十一章的重点在于分析典型的幼稚行为，这些行为会给成人带来烦恼，但实际上它们是由于幼儿在能力水平上的不成熟。在这一章，我们描述了教师如何从这类行为追溯到对应的所缺失的技巧并理解儿童；随后，我们叙述教师如何能最好地处理这些问题。有时这意味着调整期望使之符合儿童的能力；有时也意味着为儿童提供所缺失的信息或帮助儿童学习所缺乏的但很关键的技能。

思考

你以前有没有听说过他人用“幼稚”这个词来辱骂某人？当幼儿表现得幼稚时，这意味着什么？幼稚行为是我们期待儿童表现出的行为吗？

通过观察并记录行为来确定其原因

对儿童行为模式的数据采集是满足儿童发展需要的基础。所有高效的教师都会使用这样的数据来制订教育计划。同样，为满足儿童社会和情感的长期目标做准备也需要如此。教师可通过多种技术来观察儿童的行为，包括做记录、录像、录音和拍照。最常用的发现儿童行为原因的观察方法是书面记录，例如做逸事记录、连续记录、事件取样和时间取样。

❐ 逸事记录

教师们广泛使用的观察技术就是逸事记录法。它是指在某一特定情况下对儿童行为和言语的简短记录。绝大多数逸事记录包括观察日期、观察地点（例如科技中心、围坐交流时间、现场人员等）以及对情况的清晰客观描述。对事件的客观描述包括儿童在该情况下的特定的语言和行为。该记录不包含主观的信息，例如你对该事件的感觉或你对儿童行为的解释等。以下为一个“客观”逸事记录和一个“主观”逸事记录的例子。

> **“客观”**：当公交司机让S在教室门口下车时，S哭了起来。她坐在图书区的椅子上，对任何互动都不理睬，这种状况持续了约8分钟。然后，她参加晨会并问：“你今天会读《愚蠢的萨莉》（*Silly Sally*）这本书吗？”
>
> **“主观”**：S今天到校的时候不开心。今天早上她可能在家里过得不顺利。

你会注意到：客观的观察包括描述儿童的行为及语言。也许在场的每个人都会认同所记录的行为是精确的。而主观性的观察是从儿童的情绪上得出结论并对儿童的行为做出无事实根据的解释。可能会有多种不同的解释：有人可能把这种行为解释成悲伤，而另一个人可能会把这看成受到了惊吓，或许还有人会将其归因为孩子饿了或者累了。只有通过客观的观察来收集足够的数据，我们才能对行为后面隐藏的真正原因做出相对精确的判断。通过一系列的观察，我们可能会发现某种模式，这将帮助我们形成更精确的解释。今天，很多教师能够用手机或班级录像机捕捉行为观察记录。这些能够帮助教师准确、仔细地记录行为的各个方面，非常有必要的是必须得到儿童父母的同意并对内容保密。

❐ 连续记录

通过一个“连续记录”的观察表，我们可以同时记录下客观和主观的信息。观察者使用三栏：左边窄的一列（第一列），记录的是时间，间隔为几分钟，特别是当儿童换了活动或玩伴的时候。中间宽的一列（第二列），客观地记录了观察者听到和看到的。这里包括细节和引述。第三列比第二列窄一些，通常仅有一些偶尔的、主观的想法和问题。连续记录类似于表11-1。

表11-1　连续记录

时间	客观观察	主观解释或行动步骤
8:15	S 快步走向扮演游戏的中央，今天这里搭建得像一间杂货店。他穿好围裙，戴上帽子然后走向收银台，打开收银机后拿起游戏币说：“我要拿这些钱。”	
8:19	T 也加入进来，S 皱着眉头大声说：“你不可以有这些钱。” T 回答说：“我要给我的宝宝们买冰激凌球。” T 给了 S 一些游戏纸币，S 笑了，接过钱放在口袋中。	S 也许需要帮助来区分想象和现实。另外，教师要经常向小朋友们解释，游戏币不能带回家。

❐ 事件取样

在发现儿童的行为模式上，事件取样是另一种有用的观察方法。但这种方法不能精确地确定其原因。举例来说，如果你注意到艾莉森是在操场上而不是在教室里打其他孩子，你就应该计划一次与操场上所发生的事件相关的观察。为了获得事件样本，在该行为发生时，你必须持续关注艾莉森。一旦目击了该行为，你就必须记录该行为发生前的活动以及后续发生的事情。

对事件过程的记录可以帮助你揭示行为的原因以及该行为的后果或目的。该行为之前所发生的事是情绪反应的引发因素。成人往往忽略这些引发因素。

伴随引发因素的是动作的目的，但不一定是行为的原因。例如，如果艾莉森看到一群孩子互相掷球，然后她打了其中一个孩子并得到球，我们可能会推断该行为是为了得到球。然而，我们并不能百分之百地确定。关于这一点我们要问自己的是：在打别人并拿到球之前她做了什么？她有没有观察整个团队？她有没有要求拿球？在视线范围内是不是有其他球？她是不是尝试过加入游戏？是不是其他孩子扔球的时候偶然打到了她？是不是其他孩子不让她加入游戏？他们有没有邀请她一起玩？引发因素往往揭示了儿童行为的原因，并帮助我们针对其目的做出有根据的判断。

如同逸事记录一样，你必须收集一些事件样本用来揭示儿童行为的模式。例如，通过对操场活动进行几天观察之后，你发现每次当艾莉森看到其他一组孩子在游戏时，她就会出现打人的行为模式，你可以总结出她在操场上加入游戏还不熟练。需要记住的是，孩子的发展是不均衡的，所以我们不能期望他们在任何情况下都能使用自己拥有的技巧。有些孩子只擅长参加教室里安静互动的游戏；但对于室外的高强度活动，例如追人游戏或者是球类游戏往往不擅长。这也许是艾莉森没有机会参与室外小组游戏而且不知道如何加入游戏的原因。

如果一个学步儿经常咬别的孩子，那么事件取样就非常有用。该方法可以帮助精确地查明，是不是某个孩子一直受害，或是否这样的事情经常发生在拥挤的角落或发生在孩子饿了、累了或沮丧的时候。通过记录同一行为的几次发生过程，教师有时可以改变触发此类咬人行为的环境。例如，通过仔细的事件取样发现，当哈米德在拥挤的角落时经常咬其他的孩子，在孩子们开始拥挤进入某个区域的时候，一位看护者可站在哈米德和其他孩子中间，通过将其身体作为一个友好的障碍物，来给哈米德足够的空间来玩玩具。当他的语言发展到一定

密切的观察和数据搜集对于判断某个儿童不良行为的原因常常是必要的。所搜集的信息会引导你规划出有益的干预措施。

程度时，他就能用语言而不是通过咬来表达沮丧了。

❐ 时间取样

时间取样是另一种观察技术，该方法可以让你对某个儿童的发展有个概览，同时对于确定行为发生的频次和在何种情况下发生这样的行为非常有用。在很多案例中，成人概括化了儿童的行为，例如，说苏西很害羞或约翰很好斗。然而，很可能苏西并不是在所有场合都害羞，而约翰也不是在所有场合都好斗。有时，通过时间取样可以让你得到更精确的看法。

在时间取样中，根据预设的时间框架来记录行为。例如，如果一名教师不太清楚夏农是否适应了上课，他可以用手表或手机来设定一个定时器悄悄提醒一下，或隔10分钟或15分钟提醒一下。在每个时间点，他记录下时间并简单地草记夏农在做什么。一两天后，通过记录结果可以比较清楚地看出夏农更喜欢和某些特定的小伙伴玩或更喜欢参加特定的活动。此类信息可以帮助教师安排实验伙伴或桌次来增强夏农的自信心。注意，关注某一行为没发生的环境，因为它常常是你确定如何调整环境来减少不良行为发生的关键。

❐ 收集观察资料的策略

一天中的任何时间，你都可以收集观察资料。收集观察资料最容易的时间是当孩子们自己独立工作或进行小组活动的时候。在操场上、在餐厅里或在孩子来校及离校的时候进行观察，会帮助你确定孩子们在成年人不在场的时候如何互动。参加孩子们的小组活动时，你也可以草记一些小便条。如果孩子们问你在写什么，你可以告诉他们真相——“我在写一个故事，关于你在阅读时间做了什么。”

思考

通过仔细观察某个孩子，你了解到哪些细节？在与家长合作的时候，这些儿童发展记录是如何帮助你的？

❐ 自我评价

自我检查也是一个重要的领域。评估你和每个孩子的关系。你的班级环境是有序且可预期的吗？你可曾清晰地规定过2 ～ 5个积极的行为期望？你的回答是否前后一致？这是一些在必要的自我评估中，教师应该定期回顾的。

❐ 与家庭合作

本书中经常提到，在你试图找出孩子行为问题的原因时，从孩子的家庭获取信息的重要性。倾听那些最了解孩子的人是理解他们的关键。你与家庭建立的关系在帮助他们支持孩子成长的过程中起着关键作用。全美幼教协会建议，与家庭的交流包括平等地分享想法。研究表明，孩子们在母亲为其搭建支架的情况下，会在多个领域的发展中取得更好的表现。向家长询问孩子在家里的行为模式可以帮你判断出如何最好地与孩子相处。许多家长欢迎讨论典型的学前行为，特别是当他们关注成功和需要的领域时。如果学校能帮助家庭更好地了解正常的儿童行为，可能会很有帮助；这可以让家长更好地了解在抚养孩子过程中的某些沮丧情绪。年幼的孩子需要理解和接纳他们的家庭以及那些欣赏他们本来面貌的老师。

幼稚的身体控制：生理不成熟

现在让我们开始思考生理不成熟带来的典型问题。我们还会考察与情感、社会性和智力发展相关的不良行为的成因。表11-2提供了这些行为的概览。

❐ 不能安静地坐着

孩子们常因不停地动来动去而惹麻烦，因为成人不希望他们这样。不能长时间地静坐是幼儿生理局限的另一个例子。强迫幼儿长时间地静坐或控制他们的身体会带来问题。幼儿无法满足教师的不合理期望，他们会不顾教师的要求动来动去。让我们进一步探究如何来满足这样的需求。

首先，教师必须放弃让儿童久坐并长时间地保持安静。教师理解、接受并适

表11-2　由不成熟导致的行为

缺乏	导致
大肌肉的控制	碰撞
注意力	扰乱集体活动时间
精细动作协调	泼溅
膀胱的控制	尿裤子
表述性语言技巧	打人、踢人、咬人
情绪控制	发怒、号哭
社交技巧	抢夺、打人、踢人、咬人
观点采择能力	撒谎、自私、打架
对所有权的理解	不打招呼直接拿走
遵守规则的能力	欺骗

应儿童需要活动的生理需求，可以避免很多潜在的行为问题。你当然不想成为问题的制造者。并且，你会发现改变自己会比改变其他人容易得多。

其次，你需要根据身体活动的水平来分析你的课堂以及教学计划。儿童需要大量的大肌肉运动。疾病控制预防中心（2010）最近一项广泛的研究揭示：大量的相关文献都表明体育活动能够对学业成绩产生影响。不仅没有有害的影响，相反，在上课、休息、学校基本的体育课或额外的体育活动中，增加体育锻炼还会给学业成绩带来积极影响。

对于一位好教师来说，通过活动来促进平衡是非常重要的。注意缺陷多动障碍以及诵读困难障碍都与平衡失调有关。平衡的发展分三个重力面：垂直的、水平的和斜面的。通过滚动、旋转、翻筋斗和摇摆等活动可帮助儿童增加大脑中的联结。同时，也需要让手臂、肩膀、躯干肌肉参与活动，因为相对于下肢肌肉，这些肌肉用得更少。如果很好地配备了多项有用的工具，木工区会大有可为。如果你的课程没有包含这些，那么一些大型、中空的木块会是非常好的有利于上半身发展的玩具。要确保儿童有足够的时间和空间来使用这些玩具，同时用多种小道具来激发孩子们的兴趣。扮演游戏也同样可以促进身体活动。

丹尼斯为便于孩子们游戏建了一间健身房。他的很多学生的家长在上班前或下班后也会去体育馆进行锻炼，所以这些孩子都很熟悉此类健身活动并很高兴他们也有了自己的健身区。丹尼斯安装了常见的学前班健身器材，例如平衡木和攀登墙以及他自己制作的器材。

一位家长主动帮忙把一辆学校的三轮车改造成固定式健身自行车；加布里埃尔和雪莉将塑料瓶装满沙子作为配重；在地面上铺上塑料地毯以便于做健美操；丹尼斯还带来了一些录有活泼音乐的CD[1]，用于有氧运动；固定的儿童梯凳用来跳踏板操。老师们和孩子们一起开心地活动，并展示了一些不常见的运动。无论男孩还是女孩，都被这个地方吸引，在整个冬季户外游戏活动不能进行的时候，这个地方变成了教室里不变的一部分。教师们注意到，当孩子们在这个健身中心活动后，他们围坐成一个圆圈，读故事或听从指令时更专心，也更容易做好。

思考

想想你认识的在集体保育中或学校中惹麻烦的孩子。如果允许他们更多地活动，你认为他们能够在多大限度上更好地集中精神或避免惹麻烦？

允许孩子们在教室里自由活动并找到让身体舒服的位置，能满足儿童活动的需求。了解儿童身体发展的教师会为儿童动来动去找到真正的原因。这样的教师也会敏锐地觉察到班集体的能量水平。她们知道孩子们扭来扭去、频繁地找借口活动，如要喝水，想上厕所抑或就是想走，这些都是孩子们需要运动的征兆。这些教师会明白，往往这时孩子们唯一应该做的事就是一起把课桌推到一旁，做一些积极的游戏或唱首活泼的歌！

运动能够与课程的很多方面相容。在做美术设计时，儿童可以用到大肌肉，因为它需要宽幅纸和大的工具，例如，可鼓励孩子们在大纸板箱上使用大毛刷来作画。在数学活动中，孩子们来回移动大型手动工具或练习，一一对应就可以提供运动的机会。下面的例子展示了即使通常是久坐不动的活动（如阅读），也可能满足幼儿的运动需要。

[1] Compact Disc 的英文缩写，即激光唱片。——译者注

延森老师让安德里亚（她指导的实习教师）带一组孩子去图书角一起阅读《三只小猪》的故事。几乎所有的孩子都坐好并找到了放置自己的书的地方。但是伊莎贝拉、詹森和特雷就是不能坐好，他们互相推挤争抢座位，像玩杂耍一样把书扔在想放的位置上，胡乱翻书并间或扔一下书。安德里亚难以让他们安静下来读书。在这样混乱打闹的状态下，她怎么能把故事读完呢？为了寻求帮助，她找了个借口离开了一会儿，向延森老师诉说了她的困境。

考虑到早上是孩子们精力最充沛的时候，延森老师建议他们尝试表演故事。安德里亚去问孩子们他们是否想做这样的游戏。当然！你猜安德里亚把三个小猪的角色安排给了谁——伊莎贝拉、詹森和特雷。他们去附近的积木区建造自己的房子。她安排卡特和他们一起，卡特是个喜欢读书的孩子，他担任旁白的角色。当轮到那个部分在故事中出现时，卡特就带着故事书到建筑工地。安德里亚则朗读狼的那部分以帮助推动游戏。当卡特读旁白的时候，"小猪"们开始拼命地盖房子，同时声情并茂地朗读故事中小猪的部分。当安德里亚发怒和咆哮的时候，孩子们就开心地尖叫着争先恐后地跑向另一座房子。他们再也不互相推挤或扔书了，而是每个人都参与到了故事中。

安德里亚可能已经花了很多的精力试图压制孩子们表面上的行为，幸运的是，延森老师准确地识别出孩子们分心是他们需要活动的表现，这种需要是不能忽视的。她推荐的纪律教育方法从根本上解决了问题，而不是放弃原计划的课程。

延森老师了解她的学生并且明确知道那些行为（如伊莎贝拉、詹森和特雷不能一直坐着）的原因。但是，同样的行为可能是由不同的原因引起的。这些"捣蛋鬼"不配合的原因可能是他们无法读懂这些材料，或者恰恰相反——材料对这些孩子而言缺乏挑战性。往往会有多种原因，而这些原因为有益的成人干预带来了更大的挑战。

如果没有从孩子那里得到信息，我们就不可能精确地对问题进行诊断。如果没有精确的诊断，纪律教育的方法可能就会偏离正确方向。为了更好地了解学生以更准确地推测问题的原因，我们应该与孩子及家长建立起真诚、可信赖的关系。

❐ 协调能力不成熟

在学前班里，在吃点心的时候果汁泼洒到地上是每天都会发生的事。这常常是协调能力不成熟的结果，对幼儿而言是正常的。提供适合儿童尺寸的壶以及家具可以促使孩子们发展独立自主性，但是这也不能消除所有的泼洒行为。对于这种不可避免的现象，成年人应该现实地应对，如手头拿好毛巾随时擦拭。当孩子们把他们的错误打扫干净，皮亚杰称其为“复原”，我们将其理解为帮助孩子承担起自己的责任但又不让他感到难受。教师们也可以把餐桌放在易清洗的地面上，这样果汁泼溅就不再成为难题。上述这些准备可以帮助教师变得从容，从而对发生的错误做出富有成效的回应。

思考

想想当你制造了一个大的意外事故或犯了很大的社交错误时，你感觉如何？其他人对你的反应是如何帮助或阻碍你恢复的？你希望在孩子们之中形成什么类型的社会氛围？

遗憾的是，不是所有成年人都能意识到泼洒是学习倾倒技能不可或缺的一部分。一些人甚至认为通过对孩子喊叫能提高他（她）的倾倒技能。成年人对泼洒很常见的反应是“不可以再这样了！”或“这是今天第三次了，你就不能小心点儿？”。还有些成年人用剥夺儿童练习机会的方式简单地减少泼洒现象。上述两种反应对孩子的技能发展都会产生负面作用。这两种方法都伤害了孩子的自尊，也阻碍了其自主性的发展。对孩子喊叫会让幼儿感到羞愧并且不敢去尝试；替孩子们做事情也会使他们感觉自己无用和无法获得成功。这两种反馈都会引发无助感。相反，清扫泼溅到的地方则会使孩子们感到他们是能干的，并为此

幼儿需要练习身体技能。在练习中会有许多小的泼洒或意外，但他们练习越多，就会做得越好。

感到自豪。

幼儿经常因与自己年龄相应的笨拙而体验到负面的反馈。作为教师，你会注意到不仅是其他成年人，包括儿童自己和同伴也都缺乏对此类事情的敏感性。下述的例子说明了如何为“复原”提供机会，从而让某个意外事件中涉及的所有人都感觉更好。这也是一个“相关后果”的例子。

在创作台旁，索菲和爱娃忙着从书上剪下图片，将很多丝带、贝壳和泡沫塑料用胶水粘贴在大纸上。爱娃不小心把一些白胶溅在索菲的纸上，索菲为她的作品溅到胶水而沮丧地大叫并且很生气。爱娃不停地、一遍遍地说自己有多么抱歉，但索菲还是一直大叫。

加百利赶紧过来救场，爱娃看起来很害怕并且担心受到老师的惩罚。加百利先是安慰爱娃“事情已经发生了”，然后把注意力转移到正在尖叫的索菲身上。“我知道你正在为你的作品感到生气，但是这样大叫的话会伤害每个人的耳朵，让我们一起想办法补救你的作品。爱娃对把胶水溅到你的纸上感到很难过，我相信她会帮助你把它清理干净的。用什么来擦胶水好呢？”

爱娃确实想帮忙，她建议可使用面巾纸来擦掉胶水并跑过去拿了一些。两个女孩一起仔细地把多余的胶水清理掉，清理后的纸看起来像新的一样。她们又可以继续一起做手工了。

上述事件在儿童成长中可能不经常发生，但确实是成年人可以参与的、儿童成长的一部分。

在戴维斯老师的二年级班里，一些孩子正在为一个课堂项目忙碌地画着。工作台放在教室里没有铺地毯的区域，这个区域是专门用来进行这样凌乱的活动的。这样的安排很对，因为不用多长时间，蓝色的颜料就开始洒落在台面上，又从台面流到矮一些的橱柜上，然后又流到地面上。孩子们画得很开心，他们忘情地作画，同时在地面上到处留下蓝色的脚印。

戴维斯看到了这个混乱的局面，说道：“我看见颜料洒出来了很多，你们活动后要花很长时间来清理，你们想想，有没有什么好办法？”他也问孩子们有什么办法来避免鞋子上的颜料弄脏地毯。他帮孩子们找到了海绵和纸巾，因为他们决定用这些材料，但戴维斯让他们自己来使用这些材料。他很高兴地发现他的学生们自己想出了办法擦干净鞋子并把颜料都清理干净。实际上，这个清理活动变得甚至比绘画更有趣，吸引了很多没参加画画的孩子来帮忙。很快，一点蓝颜料都看不见了。

❐ 其他生理上的不足

“有人弄湿了地板！”生理上的不成熟有时会导致幼儿不能及时去上厕所。发生这样的事情会严重伤害孩子的尊严，需要小心处理以保护他（她）的自尊心。桑切斯老师记得她的幼儿园老师是如何公开羞辱这样的孩子的。这些孩子必须先洗自己的内裤，然后老师把内裤挂在教室里晾干，让所有人都看得到。桑切斯老师确信自己可以改善这种方法。她知道，这不是一个纪律问题，而是一个生理成熟度的问题。在下面的例子中，她主要关注的是用富有同情心的尊重来对待格雷斯。

在自选时间里，格雷斯正在玩拼图，突然她意识到她必须去厕所了。她感到非常不舒服，但这时不是上厕所的时间。她知道在任何时间都可以要求去上厕所，但这太让人尴尬了，所有人都会知道她要去哪里。她决定到时间了再去。哎哟，哎哟！她没法再憋下去了。格雷斯感到很丢人，但她希望没人注意到椅子周围的地板上的水洼。她快速地站起来离开了现场。她的裙子看起来不是太湿，也许没人注意到她的短裤已经湿透了。格雷斯只是没有想到，如果别人发现她所做的事情，她能否受得了。

“桑切斯老师，有人把地板弄湿了！”内特生气地喊起来。老师平静地回答道：“我想弄湿的地板必须擦干，现在我们得注意不要踩到上面。”桑切斯老师注意到格雷斯的裙子湿了并且看起来很拘谨。她迅速把这些片段联系了起来，并且意识到这个害羞的女孩现在有多紧张。老师现在面临的挑战是把地板擦干，帮助格雷斯换上干净衣服，同时保护孩子的隐私和自尊。桑切斯老师注意到离休息时间还有10分钟，她决定等管理员来清理地面时再进一步处理。这样可以减少忙乱。在休息时间也非常适合把格雷斯拉到一旁快速换上干净的衣服并用塑料袋把湿衣服包起来。

如果经常有这样的事情发生，桑切斯老师可以联系一下孩子的家长进一步找出原因。不管怎样，单独的此类事件只是由于等待时间过长造成的。

孩子脾气：沟通能力发展不完善

细想一下打人、踢人、咬人和吐口水的举动。虽然这些行为是不能接受的，但它们通常只说明儿童需要学习用更积极的方法来表达需要和情感。这样做的孩子还没学会如何控制他们发泄的冲动，也不会以积极有效的方式表达他们的情感。我们的工作就是教他们怎么做。

❐ 发展交往技能

对于学龄前儿童，导致此类行为的一个比较常见的原因是他们缺乏沟通能力。幼儿只是一个语言的初学者，他们还没有进行足够的练习以找到他们需要的准确词汇。在受到压力的情况下，他们往往会无所适从。一个愤怒、沮丧或表现出其他烦人行为的孩子往往会在用语言表达感情时有困难，因此，这个孩子会采用打人、踢人、咬人或吐口水来与别人进行沟通。

有效的纪律教育并不只是简单地阻止某个行为，而是告诉孩子们要去做什么。比起说“不要在床上跳”，我们更应该说“在这里跳，这里更安全”。当遇到因缺乏沟通技能而导致的行为问题时，成年人需要帮助儿童用语言来表达自己的想法。幼儿园教师要经常提醒孩子“请用你自己的话说出来”，如同下述划船的情形一样。

三个孩子在晃动的小船里，开心地摇来摇去并假装在钓鱼。3岁的蔡斯走到那里并站在船边。船里的三个孩子继续摇着船，蔡斯开始哭泣并对他们大叫，但没有说话。其他的孩子看着他，并没有停止游戏，蔡斯则继续哭泣和叫喊。

丹尼斯赶过来调解。他俯下身问蔡斯："你看起来非常难过。"孩子知道老师想听他说，于是点头告诉老师他也想玩小船。虽然丹尼斯知道要求一起玩是最有效的策略之一，但在这个例子中，因为他知道蔡斯的个性，所以丹尼斯问蔡斯是否已经用他的语言告诉其他孩子他的要求了。蔡斯摇了摇头说："没有。"于是丹尼斯请他想想可以用什么样的语言来表达他的想法。蔡斯对他笑了笑，然后对船上的其他孩子说："我想乘船。"

感谢老天，他的话起作用了。船上的孩子们停下了船，并让他乘上了船。然后四个孩子继续划船和"钓鱼"。丹尼斯希望这次成功的经历能让蔡斯记住：以后可以通过语言而不是尖叫来沟通。

当语言技能的缺乏导致行为问题时，适当的纪律教育方式是教会孩子这类缺失的技能。在下述的案例中，可以看到延森老师如何帮助爱丽丝找到表达自己的更好的方法。

爱丽丝在教室的一个角落里自己阅读，她刚刚在学校里度过了很累的一天，需要一个人独处一会儿。突然，内森跳到她的旁边并开始大声读他的书，看到有趣的地方还大笑起来。爱丽丝很厌烦这样的吵闹，就踢了他一脚。内森叫了起来，然后愤怒地向老师抱怨："我没有惹她！"在安慰内森的时候，延森老师同时也在思考为什么会出现这样的情况。

她知道爱丽丝白天的时候遇到了一些不开心的事情，也知道她还没有完全恢复过来。延森老师高兴地发现爱丽丝很好地利用教室里舒适的私人空间来安抚自己，但她没注意到内森也跑到了那里，也许，这次延森老师可以把这个事情作为一个教育的机会。

> 延森老师和内森一起去爱丽丝那里，她正噘着嘴，双手环胸且一脸怒容。于是延森老师采用印证式倾听来了解爱丽丝的感受和想法。“你似乎想一个人待在那里。”她说。爱丽丝点点头，仍然很生气，但是似乎变得通情达理些了。
>
> 因此，延森老师决定采用“我的信息”的方法。她鼓励内森告诉爱丽丝他被踢后的感受。内森说：“你弄疼我了，我感觉不好。”然后延森老师试着让爱丽丝也采用“我的信息”的方法来表达她的感受，“你有什么方法让内森知道你的想法？”爱丽丝说：“我想自己一个人待着。”然后她又自然地补充道：“对不起，刚才我发脾气，还踢了你。”

如果这个行为是由其他不同的原因造成的，可能另外一种纪律教育方法更为合适。记住，你需要根据你认为的孩子所需学习的技能来选择纪律教育方法。在这个案例中，延森老师发现需要学习沟通技能，我们有理由相信爱丽丝早就知道踢人带来的伤害。延森老师没有鼓励爱丽丝去帮助内森从伤痛中恢复，因为她知道当一个孩子非常想一个人独处的时候，这不是个让她帮助别人的最佳时间。纪律教育方法的选择是以教师对孩子当前智力和情绪需求的理解为基础的。

❐ 情绪管控能力不足

打人、踢人、咬人、吐口水与尖叫、哭泣以及其他失控行为一样，都可能是由无法调节情绪造成的。有效地表达情绪不是天生具备的，有些孩子比起其他人来说需要更多的帮助。对于学步儿和幼儿，情绪调节是最重要的任务之一，因为情绪既可能促进合作和学习，也可能阻碍合作和学习。成年人需要通过不同的学习过程来支持和训练孩子处理情绪以及有效地表达情绪。

辅导情绪调节意味着将情绪问题看成一个教育契机。这是帮助儿童管理他们多种情绪的非常重要的第一步。接纳孩子的感受也是帮助孩子处理情绪的重要部分。你不需

> **思考**
>
> 为了提升你帮助儿童识别情绪的能力，试着列出一张你能想到的所有情绪的清单。这可能比你想象的要难！

对于幼儿而言，学习分享是一个困难的任务。教师需要介入这些有教育意义的契机，来帮助儿童建构交往、同情以及控制冲动的技能。

要接受孩子的不成熟行为（例如尖叫或打人），但你需要知道他们的真实感受。印证式倾听是表达同情和认可孩子感受的可靠方法。这也让你可以帮助孩子用语言来描述情绪并提供机会来支持孩子思考更多表达感情的有用方法。记住，我们的目的不是阻止孩子表达他们的感受，而是希望他们通过合适的方法来表达。我们常常需要帮助儿童给情绪贴标签。

我们可以看看在下面的案例中延森老师是如何帮助康纳调节情绪的。

午饭前，延森老师给大家5分钟时间整理，这时康纳正在做一个数学游戏。听到老师的提示后，他立刻把手中的卡片和游戏板扔到空中并哭着说："我还没完成我的游戏呢！"然后他站起来跑出教室。延森老师找到他时，他站在大厅的门后，拳头紧握，紧闭双眼，脸也红红的。看得出他正在努力控制自己的情绪，然而现在试图说服康纳并不会起作用。延森老师继续关注教室里的其他学生，他们正在整理。其中还有两个孩子甚至帮助整理了康纳弄乱的地方。很快，大家陆续走到餐厅去吃午饭。延森老师对他们说："用餐愉快！"

现在延森老师有时间去帮助康纳了。他不再紧握拳头，也睁开了眼睛，脸也不那么红了，虽然眼中还泛着泪花。延森老师关切地对他说："你真的想玩那个游戏，是吗？"康纳生气地回答道："是……是的，我以前从没玩过这个游戏，我想玩！"

延森老师请他回到教室，和他一起看班级课程表，指给他看，这周每天都有数学游戏，下周，下下周也是。康纳开始放松下来，他知道他明天还可以玩这个游戏。他问老师："我现在能去吃午饭吗？"很明显，他感觉好多了。

> 在他们一起下楼去餐厅的路上，延森老师问康纳扔东西是不是会让他感觉好些。他回答道：“是的，但我觉得不该这么做，是吧？”延森老师笑着问：“你认为呢？”康纳回答：“是不该这样。”延森老师问他为什么他认为这样做是不对的，他回答：“我不想破坏游戏。”延森老师认为这并不是一个完美的答案，但是康纳在入校的前三个星期里已经取得了很多进步，上周他烦躁的时候还吐了口水。
>
> 延森老师认为，康纳除了需要得到帮助来调节情绪之外，也许还需要花更长的时间来完成这个过渡期。也许学校紧张的教学计划所造成的压力使他很难控制自己的情绪。明天，延森老师会在5分钟提醒前来到康纳旁边，安排他负责打开闪烁灯作为提醒信号。这有助于康纳控制自己，使他体验到自己能够掌控这种曾让他烦躁的情况。

可以看到，延森老师评估了康纳突然发作的原因，在此基础上她综合应用了指导策略。首先，她给康纳一点时间来冷静，然后她使用印证式倾听了解康纳的感受。她也允许康纳使用自己的语言表达想法，并且帮助他正确看待问题。所有这些反馈都能帮助康纳调节情绪。延森老师让康纳最终体验到对环境的掌控，这也是儿童能力和弹性发展的一个重要特征。还可以看到，直到其他孩子去吃饭时，她才开始尝试进行情绪调节的辅导。当你很忙或有其他人在场时开展这样的工作是不明智的。

除了帮助康纳调节情绪，延森老师通过观察康纳的行为，判断出对康纳而言转换活动有困难，因此应帮助康纳更多地感受到对自己一天的控制感。一个行为问题常常有很多错综复杂的原因，因此很有必要考虑所有的原因。

> **思考**
>
> 当你在完美的指导下进入某种环境时，你有没有过刹那的辉煌？为什么会如此顺利？在你反思时，你的感受如何？

对大部分孩子而言，情绪调节的发展需要帮助。因此，好老师会在课程中纳入这一主题。在孩子情绪激动的时候培养其情绪调节能力是非常有用的，但在冷静时进行一些讨论也会很有帮助。木偶戏的角色扮演也是一个孩子们练习更好地表达情绪的有趣方法。海森和比格·汤姆林森认为游戏可以促进孩子思考和讨论情绪。使用艺术的方式来表达有助于幼儿的同一性，同时也让他们能够表达自己的想法和情绪。

和儿童一起阅读关于情绪的书可以引出关于情绪以及如何处理情绪的重要讨论，这些对男孩子而言特别有用。你知道哪些童书是关于情绪表达的？许多孩子从故事《当苏菲生气，非常、非常、非常生气》（*When Sophie Gets Angry, Really, Really Angry*）中学习。你给孩子读过《斯宾奇发脾气》（*Spinky Sulks*）吗？《莉莉的紫色塑料包》（*Lily's Purple Plastic Purse*）则提供了对孩子愤怒的另一种看法。这些故事虽然提供了如何不表露情绪的例子，但都给孩子们提供了机会使其变得比书中的角色更聪明，并提供了改进的建议。有很多经典的书籍即使到了今天也仍然被阅读疗法的顾问们推荐；此外，你可以去当地的图书馆找找近期的可以帮助儿童理解和表达情绪的书。

班级例会常常会有关于情绪的讨论，这有助于善于观察的教师深入了解每一个孩子的想法。有些教师会带来各种脸部的图片，展示不同的情绪，并鼓励孩子们选出与他们的感受相匹配的那张。对于很小的孩子而言，有三种最简单的情绪：生气、悲伤和高兴。如《如果高兴你就拍拍手》（If You're Happy and You Know It, Clap Your Hands）这样的歌曲，有助于幼儿了解他们的感受，当他们生气时就跺脚，悲伤时就假装大声哭泣也是如此。艺术创作也可以提供表达情绪的途径，对较大的孩子而言旅游也是一种方法。假扮游戏也常常为孩子们的情感表达和探索提供一个出口；而观察孩子的假扮游戏可以为成人提供关于孩子情绪的有价值的信息。

当情绪太紧张时，如果孩子们事先就有让自己平静下来的方法，他们应该得到表扬。有一点很重要，为孩子们提供一个休息的场地，在那里他们能够待到自己的情绪得到控制时，可以是一个柔软的区域，也可以在冒着气泡的水族馆前面放一把单独的椅子或带着木偶的纸箱子。儿童保育主任也可以开辟一个专门的艺术桌，在那里孩子们可以画出自己的情绪。也可以鼓励孩子们从家里带来能起安抚作用的东西。对有些孩子来说可能是专门的小篮子，对另外一些孩子来说可能是充绒的动物玩偶或者玩具。抱着泰迪熊，在其他孩子带来的豆袋椅上休息，能为孩子们提供一个符合年龄的、自我缓解压力的过程。

帮助孩子调节情绪需要教师经验丰富，虽然本书在前几章就解释了情绪调节，但针对这一主旨提供专业的发展方案才可能产生最好的结果。

幼稚的交友技能：不成熟的社交技能

分享

要通晓人类交往的复杂性需要整个一生，没有经验的幼儿出现问题无可厚非。但糟糕的是，社会还要将这些毫无经验的幼儿置于非常拥挤的环境，在这样的环境下他们不得不互相争夺有限的空间和资源。有些孩子直到上幼儿园才面临着这样的考验，很多则是更小的时候在学前班或保育中心就遭遇这些。人们期望他们通过“分享”好玩的玩具做到“相处融洽”，通过容忍其他人侵犯自己的游戏领地来表现“和蔼”。当他们不能应对这些挑战时，成人通常就会认为这是一个纪律问题。把纪律教育理解为引导的成人以一种方式来回应，而把纪律教育看成行为控制的成人则以另一种方式回应。你可以在下面的两个例子中发现这两种方式的对比。

“老师，凯尔把我的蛋糕弄乱了！”卡洛琳叫了起来。卡洛琳此时正在用彩泥做蛋糕，而凯尔则把它们放到了其他东西里。

珍妮立刻走到他们那里。“凯尔，你不能拿卡洛琳正在玩的彩泥。”

“可是我想帮她！”凯尔辩解道。珍妮没有理会他的解释，她给凯尔另外一块面团，并把他带到另外一张桌子旁边。当珍妮告诉他“如果你再打扰卡洛琳，就不允许你在这里玩了”时，凯尔放弃了与卡洛琳一起玩。令人感到沮丧的是，凯尔连续捶了几下彩泥之后就跑开了。

助手雪莉饶有兴趣地观看了这一幕。因为她在早教中心从上午待到下午，所以她正好记下了上午和下午两位主班教师采取的两种完全不同的教学方式。雪莉不得不承认，珍妮的教学方式可以快速地解决问题，但是上午丹尼斯的教学管理方式使孩子们明显相处得更好。第二天早上，雪莉仔细地观察了丹尼斯对一个类似情境的处理。

莎拉正在玩一个大型的联锁软管，试着造一座塔。忽然丹尼斯听到她的哭声，她对杰克尖叫："不！不！坏蛋！"丹尼斯看到杰克正在推倒莎拉拼好的管子，并不理会她的哭叫。

"嗨，停下来。"丹尼斯抱住杰克阻止了他的动作。"发生什么事了？"他问。莎拉哽咽着说杰克摧毁了她的塔。杰克显得很无辜，说他是想帮助莎拉建塔。

"莎拉喜欢你这样做吗？"丹尼斯问。杰克耸耸肩。"看着她的脸，"丹尼斯对杰克说，"听听她是怎么说的。"

丹尼斯让莎拉停止哭泣和尖叫，让她用"我的信息"的方式告诉杰克她的感受。然后丹尼斯让杰克告诉莎拉他想帮助她搭建。此时，事态缓和下来，可以开始进行协商了。丹尼斯在此过程中一直提供支持，如帮助杰克计划如何帮忙搭建以及让莎拉明白帮助并不包括参与她已经连接好的部分。不久之后，两个孩子就高高兴兴地一起工作了，这时丹尼斯就离开去照顾其他孩子。

从这个例子中我们可以看到，丹尼斯不仅为情感的交流搭建了平台，而且帮助莎拉控制她的情绪失控，然后协助两个孩子理解对方的感受。这些都是与同伴接纳直接相关的重要的社会技能。

雪莉看到，与凯尔想和卡洛琳玩彩泥的失败尝试相比，杰克在后来的活动中感受到了更多的合作。同时丹尼斯也的确花了几分钟的时间和孩子们一起解决问题。雪莉找到了一个机会问丹尼斯："为什么你不直接告诉杰克不要打扰莎拉，而是花那么多时间去解决问题呢？"

丹尼斯很高兴和雪莉一起讨论他的解决方式，因为她与孩子们的关系密切，而且他希望她能够继续在这里工作。他解释说，如果教师使用错误的方法把他们分开，孩子们将无法学会交朋友。他说他的目的是教会幼儿怎样与人相处，并且帮助他们考虑他人的感受。他告诉雪莉，他认为这类知识是早期教育最基本的目的之一，他愿意为此花时间。

丹尼斯接着谈到了时间问题。他说，随着年龄的增长，花在处理孩子们之间争执上的时间会越来越少。雪莉也认同了这一点，丹尼斯花了很多时间处理个体的问题，但是珍妮会有更多后续问题要处理。

❐ 加入游戏

有时候，孩子之间的问题初看起来似乎是有关分享玩具或材料的，但事实上可能有其他原因。就像前面的例子中显示的那样，很多幼儿开始不知道怎样向另一名幼儿提出做游戏的建议。经常可以看到这些幼儿抢走别人的东西，而事实上他们是想要个玩伴。有的时候，他们会用拳头打人或把东西弄乱以吸引那个他们希望与之做朋友的人的注意，这种行为是表达“我喜欢你”的最原始的方式。不理解幼儿社会性发展的成人会简单地制止这种行为。而了解问题原因的成人则会帮助孩子学习更有效的交友方式。无法接受的行为是很难制止的，除非你帮助他们找到更好的替代行为。在下面的事例中，哈维尔学会了一些加入游戏的方法。

哈维尔是一个非常文静的4岁孩子，他看到三个小女孩全神贯注地在玩“小狗仔”的游戏。其中一个女孩是“小狗仔”，其他两个正在指挥她，她们用皮带拴着同一条“小狗仔”。哈维尔跑到她们那里，并且试图拿起其中一根皮带。“不，走开！”三个女孩对他说。

丹尼斯曾记录过哈维尔的游戏参与技能，他意识到需要帮助哈维尔加入游戏。丹尼斯看到哈维尔想要参与“小狗仔”游戏的努力失败了，就走过去看他能不能帮上忙。“你想要和她们一起玩，是吗？”他问哈维尔。当哈维尔肯定地说“想”时，丹尼斯给他提出了一个加入游戏的建议：“她们有两根皮带但只有一只‘小狗仔’，如果你问问她们的话，她们也许会让你扮演一只‘小狗仔’。”丹尼斯知道，当一个孩子能给游戏带来积极的价值（包括增加一个支持性的角色、富有创造性的主意）或提供额外的支持时，其他孩子更可能友好地接受他的加入。

哈维尔走到女孩们那里，但是犹豫着没有开口，所以丹尼斯帮助这个害羞的小男孩询问道："哈维尔也想做一只'小狗仔'，因为你们有两根皮带。"哈维尔补充道："我做'小狗仔'好吗？"女孩们回答说："好的。"她们从扮演"小狗仔"的女孩那里解下一根皮带系到了哈维尔的腰带上。丹尼斯高兴地看到这几个孩子合作游戏一直到吃点心时间。这对哈维尔来说是个巨大的突破。

思考

在成人世界中，我们常常可以先完成某个项目再进行分享。如果你正好处在一个创意项目（比如缝纫或建筑）的进程中，会有人跟你说你的时间到了吗？"现在轮到你的邻居了。"我们当然希望他们等到我们结束后再进行。尽管孩子们需要学会分享，但我们对孩子们如何以及何时分享的合理规则和期望是什么呢？这些分享规则是否支持孩子学习如何合作？

并不是所有儿童在入学前都已学会成功地加入游戏，很多低年级的孩子还是会采用一些不适当的方式寻找伙伴。对于一年级的孩子来说，通过推挤或抢夺别人的东西来表示想与之一起玩耍，是很正常的。这些孩子仍然需要大量帮助才能学会成功地实现他们的社会性目标。在学的过程中，他们会继续发生冲突。在学校里，当前的趋势是限制年长儿童的"反欺凌活动"团体。而教育者应该记住，幼儿仍然处于学习社交技能的过程中，当你确切地断定问题的原因在于幼儿缺乏加入游戏的技能时，就可以通过教授幼儿所缺乏的技能来减少冲突的发生。好的有助于幼儿加入游戏的方式包括：

- 观察一会儿孩子们的游戏而不是急着提要求，将有助于孩子发现如何寻找到一种有用的加入方式。
- 设立一个新角色，例如在之前的例子中扮演"另外一只狗"。
- 带一种新材料加入游戏，例如仿真的小狗吃的食物。
- 在其他孩子旁边跟老师一起先玩，这常常能让原来被拒绝的孩子更容易得到正在玩游戏的孩子们的欢迎。

有时，孩子们根据某个孩子过去的行为，把这个孩子排除在外是一个"很好的理由"。像我们大多数人一样，孩子们不喜欢和那些不可预测的人在一起。因此，如果孩子以前破坏了他们的游戏，那么可能需要与正在游戏的孩子们进行一些谈判，并且需要理解如何为想加入的团队做出积极贡献。这是教师教育并引导孩子获得成功的绝佳机会！

❐ 自私或自我中心

幼儿只知道自己的想法而且希望立刻实现它，成人则希望能够事如己愿，但他们不会固执盲目地坚持自己的要求。成人知道，别人的愿望并不一定与自己的要求一致，他们也明白付出与回报是与人相处之道的一部分。而年幼的孩子需要在成人的帮助下学习这些能力；同时，他们的行为经常显得自私、不体谅他人，而且这很难克服。在集体活动时间中他们到处闲逛、捣乱，他们拿任何自己想要的东西而不管是谁在使用它，他们通常不会考虑其他人，这是因为他们过于关注自己的愿望，无法考虑他人的愿望。

很多成人认为应该惩罚这样的行为，但是了解孩子发展的人并不如此认为。惩罚自私行为并不能使孩子更多地考虑别人；它只会使孩子变得更为小心地防止被抓到，而且更憎恨与人分享。具体来说，打孩子的屁股会增强其攻击性，让他们更可能出现行为不良或精神健康问题。只有他们能够理解其他人也有重要的需要和情感时，才会更多地考虑别人且不那么自私。这种理解和学习需要花一定的时间，同时也需要从经验中学习。建构主义的纪律教育既倡导给孩子时间，也倡导给他们经验。

幼儿是天生的利己主义者，需要成熟和引导才能学会考虑他人的需要和感受。

当马科斯看到那个他可以开的新玩具车时，很兴奋，他迫不及待地爬进车里。他开着车到处走，脸上露出灿烂的笑容。但是，大约15分钟以后，其他孩子开始问他什么时候才能轮到他们玩。扎克最后甚至决定自己行动。他爬到车的背面，试图强行进入车里玩。

助理幼儿教师南茜发觉可能要发生严重的情况，匆忙跑过去制止可能出现的伤害。“一次只能一个人玩。”她轻轻地把扎克抱下来，谨慎地强调。她向扎克和其他想开车的孩子保证，她明白他们想要开小车的渴望；但同时，她试图捍卫马科斯的感受：“当你开车时有人抢车子，你会感觉怎么样？”她问。然而，幼儿很难理解其他人的感受。扎克所知道的就是他希望轮到他玩；而马科斯所知道的就是他想继续开。

为了保证其他的孩子可以轮流玩，南茜帮助他们协商好次序表，让他们明白谁玩下一轮。幼儿教育者通常就是采用这种方法应付其他情境的，而且知道把他们的名字写在表上的重要性。但是，亚伦仍然抱怨说：“马科斯玩的时间太长了。”南茜知道，当太多的孩子想玩那个吸引人的新玩具时，该做点什么来转移他们的注意力。

她问那些孩子怎样才能正确计算时间。采用CD上放的一首歌曲来计算时间，还是用煮蛋计时器，抑或还有其他什么更好的想法？南茜知道钟表对于他们来说毫无意义，而且她也不想替他们计时：扮演一个迫使他们轮流玩的“恶人”角色。在南茜的帮助下，孩子们开始学习解决这些冲突的方式。在学年末时，他们可以独立地制定协议表并选择CD播放机作为计时器。

如果南茜选择了其他方式将会怎样呢？如果只是强迫马科斯把车子让给扎克，或者只是把扎克抱到暂停椅上约束其行为，以此来解决当时的问题又将会发生什么？她只是把车子拿走或用其他活动转移扎克的注意力又会如何呢？这是很多成人常用的回应方式，但是它们都不能帮助孩子学到任何有用的东西。让我们来看看下面情境中成人所犯的错误。

几个幼儿正在排队等着玩脚印画。艾哈迈德等得不耐烦了。他穿过其他排队等着的孩子直接踩进颜料盒。其他孩子生气地对他大叫。珍妮老师快速且镇定地反应过来。她推开艾哈迈德并且告诉他必须回到队伍中去。艾哈迈德大哭起来。由于必须重新管理这个混乱的活动，珍妮请她的助手加布里埃尔让艾哈迈德安静下来。当加布里埃尔独立思考该怎么做时，她的目光落到艾哈迈德旁边的豚鼠笼上。“我想你吓到碧琪儿了。”加布里埃尔对那个哭泣的男孩说。艾哈迈德的注意力被成功地转移到豚鼠笼上，这个问题就这样解决了。

这就是我们想要教给孩子的处理自己情绪的方式吗？当艾哈迈德挤过去时，其他孩子的感受是什么？两位教师都没有帮助他理解那些排队孩子的想法。她们需要帮助艾哈迈德学习处理自己和他人的感受。她们有更现实的责任，即帮助一个孩子有效地发展社会功能，而假装关注豚鼠的感受只是操控策略而已。

解决艾哈迈德的问题的一个更为有效的方式是对教师的回应做细微的转换。教师可以通过提供更多的颜料盒来减少等待，或者可以帮助艾哈迈德理解相关后果，从而避免这个问题。然而一旦问题产生，珍妮不应该只是把艾哈迈德推开，而应该要求他离开，直到他认为自己可以排队等候了。这个方式给了他部分权力，让他掌控自己的权力，让他的注意力更清楚地集中在问题上，而不仅仅是思考教师是什么意思，他可以自由思考怎样改变自己的行为以获得机会。提供相关后果可以解决当前的问题，但是它需要其他方式的补充。

艾哈迈德也明显地需要帮助以获得观点采择能力，即理解其他孩子的感受。因此，让他听听其他孩子对于他推挤行为的想法会很有用。艾哈迈德也会从知晓他最终会有机会轮到的安全感中获益。作为弹性机制的协议表和煮蛋计时器能表现出孩子们在这个情况下的需要。多重诱因需要整合的解决方式。

即使是婴儿也已经开始学习同情他人以及如何温柔地回应。教会移动的宝宝们避免从不会移动的宝宝身上爬过以及和蔼地向他们示范如何使用“温柔的双手”，都是在提供早期的同情课程。帮助学步儿明白拉头发或“咬痛”是体察他人课程的开始。

到进入小学低年级阶段时，儿童通常已经能够知道一些他人的需要。尽管如此，当遇到与自身要求相冲突的情况时仍然需要帮助他们思考他人的要求。在这个阶段，通过“我的信息”交换观点，他们可以获得更大的进步。因此可以帮助低年级的孩子有效地使用“我的信息”来作为协调冲突的起点，就像下面这些二年级男孩所做的那样。

洛根、瑞比亚和杰克逊几个人正在玩游戏，他们要把球踢到一个封闭的大盒子里。戴文看着他们来回地踢那个球，问他们他能不能参加，但是他被拒绝了。戴文看到戴维斯老师在操场上，就告诉他说："他们不让我玩。"那些男孩反驳说："你踢得太粗鲁了，而且经常把球踢出去。"戴文则反驳说他并不比洛根踢出去的时候多。洛根接着说："你上次也不让我们和你及你的朋友们一起玩，所以我们也不和你玩。"杰克逊和瑞比亚点头表示同意。

戴维斯老师询问戴文被拒绝有什么感受。戴文说他觉得很难过。然后戴维斯老师问其他的孩子被戴文拒绝时的感受。他们说当时他们也很难过，杰克逊似乎认为报复是必需的。戴维斯明白此时每个孩子的感受，接着说："感到难过是很没劲的。"他可以看出戴文的脸上出现了难过的表情，戴文突然意识到了他以前的拒绝给他的朋友们的感受。

戴维斯决定通过询问瑞比亚来解决一些问题。"你认为你们四个人应该怎样解决这个问题？"戴维斯老师问瑞比亚，因为他的身体动作表明他对于之前的互动已经不那么激动了，所以可以更好地进行推理。瑞比亚后退了一步，深吸了一口气说："好吧，我们可以解决它。如果我们让你玩，以后你也要让我们玩。"戴文答应了，瑞比亚和洛根也愿意和他一起玩了。但是杰克逊坚持说："下一次休息时间再说，这一次我们想单独玩。"但洛根悄悄对杰克逊说："这是今天最后一次短休。""噢，是的。"杰克逊想起来了。

戴文看到了机会，大声说："来吧，洛根，2对2！"瑞比亚说："我来和你搭档，我们打败他们。"杰克逊放松下来，四个孩子又回到盒子前踢球。在一个地方，杰克逊摔倒了，戴文跑过去把他拉了起来。他似乎想弥补以前对朋友的感情造成的伤害。

课堂讨论、用木偶戏表演教室里的问题和孩子们的故事书，都可以用来帮助孩子们从他人角度思考问题。这些过程与采用情绪调节技术是一样的，只是它们的侧重点不同而已。除了情绪调节可以促进孩子的情绪控制的发展以外，观点采择也可以帮助孩子倾听其他人的感受。

当你选择一本书来激发孩子探讨情感时，一定要确保这本书有阅读的价值而不仅仅是说教的、简单化的。要寻找一个有真实的或可信的角色，在丰富的情节中包含一个定义明确的两难困惑，同时具有一个满意的结论的故事。情感课程中故事的价值在于它如何促进批判性思考和在接下来的活动中怎样受到这些思考的影响，比如在角色扮演或艺术活动中。

幼稚的理解：智力发展不成熟

缺乏理解可能会导致说谎、偷窃甚至欺骗行为，在你意识到之前就已经有了犯罪的萌芽，你应该努力帮助儿童学习规则。

❑ 说谎

幼儿经常会混淆实际和幻想。许多成人十分生气，因为他们认为孩子在“说谎”。但是，问题可能是因为孩子太小而不是因为孩子不道德。然而，不说实话在社会中是不能被接受的，孩子得学会区分真实与不真实，他们也必须懂得为什么人们喜欢真实。有效的互动策略有助于我们同时教授这两个方面。

萨姆正在夸夸其谈地说他的惊人事迹，就像卡通片里的超级英雄那样。丹尼斯并不认为他是个撒谎的孩子，但他对萨姆的观察告诉他，萨姆常常会不由自主地“吹牛”。丹尼斯想帮助萨姆学习区分真实和幻想，因此丹尼斯通过积极倾听、积极评论来回应他的吹牛：“听上去你是一个十分强大和强壮的人，而且可以做任何事情。”这一回应让萨姆在以后的其他对话中开始考虑现实。

当萨姆将那些故事告诉他学前班的朋友们时，他们并不那么友善。他们争辩说：“你不是这样的！”萨姆与他们争执起来，而且捍卫自己不真实的想法。丹尼斯认为萨姆需要更多专门的回应。他把萨姆带到旁边，温柔且清楚地说：“当你告诉你的朋友们那些不可能的事时，他们是不会相信的。”

丹尼斯接着说:“如果你告诉别人的东西不是真的,那么以后当你告诉他们真实的事情时他们也不会相信你了。”萨姆需要时间去消化这一观念,而丹尼斯就在旁边帮助他成长。丹尼斯的目的是帮助萨姆区分真实和假扮之间的不同,但同时又没有使他失去对假扮的兴趣。相信整个班级都会从这一讨论中获益,丹尼斯决定在集体时间讲一个《狼来了》的故事。

❒ 偷窃

每一个人在成长的过程中都有过“偷窃”的经历,这常常发生在5岁左右。在社会环境中拿了不属于自己的东西就是严重的犯罪,许多成人相信必须严厉地惩罚偷窃,以避免他们进入偷窃生涯,然而我们要记住的是这个年龄的孩子有很多错误的概念。他们并不理解钱的概念,特别是当父母现在更多地使用信用卡来付账、签单或网购。他们也不明白有人要去购买和安排交货。相类似的,幼儿并不完全了解所有权的概念,因此他们把自己看到并需要的东西拿走就并不奇怪了。了解幼儿发展规律的家长和教师们意识到帮助孩子学习所有权的必要性。惩罚会使孩子为了避免被抓到而不去拿,但是它没有让孩子明白为什么不该拿不属于他们的东西。除非他们明白了不能偷窃的原因,否则他们很可能下次会偷得更隐蔽些。相关后果可以促进孩子学习这个概念,同时也增强了其尊重他人所有权的可能性,即使没有人在周围强化的情况下也是如此。偷窃的后果包括把被拿走的东西放回原处或付款买下拿走的东西。在下面的例子中,教师帮助伊莱理解为什么拿走剪刀是不对的,而且允许他自愿主动地将东西送回去。

思考

你能否回忆起这样的一个片段:当你还是一个孩子的时候,你曾拿走某样不属于你的东西?你是如何学会不偷窃的?你还记得你是如何教你的孩子不要去偷窃的?用什么方法能促进诚实且保护自尊?

凯若琳抱怨说,一把新剪刀都不剩了。丹尼斯觉得很奇怪。只有两个人在剪东西,但应该有3把新剪刀。他检查了小柜子,注意到伊莱那里有一些碎纸片，想到可能是伊莱收作品时无意中把剪刀也收到了自己的小柜子里，丹尼斯在作品堆里翻了起来。当他移开伊莱的背包时，感觉到衣服里显现出一把剪刀的形状。一把剪刀深深地藏在口袋里。当然这可能是伊莱从家里带来的，但似乎并非如此，也或许他只是在家里需要一把好剪刀。

丹尼斯既没有让这个男孩存有戒心，也没有使他因为偷窃而感到羞愧，他只是开了个简短的班会，告诉大家有一把剪刀不见了，现在学校里的剪刀不够用了。丹尼斯充满信心地解释它一定会出现。他总结说："如果有人发现了它，请把它放到大厅后面的失物篮里。"当丹尼斯开始开班会时，伊莱看上去已经意识到自己被发现了。但是最后一句话使得他的脸部表情变得缓和。没有人能从教室里看到那个失物篮，它在小柜子的后面！他可以把剪刀放在里面，而且没有人会发现。

一小时之后，丹尼斯看了一眼失物篮，发现剪刀就在里面。他把剪刀拿回教室并放在托盘上。看到伊莱的眼睛正盯着剪刀，丹尼斯问："你想用剪刀？"当伊莱急切地跑过去准备拿剪刀时，丹尼斯询问道："你家里有一把好剪刀吗？""没有。"伊莱皱着眉说。丹尼斯回答说："我告诉你父母在哪里可以买到这种剪刀，好吗？"

❐ 作弊

你是否经常听到你的学生们告状说其他人在作弊？知道什么是作弊而不去作弊需要成熟的心智。学前班的孩子们作弊是因为他们仍然首先想到自己，难以理解规则。当孩子们进入幼儿园时，他们已经有了这样的概念——作弊是错误的，但他们没能力克制自己的行为；他们缺乏控制冲动的能力，只是做自己想做的。到了小学低年级，儿童的思维从前运

知道什么是作弊（进而不去作弊）需要成熟的心智。

算思维转入具体运算思维，这一时期有时被译为“理性年龄”，儿童开始有能力整合公平游戏所必需的三个重要方面：他们可以理解并记住复杂的规则，他们可以摆脱自己的喜好去思考，同时他们也能够控制想要得偿所愿的冲动。当不同年龄段的孩子们在一起游戏时，由于成熟水平的不同，他们常常会起冲突。

三个男孩子在玩运输游戏。游戏程序是首先掷出一个“死亡”，然后把你的游戏棋子移到合适的空间数位，放下一张交通工具图，并从卡片堆里拿走一张卡片。如果你放下一张陆地交通工具图，然后拿到一张卡，上面写着“在陆上”，你就能拥有那张卡片。拥有卡片最多者获胜。

突然加文叫了起来：“老师，老师，贾森在作弊！”延森老师走过去看，发现贾森有5张“在水中”的卡片。他坚定地捍卫自己说：“我没有作弊！”延森老师问贾森他认为游戏的规则是什么。“我有轮船（游戏卡片），所以我应该拥有所有‘在水中’的卡片。”他解释说。加文被这个解释激怒了，坚持说：“你不可以拿这张卡片，除非它跟你停泊的地方是一致的。”参与游戏的另外一个孩子也同意加文的说法。

延森老师让这三个孩子一起看已经写好的游戏说明书，它肯定了加文的观点。于是她问男孩们是否愿意按照说明书上的规则玩，还是想使用不同的玩法，比如贾森的方法。没有人同意贾森，而他也意识到自己错误地理解了规则。虽然有点不高兴，但他还是同意按照写好的游戏规则玩。

延森老师的侧重点在于澄清孩子们的不同观点，而不是责备他们。她知道由于孩子没有理解而责备他们是没有益处的。规则对于幼儿来说是很难的，尤其是当它们是孩子们不喜欢的规则时。幼儿倾向于调整规则，这样他们就能做自己想做的。当两个幼儿一起玩的时候，常常会出现问题，因为两个人都想按照自己的想法来调整规则。当年长的孩子与年幼的孩子玩的时候，如果年幼的孩子没有遵从现成的规则，就常常会出现矛盾。自我中心导致了这个问题的产生，这显然是孩子成熟方面的问题，它需要时间以及成人的支持。这可能也是3岁的孩子更喜欢从成人而不是年长的同伴那里学习游戏的原因之一。

在幼儿班里，有经验的教师知道，游戏的成功往往需要教师或其他成年人从头到尾充分参与其中。它也要成人将很多合作性的价值倾注到过程中。一个参与其中的成人不仅教儿童如何轮流以及如何遵守规则，还会提出很多让游戏更有趣的创意。在一个家庭中，有时会是谁赢谁出局，这样会让其他没赢的人都开心一下。在教室里，有时一个团队会不断地游戏，直到每个人都完成并成为胜利者；这样就有了第一个赢的人、第二个赢的人、第三个赢的人……每个人都获得了成功！

小　结

本章只提供了孩子遇到的几个简单的由于幼小而造成的问题情境的例子。有的时候，这些问题的解决只需要你尊重和接纳幼儿的天性，就像处理尿湿裤子或泼洒出来的橘汁一样。如果儿童也能成为解决问题的一部分，这会使他们对自己的感觉更好。有时候问题的解决要求你改变你的要求来适应幼儿的能力，比如当孩子们不能长时间安静地坐在那里时，就需要改变你的计划方案。另外，你可以通过教孩子交朋友的策略来帮助孩子成长，或者通过教授某项技能（如"我的信息"）的方式使孩子形成自我表达的模式。成人可以在促进孩子的社会成熟方面扮演十分重要的角色，如帮助他们理解其他人的想法，这也是学习协商解决人际冲突的一部分。对于幼儿的有效指导还包括知道：当孩子们的行为看起来像是说谎或偷窃时，那事实上只是孩子们观点的一个反映。

在探寻纪律问题的原因时，一定要考虑不成熟的可能性。记住，你作为教师的角色就是给孩子成长所需要的时间以及提供他们需要学习的经验。如果孩子们显得笨拙时，你要记得不擅长不是他们的错，他们会变得更有能力、更成熟，这将有助于你处理沮丧的情绪。有时候，天真的时刻在他们离开后变得特别珍贵；我们会带着一点怀旧和幽默来回忆这最艰难的时刻。所以我们的建议是，在你可以的时候，享受孩子们和他们孩子般的行为！

摘　要

- 观察是解决行为问题的一个基本的开始。本章提供了概述，并举了许多例子来说明幼儿教师所采用的许多不同类型的观察，以及每种观察法所服务的特定目的。
- 儿童没有与成人相同的身体控制能力；这种能力是随时间而发展起来的。因此，儿童可能会有更多诸如扭来扭去、泼洒或“厕所事故”。本章帮助教师调整他们的方法，使课程适合孩子的生理成熟水平。成熟后的孩子们将获得控制权。
- 当孩子们尖叫、沮丧地哭泣或者咆哮时，他们可能是因为没有词汇来以其他方式表达自己的意思。有时，孩子们会因为还没学会用更恰当的方式表达自己的感情和欲望而愤怒地抓咬或躺在地上。本章有助于幼儿教师帮助孩子们积极地交流他们的感受并控制他们的冲动。
- 当教师听到“你不能玩”的时候，这是孩子们需要通过帮助来学习与同伴相处的标志。幼稚的建立友谊或加入游戏的方法有时会导致拒绝。本章帮助教师们支持孩子加入游戏并与他们的同伴相处——这是一种将会伴随一生的技能。
- 当孩子们表现出说谎、偷窃或欺骗的时候，对于那些不了解孩子们不成熟的智力发展的成年人来说是非常困扰的。知识渊博的幼儿教师会使用本章中描述的技术来帮助孩子们发展他们的心智成熟度并理解这些行为的后果。

讨论或反思

1．针对你熟悉的孩子，分析某个情境中真实的行为问题和指导方法。假设你是那个提供指导的成人，下面的情况可能会被证明最有用：

（1）描述情境。

(2) 根据你的观察和对那些孩子的了解描述可能的原因。提示：这个孩子哪方面的发展还不成熟？

(3) 在这一领域中，成人能够帮助儿童获得哪些能力和技巧？

(4) 你如何知道你是否正确定位了发展的目标领域并找到了有效策略？

(5) 有时候原因不止一个，或许需要多样化的策略。在这一情境中是否包含着其他可能的原因，你还可以用哪些其他的策略？

2．本章着重讨论由生理、情感、社会性以及智力不成熟所导致的幼稚行为。你认为在幼儿群体中，哪个原因是最常见的？你认为哪个领域最容易引导幼儿提升技巧和能力？哪个领域又是最难教的？环境或成人期望的改变是如何影响儿童的能力和成熟的？

挑战一下

3．一个要解决的问题：贾森抢走了塔尼娅和埃里克正在玩的球，并笑着跑开了。这两个孩子感到伤心和愤愤不平。

(1) 假设孩子们才4岁，描述问题可能的原因；然后假设他们已经8岁；然后再假设他们才2岁。随着年龄和孩子的成熟，可能的原因会发生怎样的改变？

(2) 解释一下，为什么行为背后的可能原因会随着儿童的年龄和成熟而变化？根据儿童的成熟度以及假定的发展典型表现，评判你在每种情境下的回应。

4．一个有待解决的问题：这是学前班集体活动时间。14个3 ~ 5岁的幼儿正在唱歌、阅读故事书并讨论他们上周种下的种子正在发芽。一些更小的孩子从旁边走过，想要从旁边的架子上拿走玩具。大部分孩子仍然沉浸在集体歌唱和听故事的活动中，但有一些则受到了走来走去的小孩子们的干扰。助教试着把他们再次带回到集体中来，这样老师可以讲完故事，然后安排他们进入下一个活动。

(1) 根据幼儿的成熟水平，描述问题可能的原因。

(2) 根据你对本书的理解，列出至少三种可能的解决方法。

5．一个有待解决的问题：杰里迈亚3岁了，这是他第一次参加学前班的活动。在集中时间，孩子们有很多选择，但杰里迈亚哭着指着画架，想要把正在画画的埃里克推开。埃里克站在他的位置上，开始大叫："老——师——"

（1）导致这一问题的可能原因是什么？

（2）杰里迈亚需要学习什么？教师可以怎样帮助他？

（3）埃里克需要学习什么？教师可以怎样帮助他？

实地研究

6．使用本章开头的描述，通过以下各种方式对不同的孩子进行完整的观察：

（1）使用连续记录表，观察一名幼儿15分钟。

（2）用事件取样法记录一个孩子至少半天。选择记录你预期可能会发生多次的事件。

（3）使用时间取样法，每半小时记录一下某个孩子5分钟的活动。

（4）使用时间抽样法记录在教室里某个特定区域的角色游戏，在每次早上的自由活动时间中记录15分钟。（这将告诉你角色扮演区是否使用得当，比如是否有许多不同的儿童参与其中，以及剧本主题是否在延续或在改变。）

7．与家长讨论其孩子的发展。他们认为自己的孩子应该在哪些方面做得更好？你可以怎样帮助他们发现自己的孩子成熟较缓慢，并提高他们在指导和实践中的技能？你可以给家长提供哪些策略来帮助他们的孩子进步？

8．观察班级里有困难的孩子。通过与班里其他人比较，来判断孩子的生理、情感、社会性和智力成熟度水平。确定你认为孩子需要帮助的主要领域。列出至少三种你希望尝试用来帮助这个孩子的策略，以提高其某个发展领域的能力。

推荐读物

Bronson, M. B. (2001). *Self-regulation in early childhood: Nature and Nurture*. New York: Guilford Press.

Goddard Blythe, S. (2006). *The well-balanced child: Movement and early learning* (2nd ed.) . Gloucestershire, UK: Hawthorn Press.

Hyson, M., & Tomlinson H. (2014). *The Early Years: Education care and well-being of children, birth to 8*. New York/Washington, DC: Teachers College Press and the National Association for the Education of Young people.

Landy, S. (2009). *Pathways to competence: Encouraging healthy social and emotional development in young children*. Baltimore: Paul H. Brookes.

Nefertit B., & Cairone, K., with the Devereux Center for Resilient Children. (2009). *Socially strong, emotionally secure: 50 activities to promote resilience in young children*. Lewisville, NC: Gryphon House.

第十二章

未满足的需要

本章节所涉及的全美幼教协会（NAEYC）标准

标准 1a：知道并理解儿童的特征和需要。

标准 1b：知道并理解发展和学习所受的多重影响。

标准 1c：使用相关的发展知识，创造一个健康、充满尊重并具有支持性和挑战性的学习环境。

【学习收获】

有了对本章的理解，你应能：

- 描述出儿童的个体需要如何影响他们的行为。
- 能够关注到儿童的需要如何强烈地影响他们的行为。
- 解释好的教师如何安排计划以满足儿童对安全感的需要。
- 领会到带着爱和接纳来接近儿童的重要性。

当宝宝啼哭时，大多数成人都会意识到孩子是饿了、累了、需要换尿布了或需要抱抱和做游戏了。就像婴儿啼哭一样，幼儿的行为也能显示各种未满足的需要。尽管已经掌握了一些语言，但幼儿还不能清楚明白地表达他们的问题，甚至他们经常都没有意识到自己的需要。此外，他们即使清楚地知道自己要什么而且能够用语言表达出来，也可能不知道该怎么做。因此，成人的角色就分为三个部分：帮助孩子辨认需要；帮助孩子学会表达它们；帮助孩子解决问题以满足需要。这一章将讨论一些典型的情感和生理需要，这些需要如果得不到满足就可能产生一些问题。

这是一个周六，雪莉正在花园里工作。正当她享受着阳光以及泥土和新鲜植物的芳香时，她突然想到她和丹尼斯一起在儿童中心的工作。这看起来像一些相关的平行线。不针对问题原因的纪律教育，就像在花园里除草却没有斩草除根一样。如果细心播撒的种子没有像预想的那样生长，园丁的反应会是怎样的呢？即使是种植新手也知道植物的基本需要是阳光和水。因此，首先要检查这些需要。如果是庭院桌上的遮阳伞挡住了植物的阳光，那么要移开桌子；如果是挑檐遮挡了雨水，那么就把那根棍子拿走。如果找不到问题的原因，那么就去咨询一下专家的意见。但是你绝不会因为植物没有长大就“惩罚”它们，而是会继续竭尽所能地滋养它们，满足它们的需要。

有的时候，植物的生长并不如你所愿。例如，虽然你为甜豌豆搭了架子，但是甜豌豆却沿着地面生长，你将会怎样做？你会冲那些甜豌豆生气，还是将柔嫩的幼苗轻轻地搭到架子上？引导孩子的成长要比种植植物复杂得多，要求也多，而雪莉试着像认真的园丁那样行动起来，以面对班级里的麻烦行为。她相信，这一方式可以提醒她认识到，满足儿童的需要对改善其行为是多么重要。也许这也是一个她可以跟孩子的家长们分享的主意。

每个儿童的不同需要

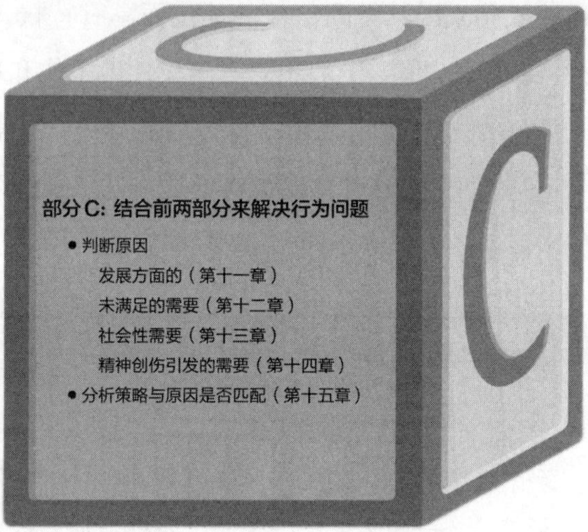

就像不同的植物需要不同的对待方式一样，每个孩子的独特性也要求不同的对待方式。年龄、性别、生理特征、化学构成、个性以及背景的不同使得每个人都有不同的需要。如果为了追求“公平”而绝对一样地对待每一个孩子，那是非常不公平的。公平意味着要满足每个孩子独特的需要，这就是我们警告不要使用“放之四海而皆准”的纪律教育程序的原因，这种纪律教育程序告诉你，怎样对不同的行为而不是对不同的孩子做出反应。

每一个孩子都有独特的生活经历，因而会产生不同的需要以及对环境的不同反应。某一天，你班里的某个孩子可能特别疲惫、饥饿或困倦，或者正因为朋友或家庭成员的一句粗鲁的话而怒火中烧。教师们常常可以分辨出来，并立刻用额外的关爱和支持来回应这些需要。你的班级里也可能存在更严重的情况，如：有的孩子的父母正在闹离婚；有的孩子深爱的祖辈（祖父母或外祖父母）去世了；有的孩子由于经济困难，不得不搬家；也有的孩子需要应对弟弟妹妹的出生。对于这些强烈的需要我们会在本书后面的部分做更深入的讨论。如果学识渊博的教师和家长通力合作，那么面对这些常见家庭事件的孩子往往就能获得支持。

❒ 积极期待

教师的态度可以创造一种鼓励积极行为或消极行为的环境。自然，没有哪位教师故意鼓励消极行为，然而他（她）很可能在不经意间传递了某个最好不要传递的信息。非语言的交流尤其会暴露你内心的感受。肢体语言、语调以及紧张常常比词汇传递的更多。当照料者期待在换尿布时个别接触某个孩子的时候，或者当成人为学步儿努力独立而感到高兴时，日子对每个人来说都会变得更加愉快。这些成年人因其得到信任的地位而享有特权，真正享受对儿童发展的观察和支持。如果你坚信孩子们想要有建设性地工作和玩耍，那么你与他们有关的所有方式都会传达你的期望。但是，你可能会相信孩子们想尽一切办法逃避学习并且对学习毫无兴趣。这种预期也将通过你对孩子说话时的语调以及你给予他们的自由度来传递。你会影响孩子们按照你的预期行事。

延森老师的一年级班在休息后回到了教室，学生们有目的地在教室里走动，为他们的下一个活动做准备。他们可以自由选择在教室的活动区活动，自己决定是现在还是过一会儿吃点心。教室里生机勃勃，充斥着做决定的声音。一些学生先去洗手准备吃点心，然后找到一个地方休息和进食。特里和狄伦都饿了，但他们想要先完成他们休息之前在做的积木建构。在积木区是不能吃东西的，所以他们推迟了吃点心的时间。伊丽莎白和艾米莉亚把她们的点心带到娃娃家——在那里可以吃点心——并且愉快地将点心时间融入她们的角色扮演中。现在孩子们已经学会了一日常规以及教室里的规则，延森老师可以用这一时间来观察并记录孩子们的活动过程。延森老师相信她的孩子们能够安排自己的自选时间，他们从未辜负她的期望。这让学校对她和她的学生来说都变得更令人愉快。

和延森老师的教室里情形相反的是惠勒老师的教室：

在隔壁，惠勒老师可没时间做观察。她正忙着指导和控制每个人的行为。在她的一年级班里，所有孩子必须在休息之后一起吃点心，不论他们饿不饿。这一作息制度导致排队洗手需要等待很长时间，并伴随着很多等待时的推搡。虽然并不容易，但惠勒老师让所有孩子都坐着，直到每个人都吃完才允许他们进入下一个活动。然后她安排孩子们分组去指定的区角，孩子们必须在那里待着直到惠勒老师发出轮流去另一个区角的信号。瑞比亚经常出问题，他常常想偷偷溜出指定区角到数学区去玩。艾米丽大哭，说她不想玩她桌子上的这些“讨厌的玩偶”。惠勒老师时不时地命令孩子们不要吵，并要求孩子们待在指定区角。她把这种情况看成证明幼儿没有自我指导能力的确凿证据。事实上，是她阻碍了幼儿的自我指导。

不幸的是，很多教师正像惠勒老师那样管理着他们的班级，他们自己给自己制造着纪律问题。他们对孩子缺乏信任，因此做出了“最好的”选择，即过度控制，这使每个孩子都不能满足他们自己的需要。

❑ 不同个体和不同情境需要有针对性的回应

每个孩子都有其独特的气质和个性，这些特质似乎是与生俱来的。对新情境适应较好的孩子很少出现行为问题，他们通常充满朝气，情绪反应也相当温和。然而，我们也都知道，有些孩子的适应能力没有那么强，他们比较悲观而且情绪反应十分强烈。这些孩子有更多的需求，需要成人更多的帮助才能得到满足。为了满足儿童的不同需要，成人对儿童的回应可以有所不同。认识到个体差异之后，让我们来看看儿童因为需要没有得到满足而产生的一些行为问题。

建治刚来学前班，在遵守所有规则和与其他孩子相处方面有很多问题。丹尼斯和班里的其他教师常常要介入，阻止他打别人，在他因沮丧而发脾气时疲于缓冲他的大声吼叫，制止他扔椅子和积木。在某一天早上的整理时间，建治坐在桌子边沿而没有来帮忙，丹尼斯注意到了，但没有去纠正他。当艾丽瓦抱怨“他没来帮忙”时，丹尼斯回答道：“我知道。我很高兴他正在学你整理。”随后，当孩子们都入睡后，雪莉问丹尼斯为什么建治可以不来整理，而且允许他坐在桌子边沿，这违反了规定。丹尼斯解释道，不能总是去纠正幼儿。这次，他想让建治阻止自己的怒气爆发；等到他的行为得到控制之后，才是去遵守“脚要放在地板上”的规则以及努力去打扫的时候。

❐ 独处的需要

成人和孩子常常不能恰当地辨别自己对独处的需要。通常情况下，脾气暴躁就是需要独处的信号。在下面的例子中，应该首先辨别出这个孩子反社会行为的原因，而最终这个孩子在帮助下找到了满足其需要的途径。

峻峻叫了起来：“不要说话！我需要集中注意力！”此时，他和另外三个孩子坐在一张桌子旁，那三个孩子正在大声朗读他们写的日志，他们都认真地大声读出每一个词，以便听清每一个单词中的字母。峻峻正忙着在他的日报上画一幅复杂的画，他看上去很生气。他再三重复他的要求，都没有什么效果，最终只好爬到桌子下面去画。

不巧的是，当梅根站起来把她的作品交给老师看时，碰到了峻峻的腿。她赶忙道了歉，但是可能这个碰撞使得峻峻的铅笔画到了他不想画的地方，峻峻开始抽泣并大叫起来：“她把我的作业弄得乱七八糟的！我讨厌女孩！我讨厌这个女孩！”

在峻峻大发脾气时，延森老师走过来对他说：“峻峻，如果需要的话，你可以躺在桌子下面再哭一会儿，但过一会儿我希望你起来，想想怎样解决你的问题。只要你准备好了，我就来帮助你。”然后她镇静地安抚桌子边上的其他孩子，说：“虽然峻峻很伤心，但是他自己可以解决。他也知道梅根不是故意碰到他的。”

不到1分钟，峻峻就不哭了，他从桌子下面钻了出来。当延森老师把他带到一边私下谈话时，他再次大声说：“我讨厌女孩！”延森老师采用了印证式倾听的方法来了解他的感受，同情地说：“有很多人在旁边时，要集中注意力的确是不容易的！”并说：“在画上乱画一笔使你很不高兴。”延森老师让峻峻来负责解决问题。她问他，如果需要单独工作他可以怎么办，他将会怎样处理这乱画的一笔。

当峻峻接受了自己的情感以后，他就可以思考该怎样解决问题了。他想一个人在桌子旁边工作，于是，延森老师帮他找到了一张合适的桌子。他也承认，因为是用铅笔画的，他可以擦掉那一笔。他平静了下来，回去继续画画了。

延森老师观察峻峻的互动已经有一段时间了，她意识到峻峻需要一些独处的时间。她责怪自己事先没有干预，没有在事情不断升级之前就为他找到一个独处的地方。她也注意到需要帮助峻峻调节情绪，因为峻峻因小问题而大发脾气已经不是第一次了。峻峻的气质使得他调节情绪比其他孩子更困难，因为他的情绪反应比其他大多数孩子要强烈得多。当然，独处的需要没有得到满足也导致他更难以控制自己的情绪。这样的行为问题通常都有错综复杂的原因。

❐ 权力的需要

有的时候，你对某个孩子要求越多，遇到的障碍也会越多。她不穿靴子、他不吃饭或者在午休时间经常开战。这些行为经常是一种信号：这个孩子渴望能够控制自己的生活。产生的冲突很容易变为无意义的权力较量。如果当时负责管理孩子的成人坚持要求——“你必须吃午饭”，那么孩子就会坚持说：“我不饿！”类似的限制，如“不行，如果你不穿靴子就不许到外面去，因为秋千下面有水坑”，所引起的回应会是：“我讨厌那双红色的靴子！”如果对孩子说“你母亲要你午睡一会儿”，孩子总会回答：“我不累！”

问题可能与饥饿或者靴子的颜色毫无关系，而孩子也可能的确十分疲惫。这些反应可能表达的是对个人权力的需要。成人如果能意识到这种需要，了解了原因，就会尽可能多地给孩子提供选择的机会。吃是必需的，但是她可以做出选择：先吃苹果还是三明治？像蠕虫般一点一点地咬苹果，还是像毛虫一样一圈一圈地吃苹果？他必须休息，但是睡前想听哪个故事呢？《侏儒怪》（*Rumpelstiltskin*）还是《史崔葛·娜拉》（*Strega Nona*）？他想让你轻轻拍着背睡觉，还是被你摇着睡觉？去玩下面有水坑的秋千时，她必须穿靴子，但是当她想在城堡里或游戏室里玩时，她可以选择穿她的漂亮鞋子。

这些都是真正的选择，是孩子们渴望而成人能够接受的选择。它们为孩子们提供了一个机会，以满足他们控制这个世界的需要，这个世界是由许多他们还无法理解的规则控制的。你会发现，让孩子们拥有与其年龄相适宜的控制权，他们会更容易接受必须由成人做出的决定。当体验到了渴望的权力后，他们也就能够形成有价值的问题解决技能。下面的情境就是一个例子，它体现了赋予孩子部分权力、让他们做出选择以及提供解决问题的机会。

儿童中心的孩子们正要出去玩，他们十分兴奋，由于天气不好，他们已经被困在教室里很久了。大家开心地、匆匆忙忙地换衣服和靴子。忽然，这一切被卡洛琳的一声大哭打断了。她把靴子扔到地上，把衣服扔在靴子上面，然后坐到地上两脚乱蹬大哭起来。助教雪莉正在帮助每个人做准备，她请另外一位成员帮助照顾其他孩子，自己走到卡洛琳旁边，看发生了什么事情。原来这个小女孩有一双新鞋，她想穿着它们，不想脱下来换上儿童中心为他们准备的阴雨天穿的靴子。

雪莉耐心地向卡洛琳解释，如果她把粉红色的新鞋穿到外面的泥水中去，就会弄脏鞋子。但是，卡洛琳还是一直哭着说她想穿新鞋出去。雪莉试图为她讲明不穿靴子就不能出去玩的规则，但是卡洛琳哭得更大声了。突然，雪莉想起她从指导老师丹尼斯那里学到的给孩子选择的机会。雪莉开始改变策略。她问卡洛琳，如果把新鞋穿出去她应该怎样保护它们。

开始讨论一些主意和可能的解决方法后，卡洛琳的哽咽声渐渐停止了。其他孩子与另外一名教师陆续出去了，只有雪莉仍然待在她的身边。最后，卡洛琳决定从储藏柜里拿出大号的靴子穿上，靴子足够大，可以把卡洛琳的漂亮新鞋套在里面。她对这个解决办法十分满意，高兴地穿着那双很大的靴子出去了。后来，卡洛琳要雪莉帮忙。她决定换上她自己的靴子，解释说穿其他鞋子跑起来十分不便。雪莉注意到，一旦卡洛琳有机会自己做出选择，她关注的焦点似乎就从是否穿她的新鞋子上转移了。

真正的选择 要注意的是，给予孩子的选择必须是真正的选择。有的时候，人们让孩子在不想要的两者之间做出“选择”，这不是真正的选择。你可曾听到一个成人给出了一个选择，但随后又试图说服这个孩子选择它？这其实是否定了这个孩子的权力。还有些时候，成人想要做好但又没有更好的选择，这时成人会问孩子是否愿意做某事。如果你说：“你们想去动物园玩吗？”此时，一定要对一些孩子可能回答“不！”做好心理准备。同样地，有些成人可能会这样说：“现在让我们一起准备吃午饭，好吗？”除非你可以接受“不”的回答，否则“好吗”这样的问题就不是真正的交流。当确实需要孩子们做决定时，我们不应该只给孩子们一个选择。

思考

你能不能想起某次你与孩子之间的权力斗争？你是如何提供一个真正的选择机会，既满足这个孩子的权力需要，又达到你的目标的？

身体控制 尤其要避免与儿童发生与他们的身体有关的权力斗争，我们不能强迫儿童睡觉、吃饭或上厕所。他们掌控着自己的身体机能。我们可以要求他们安静地躺在毯子上，我们也可以把环境营造得容易入睡，但是否真的睡着取决于他们自己。同样，上厕所和吃饭都是个体的身体机能，明智的成人不会试着去加以控制。儿童饮食失调的比例不断上升，在美国，儿童肥胖的人数比上一代人至少增加了三倍，已成了一种流行的疾病。有时，当孩子们对吃固执己见时，父母和教师甚至会诉诸强制或威胁。只要他们健康，我们就应该接受并尊重儿童对自己身体机能的权力。对学步儿来说，这常常会演变成一场战役。如果让孩子们来做主学习如厕和吃饭，我们会得到更和谐的生活和更成功的结果。当获得成功时，孩子们会对这些成功非常自豪。我们的角色是提供鼓励和支持，为他们的进步而高兴。

真正的选择是在一个被规则管控着的世界中，给予儿童满足控制欲的机会，虽然孩子们并不完全理解这些规则。真正的选择包括玩什么、什么时候玩、怎么玩以及和谁玩。

❑ 所有权的需要

“纳奥米不和我一起玩！”对于整天和孩子在一起的学前班教师来说，这样的哭闹并不陌生。在第三章中，我们探讨了未发展完善的社会技能和自我中心、两者对分享问题的影响。尽管如此，很重要的一点是要考虑此时孩子是否有必要分享。成人与孩子都有对财产和领地拥有所有权的需要。你有没有注意到，办公室人员都希望拥有自己独立的空间？每个人桌子上的东西都是个人的和私人的，没有人会要求成人将他们自己从家里带来的东西拿出来与人分享以使工作更舒适，但是我们却经常要求孩子们更慷慨一些。因此，所有权的需要必须与社会期望的分享达成平衡。

通过把一个大盒子标注为“最宝贵的地方”，丹尼斯解决了个人所有权的问题。幼儿们可以将从家里带来的不想让别人碰的东西放到这里，以确保别人都不会碰。由孩子自己决定是否以及什么时候将它们拿出来与其他人分享。

延森老师发现，将孩子的名字贴在个人所有物的上面，有助于孩子与他人分享。她知道有了自己签名的标签满足了孩子们对所有权的需要，而且使孩子们自愿变得更慷慨大方。一年级的孩子很喜欢贴标签，它已成为读写活动的一部分。他们也开始用这种方法来声明班上哪些物品暂时属于自己。因此，当一直在做一个拼图游戏的约拿需要出去休息一下时，他在拼图上面放了一张纸条，写道：“别碰它，约拿。”班里的其他孩子都尊重这样的便条，这避免了许多潜在的冲突。

两位教师都保护了孩子们的暂时所有权或长久所有权。这种对孩子们权利的保护不会使他们更自私，事实上反而会使他们更加慷慨大方。当其所有权得到尊重时，孩子们也就学会了尊重他人的权利。当他们不需要忙于为自己的权利而斗争时，他们就更可能自动地放弃它。在学前班，一些教师给每个孩子准备了姓名卡，上面贴有照片。如果他们想要保留他们的作品，可以拿自己的姓名卡放在上面。其他孩子知道姓名卡意味着莎拉只是暂时离开她的作品，会很快回来。

被重视的需要

你有没有注意到，孩子们是多么强烈地渴望获得班级小帮手的工作？你有没有看到过他们是如何跑着抑或争抢着要当诸如“排头”这样的工作？孩子们渴望感到自己很重要。一些教师太过忙于试图让自己觉得举足轻重，因此他们掌握着权力和控制权，他们想成为班级的“明星”。也许他们看护的孩子们也一样羡慕着他们的老师，盼望着权力和那个重要的角色。最受人尊敬的教师们常用的一种更好的方式是，以积极建构的方式创造很多机会，让孩子们感到自己是独一无二且非常重要的。有研究表明，即便是教师所使用的语言也非常重要。当孩子们被教师称为“小帮手”而不只是被请求“帮个忙”时，他们明显更乐于助人。研究者们还得出结论：一个积极的身份能更有效地促进幼儿的发展。

❐ 关注的需要

当孩子们没有被充分地赋予机会来感受到自己的重要性时，他们会通过其他途径来感受自己的独一无二。有时候，被贴上“破坏性行为”标签的行为可能实质上是一个渴望关注的请求抑或一个求助信号！我们只有认真思考，才能意识到孩子惹人生气的行为是在寻求关注。当孩子们抱怨或固执时，我们常常想摆脱他们，让他们自己去玩。但我们摆脱得越多，结果就越糟糕。相反，如果我们了解他们并倾听他们，和他们一起游戏，拥抱他们，或哪怕只是与之聊几分钟，他们就会停止抱怨，自己选择去玩了。

退化 当一个孩子退化到前一个发展水平时，这常常是一个寻求关注的行为。早就完全摆脱尿布的孩子或已经戒掉奶瓶（安抚奶嘴）的孩子会再次需要这些。学前班的孩子会丧失协商和表达他们需要的能力，转而诉诸踢、打或咬。这种类型的行为常常是创伤性变化的结果，如失去父亲或母亲、生病、搬家或有了新的弟弟妹妹。有时，甚至是积极的变化，诸如走亲戚也会带来压力并导致儿童行为的退化。通常，退化表明了一种情绪上的需要。最好的方式是重建安全感和信赖，根据他们的年龄和偏好，花时间和孩子相处、拥抱、交谈、进行分享活动。

寻求消极关注 你可能认识一些通过炫耀来获得关注的孩子，你也可能见过一些人，他们通过做错事来故意寻求斥责。毕竟，即使是消极注意，也是关注。

> 艾米莉亚每天都有微乎其微的“疼痛”，但她坚持认为需要一个创可贴或冰袋，抑或一个吻。延森老师想帮助她找到更好的方式使她感到自己受到了重视和关心。艾米莉亚的写作能力很强，于是，延森老师通过与他人分享她的文章来帮助她获得关注和赞扬。渐渐地，那些“疼痛”消失了。
>
> 延森老师认为，佐伊爱说话可能也表明她需要得到关注。她知道佐伊在她的大家庭中可能没有得到足够的关注。延森老师努力让佐伊知道她自己是重要的：她来到班里，延森老师会单独欢迎她，评论她的活动，关注她的成果。延森老师努力给每个孩子一些专门的关注，但是班里的孩子太多，她感到分身乏术。

渴望受到关注是孩子们的合理需求。教育孩子如何以正当的方式获得关注是我们的工作，但是在人很多的情况下，这一需要往往难以得到满足。学生与教师之间10：1的比例使得即使是最恪尽职守的幼儿教师也无法给予每个学生足够的个别关注。公立学校中一个班级有25个或者更多的学生，这也使其成为不可能完成的挑战。这里还有一个限制，就是你一次能让多少孩子坐在你的膝盖上！孩子们的需要水平因各自的性格类型和发展阶段而异，而且孩子每一天的需要水平也不相同，它们受孩子的休息和压力水平的影响。另外，有时家庭生活也没有给予孩子足够的关注。

教师对当前家庭因素的了解能够提供有价值的信息，即使是来自最好的家庭环境的孩子也是如此。父母出差或加班、弟弟妹妹的出生乃至家里有客人来访都有可能引发孩子需要额外的关注。在下面的例子中，教师结合从家庭中得到的信息和在学校里观察到的信息来应对特雷的神秘行为。

特雷大声地嗡嗡叫着，并且在座位上扭来扭去。坐在旁边的艾丽抱怨说，他听不到老师读书的声音了。教师问特雷是否听见艾丽说什么了。特雷安静了一会儿，但是很快又开始嗡嗡地大声叫着，在座位上扭来扭去。阅读教师不耐烦地把他送回自己的班里，并向他的老师说明了为什么把他送回来。

放学后，延森老师向阅读教师询问特雷的情况，她说只要听到门开了，她就知道是特雷走过去了。特雷一整天都是这个样子。老师的调查反馈表明特雷的母亲又到外地开会了。延森老师回想起似乎特雷的母亲出差的时候，他就会出现这种问题；她应该早点觉察到这个原因。很明显，了解到他母亲在出差一定有用。

第二天早上，当特雷来学校时，延森老师专门关注了他。她询问了他的母亲什么时候回来，还说："我敢说，她外出时你很想她，是吗？"当他走进阅读班时，阅读教师邀请他坐到她的旁边，也跟他聊了聊他的母亲多久会回来。得到了教师的支持和特别的关注，特雷能够处理他未满足的被母亲关注的需要了，嗡嗡的叫声和扭动也停止了。

故意干扰　在有些情况下，为引起注意而表现出的破坏性行为并不是临时问题。一些幼儿有一套完整的通过干扰班级来吸引注意和获得地位的模式。毫无疑问，在你的工作生涯中，你会记住这些调皮捣蛋的孩子。他们的行为表明了他们的自尊水平较低，同时这也是求助的信号。教师的策略之一是忽视幼儿不适宜的行为，正如下面这个例子所述。

一群孩子正在听朗读一本关于鸟的书的磁带，他们每个人都有一本同样的书。孩子们愉快地听着录音看着书，充满感情的、细致的解说引起了他们的兴趣。不久之后，奥斯丁不听了，开始不停地翻书。其他孩子抱怨说他太吵了，以致他们都听不见了。延森老师走到奥斯丁那里，轻轻地提示他不要打扰别人。但只要她离开，他就开始重复同样的动作，又使其他幼儿抱怨起来。这一次，延森老师决定不去关注他的行为，她什么也没说，只是平静地走过去，把录音机的声音调高了一些，以便其他孩子能听到。奥斯丁显然有些吃惊，因为他再也没有获得来自同伴或教师的任何注意，于是他就又开始听课文了。后来，他甚至对书里的鸟做了一番评说。

由于延森老师特别努力地去了解奥斯丁以及他的问题，所以她能够根据奥斯丁行为的原因做出有效的回应。她知道，奥斯丁不仅需要人们忽视他的不当行为，而且也需要通过其他方式来满足他对关注的渴望。延森老师当然想给予奥斯丁他渴望的关注，但不是回应他的不当行为。她已经和他的父母协商过这一问题，并且努力做到当他在校表现良好时就给予关注。她没有小题大做，而是赞扬他的不当行为的频率越来越低了。延森老师知道忽视其不当行为的第一个结果是，他们终于从奥斯丁最初出现的坏行为中坚持下来了。这个班级已经度过了最坏的阶段。

太安静的孩子 尽管对一些孩子来说，忽视其不适宜的、以吸引别人的注意力为目的的行为是最好的方法，但是也有许多孩子无意中被忽视了。比如，一些非常安静的孩子就很容易被忽视。他们应该比那些太活跃的孩子得到更真诚的关注。他们可能已经放弃尝试满足自己的需要了。他们经常空虚或不开心，不投入活动，通常都会失败。有时，这些孩子扮演罪犯的角色，但更多的时候他们似乎不存在。他们常常被同伴们忽视，被没有经验或匆匆忙忙的教师们忽略。你会发现自己希望他们能够积极地去反对某事、难过或者表现出一些强烈的情绪——即使是破坏性的！这种问题的根源通常都在学校之外，因此我们将在关于弱势群体的一章（第十四章）中讨论。

❐ 成功和挑战的需要

梅丽莎游离在班级之外，虽然会接触到学习材料，也会观察其他人，但她从不深入参与游戏。孩子如果不能参与学前班计划的活动，会让教师和家长们感到苦恼。他们的行为总有一些原因。强迫孩子服从或惩罚不服从行为都没有针对问题的原因。与花园中不配合的植物不同，在学校里不能完成作业的孩子经常会陷入麻烦。因为孩子没完成任务就剥夺其休息时间的传统就是一个无效纪律教育的经典案例。那么，你应该怎么做呢？答案是应视行为的原因而定。

如果因为书太难了，雅各布才不愿意读书，那么一个有用的回应就是帮助他找到一本适合其水平的书；另外一种回应是通过请一个志愿者每天读给他听来帮助他提高阅读能力；也许和一个能力更强的朋友一起阅读会更有趣且更有效。

如果艾利在数学活动中因无聊而调皮捣蛋，那么就为他找一个更适宜的挑战，帮助他找到适合其水平且与个人兴趣相关的材料。是的，数学也是与生活相关的。现在很多教师都帮助其学生在现实生活中寻找数学，并用数学去解决真实问题。

如果麦德兰因害怕而从未使用过学前班里的大肌肉活动器械，那么教师可以帮助她找到有助于增强对自己体能的信心的活动。也许帮她与凯尔塞交朋友可以鼓励她，因为凯尔塞总是很积极地参加体育活动。麦德兰大部分时间都待在娃娃家里，你可以建议她参加合适的大肌肉运动，如假扮游戏。

如果梅丽莎感到无聊，可以帮她找到能引领她发展的挑战。也许她已经准备好用铅笔在窄线条纸上写字了，或已经能解决比教室里提供的智力拼图片数多两倍的拼图了。也许她非常喜欢故事书里的某个角色，想要和其他孩子一起扮演一个类似的故事。

观察学习需要 你可以通过观察孩子的特定行为和问题发生的情境来找到了解原因的线索。面对任务，孩子看上去很沮丧还是很焦虑？孩子是否会不感兴趣或走神？孩子是否被其他东西吸引了注意力？如果是的话，他们的诉求是什么？他们无法完成哪种类型的任务？例如，这个孩子只是逃避写作还是逃避所有的工作？根据对这些问题的回答，你可能会发现这个孩子缺乏能力去顺利完成这项任务，或者你会发现他（她）在作业中没有获得足够的挑战。你可能会发现他（她）的数学成绩非常好但是他无法阅读材料，所以不能完成科学作业。每一种不同的发现都会产生不同的回应。我们的目的是帮助孩子在他（她）的工作中体验到成功和满足，以此来解决问题。把每一个孩子都当作一个个体来对待是实现这个目标的关键。

学业之外的挑战 提供挑战并不一定意味着学业知识或死记硬背的学习。如果你试图将正在奔跑的孩子重新引导到安静的活动中（例如阅读书籍），那么你很可能会在阅读区遇到问题。亚伦的发展需求要他动起来，所以如果你让其去进行安静的、坐着的活动，那么他可能会爬过沙发或扔书。如果将亚伦重新引导到具有挑战性的体育活动（例如将高尔夫球打入蓝色泡沫板或拆卸小型器具）中，那就与他的迫切需要相一致了。当他表示准备好坐下来欣赏这本书时，你再开始讲故事。

提供挑战并不一定意味着学业知识或死记硬背的学习。最好的挑战常常可以让孩子进行物理实验并通过实物材料和动作获得成功。

促进成功的其他可以变化的挑战，可包括用以刺激智力和精细动作技能的小型个人剪贴板，这个剪贴板同时还可以记录科学发现（例如花园里的瓢虫）。无论是针对室内还是户外活动，成人都会仔细规划环境、材料和时间表，以便为孩子们提供挑战并促使其获得成功。当一个区域有低结构零件时，这个区的材料就会很容易地与另一个区域相结合，可能会产生更复杂的游戏和要解决的问题。这有助于孩子获得成功并感到自己很重要。

丹尼斯学前班的孩子们充分享受了他们对不同类型的交通工具的研究，并用旧冰箱盒建造了一辆公共汽车，这是最受欢迎的活动。当丹尼斯在娃娃家观察游戏时，他看到索菲和阿里瓦正在马克索的带领下开着巴士想要离开房子区。马克索戴着司机的帽子，女孩们告诉他她们要去杂货店，她们每人都先从碟子中拿出一分钱然后将钱其放入钱槽中，放好后就坐在了椅子上。马克索稍稍转动方向盘，发出嘟嘟声，并宣布她们到了杂货店。女孩们仍然在“房子区”（现在这里被当作杂货店了）下车，她们仔细挑选玩具食物，将它们放入购物袋中。不久之后，她们回到公共汽车上返回“家”并准备晚餐。丹尼斯笑了，明白了公共汽车从来没有移动地方，但在她们的想象中运动了，这还丰富了她们的词汇和创造力。

当孩子有两个或两个以上的戏剧扮演元素时，往往就会得到更为复杂的角色游戏。同样，科学区可位于沙水区附近以增加感官探索的机会。数学和科学领域也可以邻近，这样孩子们就可以轻松地选用数学工具（例如尺子、立方体积木），以便在科学实验中收集数据。这些都是教师通过挑战和成功来满足幼儿对自己重要性的需要的方式。

成熟带来的改变 随着幼儿不断成熟，对成功的需要与对适宜挑战的需要会一直存在。为每一个孩子找到适当的平衡点，是避免孩子因厌烦或者沮丧而产生问题行为的基础。保护孩子不经历任何失败和挫折不是目标；适当的挫折也是学习的一部分，而且能为孩子学习应对困难提供有用的教训。

评价 教师与儿童之间的讨论既提供了个别关注的机会，也可以让教师关注到个体的成功和可能的挑战。延森老师通常会每周与她的每个学生单独相处5分钟或10分钟。她深信，每周一对一的时间比每天与一群孩子见面要有价值得多。单独与儿童互动也有助于建立与教学过程至关重要的关系。

在安静的阅读时间，延森老师在巡视完教室之后就抽出时间与诺亚见面。在交谈期间，诺亚告诉延森老师他最近阅读的书籍，并向她展示了他已完成的书单。然后他朗读了自己在《澡缸里的国王》（*King Bidgood's in the Bathtub*）这本书中读到的一个特别有趣的部分。他还向老师展示了他在第三学年里写给笔友的信。他们还讨论了诺亚的信是否清楚地解释了教室里蛇的蜕皮方式，这封信的最终复印版将收录于诺亚的书写档案中。延森老师向诺亚推荐了一些诺亚可能感兴趣的有关蛇的书籍。诺亚充满信心地重新开始工作，并确立了新的目标。之后，延森老师简要记录了诺亚的进步以及他下一步准备好学习的技巧。

类似延森老师和诺亚之间的会谈越来越多地被用在了对学生认知的形成性评价中。这一类型的评估为教师提供了关于学生达到学习标准的过程的直接而真实的反馈。传统的、竞争性的评估孩子进步的方式只会让最好的学生感到骄傲。除了前几名以外，所有人都感觉相反。此外，传统的评价在评估不同种族背景的孩子时，没有考虑到文化影响或语言差异。对双语学习的幼儿进行评价可能是对教师的一个挑战，特别是当他们的语言与孩子及他们所处家庭的语言不一样时。确定一个孩子是否需要额外的支持来获得发展和开展学习是每个教师的责任。筛查有助于教师了解某个孩子是否需要额外的评估来确定他（她）是否需要特殊教育等专业指导和服务。持续的评估有助于教师监控每个孩子的进步和发展，调整他们的教学，并跟踪孩子对关键概念的学习。

对安全感的需要

尽管成人通常重视他们对保护儿童身体安全的责任，但是，如果孩子缺少安全感，他们的行为就会越来越坏。感受到安全感是形成健康人格的关键。安全感、信任这个世界或不信任感常常是在生命的早期形成的。缺乏安全感可能是儿童出现反社会行为或不参加学校活动的原因。

❑ 可预知性

当知道自己的期望和别人对自己的期望是什么时，孩子会感到很安全。可以预知的一日计划表就是其中之一。一个可以供孩子保存自己物品的地方也是非常重要的，这样，当需要时，他们就知道到哪里去找学习材料。

当孩子们来到学前班时，丹尼斯站在门口热情地欢迎每一个人。每一个孩子都有小格间放他们的夹克或其他私人物品，因此孩子们可以放好自己的东西。他们还知道，他们可以在各种活动之间进行选择，也会有足够的时间进行探索。诸如搭积木和娃娃家等活动是每天都可以玩的，但是每天也都会添一些新异的东西，例如，用脚绘画或准备点心等都可以作为一项特殊的活动。

孩子们知道自由活动时间之后就是集体活动时间，然后就是吃点心的时候。他们也知道吃点心之后是户外活动，然后就回到教室听故事。如果要改变已计划好的日程表，丹尼斯会和他们讨论并事先让他们知道将要发生的变化。

开学　这个常规是众所周知的，而且在经历了一个月的学校生活之后，孩子们会愉快地接受它们，但是刚开学的时候则不同。向孩子介绍学校环境对安全感而言很重要。

在孩子们第一次来学校之前，丹尼斯尽量个别拜访每个孩子以及他（她）的家长。一些家长很重视丹尼斯为增进了解而进行的家访，而另一些家长则要等到开学前参观学校时才与他见面。在初次见面时，丹尼斯努力与孩子建立关系，这样当孩子来上学时，就会把他当作朋友。丹尼斯也通过会面了解孩子的已有经验及其父母的期望。

开学第一天，丹尼斯鼓励家长陪孩子待一段时间。他还提供建议，帮助孩子过渡到新环境，包括带家人的照片或喜欢的篮子、玩具等到学校。在幼儿适应新环境的过程中，丹尼斯和他的助手为幼儿提供了源源不断的支持。

可预知的限制　另外一种可预知性包括知道班级准则：什么行为是可以接受的，什么行为是不可以接受的。就像需要设置安全限制一样，孩子们也需要拥有表述清晰且坚决执行的行为期待。尽管孩子们的天性反对受限制，但是他们的尝试会帮助他们发现这些界线以及这些界线是否具有弹性。

七八岁以下的幼儿难以自己进行深入的思考，也不能很容易地建立起班级规则。当教师尝试把他们引入这个过程时，他们常常会思考他们看到的每次不公平，也会创设一连串消极的“不许”：不许吐口水、不许拿别人的鞋子、不许在别人的纸上涂颜色、数学课上不许讲话、不许在操场上追逐别的男孩……这个清单看上去永无止境，而且也长得让孩子们无法记住。虽然有了这样的规则，但还是常常会遇到没有被规定的事情，孩子们会争吵："没有规定不能推倒积木！"我们相信聪明的教师会建立简单而清晰的准则作为班级常规。最好的准则是告诉孩子们要做什么而不是关注消极行为。例如，延森老师坚持友善地对待她班里所有的人和动物，保证他们的安全。她也坚持负责任地对待设备和材料。她的期望可以浓缩为两条容易记住的准则：①爱心，②细心。

和年长儿童一起工作并力求与孩子们之间建立相互尊重的关系的教师会让孩子们参与确定适当的限制，并帮助孩子们理解这些限制的原因。给予孩子们更多的自己做决定和做选择的自由是明智的，但是必须清晰地界定这种自由，以保护每一个人。

压力　"老师！老师！萨拉撕我的画！"要让孩子们在群体活动中感到安全，他们需要知道没人可以来骚扰、羞辱或威胁他们。学习如何应对不利处境是儿童健康发展的重要部分；然而，体验着长期不安全感和压力的学生会对压力做出更具攻击性的回应，并出现更差的工作记忆、自我控制以及学习表现。

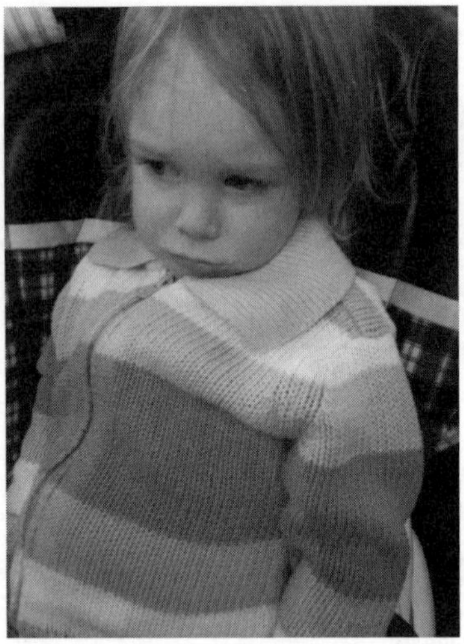

如果没有建立一日常规，儿童对可预知性和连续性的合理期待没有得到满足，就会影响儿童的学习和社会关系。体验着长期不安全感和压力的学生会对压力做出更具攻击性的回应，并出现更差的工作记忆、自我控制以及学习表现。

当受到威胁时，不论年龄大小，我们的身体都会产生诸如心率增加、血压上升、压力荷尔蒙（诸如皮质醇）增加的生理反应。当一个幼儿的压力反应系统在教室里被激活，而旁边有一个支持他的成人时，影响会降到最小，化学变化也会很快回归基准线。结果就是建立起健康的压力反应系统。然而，如果压力反应格外强烈且持续较长的时间，儿童又难以获得保护性的关系，那么结果就可能导致影响终生的、破坏性的、脆弱的系统。当成人观察到这样的行为时，要帮助犯错误的儿童意识到他们对别人的感情造成了怎样的影响。这时就需要成人扮演权威的角色，帮助儿童设定限制，以最大化地为所有孩子提供一个安全的学习环境。

发脾气　一个爱发脾气的孩子可能就是一个需要从限制中获得安全感的人。孩子需要情感上的安全，即知道有人将帮助他们控制自己。由于他们仍在学习怎样调节自己的情绪，所以他们可能常常会被自己的情绪左右，以至于无法摆脱它们的控制。此时，你的干预显然是镇静剂，可以确保不让他们伤害别人或伤害自己。当他们极力想控制自己的行动时，就会因外在的限制的提醒而感到安全。

当一个学步儿第一次试着发脾气时，最好的方法往往是忽视其行为。孩子很快就会知道，躺在地板上又踢又叫是不能得到想要的东西的。当然，必须保护孩子不伤害自己、他人或周围的环境。如果一个孩子太伤心，不能表达自己，那么照料他的成人可以替孩子说出他的想法和感受，这样往往可以转移其注意力，使其不发脾气。“你感到很生气，因为你也想玩那个玩具。”有时，冷静地抱住孩子并了解他们的情绪，能帮助他们冷静下来：“你很伤心，因为坦克坏了。”如果孩子愿意喝水，那么给孩子喝点水是一种快速而有效的减轻压力的方式。有时，孩子不愿意接受成人任何形式的介入，那就需要观察一会儿，等他们筋疲力尽之后让其自己平静下来。

教师的连续性　如果孩子到了学校，看到一个陌生人代替了自己的老师，那会怎么样呢？这可能会引起惊慌。知道可以依靠老师，对孩子的安全感而言十分重要。在儿童保育项目中，频繁更换教职工对孩子的情感安全和学业表现都是严重的威胁，即使有代替的教师也可能是一种伤害。正是因为敏锐地察觉到这种变化对孩子的影响，学校应尽量提供情绪上的安全感以帮助儿童应对变化。如果可能的话，教师应事先跟孩子们聊聊代替者，并安排一些孩子们熟悉的人来做替补。不要让熟悉的看护人员突然离开或新的教师突然出现，相反，当要换教师或工作人员时，应适当进行告别或逐渐地将新成员介绍进来。为了加强连续性和维持现有的关系，许多学校都是循环制的或保证孩子们和教师共处一年以上。关系认知所产生的最主要的好处是：幼儿、教师以及家长们彼此都非常了解。在一所早教实验学校中，班级助教跟着孩子们从低年级班升到高年级班，尽管孩子们跟老师告别了，但助教可以继续和他们在一起。当孩子们第二年从幼儿园毕业时，助教就再回来跟新来的3岁宝宝开始一个新的两年循环。混龄班里，孩子们会在一个班级里待三年，这作为蒙台梭利项目的重要特征之一已经存在100多年了。

爱与接纳的需要

感到没人爱或被拒绝会导致一些令人讨厌的行为。你是否认为想讨人喜欢的人会努力做出令人喜欢的行为？但是事实不是这样的。感到不被人爱的孩子是缺乏对人表示友好的技能和自信的。

❐ 师幼关系

不论是教授科学技能还是社交技巧，积极的师幼关系都是基础。为了影响幼儿的行为与想法，教师需要与他们建立积极的关系。能发展与幼儿的良好关系的类似的教学方法，也有助于创建能引发学习的和谐班级。此外，与教师建立支持性的关系，对于幼儿的自尊、自信以及安全感都非常重要。儿童需要知道你关心他们，会保证他们的安全，并能帮助他们获得成功。知道了这些以后，儿童的行为问题就会减少。我们需要更多地了解每个儿童的长处，并用这些认知来指导日常练习。通过促进儿童的社交技能及情绪能力发展，我们可以避免之后的社会情绪挑战。

真正的关系 成为一个“真实”的人，不要假装和疏远他人。向孩子们展示你自己的孩子或宠物的照片，讨论你的周末活动，在孩子们讨论他们的体验时分享你的相关感受。这种方式可以让孩子们了解到他们的老师在教室外也过着另外一种生活。孩子们能够辨别成人是否想要和他们在一起；因此幼儿教师有必要真正喜欢孩子们并享受他们的发展过程。

在场 孩子们也能够辨别你是否真的关注他们；身体的在场并不等同于精神的在场。成人往往太忙而常常只是假装关注；近年来，手机和短信更是加剧了此类问题，证据就是学步儿常常在游戏中假装打电话。一个3岁的幼儿在玩她的娜娜玩偶，说着：“就1分钟，我不得不去查一下我的邮件。”然后她就假装这么做。另一个学前班的孩子则反复告诫一个成人，“在这里等，就待在这儿”，然后他跑去拿了更多的玩偶加入他的游戏中。孩子们会注意到，我们的注意力什么时候从他们身上转移走了。

依恋　那些依恋和信任遭到破坏的孩子需要得到你的鼎力帮助，所有的孩子都需要得到你的爱和接纳。教师与孩子之间良好的依恋关系不仅可以预防很多行为问题，而且有助于解决已经出现的问题。花一些时间与每个儿童建立关系是非常值得的。

感到被爱且期望他人喜欢你，是与父母或照料者之间形成成功依恋的结果；这种依恋是形成信任的基础，通过依恋，孩子们懂得他可以信赖其他人。

在自选时间里，丹尼斯在孩子们中间来回走动，他经常停下来与孩子们谈论他们的画、他们搭建的积木或者校外的一些有趣的事情。他微笑着肯定他们并击掌祝贺，或友好地拍拍正在活动着的孩子的肩膀。每一个孩子都感受到了他的认可和喜爱。

当孩子们集合起来进行集体活动时，丹尼斯经常评点他在自选时间观察到的场景，比如假装游戏的主题或者玩橡皮泥时的创意。他确保让所有的孩子知道自己被关注到了，尤其是那些最需要得到关注的孩子。

集体活动经常包括唱歌，以使孩子感到自己是有价值的、很重要的。孩子们最喜欢的是他们熟悉的“名字游戏”，这种游戏用孩子的名字来玩：

Tory, Tory.

Bo-ber-y, bo-na-na fanna.

Fe-fer-y, fee fi mo-mer-y,Tory!

另外一首孩子们经常要求唱的歌曲是：

莎拉穿着她的花朵短袖，花朵短袖，花朵短袖。

莎拉穿着她的花朵短袖今天来玩啦。

❒ 难以让人喜欢的孩子

要求教师真正喜爱自己班里所有的孩子是不现实的，但期望教师热情地对待每一个孩子却是合情合理的。这份热情体现在努力创设环境和课程方案以尽量满足所有在园孩子的需要。要努力给予孩子关爱，不管你是否真正喜欢某个孩子。重要的是接纳所有孩子本来的样子，尊重每个孩子独特的地位和潜能。教师的角色就是在孩子的成长过程中照顾、指导和鼓励他们。有些孩子的确很难让人喜欢。虽然你尽量使自己不偏爱某些孩子，但是必须承认，你和某些孩子（或成人）相处时的确比与另一些孩子相处时更愉快。

最难让人喜欢的孩子同时也是最需要你去接纳的孩子。他们对爱的需要远远没有得到满足，才会导致其行为非常具有破坏性。如果你觉得无法满足他们的需要，那么他们将成为麻烦制造者和发泄者。你也可以把他们当成一个挑战！这取决于你的态度。

贝利又对其他孩子大吼大叫了。慧勒老师真希望她不是他们班的孩子。她真的令人讨厌！她经常打架；虽然不时插嘴，但当老师叫到她时却又从来不回答问题。还不止这些，贝利会弄丢所有东西，她从来都找不到铅笔，从来不知道课本放在哪里，而且经常找不到午餐盒。

慧勒老师尝试了所有的方法。似乎贝利经常会因打扰别人或打架而被叫暂停。后来慧勒老师只得将所有贝利可能弄丢的东西都拿走。贝利唯一的反应就是噘着嘴，看上去好像要哭的样子，但是慧勒老师认为这只是一个表象，因为她从来没有流过泪。现在，来看看这个孩子！她不是安静地坐在椅子上，而是钻到了桌子下面。接下来会发生什么呢？

慧勒老师显然不喜欢贝利，同样，贝利的同学也不会喜欢她。她的行为经常受到别人的排斥。由于这种拒绝，贝利已经觉得自己是个坏孩子了。她越是这样认为，就越是照此行动。虽然听起来有点奇怪，但是她的反应是正常的，这也是人的本性。认为自己不受欢迎的人会表现出不被欢迎的行为，这让他们感觉更差，表现更糟糕。这是多么可恶的恶性循环！对贝利来说，改变这一循环的唯一方式是让她获得关于自己的良好体验。改变她的自我形象并不容易。开始时，她对积极的教养方式感到非常不习惯，甚至会表现得更糟。对于自信水平较低的人来说，这些行为是很正常的反应：任何与自我形象相冲突的对待方式都可能让一个人心烦意乱。因此，贝利对被友好对待的第一反应就是表现得更差，以此显示她的本来面目。教师需要有恒心和毅力才能帮助孩子克服消极的自我形象。树立积极的自我形象是孩子一生成功的基础。

感到被爱且期望他人喜欢你，是与父母或照料者之间形成成功依恋的结果。记住，依恋和信任是婴儿首要的发展任务，而且是构成今后情感健康发展的基础。

当师生关系非常薄弱时，孩子在适应学校、社交和学习上会有困难。为了成为健全的人，幼儿尤其需要得到他们生命中重要成人的爱与接纳。

改变态度　作为专业人员，我们坚持爱和关心所有孩子。一些教师使用的策略之一是在每个孩子身上找到一个令人喜爱的地方。下面的例子展示了教师怎样开始对某个孩子拥有一种更积极的态度：

特里斯坦常常去翻其他孩子的小柜子，吃掉他们的午餐。一天，丹尼斯发现他爬上了高架子，在吃孩子们当天早上刚刚装饰好的姜饼屋。（如果它们是全麦饼干做的，那谁会在乎呢？）丹尼斯警告特里斯坦别这么快爬到那么高的地方，而且对他侵犯了别人的权利、动了别人的物品感到生气。虽然特里斯坦常常脏兮兮地来学校而且难以让人理解，但是丹尼斯还是尽量只关注特里斯坦的错误行为，压制自己对这个孩子越来越强烈的厌烦，他考虑到一个事实：特里斯坦只有妈妈跟他生活在一起，生活条件不太好。丹尼斯还回忆起特里斯坦的妈妈每天一大早把他送上公交车以后还要步行回郊区。经过思考，丹尼斯认为特里斯坦不是要做“坏事”，而可能是饿了。通过早点提供早餐、增加数量以及在菜单中增加更多的蛋白质，他发现特里斯坦的行为发生了显著的变化。不饿了以后，他更尊重他人，而且看上去更容易接受成人的想法和指导。后来，丹尼斯开始欣赏他的生存技能，甚至用积极的眼光看待特里斯坦在操场的器械上爬得那么高。

把对儿童的感受和儿童的行为分开来 另一种策略是把惹麻烦的孩子与他（她）的行为分离开来。我们常常努力地去喜欢某个孩子，即使我们会对他（她）的行为感到沮丧或失望，正如下面这个例子所述。

在一次中途岛儿童中心的员工会议上，所有的人都在抱怨马克斯，列举了他的很多典型的不良行为。为了消除这种负面看法，负责人卡洛琳建议大家做个练习。她请每个人针对马克斯只想出一个他们真正喜欢的地方。一些人很尴尬地发现，他们很难马上找到一个积极的方面。

尽管如此，渐渐地，每个人都找到了他们真正喜欢的马克斯的一个小的方面。作为音乐教师，丹尼斯说，他喜欢听马克斯唱歌；尽管马克斯经常在音乐活动中捣乱，但是至少他是很棒的！南茜喜欢他的眼睛；诚然，它们时刻注意着周围是否有人看到他的恶作剧，但南茜不得不承认它们的确是既明亮又漂亮的棕色眼睛，和她母亲的眼睛一样漂亮。加百利很佩服他的自信；他喜欢指使别人，但是他确实很有能力，这是加百利很看重的一个特点。

当所罗列的方面越来越多时，教师们发现对于这个之前大家常常抱怨的孩子，他们又有了全新的认识。这并没有抵消他们对其行为的指责，但是它会让人从一个更为积极的视角来思考这些行为。随后，他们会用一种更好的思考方式通过头脑风暴找出帮助他的办法。

与有困难的儿童一起工作可能是非常刺激的；尽管他们可能会让你倾尽所有，但是他们也最有可能给予你最大的回报。当你看到通常通过武力来发泄怒火的孩子第一次用语言来发泄愤怒时，这一进步将使你兴奋无比。在这个重要的时刻，你会看到你的教育成效。当一个经常搞破坏的孩子能够坚持一整天或者甚至整整一小时不对集体造成任何消极影响时，你便可以恭喜自己有效地帮助孩子释放了他（她）的精力。

□ 家庭史

有的孩子曾体验过依恋被破坏和信任受损害。一个孩子的情感的发展可能会由于离婚、服兵役、生病、死亡、入狱或者其他原因造成的长期或短期失去家庭成员而遭到破坏。在儿童看护中心，一个整年都和一位看护人员生活在一起的幼儿在这位照料者离开时，也会感到同样的痛苦。有些孩子的坏脾气是因为弟弟妹妹的出生破坏了其依恋与信任。

家访　你如何与家庭建立关系？对于实施开端计划的教师而言家访是每年的常规工作，他们有一种与家庭建立关系的非常好的方式。其他学前班的教师抑或小学教师，也开始接纳这种值得推荐的了解学生的方式。第一次以互相认识为目的的家访，是一个从家长那里获得信息的很好的机会。你会发现家长想要从他们孩子的教育经历中获得什么，你也可以获得关于孩子的特殊信息。例如，知道孩子在家里的昵称，关于他（她）最喜欢的家庭活动、宠物、兄弟姐妹，以及最喜欢的食物等信息，这些会帮助你与孩子建立私密的关系。你也可以请家长让孩子把家庭照片带到学校来分享。家长也可以帮助自己孩子制作“关于我的一切”小书。

当家长和教师使用的不是同一种语言时，这类计划就会变得困难。一位翻译会有助于建立沟通的桥梁；一位社区志愿者、一位专业的翻译抑或这个家庭的一位朋友，都可以提供所需的帮助。这位翻译应可以为家庭提供正式的教师面谈服务，以及若干次非正式的访谈服务。同样，一些家庭可能会猜疑或者担心你想要介入他们的家庭。他们可能需要再三确认这只是一次友好的访问，以帮助他们的孩子将你看成是家庭的朋友以及他的老师。

让家庭与学校建立联系　了解学生家庭的教师能更好地与儿童建立关系，这正展示了爱与接纳。为来到教室的成人安排一个令人放松的地方，是鼓励家长参与学校活动的好策略。

丹尼斯有一把很舒服的成人椅子，放在靠近他班级的入口处。白天孩子们常常用它来跟朋友一起阅读，但是当家长来接他们的孩子时，丹尼斯注意到，如果家长们可以坐下等孩子们收拾画作和外套，那么他们会待得更久一些且来的次数更多一些。为了鼓励家长，他还放置了一些有趣的杂志、一些在点心时间剩余的水果和饼干、一大罐水及一些杯子，还在桌子的一边放了一个优惠券交换盒。以往一些家长习惯于催促他们的孩子，命令他们停止游戏立刻准备好离开，而这常会导致很多眼泪和斗争，而现在他看到家长们在带着孩子离开前常会使用这个地方来放松。当孩子们有机会更好地暂停他们的游戏，并在回家前和朋友们说再见时，他们似乎更配合了。这也给了丹尼斯一个机会来与家长聊天，以建立重要的关系。不止一次，丹尼斯获得了能够帮助他理解孩子在集体中的行为和反应的信息。

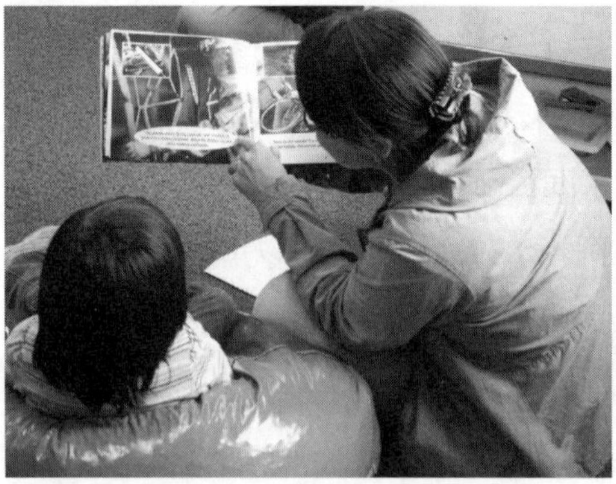

当家长参与到其子女的教育中时，儿童会表现出更为积极的态度和行为，获得更高的成就，也更可能继续达到更高的教育水平。教师需要欢迎家长参与学校活动。

敞开教室的门 邀请孩子们的家庭成员来学校参与学校活动或远足是另一种和他们建立关系的方式。晚上的活动使得在职的父母也可以参与。百乐餐[1]或者冰激凌联欢会是一种让家长参与夜间活动的有趣途径，也是一个让家庭之间建立联系的好方法。不论你们在什么地方见面，建立关系的关键在于尊重他人的所想、所需以及信仰。了解家庭是一个了解儿童的窗口，也是积极地走向理解、接纳和爱的一步。

❒ 同伴接纳

除了需要与成人建立亲密的关系之外，孩子们还需要得到其他孩子的接纳和友谊。前面我们在安全感和社会性发展中已经讨论过同伴关系。本书强调帮助孩子理解他人有不同于自己的感情和想法的重要性。但是，有的时候，你会遇到一

[1] 每人自带一个菜的聚会。——译者注

些孩子，他们似乎不在意别人怎么想，而你花了很多工夫教他们这项重要技能却毫无作用。

第一个星期的学校生活快要结束了，延森老师发现，对她自己而言，梅森将是一个挑战。他整个星期都在制造问题：抢同学的东西，推挤他人插队而且伤及他人时丝毫无自责之意。延森老师曾经帮助伊莎贝尔向梅森解释，当他挤她时把她弄疼了，但是梅森对此毫无反应。

延森老师很快意识到梅森的问题不在于他不知道自己行为的后果，而是他不在乎别人是否高兴。这要比缺乏认知更具有挑战性。她的工作就是探寻梅森不在乎他人感受的原因，然后针对这个原因下功夫。

延森老师发现这样的孩子大都曾经有过被同伴拒绝的经历。他们没有朋友，也不希望有，这使得他们即使触怒了其他孩子也没有什么损失。正如前文论述的，拥有朋友对于发展社会性技能至关重要。如果梅森认为罗伯特无论如何都不会和他一起玩，他自然就更关心自己是否能抢到更多的黏土，而不在乎罗伯特是否会为他抢走所有的黏土而生气。因此，对其他孩子的想法不感兴趣的原因在于同伴接纳的需要没有得到满足。当然，这是一个相互依存的问题：梅森越少考虑他人的感受，他人就越不愿意让他参加他们的活动。

延森老师认为梅森最需要的是一个朋友。她不知道是否能让卡特影响他。卡特是个很受欢迎的男孩，他良好的社会性技能可以为梅森提供一个有用的角色榜样。延森老师私下里问卡特是否愿意和梅森一起玩，并且教他该怎样做。卡特满足了她的期望，很自然地同意了跟梅森一起玩。

找到一个阅读朋友和游戏伙伴全程陪伴梅森是他发生改变的主要原因。卡特的帮助使得梅森暂时得到了其他人的接纳，但是卡特提醒他，如果想一直和他们一起玩，他就必须与别人共享一个球。现在梅森确实会为了顾及他人的情感而放弃一些东西，因此，延森老师终于有机会教梅森学习观点采择了。梅森的整个生活正在向好的方向转变。

小　　结

当孩子因情感需要没有得到满足而产生行为问题时，有效率的教师能用合适的、有效的方法来帮助他们满足这些需要。准确地判断出什么时候孩子的情感需要没有得到满足并回应这些需要，可以减少很多无效的纪律教育。另外，早期干预可以影响孩子的整个未来并防止问题升级。

当你努力帮助孩子满足他们的需要时，你将会欣赏那些明显的“问题儿童”。他们其实是非常需要帮助的人，你不应该忽视他们。但他们也是幸运者，那些过于安静的孩子可能有着更为严重的问题。进一步阅读时，你会更了解这些孩子。

摘　　要

- 各种各样的未满足的需要都可能导致儿童不良行为的出现。教师可以通过帮助儿童满足自身的需要来改善他们的行为。
- 被重视的需要影响着儿童的行为。教师需要通过计划为儿童提供更多在挑战中获得成功的机会，这样他们就不会以不恰当的方式寻求关注了。
- 这一章讨论了通过设立限制和保持连续性来帮助儿童获得安全感的教育方法。可预知性是一种特别重要的方式，教师通过这种方式能够帮助儿童满足对安全感的需要。
- 为了以社会所期待的方式做事，儿童需要在他们的生活中感受到爱与接纳。与家庭建立联系以及转变对待那些很难令人喜欢的孩子的态度，是向每个孩子表达爱与接纳的根本。

讨论或反思

1．回想你面对一个孩子的挑衅行为时的无效处理。你从本章学到了什么可能会改变你，从而使你更可能成功的方法？

2．我们都有很多次感受到自己不被爱或被拒绝。回忆自己最近的一次感受。你的第一感受是什么？你会在那一刻向他人请求援助吗？什么能够让你再次感受到成功和自信？当时有人帮助你了吗？在类似的情境下，你可以怎么帮助其他人？

挑战一下

3．一个有待解决的问题：在整理时间，4岁的詹姆斯拒绝收好赛车。

（1）可能的原因之一是什么？写出相应的指导方法。

（2）另一个可能的未满足的需要是什么？说出相对应的不同的指导方法。

现在假设詹姆斯是个8岁的孩子，但他仍然拒绝协助收好赛车。你对他的未满足的需要的评估和你的指导方式会有哪些不同？要是詹姆斯只有2岁又如何？儿童的发展水平是如何改变你对未满足的需要的评估，进而影响你的指导方式的？

4．一个有待解决的问题：在老师要求一年级的詹妮把她的卷子放进自己的小柜子时，詹妮常常会请求老师的帮助。然而，对于一天中的其他任务，例如协助整理教室里的材料，她则愉快地接受了，没有提出这样的要求。

（1）詹妮未满足的需要可能是什么？为什么这一需要只在被要求把卷子收进小柜子的时候才会显现，而不是在一天中的其他时刻？写出相应的指导方法。

（2）另一个可能的原因是什么？写出相应的指导方法。

实地研究

5．分析你熟悉的孩子的真实的行为问题和指导方法。在哪种情境下成人提供的指导例子可能是最有益的？

（1）描述情境。

（2）根据你对孩子们的了解，陈述可能的原因。

（3）描述相应的成人干预方法。

（4）描述孩子对干预的反应。

（5）如果这一方法没有奏效，是因为没有找到真正的原因还是干预的力度不够？

（6）如果是其他原因造成的，那么下次再设计一个不同的策略。

推荐读物

Howes, C., & Ritchie, S. (2002). *A matter of trust: Connecting teachers and learners in the early childhood classroom*. New York: Teachers College Press.

Hyson, M. C. (2008). *Enthusiastic and engaged learners: Approaches to learning in the early childhood classroom*. New York: Teachers College Press.

Katz, L. G., & McClellan, D. E. (1997). *Fostering children's social competence: The teacher's role*. Washington, DC: National Association for the Education of Young Children.

Koplow, L. (2007). *Unsmiling faces: How preschools can heal*. New York: Teachers College Press.

Landy S. (2009). *Pathways to Competence: Encouraging healthy social and emotional development in young children*. Baltimore: Paul H Brookes.

Music, G. (2011). *Nurturing natures: Attachment and children's emotional, sociocultural and brain development*. New York: Psychology Press.

Rosen, K. (2016). *Social and emotional development: Attachment relationships and the emerging self*. Basingstoke, UK: Palgrave Macmillan.

Sax, L. (2007). *Boys adrift*. New York: Basic Books.

Sax, L. (2010). *Girls on the edge*. New York: Basic Books.

Worral, H., Templeton S., Roberts, N., Frost, A., Golding K., Durrant E., et al. (2013). *Observing children with attachment difficulties in school: A Tool for identifying and supporting emotional and social difficulties in children aged 5–11*. London: Jessica Kingsley.

第十三章

学业的、社会的、文化的和语言的不同需要

本章节所涉及的全美幼教协会（NAEYC）标准

标准1a：知道并理解0—8岁儿童的特征和需要。

标准1b：知道并理解发展和学习所受的多重影响。

标准2a：知道并理解不同家庭和社区的特征。

标准2c：让家庭和社区参与孩子的发展和学习。

标准3d：知道要与家庭以及专业同行一起合作进行评价，以建立一个有效的学习环境。

【学习收获】

有了对本章的理解，你应能：

- 制订计划，以帮助因有着独有认知方式或社交需要而导致干扰行为的儿童。
- 解释与家庭或其他专家合作如何有助于教师为具有不同背景、语言和能力的儿童提供支持。
- 概述文化和语言的不匹配是如何影响儿童的行为的。

在你的教师生涯中，你将会照顾和教育的孩子们的文化、经验和能力，与你或你熟知的大多数人不同。作为一个早教工作者，你将面临的最重要的任务之一是满足集体中不同孩子的需要。在任何一天，在任何教室，教师们都要面对有着不同文化背景的孩子，将英语作为第二语言或第三语言来学习的孩子，和（或）具备特殊才能或残疾的孩子。因此，对你来说很重要的一点就是在计划指导孩子的行为时考虑个体差异。忽视班级中的差异并期望所有孩子均按标准行动，实际上是在忽视孩子们——忽视了他们是谁，他们的独特之处，他们的信仰、价值观以及他们能做或不能做的事。因此，你必须承认并尊重这些差异，同时调整你与孩子们互动的方式，以满足孩子们的不同需要。本章有四分之三都在关注导致行为困难的日益复杂的原因。

老师要求阿肯莎为点心时间做整理工作，阿肯莎无视了这一要求，尽管老师对她重复了这一要求。她的老师有过很多次关于阿肯莎的类似的体验，也正在寻找有助于解释导致这一行为的行为模式。本章探讨了可能的原因，这些原因与那些典型的儿童行为问题不同。

在本章中，我们继续分析导致不良行为的诱因，并讨论如何指导因在学业、社会性和语言方面有不同需要而导致行为问题的儿童。我们把这些诱因和典型的需要区分开来讨论，因为我们想要强调教师接纳并提供额外支持的重要性，帮助

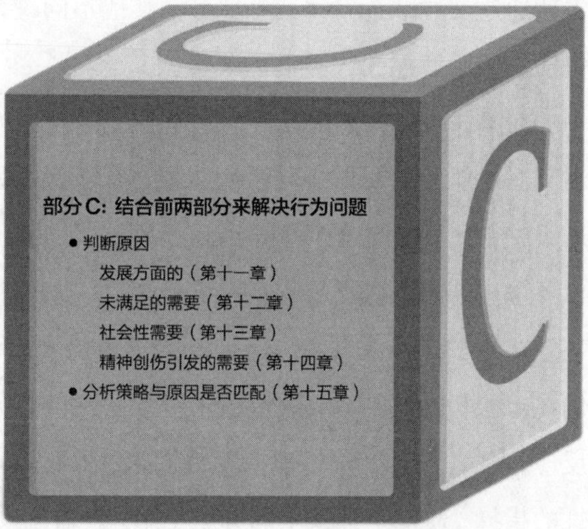

有特殊需要的儿童是他们的工作。我们会讨论幼儿教师觉得最难管理的儿童行为。无论是有特殊需要还是没有特殊需要的儿童，都可能经常出现本章第一部分所讨论的行为。有注意力和沟通困难、情绪控制困难或学习滞后的儿童，往往更容易出现这样的行为，作为表达他们的沮丧或对课堂期望不满的方式。接下来，我们会讨论行为的文化因素：教师对儿童行为的曲解或儿童对成人期望的曲解会在课堂上导致怎样的问题？最后，我们看看如何支持那些学习英语的儿童，因为他们来到了一个很少人或没人说他们的母语的环境，他们正努力去理解课堂规则和期望。

关注破坏性行为

如前面章节所讨论的，不服从、不专心、好斗和易怒都是幼儿常见的行为，给予一定的时间和支持性的指导，绝大多数孩子都能学会用社会更能接受的方式来表达他们的愿望和需要。然而，一些孩子有已被鉴定的残疾或动作障碍，导致他们在学习自我管理方面有困难，这些孩子需要家长、教师和专家的额外支持来学习社交技巧。

作为早教人员，你需要在你的课堂上给孩子提供一系列的行为支持。对于大多数儿童而言，他们可以通过体验和模仿来学习普遍的班级准则，例如友好或尊重；而一些儿童需要额外的支持才能理解这些准则。特殊儿童委员会的幼儿部和其他人的文献中，描述了学校在支持有社交或情感障碍的孩子完善其社交能力时可以进行的三个步骤：预防（第一步）、有目的的指导（第二步）和个别指导（第三步）。对于各个步骤而言，我们推荐的干预方法同本书的理论基础相一致，因此不包括通过奖励或惩罚来进行干预；其他不同理论基础的作者推荐的干预方法中则包括了奖励和惩罚等类型的策略。

在本书中，我们讨论了多种预防策略。理解儿童的发展，设计一个有序且充满刺激的教室，规划一门吸引人的、有意义的课程，都是我们所知道的可以预防班级中的行为困难的策略。通过步骤一的预防手段，可以使大多数学生学会在学校环境中获得成功所要求的社交技能。

在你的工作中，大约有10%的学生需要有目的地指导其社交技能，以帮助他们在班级里获得成功。这些孩子对预防性的指导策略或那些针对全班的教学没有反应，因此需要步骤二来帮助他们。为了有效地指导他们，你需要提供更有针对性的指导，通常是把孩子们分成小组。有目的的指导包括教他们特定的社交技能，例如如何交朋友或如何解决同伴之间的争吵。对于小组中在这方面缺乏经验的孩子，你可以有目的地规划教学方案来教授这些技能。通过一段时间和一些提醒，绝大多数孩子都能掌握这些技巧并在班级中获得成功。

你的学生中还有另外5%左右需要密集的个别指导，这样他们才能够和同伴成功地互动或理解班级准则。他们需要一对一的支持来学习以可接受的方式与他人互动或遵守班级准则。通常来讲，一位专家（例如特殊教育者、学校顾问等）可帮你针对这些儿童制定相应的指导策略。一些人会坚持奖励或处罚的手段是必要的，你需要向他们清楚地解释为什么这些方法同你的教育目标不一致。为了更清楚地解释，你需要回顾一下第九章，该章节对奖励和惩罚进行了分析；阅读一些其他相关的推荐文献也会有帮助。

对于那些已经学会用不当的社交方式来满足自身需要的孩子，需要在社交技巧方面给予其更多的指导。为了帮助这些孩子在教室里获得成功，你需要教他们替代行为——以社会可接受的另一种方式来满足他们的需要。例如，克莱尔通过尖叫来得到她想得到的东西，那么你就要教会她请求帮助。如果特里斯坦因不能随心所欲而大发脾气，那么你就要教他让自己冷静下来并接受限制。记住，改掉一种行为并学习另一种行为需要时间。想想你自己曾经试图改掉的某个坏习惯，例如不再咬指甲或戒烟。如果你曾经尝试不再做一些社会不接受的事或无益于己的事，你会意识到这需要时间、努力和支持。当幼儿想改掉某个行为并学习新行为的时候，他们更需要坚定的支持，而你正是那个不断给他们鼓励的人，这样才能让这些孩子在班级中取得成功。

❑ 不要“贴标签”

我们要警惕给孩子的残障（例如自闭症、注意缺陷障碍、对立性反抗症）贴标签，因为其精确度是有困难的，而且会因此对贴标签的孩子过于关注。相反，我们需要关注应对特殊行为的策略，这些行为会干扰孩子与他人之间的关系，阻碍他们学习新事物或限制他们参与班级日常生活。例如，很多有能力或有障碍的孩子都会通过攻击性行为来满足自己的需要，也有些会表现为在教室里呈游离状态或不专心。基于此原因，我们这里更关注那些特定的行为，这些行为也是教师们很难确定的。

> **思考**
>
> 你是如何看待给孩子带来的挑战“贴标签”的？

❑ 指导开小差或注意力不集中的孩子

即使教育内容很吸引人，幼儿也需要经常暂停学业任务去休息。在孩子的大脑需要休息的时候，他们会释放一些信号，例如找一些其他的事情做。这种开小差或注意力不集中的状态，教师通常称之为孩子的自发性休息。对于不同的孩子而言，可以使其保持兴趣的活动或他们参与的时间量都是迥然不同的。每一个孩子包括成年人都是如此——在某个能力范围内，他们能够参加活动并抵制注意力分散。对于这方面的能力特别差的人而言，他们的行为有些神经学上的原因。他们大脑的额叶没有收到必要的神经递质来让他们管理好自己的冲动以及注意力水平。他们会经常陷入麻烦，因为他们在行动或说话之前不能控制住冲动进行思考。这是一种无意识的行为。这些孩子相对于一般孩子，需要教师更多的耐心和指导，同时这些孩子也需要更多的练习和时间来学习同样的技能。

对于有注意缺陷障碍的儿童，人们往往有个误解，认为他们无法集中注意力。实际情况是这些孩子不能调节他们的注意力水平，或不能排除那些干扰或吸引他们的刺激，他们往往高度关注某些主题、灯光、声音或想法。正因如此，这些有注意力问题的孩子，往往表现为内向或过于爱说话。他们可以持续不断地做一个动作，表现得非常古怪或动机不明。这些孩子会分心、极度活跃或交替出现这两种表现。注意力问题往往被人误解，我们还有很多问题要研究。这些问题经常会和其他学习障碍（例如阅读困难），或情绪困扰（例如焦虑）一同出现。作为一名教师，你的教室里可能会存在这样有注意力问题或其他学习障碍的孩子，无论这些孩子是否得到明确诊断。对于帮助这些孩子在学校里获得成功而言，诊断结果并不重要。学习有效的策略和介入手段，你可以用其来吸引孩子，让他们关注自己的任务，掌握必要的社交技巧，从而帮助他们在学校里取得成功。

对于孩子的教育，多理解下述注意力分级不无裨益，特别是对那些有注意力方面困难的孩子而言尤为重要。威利斯描述了注意力的三个等级：①对生存的注意力；②对有兴趣的事情的注意力；③选择性注意。对生存的注意力指的是我们如何满足对安全的需要。我们从周围环境中获得一切信息，并判定我们安全与否，这也被称作“战或逃”反应。如果常常进行“生存注意”模式的活动，儿童会感到压力或困惑。当孩子处于这种情形的时候，他们无法从非重要信息中过滤出重要信息，他们难以步入正轨、知道应该关注什么。如果孩子的感觉是这样，学习就不会进行。因此，对家庭作业感到紧张的孩子会因为紧张而更难以完成作业。这些孩子需要学业上的支持，而不是通过给他们施压来取得我们想要的结果。

对家庭作业感到紧张的孩子会因为紧张而更难以完成作业。这些孩子需要学业上的支持，而不是通过给他们施压来取得我们想要的结果。

戴维斯老师正在讲解如何在一则新闻简讯中找到主题，但是艾莲娜根本听不清戴维斯在讲什么，她的脑子里从头到尾都充斥着很响亮的噪声。老师告诉她学会这个技能是非常重要的，因为很快就要进行考试。艾莲娜知道自己通不过这个关于阅读的考试，当她试着阅读的时候，她发现这些话好像从来没见过。她感觉自己像个哑巴，而且她很担心她的朋友会发现这些，然后她就不会再有朋友了。

人们通常对感兴趣的事情更加关注，儿童经常会被新奇的事物吸引。教师经常在一节课刚开始的时候用这种方法来抓住孩子们的注意力。大多数人可能都曾看到过教师在一节课开始的时候先给孩子们看一个稀奇古怪的东西，然后问他们对这个东西了解多少。我们把这种策略通俗地称为“上钩”。教师在一节课开始的时候用“上钩”的方法来集中孩子们的注意力，并使课程与孩子们的知识背景紧密结合起来。延森老师知道把孩子们引入课程对于帮助他们保持注意力是非常重要的。

延森老师手里拿着一个苍蝇拍。她问孩子们：“你们知道这个工具是用来做什么的？”孩子们立刻回答：“杀虫子！”延森老师接着问：“为什么我们要杀虫子？”孩子们说出了一堆理由：“它们咬人！”“它们吓人。”“它们太丑了！”延森老师在教室前面的白板上记下了孩子们的回答。她接着问孩子们：“有没有什么理由让我们保护虫子而不是杀虫子吗？”“没有。”孩子们回答道。延森老师对孩子们说：“那么，我今天要给大家讲个故事，是关于虫子对我们的好处的。在听故事的时候，大家看看是否能找到一些我们救虫子的理由。”她给孩子们发了白板和笔，告诉他们：“在我讲故事的时候，如果你听到了关于虫子的好的方面，就在你的白板上记下来或画张图。讲完故事后，我们分享想法。”

使用“上钩”的方法对于吸引那些有注意力问题的孩子特别有帮助。正如前文所述，对于有注意力问题的孩子，教师需要帮助他们调节自己的注意力水平。他们会格外关注自己特别感兴趣的事物或他们能发挥自身优势真正在其中获得享受的活动。与学生建立起关系的教师需要找到学生感兴趣的和喜欢的事物。对于这些每天为注意力问题而苦恼的孩子，采用特别的主题和有趣的活动可以有效地吸引他们，使其保持注意力。然而，要记住非常重要的一点：当这样的活动即将结束的时候，需要提醒并帮助这些学生，因为这样的孩子在高度投入时很难转移注意力，这种高度注意的状态使得他们的转换非常困难。对于这些孩子而言，在活动结束前提醒他们是很有帮助的，这样可以让他们提前准备进入下一个活动。这些孩子需要更多时间让大脑关闭“引擎”。

选择性注意指的是对特定的任务保持关注，同时忽视其他干扰因素。虽然有注意力障碍的孩子很难保持关注，但仍然有策略可以帮助他们。延森老师通过为这些孩子提供吸引人的活动来帮助他们培养对任务保持注意力的能力。她知道如何通过安排活动来影响孩子们，让他们能过滤掉周围环境中的事物，这样他们就能对特定的任务保持注意力了。在上述案例中，延森老师想让孩子们专注地学习虫子对环境的益处。她在讲故事的时候给孩子们安排了一项特殊的任务，从而让他们保持注意力。注意，这里讲述的干预方法以及此章节其他部分推荐的方法普遍适用于所有孩子，但对于有情绪障碍和行为障碍的孩子而言，教师需要付出更多的努力。

预防——第一步

在进行教师主导的活动或活动时间持续比较长的时候，你可以通过刻意安排一些心理上的休息或3分钟中断休息来减少孩子们的分心。你也许看到过成年人在打电话时通过在纸上乱画来保持注意力，或在长时间听演讲时做白日梦。有很多通过3分钟休息来帮助提高注意力的例子，你可以帮助学生学习这些策略。很多教师在“圆圈时间”或在进行困难的项目活动时发给孩子们海绵球，捏几下海绵球可以帮助这些孩子把注意力重新集中到活动上而不去干扰他人。其他类型的3分钟休息包括做一些简单的伸展运动或在课堂上的环节之间唱一首简短的歌曲。

你也可以在“圆圈时间”为注意力不集中的孩子提供一个独脚凳或弹力球，让孩子坐在上面。通过在凳子或球上保持身体平衡可以帮助一些孩子保持注意力。对于那些一时不能参加活动的孩子，给他们提供一个私人空间来整理他们的思绪也是有效的。在一个安静的、没有太多刺激的地方看书或完成任务，可以使这些孩子冷静下来。如果在教室里还有其他成年人，你可以让他（她）在需要保持注意力的活动中坐在孩子的旁边。他（她）可以抓住孩子的手或轻轻地拍孩子的肩膀来帮助孩子集中精神。

活动间的平衡　对于营造合作性的班级氛围而言，一个平衡的日常计划是非常重要的。在一天中，交替安排耗精力和不耗精力的活动能帮助孩子持续地进行活动。在计划课程时，可以将集体活动、教师主导的活动、需要团队合作的小组活动以及单独完成的任务交叉在一起。这样可以让孩子同日常教学计划保持步调一致，同时要记得在每项活动快结束的时候提醒孩子。

运动　很多有注意力困难的孩子需要靠运动来保持注意力。这些孩子特别需要休息时间，我们需要抵制减少或缩短在校休息时间的趋势。成年人也经常用运动策略来保持注意力。你是否观察过成人打电话的时候踱来踱去或在排队等待的时候前后转动？他们使用运动的方式让自己关注正在做的事。想想每次当座位不够而让你坐在学校的课桌上或坐在地上时，你是不是也会感觉不舒服。怎么做你会舒服些？是让你参与任务、换换脚，还是让你调整坐姿？你甚至会站起来伸伸腿，然后坐回来继续工作。

当孩子们不舒服时，他们很难集中注意力。作为一名教师，你的工作是帮助孩子找到舒适的方式来完成指定的任务。在教室里可以让孩子们站、跪甚至躺着来完成他们的活动。你需要用垫子或小蹦床在教室里创造一个活动的空间，在这个区域孩子们可以“跳一跳”。很多教师在学生课桌周围设立了一个看不见的边界并告诉孩子，他们可以在自己的区域活动，但他们在一天中的某些特定时间段不能进入其他人的区域。再说一次，这些策略是让孩子们控制他们的身体，而不是让他们失去所需的运动。

有目的的指导——第二步

在与不专心的孩子一起相处时，很重要的一点是安排相应的活动来提升孩子的注意力。巴巴拉·谢尔写了《注意力游戏》(*Attention Games*) 这本书来帮助孩子们学习专心。书中的游戏按年龄段划分，被认为适宜在学校里使用。玩像“视觉大发现”这样的游戏或阅读《沃尔多藏哪儿了？》(*Where's Waldo?*) 这样的书也能有助于集中孩子们的注意力。可以分小组玩这样的游戏，也可以一对一地玩这样的游戏，这样你可以给孩子提供个别支持来帮助孩子专心而不是变得沮丧。在某个孩子开始参与小组活动之前，你也可以先安排一个注意力游戏。很多教师采用“脑力体操”练习来开始他们的课，很多其他类型的运动也有助于集中精神。

个别支持——第三步

如果你已经努力采用了预防策略和有目的的指导策略，但仍然有些孩子有注意力困难，你就需要教授他们缺失的特定技能。一些有注意力困难的孩子可能需要在成人的帮助下学习一些组织技能。对于这些孩子，可采取一些特殊的活动步骤，如使用视觉提示或书面指令，这很有用处。例如，如果需要帮助奥布丽记住洗手、取杯子和餐巾纸，然后在餐桌前坐下，可以把这些动作按顺序拍成照片，然后制作成提示卡片让她遵守。在班级中，你可以对其他活动采用相同的方法。例如，你可以制作一系列提示孩子读书的图片，从他（她）的课桌中拿出记号笔和纸，在纸上记录。可视卡片可以减少不断的口头提醒。

你也可以提供一个“先后顺序卡”来教孩子日常计划中一日流程的先后顺序。“先后顺序卡”可以帮助孩子学习监控和控制他们在短时间内的兴奋点。例如，你可以准备一系列图片：孩子坐在毯子上的图片、你在读故事的图片、孩子在白板上写东西的图片以及（最后）孩子们在数学区操作的图片。如果某个孩子在这个顺序中的任何一个环节出现了不专心的情况，你可以指一下白板，提醒他们正在进行的活动以及下面的内容。

❑ 如何引导不服从的孩子

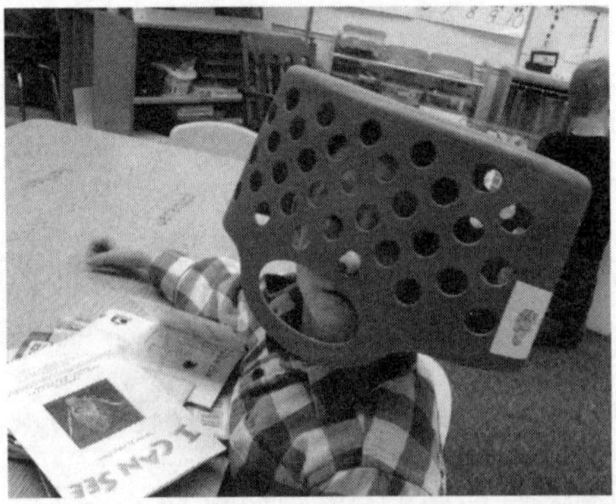

一些孩子多次拒绝完成任务的要求；同时，如果要求他们参与一般的学校活动，他们会变得愤怒或进行狡辩。这些孩子需要获得额外的指导。

我们都多次体验过不服从的孩子的行为，例如不听从指令或忽视整理要求，这些都是幼儿典型的不服从行为。服从要求是学习与其他人合作的基础。在非常年幼的时候，孩子们就开始学习平衡自我需要和他人需要。在要求孩子帮忙关灯、整理床铺、把脏衣服放在洗衣机里、摆放桌子或帮忙做其他家务的过程中，父母可以教孩子这些有益的行为。这些潜在的学习机会可以帮助孩子理解，为家里或学校里的活动贡献自己的力量是一个愉快的经历。然而，一些孩子多次拒绝完成任务的要求；同时，如果要求他们参与一般的学校活动，他们会变得愤怒或进行狡辩。这些孩子需要获得额外的指导。

预防——第一步

有很多方法可以预防教室里的不服从现象。最容易的方法是让孩子参与制定班级规则。一些教师对与孩子分享控制权有所担心，但实际上孩子们制定的规则往往比大人制定的还严格。孩子参与制定班级规则，他们会更容易理解并遵守这些规则。这对于教授这些规则来说也是非常重要的。如果孩子们制定了规则“对朋友要有礼貌”，对你来说很重要的就是要教他们在教室里做到。你可以读朋友之间互相帮助的故事，组织表演关于朋友帮助解决问题的小短剧，也可以唱一首关于友谊的儿歌来让这一概念融入生活。

还有一点也很重要，你要明确指出你的期望。当要求孩子完成某个指定任务时，要采用简短、清楚的句子。记住，孩子们对句子的最后部分比开始部分关注得更多。因此，与其说“现在是整理时间了，我们要去吃午饭了”，不如改说“我们必须去吃午饭了，让我们先把周围打扫一下”。另外，很重要的一点是，给出指令时最好用到孩子的名字。有时你对孩子们泛泛一说（如“下面要听讲了”）的时候，他们可能根本没有意识到你在对他们讲话。你最好说：“贾马尔，请听我说。”要求孩子们做事的时候，一些孩子也许需要你轻拍一下肩膀来提醒他们。这意味着你在开始安排活动之前，要站起来走到这个孩子旁边，先让他集中注意力。

对感官刺激敏感　一些孩子在感官方面压力过大的时候会表现出抗拒。当周围环境中充斥了某些声音、某些结构或某些味道的时候，一些孩子可能会感觉不舒服。如果在大组活动中，你发现有的孩子看起来不配合，难以相处，这可能是因为噪声、缺乏空间甚至是地毯令他们感觉不舒服而引起的。在这些例子中，最好使用一些方法来消除导致此类行为的原因。首先，你可以尝试在“圆圈时间”给孩子提供另外一个坐垫。相对地毯而言，小的方形棉坐垫感觉更好，同时也不贵。如果没有效果，那么看看有没有其他干扰源，例如可能是空调或风扇的声音造成的。为了确定是不是这一特定的噪声给孩子带来了烦恼，你可以选房间的另一个区域来活动。

一些教师认为在大组活动中那些不遵守要求的孩子是在挑衅，实际上那些孩子可能根本就不知道你在跟他们说话，除非你进入他们的视野之内。给孩子们指令或让他们注意的时候，你最好和孩子们保持对视。在大组活动时间，如果你坐在椅子上而孩子们坐在地板上，那你最好也坐在地板上。如果这样效果还是不好，你可以让孩子们聚集在一起，使你处于他们的视野内。很多教师安排不听话的孩子坐在旁边，这并不一定是最好的座位安排，因为孩子需要扭过头来看着你。可以让这样的孩子正对着你坐在圆圈的中间，这样你可以更好地和他保持对视。

慧勒老师对朱利安特别失望：他很少知道自己应该去做什么，而且经常打扰别人，使得两个人都没听清老师让他们做什么。在多数时间内，她关于下一步活动的仔细指导对朱利安甚至他周围的孩子都不起作用，即使她站在教室前面大声讲也是如此。当她训斥他不听讲的时候，他表现出真的很困惑和抱歉。他不知道老师在讲什么。

思考

慧勒老师应该怎么做来让朱利安更好地听讲？

工作量的管理 当孩子感到你要求做的事情超过了他们的能力时，他们会表现为不服从。当有些学生不能完成一个任务的时候，你可以把任务分解开来，让他们一次完成一部分。与其要求孩子们写两段文字来描述他们的宠物，不如要求他们一次写1 ~ 2个句子。如果孩子们拒绝整理积木区，你可以要求他们先把三角形的积木找出来交给你。把任务分解可以让孩子们感觉自己更能控制局面。记住，幼儿一次只能关注任务的一个方面；多步骤的任务会让他们不知所措。

还有一种方法可分解学生的工作量，即设计一些合作学习的任务。在这样的活动中，孩子们按小组完成探究任务。当你给孩子们一起工作的机会时，他们能互相支持对方的学习。

有目的的指导——第二步

相对于复杂的要求，幼儿对简单要求适应得更快。你可以通过有目的的指导来增强孩子执行多步骤任务的能力。玩要求孩子们执行任务的游戏是达到这一目的的一种有趣的方法。可对简单的游戏进行修改来教孩子执行多步骤的任务，例如“西蒙说（你说我做）”游戏，游戏中可这样发出指令“西蒙说摸你的头然后转身”。当孩子们在游戏中掌握一步或两步指令时，可以逐步增加数量。在点心时间，你也可以这样增强孩子执行多步骤指令的能力。年初的时候，你可以只要求孩子从篮子里拿餐巾纸。当他们能遵从这一指令后，你就可以要求他们拿餐巾纸和杯子了。不断增加要求，直到他们能够一次拿齐点心时间所需的所有物品。

音乐也是一个很好的媒介，你可以用它来教孩子执行指令。有些要求孩子执行特定任务的儿歌，例如艾拉·詹金斯的歌《拿起你的乐器，演奏美妙音乐》（Play Your Instruments and Make a Pretty Sound），就很适合教孩子根据要求执行相关任务。这首歌要求听众选择一样乐器，按顺序演奏乐器，最后把乐器放回去。绝大多数孩子都喜欢玩乐器，并热衷于根据游戏指令做自己该做的事情。用这样的方法活动可让学习社交技能变得更有趣、更有参与性。

寻求帮助　一些孩子在需要帮助的时候不知道如何寻求帮助。不理解活动或对一日流程不解会导致孩子不听话。对此，你可以给孩子建立一个规则，当孩子们请求帮助或确定他们对你的指令是否理解时可以用到。简单地向上竖大拇指或向下竖大拇指就很容易记忆，在发出一个指令后，你可以让孩子们用这样的手势表明他们是否理解。如果一个孩子通过这个手势表明他不理解，你可以单独给他再次解释你的要求。如果几个孩子表示不理解你的指令，你可能需要和所有孩子一起重温一下指令。

个别支持——第三步

在你的教室里，少数孩子需要个别指导才能按要求做事。例如，当课间休息之后需要孩子们进入教室的时候，可能有一个孩子从你周围跑开了。记住，去追这个想要逃避要求的孩子不是个好办法，互相追逐看起来会很滑稽，特别是当孩子跑得比老师还要快的时候。很多孩子从大人旁边逃开是因为他们确实喜欢当前的活动并担心他们今后不能再参加这种活动了。这属于典型的不能控制自己的注意力的孩子，他们对喜欢的事情常常格外关注。对于这些孩子，在活动结束前，需要让他们提前准备并确保他们理解，他们喜欢的活动是日常活动的一部分。为了确定是否是该类型的不服从，你也许需要与孩子一对一地进行沟通。

> ✥ 延森老师知道课间休息后梅森会难以离开操场。铃声一响，他会立即从大人旁边跑得远远的。为了避免每天发生这样的“战斗”，延森老师在铃响前就待在梅森的旁边，一听到铃声，她就立即开始和梅森一起整理他正在玩的器械。在一起整理的时候，延森老师会和他讨论下午的活动并帮助他计划在活动中应该做什么。

延森老师意识到在一日流程中帮助梅森准备下一步活动的重要性，她理解梅森在根据要求转变活动方面的困难，她也通过提供个别的关注来努力教他如何把注意力从一个活动转移到另一个活动上。她不是关注即将结束的活动，而是关注即将进行的活动。延森老师也发现，给孩子机会完成他们感兴趣的任务，能增强他们服从要求的意愿。例如，当地上被弄湿时，让孩子使用吸尘器或擦地板也是一种能够教孩子根据要求去做的很好的方式。在艺术活动结束后，也可以让孩子用湿海绵来清洁桌子，这也是一种鼓励孩子合作的方法。对于那些不愿意停下当前活动的孩子，可以让他们去帮助收集其他孩子的活动物品，这是一种能帮助他们准备接下来的活动的很好的方法。

此类策略可以教会孩子理解个人对团队的责任感，也可以让孩子明白与其他人合作共同完成任务会是愉快的经历。这些可能是孩子们在入学之前没有学过的。

❒ 指导有攻击性的孩子满足自身的需要

持续的攻击性行为（例如打人、咬人、扔东西等）是孩子发展中最常见的问题，这也会干扰班集体。有些教师希望孩子到了幼儿园就能自己处理矛盾。当孩子做不到时，教师就会表现出对孩子的担心，同时因这些不良行为而对孩子的能力感到失望。

在同伴之间的争执中，偶尔有轻微的攻击性行为（例如戳别人、做坏事被发现时大声叫嚷）是很常见的，持续而激烈地攻击同伴不是典型的幼稚行为。教师需关注孩子那些经常打人、咬人或踢人的行为。攻击性行为会影响友谊，而当孩子没有朋友的时候在学校里的表现也不会好。那些用攻击性行为来满足自身需要的孩子，往往在管理情绪或控制冲动方面有困难。你会注意到，这些孩子往往是先做，做完后再思考自己行为的后果。很多行为违背了社会准则。这些诉诸武力的孩子，在观点采择和移情方面需要得到帮助，因为他们不能想象出他们的行为对其他人的影响。

攻击性行为会影响友谊，而当孩子没有朋友的时候，他们在学校里的表现也不会好。

预防——第一步

每天检查　一种有助于避免孩子情绪失控的方法是给孩子机会，让他在每天的检查中告诉你他的感觉如何。为不会阅读的孩子准备的“每天检查板”应包含表情图片，以展示多种情绪（如高兴、悲伤、疲倦、生气、吃惊等）。当孩子们走进教室时，让他们指出哪个面孔能反映出他们现在的感觉。你也可以让他们在每天的出勤记录上用词语或短句来注明他们的情绪状态。一旦有了这些信息，你就能调整你的互动，以满足个别孩子的需要。如果莱克西说她今天很伤心，你可以单独和她相处几分钟来确定是什么令她今天心情不好。如果卡尔森说他今天很累，你就会知道他今天的工作速度不会像平时一样快。孩子在疲倦的时候也会表现得过于敏感，这意味着在同伴互动的时候，你需要给这样的孩子提供额外的支持。

感觉词汇图也可以给孩子机会来讨论他们的感受。可以给孩子一个衣夹，上面贴上孩子的名字。然后让其把写有名字的衣夹夹在你提供的公告板上的感觉词汇表上。可以每天进行几次：在早上、休息后或特定的活动后以及一天结束后。帮助孩子全天监控他们的情绪是防止情绪爆发的有效方式。当孩子们能够识别自己的感觉后，他们就能更好地控制攻击他人的欲望。

觉察并冷静地行动　对你来说最重要的事是要知道攻击性行为是怎么开始的及其进展如何。如果观察得足够仔细，你会看到孩子们通常在采取攻击性行为之前会表现出特殊的征兆。有时这些征兆是很细微的，例如呼吸变得急促、走路加快或跺脚；有时这些征兆会很明显，例如喊叫。知道孩子在做出攻击性行为之前会如何表现，对你阻止其发生非常重要。当你确定孩子正在努力控制自己的愤怒情绪时，你就可以通过冷静地问他（她）是否需要帮忙来帮助他（她）。丹尼斯知道在语言冲突变成肢体冲突之前，干涉索伊的争吵是非常重要的。

索伊和金津一起在沙箱中玩，两个人同时拿到了蓝色的铲子。很快这两个男孩开始争夺铲子并尖叫。丹尼斯立刻走向这两个孩子，并给了他们一辆玩具自卸卡车。他告诉这两个孩子如何使用铲子把卡车装满，然后把沙子卸下来堆他们要堆的沙山。他和孩子们一起做了安排：谁负责用铲子装沙子，谁负责驾驶卡车。孩子们决定索伊做驾驶员，金津铲沙子。在丹尼斯的帮助下，孩子们能够合作堆出一座高高的沙山。

与其纠正索伊的喊叫和打架，不如帮助他找到一个替代的游戏方案。对于经常依赖攻击性行为来满足需要的孩子来说，找到方法来解决孩子之间的常见争执会有困难。他们需要成人帮助，才能找到可行的方案来解决他们的问题。

对于有攻击性的孩子，预防是首要目标。因为一旦这些孩子被激怒，就很难让他们冷静下来。如果教室里有孩子正在实施极端的攻击性行为或正在大发雷霆，你必须冷静行事并限制与这个孩子的互动。如果必须与孩子互动，你可以采用陈述事实的语气并了解孩子的感觉。如果对孩子提高声调，你可能会发现孩子的愤怒会加剧。训斥孩子以让他停止错误行为，其结果很可能相同。基于这一点，对你而言最重要的是，要确保教室里其他孩子的安全。不要试图去限制孩子；相反，你可以请其他老师或你的领导来帮助你。

当孩子冷静下来后，你可以和他谈谈该事件。如果这个孩子伤害了其他人或损坏了财物，那么就像第三章中讨论的那样，要给他提供一个补偿的机会。问孩子为什么会出现攻击性行为是毫无意义的，要去询问这个孩子想要什么或要求他在生气的时候先告诉你。记住，攻击性行为也是一种沟通的方式，是愿望、需要或感受的一种表达方式。作为一名教师，你有责任去发现攻击性行为背后的原因。为做到这一点，你要想想：在事情爆发之前发生了什么？在攻击性行为发生的时候发生了什么？谁和这个孩子在一起？这个孩子想达到什么目的？是不是因为这个孩子不想去做他不喜欢的事情？这是因挑衅而引发的攻击性行为吗，抑或相反？如果是别人挑衅的，攻击的目标是谁？这个孩子是不是误解了其他孩子的行为？你可以制订一个观察计划来帮助你澄清这些问题，从而计划干预。

有目的的指导——第二步

对于使用攻击性行为来表达需要的孩子，在为他们安排社交技能的指导时，基本的一点是应把教给他们替代行为作为介入的重点。如果这些孩子没有学会用其他方法来满足自己的需要，攻击性行为还会持续并可能变得更加严重。重要的是要教他们1～2个你知道的会减少攻击性倾向的行为。例如，如果你确定卡莉在沮丧的时候会变得有攻击性，那么你可以安排活动来教她寻求帮助。如果伊莲娜对于同伴间的磕碰或其他无意识的身体接触会表现出攻击性，那么你可以安排课程来教她诠释他人的意图。这里的目标是教孩子采用社会认可的方式来表达愿望、需要或社交困惑。

角色扮演 戏剧是一个很好的媒介，可以帮助孩子们学习控制其攻击性倾向。为孩子们提供特定情境的故事来表演，可以帮助他们识别自己的感觉并学习理解他人的观点。例如，如果你教室里的某个孩子经常因为玩具的所有权而产生攻击性行为，那么你可以设计一个剧本，该剧本关注的是如何协商轮流玩玩具。在角色扮演时，你最好将孩子们分成异质（不同）的小组，这样一组儿童可以为另一组儿童提供示范。如果孩子不会阅读，教师可以扮演旁白者。也可以让大一些的孩子自己读剧本。

记住，采用攻击性行为的孩子常常误解社交线索。在表演完剧本之后，很重要的一点是，要和孩子们谈谈剧情的目的和所有角色的感受以及这些情节如何与班级中的生活联系起来。这可以帮助孩子们培养观点采择能力和移情能力，同时也可以帮助孩子们将短剧中学到的知识应用到现实生活环境中。

社交技能课程 “冲突解决课程”可以让有特殊需要的儿童减少攻击性行为。其他材料，例如针对学前儿童的《学习和睦相处系列丛书》（*Learning to Get Along*）和适用于低年级小学生的《冲突解决游戏绘本》（*Big Book of Conflict Resolution Games*）等也会有帮助。“冲突解决课程”包括设计一系列课程来帮助孩子识别自己的情绪和他人的情绪，同时也提供了有针对性的课程来练习问题解决技能。如果不能获得成套的社交技能课程或冲突解决活动书籍，你可以设计自己的课程，把社交技能指导融入读写或社交学习课程。为了做到这一点，可根据儿童需要学习的特定社交技能来选择文学作品和进行合适的讨论。如果在读写时间教授社交技能，就要关注能帮助孩子解决冲突的人物特征。在把社交技能的指导融合到社交学习课程中时，你可以强调什么是好公民应该做的，或故事中的人物是如何互相帮助来解决矛盾的。要记住，学习冲突解决技能需要时间，特别是对于那些有学习障碍的孩子来说更是如此。如果课程是你自己设计的，你需要规划一系列相互关联的课程，同时给孩子们提供大量的机会来练习所要求的新技能。

个别支持——第三步

很多教师和有攻击性的孩子保持距离。虽然这种情况是可以理解的，但这是你做的最糟糕的事。这些孩子需要更多的关注，而不是更少的人去关注他们。

高质量的共处时间 你首先要做的事是每天和这些孩子单独相处一段时间，教这些孩子用其他行为来代替攻击性行为。当然，你应该在孩子没有错误行为时这样做，这样才不会强化那些不良行为。其目标是与孩子建立关系，这样他（她）才能主动让你帮助控制他（她）的情绪。在自选活动中、在操场上或在餐厅里和孩子共度一段时间，长期坚持就能减少他们的攻击性行为。

托马斯老师从事教学很长时间了，她看到她的努力已经在一些有行为问题的孩子身上有了长期效果。她记忆最深刻的是拉马尔，他妈妈在怀他的时候毒品成瘾，现在因为吸毒已经被关进监狱。可怜的拉马尔看起来是个非常难管教的孩子，他充满了恐惧和愤怒，经常攻击他人，而且总是想从教室里“逃跑”，托马斯老师需要时刻关注他。她的教育经常是在摇椅中进行的，她抱着拉马尔坐在摇椅里轻轻摇晃摇椅。有时，在托马斯老师摇的时候，拉马尔会对她说一些卑鄙和可恨的事，但托马斯老师仍然对他说她喜欢他。慢慢地，拉马尔在她的教室里没有那么捣蛋了。虽然他还远远不是一个模范生，但在后续的几年中，每当他遇到麻烦的时候，他都会来到托马斯老师的教室里寻找安全感。他转学后，托马斯老师每年都会在小镇上看到他几次，每次看到对方他们都会非常高兴。拉马尔看到他的前任老师会很兴奋，他会给她讲他最近做的事情，他知道她关心他。

社交故事　你也可以使用社交故事来教孩子控制他们的攻击性。社交故事通常比较简短、内容特定、从学生的视角编写、讲述了特定的社交技能；教师或其他成年人用与年龄相适宜的词汇来写故事，并采用特定的句式来适应个别学生的需要；故事描述了在社会环境中采取的特定步骤，并使用解释性的语言来描述。在文字中穿插图片可以让孩子保持兴趣。一个关于在愤怒的时候该如何放松的社交故事可以包括下列文字：

有时我发火了。
发火没关系，但我不能伤害其他人。
当人们发火的时候，他们会努力冷静下来。
我可以深呼吸或去我的“小窝”里冷静下来。
如果我需要有人帮我冷静，我可以找我的老师。
她会帮助我。
冷静下来后，我还会和我的朋友一起玩。
他们会等我。

放松技巧　瑜伽或其他舒缓动作可以帮助减少紧张，而紧张感常常导致攻击性。你可以教幼儿在活动前从1数到10和做深呼吸，这两个动作可以帮助他（她）减轻紧张感。体力活动也可以减轻紧张感，当注意到一个孩子变得激动或沮丧的时候，你可以安排他（她）做些事情，或者让他（她）帮助完成一个任务，让其消耗一些精力。肌肉的紧张与放松练习也可以减轻压力感。让孩子从上至下收紧和放松身体各部位的肌肉，直到他们放松了所有肌肉再缓缓坐下。在运动结束时，无论你还是孩子都会感到放松了很多。

瑜伽或身体锻炼类的让肌肉收紧和放松的运动是减轻压力感的好途径。任何身体运动都有用。

涂颜料、雕刻或画画也可以帮助孩子放松，

特别是在不限制其创造性的时候。孩子会通过美术和音乐自然地表达他们的情感。舞蹈对于放松而言特别有效，因为通过运动可以释放那些积攒的精力。记住学习放松是需要时间的，实际上，很多成年人也未掌握这一技巧。

抚触 对于学龄前儿童来说，在午睡时间抚摩孩子的后背5 ~ 10分钟可以减少孩子的攻击性和注意力不集中。与有攻击性的孩子发生身体接触可以减少他们的压力并让他们知道你在支持他们。在一场冲突过后，友善或嬉戏式的身体接触有助于减少攻击性并增加合作性和宽容度，因此，如果你面对的是那些不午睡的大孩子，在冲突过去一段时间后，你可以在他们身后放一个软靠垫、给他们一个微笑或安排一些放松性游戏来减少其在教室里的攻击性。

❐ 提升接纳度和友谊

在全纳教育的班级中，教师扮演着特殊的营造关爱氛围的关键性角色。有行为障碍的孩子很少有朋友，而这尤其会加重他们的行为问题。在第三章中，我们谈到了友谊对于孩子的社交和情感发展的重要性以及教授所缺失的社交技能的重要性。有时，教师不断在整个班级面前指出孩子的错误，从而无意识地让某个孩子变成了“弃儿”。你也许曾看到过，一个教师因无法忍受某个孩子的行为，而在跟这个孩子说话时口气充满讥讽或带有贬低意味；其他的孩子会接受老师的暗示，也如此对待他人。

一旦你确定你没有妨碍孩子发展与他人建立联系的能力，那么帮助孩子交朋友的第一步是安排活动让孩子知道其他同学的名字。你可以用孩子的名字唱歌或者用孩子的姓名签来创设游戏或活动，从而让他们知道同学的名字。例如，你可以在点名的时候在篮子里抽出孩子的姓名签，问孩子们标签上是谁的名字，今天有没有来学校。如果这个孩子那天没来，谈谈没来的原因，如果知道的话，还可以谈谈这个孩子什么时候会再来上课。通过此类活动可以促进儿童间的感情、培养团队意识。

你也可以寻找机会，将建立友谊的活动纳入日常教学中。在排队的时候，让孩子们结对站好，一起进行下一个活动。在活动中分发材料时，你可以给每两个孩子发一份工具，从而增进他们的友谊（例如给两个孩子一个胶棒）。另外一种增进友谊的方法是通过诸如合作阅读或绘画活动——一个孩子读或画，另一个孩子听或观察，然后互换角色。在“思考—分享—结对”活动中，与伙伴分享也可以增进友谊。在这样的情境中，你可以让孩子面向伙伴并分享他们关于活动或讨论的想法。在所有这些案例中，重要的是让孩子们每天与不同的人结对，这样每个孩子都有机会在班级里与不同的孩子合作。

当有的孩子与你的问题学生结对的时候，我们期望他们不会转身离开并说“讨厌！”。如果这种情况发生了（实际上经常发生），你需要做很多工作。如果容忍这种情况，这些问题学生的行为将变得越来越差，并可能会由此导致更严重的后果，形成恶性循环。你必须为这些孩子和你自己寻求帮助，因为你不仅仅是在处理行为问题，还需要争取孩子的康复，这是一个复杂的过程。下一节将讨论如何与孩子的父母以及专业团队一起来处理复杂的行为问题。

与孩子的家庭以及其他专业人士合作

对你来说，重点是发现孩子行为的活动类型。在第十一章中，我们讨论了如何通过观察孩子的互动来确定行为的原因。争取家长的加入也是很重要的。可以让家长描述孩子在什么情境中最专注或最服从；这与告诉家长孩子在学校里不专心或有攻击性，让他们给你提供解决问题的方案是有区别的。如果想要根据孩子的优势来做出相应的干预计划，你需要发现这些优势并以此为基础。如果有的家长告诉你，孩子在玩计算机时最专心，那么一定要把科学技术融入你的活动中。如果你发现孩子在一对一的情况下最服从，那么你要确保把给整个班级的学生提的要求再对这个孩子重复一遍。如果你发现一个孩子在有大人在场的情况下从不攻击同伴，那么你也许需要在小组活动中与他在一起工作，其目的是不把“隔离”这个孩子作为保护其他孩子的手段。如果你不把适宜的互动或解决冲突的方法教给孩子，而只是监控那些攻击性行为然后阻止孩子，那就对孩子并没有什么好处。记住，目标是帮助孩子变得自律，而不是让你从外部控制他们的行为。

❐ 以家庭为中心的实践

对任何孩子来说，与家庭合作都是促进良好行为的基础。当教师和家长对孩子的期望一致时，孩子会更成功。为了做到这一点，家长和教师必须开诚布公地讨论孩子在家里和学校里的情况。虽然已有很多与家长合作共同为孩子的行为提供支持的方法，但是在这里我们还是要建议一些策略，你会发现这些策略很有用。

首先，很重要的是让家长了解并接受你实施的用于防止行为问题发生的策略。你可以通过多种方式与家长讨论。在你和孩子们共同创建了班级规则后，让孩子们把这些规则带回家给父母阅读。组织家庭开放日活动的时候，你可以邀请孩子们参加，并让他们告诉父母这些他们共同创建的规则。孩子们也可以通过分发点心或活动材料向父母展示他们是多么关心班集体，然后让孩子们告诉父母他们在活动结束后应该做什么。不要忘记与家长一起看你们学校的社会性—情感标准。一起回顾这些规则，为讨论孩子在校和在家的行为期望打开了大门。

如果你发现，一些孩子在社交技能方面需要有目的的指导，你可以与他们的父母一起讨论你正在教授的课程。如果孩子的父母能够有机会到教室里帮忙，你可以邀请他们一起实施课程，这样他们会熟悉你教给孩子的语言和策略。如果家长不能来教室，你可以把活动材料提供给他们，这样他们可以在家里教授同样的课程。

如果需要对某个孩子进行个别化的指导，你可以一开始就让家长参与进来。家长可提供孩子在校外环境中与其他人互动的情况，这可以帮助你确定行为问题的原因。虽然很多教师只关心在教室里发生的行为，但要知道，仅仅通过儿童生活的一个方面就确定问题的原因并解决那些长期的行为问题是不明智的。那些有长期行为问题的孩子，往往在各种场合都会有类似的表现。如果想教给这些孩子一些可适用于不同环境的新策略，你就需要发掘出在多种情境下面临这些挑战的原因，且情境的种类越多越好。

通过初步的培训，绝大多数家长都能够实施第十一章所描述的观察方法。让家长在校外情境中密切注意孩子的行为，让他们帮助你设计出最能满足孩子需要的策略。如果家长不愿意做这些，你可以让家长在家中或在另一个校外环境中观察孩子。对你来说，很重要的一点是邀请家长到教室里来观察孩子。他（她）可能会看到孩子在事件发生之前、发生过程中和发生之后的一些行为，而这些行为在你的观察中可能被忽略了。然而，有的家长可能会否认自己的孩子在学校里的错误行为。如果邀请家长到学校来验证你的观点，你一定要有心理准备，因为有些孩子在家长在场的时候会表现得像个完美的天使。无论如何，你需要让家长理解问题所在。家长和教师需要一起努力，设计具有发展适宜性的、可持续的方法来帮助孩子学习所需的社交技巧，从而在校内外获得成功。

❐ 团队合作和咨询

既要为有长期行为问题的孩子提供必要的、大量的帮助，又要满足班级里所有孩子的需求，这对教师来说是个挑战。通过团队合作的方法来确定孩子长期存在的行为问题肯定是有帮助的。你要记住的最重要的事是，你对错误行为如何回应，是班里所有孩子在社交和学业上取得成功的关键。对于存在长期行为问题的孩子，有时你所能提供的最适宜的回应是寻求外部援助。然而，你需要在心中坚持你自己对幼儿的目标。如果顾问推荐的是包括奖励和惩罚在内的行为管理技巧，你对学生的长远目标就会帮助你抵制这样的压力。

诸如学校咨询师或心理健康专家等行为方面的专家可以给你提供帮助来教育那些有行为问题的孩子。很多教师在处理错误行为的时候不愿意去寻求外部的帮助，因为他们担心别人会认为他们没有足够的能力来管理班级，这种想法是不正确的。毕竟，我们都经常需要帮助，并且孩子们也会从学校范围内的所有成年人的专业意见中受益。要记住，你不是能帮助孩子的唯一的专家。当你意识到，你需要一个客观的视角来帮你发现引发孩子错误行为的原因时，这其实也是你专业化程度的表现。另外，对那些经常向心理健康顾问或学校咨询师寻求帮助的教师来说，其班里的行为问题要少得多。因此，当你碰到自己不能处理的行为问题时，要利用这些人的专业经验。有时，当轻度的干预措施无效时，顾问会给出一个正式的、专门的教育评估来确定这个孩子是否需要特殊服务。

对于已被鉴定为有特殊需要的孩子，可为其提供个人教育计划（individual education plan，IEP）。但实际上，每个孩子都是独一无二的，可根据其特别的优势之处和需求来制定个性化的方案，进而提供最好的服务。个人教育计划的关键是调整和适合，它也可能包括一个行为干预计划（behavior intervention plan，BIP）。有行为问题的孩子是否需要实行个人教育计划或行为干预计划，要根据孩子的独特需求来确定，这会让你更加成功地帮助孩子，同时及时调整期望和过程来帮助孩子获得成功。试图对孩子施加无法实现的标准，注定会失败。

关注文化和语言差异

首先，让我们弄清楚当我们谈及文化的时候，我们指的是什么。可以参考如下定义：

> 文化不仅仅是一个特征，例如种族或民族。文化反映了群体中个体独一无二的混合特征，也许还包括各种变量，例如社会经济地位、生活经验、性别、语言、教育、性取向、心理状态和政治观点等。

从定义中，我们可以清楚地看出我们都是受多种文化影响的混合体，同时我们也明白，对于每个孩子而言，所谓“做对的事”的文化是很复杂的。你需要了解反偏见教育，并将对它的理解融入你每天与孩子的互动中，这将使班级功能的发挥更为顺畅。

思考

想想有时因跨文化的误解而导致你误判孩子或家长，你可以想出方法来避免这种情形再次发生吗？

你知不知道，相对于来自欧裔美国家庭的孩子，来自少数族裔背景的孩子更可能会因错误行为而被叫到校长室或被开除？这不是因为来自非裔美国人、拉丁裔美国人、美洲原住民或其他非欧裔美国人背景的孩子会有更多的错误行为，而是因为他们的文化背景与教师的期望、指导技巧不相符。例如，打打闹闹的游戏、饶舌是非裔美国男性的文化，但是很多教师认为这样的游戏是不安全或危险的。孩子从家里学到的和学校期望的不相符经常会导致教师和孩子之间的冲突。根据涅托和博德的研究，来自非主流文化的孩子在美国学校中一向受到不公平的对待。

❐ 文化意识

为了理解文化背景如何影响你的学生的行为，重要的第一步是了解他们所在文化群体的交流方式。

那么，如何避免发生此类不一致呢？为了理解文化背景如何影响你的学生的行为，重要的第一步是了解他们所在文化群体的交流方式。当你和一个孩子讨论一个错误行为事件时，他却对着你微笑，这意味着什么？是这个孩子不尊重你吗？是不是他觉得你的担心很可笑？也许他正在向你表示尊重并道歉。如果你俯身靠近孩子要帮助她完成任务，她却躲开你，这是不是意味着她不要你帮助或你侵犯了她的私人空间？当你正在读故事或解释一个数学活动时，一个孩子没得到邀请就插嘴，这是不是意味着她太冲动或没学会倾听，或者这意味着她一直在专心听并想介入来分享她的一些想法？有的孩子从来不遵守班级时间表的固有约束，他好像总是活在当下，不能把自己从一个活动中抽离出来开始另一个活动，是这个孩子不愿服从还是他的文化背景让他更“关注现在”而不是“关注未来”？

正如在第三章中所讨论的，文化会影响你是否用微笑表达你的喜悦或懊悔、与他人眼神接触的类型以及你祝贺别人的方式等；文化也会影响一些决定，诸如如何对成年人或更有权力的人讲话或做出回应，也会影响你看待时间的重要性。虽然从书本中你可以学到一些文化习惯，但最好通过观察和询问直接学习，当然询问要以价值中立和敏锐的方式来进行。

对你来说很重要的是，观察你班级里的孩子如何回应同一文化群体的成人和同伴并与他们进行互动，听听成年人如何对孩子提要求以及孩子如何对成年人提要求。如果你倾向于以这样的提问模式来表述要求（例如：我们现在是不是该打扫了，这样我们才能吃午饭?），你可能会把一些学生搞糊涂。他们的家长在没有选择的时候，会给出直接的活动指导。要关注家长希望自己的孩子怎样对待其他孩子。家长是鼓励还是不鼓励孩子们之间的竞争？较大的孩子是不是负责监督和指导家里更小的孩子？当孩子们在家中学会对其他人负责的时候，他们也许会不理解老师“独立完成，不要互相帮助”的要求。

你也要关注孩子与来自不同文化背景的成年人是如何游戏和互动的。你也许会发现，在成年人和孩子的互动中，孩子是注意的焦点。在一些情况下，成人停下他（她）正在做的事情去满足孩子的需要。而在有些案例中，你也许会看到成年人希望孩子安静地玩耍和等待，直到成年人完成他们的工作，然后他们才会回应孩子的请求。那些学会等待直到成年人完成任务才去打扰的孩子，如果在活动进行过程中看到老师正在忙，往往不愿意请老师帮忙或协助。你也许需要告诉这些孩子：在学校活动中，可以清楚地提出问题或请求帮助。儿童需要支持才能学习学校里的互动模式，尤其是当家庭和学校对孩子的期望存在实质差异的时候。

你也可以通过和家长座谈来了解孩子的沟通模式以及家庭对孩子的期望。家长是告诉你孩子的如下情况的最佳人选：①孩子对压力的反应。②他们如何表达尊重。③他们在学新任务时有什么反应。理解互动模式的不同之处对于你理解孩子行为的原因大有裨益。更重要的是，这样的理解可以帮助你避免误解孩子在教室里的行为。

❒ 听取家庭的意见

理解家庭的优先级是理解孩子行为的基础。孩子是在家庭背景中学习互动方式和行为标准的。在一些家庭中，集体主义是行为规范，家长教育孩子互相帮助对团体有益，即使这意味着承担额外的任务；家长也教育孩子在需要帮助时可以依靠他人。在另外一些家庭中，个人主义是行为规范，家长鼓励孩子与众不同且独立做事。很少强调作为集体一员的责任而更多地强调个人的责任。这些孩子被告知他们要对自己的成功负责。虽然某些期望是放之四海而皆准的，但对教师而言很重要的是，理解家庭的价值观以及家庭对孩子的培养目标。

对于孩子的学习，家长和教师可能会有不同的优先级。学校倾向于把孩子的认知发展放在最重要的位置，而很多家庭更关心孩子的社会性发展。当家长问的问题更多的是关于孩子与老师以及同伴如何相处，而不是孩子在阅读或数学方面表现如何时，并不意味着家长不重视学校里的学业内容。这些问题很可能意味着这样的家庭想知道他们的孩子是不是像他们一样，得到了老师和同伴的尊重与帮助。这些品质对关注集体主义的家庭而言是很重要的。

其他一些家庭似乎对孩子的成绩而不是他们的社会性和情感发展更关心，这些家庭将学术成就和成功高度地等同起来。这些家庭掩饰孩子社会性发展或行为方面的问题，未必是因为他们认为自己的孩子是最好的，是不会犯错误的。他们把学校看作学习的地方，希望他们的孩子不断学习知识，这样才能为未来的学业成就做准备，最终在职场上获得成功。对这些家庭而言，让孩子时刻照顾好自己是最优先的目标。

对于教师而言很重要的是，知道家长对其孩子的目标，并在班级里融入这些目标。这并不是说文化意识是单行道。对教师而言，还有一件重要的事是与家长分享学校对孩子的目标和期望。然而，对于什么是教育和行为的合理期望，教师应对家庭的观点保持开放的态度。

在年初的时候，延森老师策划了她的第一次家长见面会。她准备了一些问题，以帮助自己理解孩子们的背景。她通过提问开始了会谈：“您今年对迈卡的期望目标是什么？”接着这个问题，她又问家长：“我和学校可以通过什么方式来帮助您达成目标？”会议以这样的问题开场，延森老师给家长传递了一个信号：她重视他们的优先级并愿意努力达到这些目标。当延森老师和家长谈完家长的目标后，她给家长提供了一份学校学习标准的复印件，并给他们机会围绕该标准来提问。她很认真地指出了社交性—情感标准，这个标准位于健康和社交学习标准中，包含在她的正式标准里。她一定会询问家长，他们是否会在家中对孩子有类似的目标要求并为之努力，以及他们会使用什么样的策略来指导孩子的行为。然后她与家长分享了她的纪律教育哲学，并解释她会如何帮助孩子向着社交性—情感标准努力。在会议结束前，延森老师提醒家长和她保持联系，如果他们有任何关于更好地满足迈卡社会性和学业需求的建议，均可向她提出。

延森老师很高兴与学生家长分享控制权。她很清楚地意识到，在学年开始时就建立起互相尊重的家校合作关系，会帮助她的学生在社交和学业方面都获得成长。多年来她也发现，与家长分享权力会让他们更乐于问她关于学校课程方面的问题，也更愿意为班级提供帮助。

❐ 支持英语初学者和双语学习者的行为

想象一下，当你进入教室，没人说你的语言，你会怎样加入集体？你会通过什么样的途径了解别人对你的期望是什么？你能听从其他同学的指挥吗？你会努力地看着老师，希望解读她的行为吗？你能够在周围的环境中找出线索，知道你该做些什么吗？你能听出一些听起来熟悉的单词吗？对于年幼的英语初学者（English-language learners，ELLs）和双语学习者（dual-language learners，DLLs）而言，当来到一个语言和文化都不同的环境时，他们需要运用所有的策略来熟悉环境。你可以使用一些有迹可循的指导性策略来帮助这些孩子理解班级常规、互动模式以及对活动的期望。

但是要记住，问题不仅仅局限于沟通困难。进入一所新学校还会有情感方面的问题，因为在这里你无法和其他人沟通。如果你是一个3岁的孩子，你被丢在一个陌生的环境，谁也不知道要待多久，周围都是你无法理解的人而且他们也无法理解你，你是否会因此感到害怕？想想那一定是非常可怕的，然后再想想可以影响孩子行为的不同方法。根据孩子的气质和背景，有些孩子会静静地退缩；有些孩子会表现出不顺从；也有些孩子会表现出有压力，例如尿床甚至咬自己。对于有适应困难的英语初学者和双语学习者，你可能会面临多种行为问题的挑战。当你处理沟通问题时，你需要为这些孩子的行为提供大量的支持。一个互相鼓励、互相关爱的班级对幼儿融入文化和语言的新环境来说尤为关键。

尤其要牢记的是，第一语言不是英语的幼儿并不是没有语言基础。他们有着基于自己母语的语言技巧，教师应该对此加以重视和利用。尊重幼儿的母语并将母语纳入学校环境中将有助于幼儿社会性和情感的发展，英语学习也如是。

防止行为问题的策略 我们越快着手解决沟通障碍，就越能成功地预防一些相关的行为问题。在这个过程中，一些基本的关于语言发展的信息会很有帮助。

我们都知道非语言的沟通。在父母说某个物体并讲述如何使用的时候，婴儿可通过听和观察来学习语言。当成年人教孩子说话时，他们会使用“父母语”：语速放缓，把重点放在名词和动词上。你可能曾看到过家长这样做。他们拿起一只泰迪熊，语速缓慢并发音清晰地对孩子说：“你要不要你的泰迪熊？”他们帮助孩子把实物和单词联系起来。通过这些互动，在能够开口说话之前，孩子们很早就能够理解很多物体和动作的名称。重要的是要注意，这里推荐的语言教学方法不是采用“宝宝语”。当使用父母语的时候，你介绍的是成年人的词汇，只不过声调强调的是物体和动作的名称。通过这样做，你让孩子把词语和物体或动作联系起来。对于很小的孩子，你可以通过此种方法帮助他们在学习自己母语的同时学习英语；这些孩子是双语学习者。虽然学习过程遵循相同的顺序，但词汇积累需要相对较长的时间。

詹姆士·阿舍相信孩子在学第二语言的时候基本上采用和母语一样的方法。基于这一信念，他开发了“全身反应法”（total physical response，TPR），这是一种教授第二语言的方法。当教师使用全身反应法的时候，他们通过给孩子提供方便儿童理解的定义来教授重要的词汇，同时指着他们正在讨论的物体。他们也尽可能地使用姿势或动作来给孩子提供背景环境。例如，如果你在读一本书，主角正在哭，你也许可以模拟哭的声音并用手揉眼睛，为孩子提供一个关于角色情绪状态的线索。

为了更有效地促进幼儿的语言发展，你需要在讲话时提供大量的非语言提示：手势和脸部表情都能帮你表达。另外，指着你的词汇所代表的真实事物也会有所帮助。当无法这么做的时候，你可以使用图片和文学作品来帮助孩子明白讨论的内容。当你给他们读故事时，孩子们也可以表演故事。这一策略可以帮助孩子把文章和自身联系起来，从而建立起对文字的理解。

除非你要应对太多种不同的语言，否则你可以学习一些孩子母语中的关键词语或句子，这会让他们感到非常舒服。这样的词语包括：“你好”“吃”“喝”“洗澡”等“生存用语”——此类词语对那些经常去国外旅行的人也非常有用。如果你还能学会说“你妈妈马上来了”和“你需要帮助吗”，那就更加有用了。

让学习变得可理解　对于英语初学者而言，当他们不能理解你用于解释某个活动的语言时，他们就会开小差或注意力不集中。为了减少语言障碍，在给英语初学者提供指导时，应通过相应的动作，放缓你的语速，使用可视教具，并留出时间让他们思考。采用视觉途径来描绘讲述重要内容的词汇，并画出活动指导要求来帮助英语初学者理解——甚至可采用简笔画，这也可以起到作用。英语初学者和双语学习者在理解和回答问题上经常存在困难。要确保当你问了一系列问题后，在得到答案之前，预留足够的等待时间。对于刚刚开始学习英语的孩子，可以问他们一些低水平的问题（例如那些需要简单回答的问题），这样他们比较容易成功。当他们的英语水平提高后，你可以问一些高水平的问题，这些问题需要对信息进行分析和综合，从而得出比较周密的回答。

记住，学说任何语言均需要练习，孩子们往往乐于展示他们学会的新词汇。注意不要将练习说话的渴望误解成不着调的乱讲。为了鼓励孩子语言能力的发展，你一定要在小组活动中提供大量的机会，鼓励英语初学者和以英语为母语的孩子互动。

丹尼斯正在培养贾汉玩积木的兴趣，他知道这种活动会促进他与其他孩子的合作，因为堆积木的时候他可以更多地用行动而不是语言去沟通。随着时间的推移，丹尼斯注意到贾汉和其他喜欢玩积木的孩子成了朋友，他的英语水平也大幅度地提高了，因为他和其他孩子之间的互动越来越多。朋友的增多也鼓励贾汉按他周围孩子的愿望来做事。

能说某种除英语之外的常用语的儿童也能够从游戏和交谈中获益。凭借母语而得到强化的技能同样会在其他语言的学习和大脑发育中继续发挥作用。

歌曲、赞美诗和手势 你也可以使用歌曲和赞美诗来鼓励英语初学者学习关键词汇。歌曲的旋律以及与赞美诗相伴随的动作可帮助孩子记忆新词汇。手指游戏可以与动作和赞美诗结合在一起。把动作和词语相联系能帮助孩子学习新词汇并逐渐理解它的意思。对于抽象的科学概念、社会课程以及数学而言，这是尤其重要的。可以教孩子一些手语，这可以让那些学习第二语言的孩子在教室里的学习变得更愉快，孩子们可以很容易就学会一些手势来表达“你好”“再见”“果汁”“牛奶”“洗澡”以及其他常见词语；同时，这也提供了一种班级里所有人都能说的通用语言。

解决困惑　你必须与孩子的家长以及其他专业人士紧密合作，确定孩子的行为问题是不是由语言障碍造成的，或这是不是孩子需要额外帮助的表现。在寻求孩子困难行为的原因时，语言的差异会把情况弄得更加复杂。你越了解孩子，你就越有机会解决这些困惑。

关心是文化回应性教学和指导的基础。虽然热情和培养是学习的基础，但你也必须非常了解你的学生，这样才能为学生的成功设置适宜的期望和机会。这意味着创设合适的学习环境，做出有针对性的教育调整，以顺应孩子的种族、民族、文化、社会以及语言的差异。为了成功地指导英语初学者的行为，对你而言很重要的是发展相应的能力，“从而以了解、尊重的方式去思考、感觉和行动，同时顾及种族、社会文化以及语言差异”。

与以前相比，美国的文化和语言差异更加显著，并且这种差异与日俱增。然而，我们的师资中白人、中产阶级以及只会一种语言的教师还是占多数。教师生活经验与学生生活经验的矛盾导致了教育领域中的多种挑战。

小　结

在此章节中，我们更关注那些与其他大多数孩子相比需要你提供更多支持的孩子。导致这些孩子表现出不良行为的因素是他们自身所不能控制的。虽然这些行为会考验你耐心的极限，但是这些孩子确实极度需要你的理解和支持。

王和奥尔德里奇鼓励你想一想，你如何看待“正常”儿童的发展以及你认为儿童的学习或理解方式与自己有什么不同。同时，建议你在给孩子的行为或动作下结论之前，问自己三个问题：

（1）我对这个年龄段的儿童应该做什么、不应该做什么的期望是如何影响我对这一行为的反应的？

（2）我对孩子使用材料的方式的期望是如何影响我对他们实际使用材料的理解的？

(3) 我对介绍和完成任务的期望与孩子理解我所介绍的概念的方式有怎样的不同?

你对孩子行为的理解对营造积极的班级氛围非常重要。努力去理解孩子的背景经验是如何影响他们在班级中的互动的，将让你更好地设计出适宜的指导策略。当你尊重每个孩子的特殊需要时，你也可以更好地为他们设计适宜的指导策略。

摘　要

- 本章为如何支持具有破坏性行为（如开小差、违反规则或有攻击性行为）的儿童提供了相关指导。与本书的其他内容相一致，首先要确定行为的可能原因，然后一步一步进行干预，从预防到有目的的指导，再到个性化的支持。
- 与家庭和其他专业人士合作，帮助教师支持具有不同背景、语言和能力的儿童。家长是自己孩子的专家，可以为教师提供必要的信息。专业的行为专家可以为面临严重挑战性行为的教师提供宝贵的支持和指导。但是，教师需要警惕那些依赖奖励和惩罚解决问题的同事。
- 文化和语言差异可能是儿童行为困难的原因。当儿童的家庭期望、价值观和语言与学校的不同时，他们就会感到困惑。而儿童的困惑可能被误解为不合规则；这种情况可能是由于遭遇挫折而导致攻击性的原因。

讨论或反思

1. 采访一个第二语言学习者的家长。询问家长孩子在学校中的成功和困难。教师有时是否误解了孩子的行为？如果是这样，描述这种情况，并思考如何采用不同的方式。询问家长对孩子的期望目标。家长对孩子的期望目标与学校对孩子的期望目标有何不同或类似之处？如果你是孩子的老师，你如何把家长的期望目标融入教学？

挑战一下

2．使用此章节中所提到的策略来安排一节小组合作课，教小组内的孩子们一项社交技能。实施这个课程计划并反思孩子们从这节课中学到了什么。

实地研究

3．观察教室里的哪些孩子有特殊需要。教师应该做哪些调整来满足孩子的需要？在你的观点中，教师所采用的策略是否能有效地让孩子更善于合作、更好地成为班集体中的一员？如果是，你认为是什么使这些策略有效？如果不是，教师应该实施哪些策略来帮助孩子在班级里更加成功？

推荐读物

ADDitude Magazine.

Barnett, D. W., Elliott, N., Wolsing, L., Bunger, C. E., Haske, H., McKissick, C., et al. (2006). Response to intervention of young children with extremely challenging behaviors: what is might look like. *School Psychology Review,* 35(4), 568–582.

Evans-Santiago, B. & Lin, M. (2016). Inclusion with sensitivity: Teaching children with LGBTQ families. *Young Children,* 71(3), 56–63.

Kennedy, A.S. (2013). Supporting peer relationships and social competence in inclusive preschool programs. *Young Children,* 68(5), 18–25.

Murphy, S. (2014). Inclusive strategies for students with charateristics of ADHD. *Young Children,* 69(3), 66–71.

Nemeth, K., & Brillante, P. (2011). Dual language learners with challenging behaviors. *Young Children,* 66(4), 12–17.

Stockall. N. & Dennis L. (2012). The Daily Dozen: Strategies for enhancing social communication of infants with language delays. *Young Children,* 67(4), 36–41.

Winless, S. & Crawford, P. (2016). Reading your way to a culturally responsive classroom. *Young Children*, 71(3), 8–13.

第十四章

压力和弱势群体

本章节所涉及的全美幼教协会（NAEYC）标准

标准1b：知道并理解发展和学习所受的多重影响。

标准2a：知道并理解不同家庭和社区的特征。

标准2b：通过尊重和互惠的关系来支持并吸引家庭和社区的参与。

标准6b：知道并秉持道德标准以及其他幼儿专业指导方针。

标准6e：参与对儿童和本专业的宣传。

【学习收获】

有了对本章的理解，你应能：

- 针对那些在生活中经历过不幸的儿童，运用所推荐的方法来支持他们调整情感。
- 解释亲子分离和抛弃是如何影响儿童的社会性和情感发展以及因此可能对其行为造成的影响。
- 明确儿童的行为与贫困相关。
- 阐述对患有慢性疾病的儿童的支持性回应。
- 总结在帮助弱势儿童恢复的过程中，本书中讨论的普适指导原则是怎样有针对性地起作用的。

在本书的第三部分，我们讨论的是导致行为问题的各种原因，从典型的儿童发展问题逐渐深入到更为严重的原因。本章中，我们探讨的是最具毁灭性的原因，并探究为了孩子们一生的成功，儿童、家庭和教师必须面对的挑战。

桑切斯老师为她的两个幼儿班的学生感到担忧。从年初认识他们起就这样了：安娜表现得沉默寡言，对学校里的活动都没有兴趣；艾弗里似乎不敢和其他孩子一起玩耍。通过努力，桑切斯老师更好地了解了这两个女孩：安娜最爱的祖母是她的第一位照料者，祖母最近去世了；艾弗里的父母跟老师解释她患有哮喘，在开学前的几周发作了。本章中我们会讨论支持安娜和艾弗里这类儿童的方法。

作为一名教师，你将经常看到某个孩子由于生活中悲伤的压力源而出现挑衅行为、大发脾气或表现出恐惧。即使是非常小的孩子，也可能曾有过让他无法忍受的经历，从而导致心理健康问题。在你教育和照顾的孩子中，可能有的孩子无家可归，有的孩子失去了父亲或母亲，有的孩子经历过虐待，还有的孩子则正在面对其他类型的创伤。在美国，有上百万的儿童体验过反社会事件、经济事件以及家庭事件，这使得他们非常容易受到伤害。有证据表明，在不同的种族（民族）和社会经济下，童年的模式是大不相同的，这需要关注。亚伯拉罕·马斯洛著名的需要层次理论清楚地表明，基本需要（包括食物、庇护所以及安全感）必须得到满足，随后才会发展出更高的情感和智力功能。

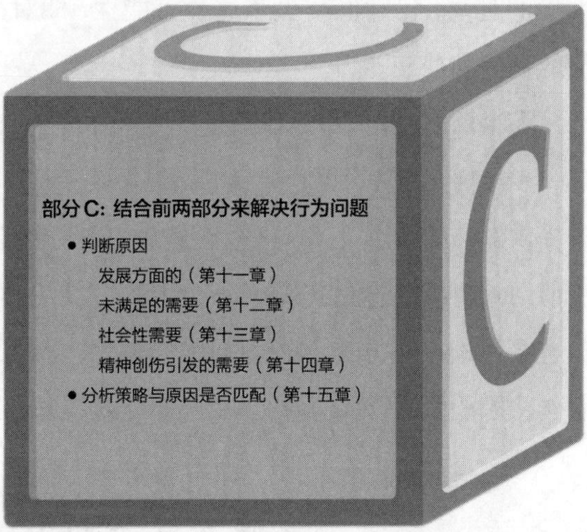

虐待、贫穷、被父母遗弃或与父母分居、患有慢性疾病以及其他事件，都会对孩子的社会性和情感发展造成负面影响。这样的压力破坏了大脑的发育：不安全感让大脑陷入应激战斗模式，这会严重影响学习能力。正如一位教师所说，这就像要求一个孩子在自己头发着火的情况下写出自己的名字。压力也同样会导致违规行为，这往往使得幼儿受到拒绝或排斥，而不是得到他们所需的帮助。太多地暴露在压力荷尔蒙（如皮质醇和降肾上腺素）下，幼儿的身体和大脑可能会受到损害。相对于成年人，孩子处理这些负面的童年经历（adverse childhood experiences，ACEs）的能力更差，因为他们刚刚开始发展必要的思维和情绪技能。由于精神创伤，儿童常常错误地把他们的感受联系在一起：他们不知道自己需要什么、想要什么或感受到了什么；当然，他们也不知道你想要什么、需要什么或感受到了什么。

尽管这些孩子在生活中遭遇的动荡会使他们面对社交和情感问题时更加脆弱，但重要的是要记住，脆弱并不必然等同于行为失调。虽然确实有些这样的儿童会经历社交和情感上的挫折，但很多孩子会形成恢复能力来克服他们生活中的困难并成长为快乐和自信的人。我们希望帮助你学会促进这种恢复能力；与一个关爱他的成年人建立支持性联系是孩子情感维系的关键。当从优势为本的视角来看待孩子时，我们会在他们面前表现出相信他们取得成功的能力，甚至是在面对困境的时候。我们也减少了这种可能性，即对这些孩子降低期望，并进而降低他们的自信和社交能力。

在本章中，我们将讨论孩子的生活环境会如何影响他们的社会性和情感发展并进一步影响其行为。我们分享的指导策略、资源以及课程理念都将帮助你给这些孩子提供额外的情感支持，这些正是他们迫切需要的。对于这些面临不幸的孩子，你所能用到的最好的促进其社会性和情感发展的策略是为其家庭提供支持。因此，我们也会讨论一些方式，你可以用这样的方式与那些处于弱势环境中的孩子的家庭合作。要记住，你对这些孩子及其能力的信念将给他们的生活带来最持久的影响。

暴露在暴力阴影下的儿童

暴露在暴力环境中，儿童会体验到精神创伤。我们会倾向于认为暴力只会来源于某些街区，但其实它会弥漫在所有类型的社区中。随着我们社会中枪支的流行，暴力已经成为我们文化中的一部分；儿童在听到校园枪击案或所在社区的某个地方发生了枪击或爆炸后，会害怕去学校。你的班级里可能会有难民儿童，他们刚逃出战争地区，并在此过程中失去了亲人。其他伤害儿童的暴力形式也常常出现在儿童家中，由他们所应信任的人施加。

❐ 虐待儿童

你经常会在新闻中听到虐待儿童的案例，不幸的是，这样的事情发生得越来越频繁。根据美国卫生和公众服务部门统计，每10秒就会发生一起虐待儿童事件，每天有5名以上的儿童因虐待而死亡。很可能，你班上就有受虐儿童。

虽然我们大多数人无法想象虐待小宝宝是什么样的，但婴儿确实比年长儿童更可能体验到虐待，同时因虐待致死的儿童中有80%是4岁以下的。到目前为止，疏于照顾是儿童虐待最常见的形式，其次是身体虐待、精神虐待和性虐待。儿童照顾不良包括忽视儿童对关注的需求，让其处于无人照看的状态，不给儿童提供满足其生理需要的食物、庇护场所及安全感。身体虐待包括伤害性的斥责或掌掴等，但我们都听说过比这恶劣得多的故事。情感虐待通常包括口头威胁、辱骂、排斥以及孤立等。如果父亲或母亲是精神创伤的来源，那么通常所谓的安全感来源及安全感都会消失，对儿童而言世界就是一个恐怖的地方。

受过虐待的儿童通常在学校里很难有朋友。虽然有些孩子会在他们与同伴的互动中表现出攻击性，但非常多的孩子在与同伴的互动中会表现为退缩。你可以想象出，有攻击性或退缩的孩子在学校里很少会有朋友，这会影响他们的自尊。

对你来说很重要的是帮助那些在同伴互动中退缩的孩子建立友谊。给这些孩子更多的机会和同学们一起参与小组活动，这样他们就逐渐能轻松自在地进行组内互动。可让这些孩子在一对一的活动（如同伴阅读或同伴指导）中扮演领导者的角色，以建立他们的自尊。你也可以通过向他们展示如何与其他孩子一起玩来帮助他们加入游戏小组，并随后示范如何与其他同伴互动。但非常重要的是，你不必强迫其参与讨论，这会让他们为自己的自我保护反应而感到羞愧。

因为受过虐待的儿童经常喜欢采用暴力来满足其需要，所以对你而言尤为重要的是教授冲突解决技巧、适宜的情感表达方式以及应对挫折的策略等。要记住，一些孩子学会了暴力，是因为他们就是暴力的受害者——这对他们而言是一种生活方式。你要对这些孩子有足够的耐心并向他们说明：无论他们做什么或怎么做，你都不会伤害他们；他们也需要知道在学校里你不会让他们受到伤害。一旦他们把你视为关心他们并值得信赖的成人，他们就会开始减少防御心理并更乐于学习在不诉诸暴力的情况下满足自身需要。

雪莉注意到科瑞姆斯在玩娃娃家游戏的时候对“玩具宝宝”非常具有攻击性。她观察了一会儿游戏开始有些担心，科瑞姆斯打“玩具宝宝”的屁股并说她是个坏女孩。雪莉决定以游戏引领者的身份加入游戏，她扮演了“祖母”的角色。雪莉用祖母的口吻说：“看起来我来得很及时，我可以帮你照看孩子。我看你很生气。宝宝做了什么让你这么生气？”科瑞姆斯告诉雪莉这个孩子不停地哭，这非常不好，所以她要揍她的屁股。雪莉回答说：“为什么不让我帮帮你，让宝宝不要哭了？我担心打屁股会让她哭得更厉害。”雪莉温柔地从科瑞姆斯手中接过“宝宝”，轻轻地唱舒缓的歌。然后她检查这个“宝宝”是否需要换“尿布”，并邀请科瑞姆斯帮忙拿爽身粉给“宝宝”。

对于经历过暴力的孩子而言，使用暴力来解决问题并不罕见。雪莉意识到这一点并给科瑞姆斯提供了积极的替代方案来代替她对玩偶的暴力反应。正如在第六章中所讨论的，孩子需要积极的行为榜样。行为榜样不一定要表现得像个超级英雄。实际上，如果你回忆那些曾被你视为行为榜样的人就会发现，这些你记忆中的人通常都很友善、富于同情心、在你需要时会雪中送炭，更有甚者会把所有精力都奉献给他们的工作以及他们与你的关系。雪莉在与科瑞姆斯的互动中展现了所有这些品质。通过这样做，她向科瑞姆斯示范了如何对待他人以及如何成为朋友。

思考

当你倾听孩子讲述受虐待的情形时，你如何从积极的角度保持关注？

倾听一个受过虐待的孩子讲心里话，这也是你能做的最有意义的事。当然，从法律层面上讲，如果孩子受虐的情况没有得到鉴定和追查，你就有责任报告这些疑似虐待的案例。正如第七章中讨论的，倾听孩子并花时间和他们在一起，能帮助他们理解你所致力于建立的积极关系同时又不破坏之前的约定。然而，这些孩子最有可能需要的是接受专业的训练，即你作为教师所能提供的之外的训练。

❒ 社团暴力

孩子在他们的家庭、学校以及社团中面临暴力的概率已经处于警戒水平。家庭冲突、团伙暴力、枪声以及驾车枪击等，会给儿童的社会性和情感发展造成严重的负面影响。暴露在暴力的阴影下，儿童会表现得胆小、紧张，在某些情况下还会引起创伤后应激障碍。持续很久的压力会导致对大脑树突的伤害，也会损害儿童处理情绪的能力。体验过伤害的儿童会表现出身体、情感、学业以及其他相关困难。他们会经常抱怨身体疾病，例如头疼或胃疼，并且可能会在学校表现出极度的焦虑。害怕新的环境、在常规发生改变时变得不愿意合作等，这些是曾遭受过暴力的儿童的常见行为。

暴力阴影下的儿童需要额外的支持才能在学校感到安全和舒适。如果你的学生中有人有过这样的经历，那么有几件事你可以做。你可以在你的教室里准备一个柔软而且安静的地方，在需要的时候帮助他们在那里得到休息；但我们必须提前把这些告知所有的孩子，受伤害的孩子们最能从中受益。另外，你可以帮助这些孩子在感到心烦或紧张的时候找个人倾诉，同时要确保这个环境里的其他成年人理解孩子们的需要。如果你能确保他们知道在学校会发生什么，这就能帮助那些受到精神创伤的孩子感觉到安全——这意味着一套可预知的常规以及充分地提前告知新的或不同的内容。对一些孩子而言，任何类型的改变都会导致恐惧。

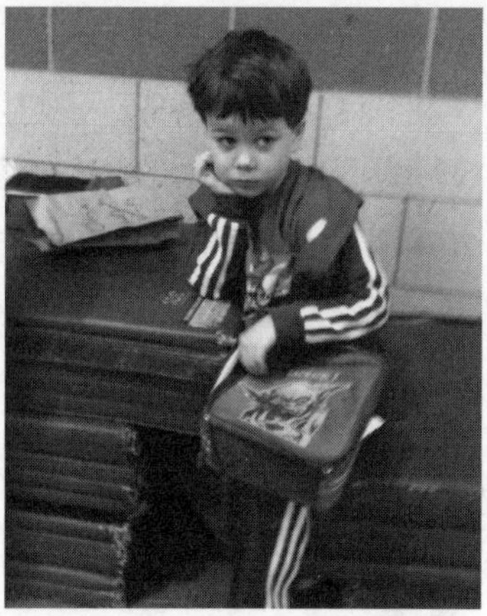

对你来说很重要的是帮助那些在同伴互动中退缩的孩子建立友谊。

很多体验过暴力的孩子会怀疑成人，对公正也是如此。正如第二章中写到的，需要得不到满足的孩子学会了什么是不信任。教师必须花更多的时间来与这些孩子建立关系。在游戏时间一对一地关注、单独读故事书以及在同伴互动时给予额外的鼓励，都会帮助这些遭受过暴力的孩子逐渐信任你。

经历遗弃和分离的孩子

❐ 生活在寄养家庭或被收养的孩子

你很有可能会教育这样的孩子，他们生活在寄养家庭中或正因被遗弃而加入一个新家庭。收养和寄养分析报告系统（Adoption and Foster Care Analysis and Reporting System，AFCARS）2014年报告显示，在美国有超过40万名儿童生活在寄养家庭中，有超过5万名儿童正在被寄养家庭收养。美国国务院报告称，2013年美国有7000名儿童依法被收养。这些孩子普遍经历过一系列的困苦，例如虐待或疏于照顾、家庭贫困以及（或）父母有精神健康问题。卡瑞恩·珀维斯博士和她的团队研究了这些“处境艰难儿童”的困难，发现其中的很多人有着复杂性发育创伤。恐惧状态导致的这一结果在他们的大脑中产生长期的作用，直到他们与他们的照料者建立起安全、信任的关系。缺乏谨慎的介入，这些儿童有可能会比他们的同伴经历更多的社会性和情感问题。

来自艰难处境的儿童可能会非常退缩，或者可能经常采取非常具有挑衅性的行为。他们可能已经学会隐藏自己的情绪反应并在面对不愉快的情况时退缩，而另外一些儿童则学会无论后果如何都坚持自己的立场，以便他们在非常混乱的环境中保持控制感。在经历被抛弃、居无定所和恶劣环境之后，他们将这些行为作为一种生存手段来学习。他们可能无法信任他人，对简单的日常变化或活动之间的过渡都感到极大的焦虑和恐惧。这些孩子表现出的不可预知的情绪反应与他们早期的虐待和（或）被遗弃经历有关，而这需要他们的老师和照料者的理解和同情。

因为受过精神创伤的孩子并不总是知道如何表达他们的情感，所以至关重要的一点是，你要以用合适的方式表达情感为目标，为他们提供相关经验。正如在第六章中讨论的，成年人应示范积极的和消极的情感表达方式，同时提供大量机会供孩子们讨论他们的感受。你可以通过歌曲、儿童读物以及班级会议等方式来给孩子们提供机会讨论他们的感受。杰克·哈特曼的CD［包括《追随梦想》（Follow a Dream）和《相处得更好更久》（Getting Better at Getting Along）］中有一些歌曲可以用来教授愤怒的控制、保持平和以及问题解决方法。

进入新家庭后，孩子也会受益于可预知的一日常规所带来的安全感。很多被寄养的孩子有过多次变换寄养家庭的经历；他们刚刚开始认识并相信某位照料者，又被转移到另一环境中。在很多国家，被收养的儿童通常生活在难以形成依恋关系的孤儿院，然后又跟他们不认识的人一起搬到一个新的地方。学校中这种可预知的常规有助于减轻这些孩子生活中的部分不确定感。延森老师让她的每个学生都知道她什么时候会不在学校，作为提供的可预知性的一部分，如果她临时不来学校，她会给孩子们留下信息。譬如：

亲爱的孩子们：

很抱歉通知你们，今天我不能来学校。今天早上起床的时候，我的喉咙哑了并且有些发烧。今天上午我会去看医生，让她看看如何让我感觉好一些。我希望明天能回到学校里。当我不在的时候请帮助罗杰斯老师。

爱你们的延森老师

告知孩子们自己会离开，这有助于促进信任和团队建设。当某些孩子不能到校时，延森老师也会告知其他孩子。如果孩子生病的时间比较长，她会让班级的同学送祝福卡片给生病的孩子。这样做使得孩子觉得他是团体中有价值的一员，在他不在学校的时候会有人挂念他。

班级剪贴本也可用来促进团队建设。因为被寄养的孩子们有过太多的监护人，几乎不可能有人来记录他们的成绩。把孩子们在学校的生活拍成照片，收集在教室里的日常生活中值得纪念的事情，并把这些内容装订成册，可以帮助处于寄养状态的孩子们记住他们童年中更多愉快的部分而不仅仅是困难的一面。所收集汇编的孩子的工作情况，不只局限于记录学习，也应收集他（她）对成就的感觉以及他（她）对作为学习团队中一员的记忆。

❏ 父母离异或分居的孩子

很可能你认识的某个家庭曾经历过离异。你也很有可能遇见父母离异的孩子。在2010年，美国家庭的离婚率超过50%。研究表明，父母离异会对孩子的幸福感造成短期的影响。然而，离婚对于儿童发展的长期影响会因环境和所涉及的人的不同而大不相同。

当孩子的父母刚刚分开时，孩子也许会经受较大的生活变化。搬到一个新家、新学校，遇见新邻居，改变日常作息以及失去每天和父亲（或母亲）共处的机会等，这些都会对孩子的生活产生剧烈的影响。这些改变会让孩子缺乏与他人的安全依恋，通常会导致孩子害怕被遗弃。

当汽车开走后，泰勒看起来很焦虑。丹尼斯轻轻地握住泰勒的手说："我记得今天你妈妈在车里抱了抱你，因为你要去朱丽叶姨妈家了。我敢肯定她必须完成最后一项工作才能下班。我这里也有一项工作要完成。我需要打扫一下豚鼠笼，这样碧琪儿才会有干净的地方睡觉。你可以一边帮我打扫笼子一边等妈妈吗？如果我们告诉她你知道如何打扫鼠笼的话，她会很吃惊的！"

思考

对于遗弃或分居，你曾有过什么样的经历？这些经历将怎样帮助你体会孩子的感觉？

幼儿需要成人的帮助才能理解在一日生活中很多可能性都能引起变化。他们也需要成人的帮助才能找到建设性的方法，以度过他们感到焦虑或烦躁的时光。丹尼斯为泰勒提供了这两方面的帮助。

为父母和孩子之间的关系提供支持 我们都知道关系的破裂会有多痛苦。我们都听过这样的故事：父母中的一方想要得到孩子，而另一方不考虑孩子对父母双方都有建立牢固关系的需求，因而双方产生矛盾。不幸的是，父母之间的争吵常常蔓延至学校和班级。为了减少对孩子的潜在伤害，教师必须避免“痛斥”分居或离异的父母，相反要努力使每位家长都把注意力放在孩子以及他（她）的需要上。

在学校环境里，你可以使用一些策略来让家长关注他们的孩子。除非法律限制孩子与父母中的一方接触，否则你要确保向父母双方提供学校活动的信息，并且父母双方都要出现在你的邮件列表里。给父母双方提供孩子作品或档案的相同副本，并均分作品原件。在家庭开放日中，给家庭组织特定的活动，例如：

（1）请孩子向父母介绍自己喜欢的活动或喜欢的教室里的地方。安排家长和孩子一起参与5～10分钟的活动。

（2）请孩子和家长共同完成一个分享阅读活动，双方轮流为孩子阅读几页他喜欢的书籍。

（3）请家长和孩子在家庭布告栏上共同制作一节内容，或一起制作一本“关于我的一切”的书。

（4）让孩子告诉父母教室里的生活和学习准则。

（5）收集家长最新的联系方式，这样你可以通过发邮件、寄信或留信息来告知孩子在班级中的生活。

你可以代表孩子，以积极而中立的立场向家长传递一个清晰的信息：你首先关心的是孩子，但你也会平等地支持家长，这样他们就能用尽可能最好的方式来支持他们的孩子。虽然这样做会占用你部分额外的时间，但孩子和家庭都会从你的努力中受益。

❐ 支持孩子适应父母的再婚

有些人会讲，当他们的父母与他人再婚时，他们受到的创伤比发生离异时更严重。刚开始，孩子们不得不面对他们的父母分居两地并且不能每天同时看到他们。但有了新配偶或潜在配偶后，就需要做出额外的调整。现在，孩子们必须与新人分享对其父母的感情，并被迫使喜欢或友善地对待把父母的注意力转移走的新人。新配偶和孩子之间会发生什么？这真是一个复杂的问题。当父亲或母亲向新配偶介绍孩子时，如果孩子感到受伤害和愤怒，那没什么可奇怪的。如果孩子的这些情绪在家里或学校里以令人讨厌的行为发泄出来，也不要感到奇怪。

这是教师和所有家长要共同努力的时刻。如果你的学生在学校里因为这样的情况而举步维艰引起了你的注意，那么学生的家长需要知道这些情况，并且要敏锐地对待这样的问题。处于这种状态的孩子会从你的关心中受益。

❐ 父亲或母亲被关进监狱的儿童

在你的班级里，也许有的学生因家长正在服刑而导致生活和行为受到影响，平均每28个儿童中就有1个以上的儿童的父亲或母亲被监禁。在美国，平均每天都有超过270万个儿童因为他们的父母中有1人或2人入狱而同父母分离。父母中有1人入狱的这些儿童，平均年龄只有8岁，其中有1/5的儿童年龄小于5岁。这些儿童大多数很贫穷且来自少数族裔群体。

在任何情况下，同父母的一方分离都会导致儿童体验到不确定性和情感困扰。父母中有1人入狱的孩子容易做噩梦，害怕新的环境，在学校生活中会表现出突如其来的难过。这样的孩子也许会有无法解释的暴力发作并在学校里有注意力集中的困难。同伴们可能会嘲弄这些父母中有1人入狱的孩子，嘲弄他们的父亲或母亲做了错事。这些孩子更可能因此在学校里感到自尊低下和没有归属感。

教师可通过聆听这些父母入狱的孩子的倾诉来帮助他们，同时不对他们的父母做任何评判。幼儿往往是从正面看待他们的父母的，当父母做了“坏事”而入狱时，他们往往会感到很困惑。谈论父母的错误行为会让问题更加严重。此时，对教师而言最有用的是知道孩子所失去的，并注重给予孩子父母之爱。对你而言特别重要的一件事是，在教室里给这样的孩子提供一个持续的一日常规。这可以给这些正经历着生活巨变的孩子以安全感。

在与这些父母入狱的孩子一起工作的时候，最困难的是回答他们的父母什么时候能够回来。在这种情况下，最好尽可能地诚实。因为你也许不知道这些问题的答案，你可以说你不确定他们的父母什么时候会回来。

为家庭提供支持 你可能已经猜到了，父母入狱的儿童常常会经历生活的巨变并且很难维持积极的亲子关系。相对于女性，男性入狱的人数更多。当父亲入狱后，母亲常常会独立承担起照顾孩子的责任。这会给母亲和孩子都带来压力。如果单亲母亲入狱，孩子的监护权往往更难以确定。在这种情况下，祖父母或其他亲人可能会承担起抚养责任，但很多孩子最终会被送到寄养家庭。在很多情况下，父母入狱会使家庭破裂，孩子可能会与他们的兄弟姐妹分开。

对于父母中有1人入狱的儿童，照料他们最难的地方是如何维护亲子关系。缺少亲子互动会危害孩子的归属感以及整体幸福感。绝大多数孩子的居住地离监禁其父母的监狱超过100英里[1]，这一事实使得定期探望变得困难而且花费较大。孩子去看望他们在狱中的父母时，如果看到父母被关在栅栏后面，也会体验到痛苦。对于幼儿而言，监狱中规定的不能与父母进行身体接触的“不接触”规定让探访变得更加困难。

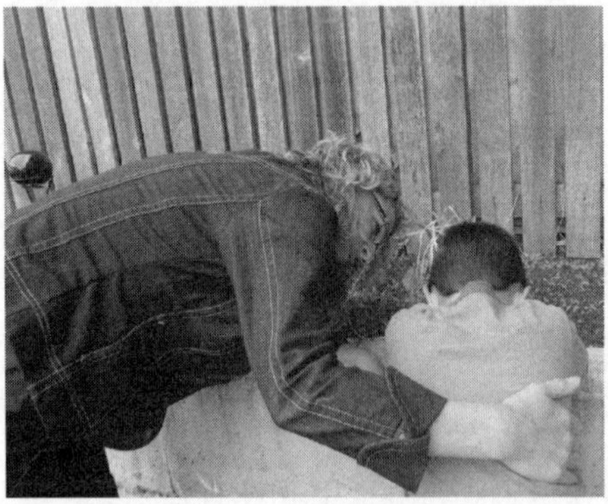

在任何情况下，与父母的分离都会让孩子经历不确定性以及情感压力。有时，倾听孩子说话就是对孩子最好的支持。

教师可以给孩子的监护人提供一些资源来支持他们，例如《探访妈妈或爸爸》(*Visiting Mom or Dad*)。这个小册子可以帮助孩子了解在探监的时候会发生什么。其他类似的资源在网上也有。你也可以把孩子在学校活动的照片以及作业收集成册，这样孩子在探监的时候可以跟他们的父亲或母亲分享他的成绩。通过给孩子和家长提供一些在

[1] 1英里＝1.609千米。——译者注

探监时需要关注的实际事物，你可以让这样的探访经历变得更加有成效。

❑ 军旅家庭中的孩子

如果父母中有人在服役，这对孩子的生活来说意味着频繁的搬家和适应。当父亲或母亲被派出执行任务时，适应就变得更为艰巨。父母因服役而调动，孩子会经历一系列的反应，包括生气、悲伤、害怕、困惑、遗弃感、失去感、焦虑以及沮丧。这些反应会导致一些严重问题，例如旷课和学业失败、社交孤立、家庭情感虐待和暴力、身心上的医学疾病以及抑郁症等。军人家庭的孩子会频繁搬家。生活安排和学校的变化以及朋友的分离都会给幼儿带来困难。与调动的父母分别尤其如此。然而，对孩子而言，困难不仅仅是与被调走的父亲或母亲分离，为调动做准备的过程以及重新适应他们从部队回家的过程也会很难。

如果能够理解在军队部署期间军人家庭所面对的压力源，你就可以更好地帮助这些孩子。在准备调动期间，幼儿特别容易因为额外的压力以及不确定因素而变得脆弱。学龄前儿童和小学适龄儿童在调动前以及调动中会出现下述行为：疑惑、悲伤、睡眠受干扰、发脾气、分离焦虑以及学校成绩下降等。

当家庭成员返家的时候，孩子可能会体验到多种情感交织在一起。既会因父母回来而高兴，也会经常发脾气，因为父母曾离开过。在团聚的时候，孩子也会经常感到害怕，婴儿和学步儿可能不记得归来的父母，大一些的孩子会担心父母又要离开。一些军人在完成任务后回来时患有创伤后应激障碍，这会影响他们的精神健康以及整个家庭的幸福。这些患有创伤后应激障碍的军人的孩子所面临的精神健康问题现在被称为“附带损害”。对你来说很重要的一点是，要对遭受这一创伤的孩子有耐心。你要帮助他们关注父母在家的快乐之处，给他们机会分享关于家庭活动或出游方面的信息。如果孩子不愿意讨论这些活动，你可以邀请家庭成员到学校来，这样他们可以在学校的活动中分享。当家庭成员再次重逢时，你能做的最重要的事就是支持家庭团聚。

有几个全国性组织准备了一些为军人家庭的孩子提供支持的材料。你可以找到大量网络资源来帮助儿童应对分离和与被调离的父母保持联系。可特别看一下《父母服役期间儿童的教育指导》（*Educator's Guide to the Military Child during*

Deployment）以及《我的再见手册》（*My Goodbye Book*），孩子可能想要写一本关于已调离父母的书的模板。全国军人家庭协会提供了免费副本《回家》（*Coming Home*），这个小册子描述了不同发展阶段的儿童在家庭团聚过程中的反应。

对于那些父亲或母亲正在服役的孩子，你可以在教室里提供几种方法来支持孩子的社会性和情感的发展。首先，你需要额外花时间来和孩子一起一对一地做游戏或给他们读故事，允许他们通过游戏、艺术、写作或角色游戏来表达他们的情感。确保班级常规尽可能一致，并观察压力信号（例如缠人、吮吸拇指等）。如果你注意到儿童行为的这些变化，请务必通知他们的家长。

你也可以鼓励孩子把在外的父母的照片带到班级里来，并让他们分享以前和父母的交流。如果孩子问及父母的安全或归期，要注意你的回答。要小心地告诉他们你不清楚他们父母的安全状况，同时要知道孩子在担心什么。孩子也许经常会问他们的父母什么时候回来，同样，不要害怕说你不知道。

最后，很重要的是学校和早教项目能与其他社团形成合作关系，以共同支持军人家庭。共同努力来支持这些有父母在服役的孩子，这样任何时候都可以在一定范围内给孩子提供其所需的帮助，例如亲子互动治疗。

❐ 父亲或母亲过世

儿童不会预料死亡，特别是父亲或母亲的去世。然而，约有3.5%的18岁以下的儿童经历过父亲或母亲的离世。在很多案例中，虚构的故事教给孩子关于死亡的错误理解，即死亡不是永久的。事实上，学龄前儿童通常要花3个月才能意识到逝去的父亲或母亲再也不会回来。

在应对挚爱的亲人逝去的过程中，儿童会经历一系列的情感变化，包括：孤独、悲伤、内疚、愤怒和焦虑。失去父亲或母亲的幼儿可能会尿床、分离焦虑、易怒以及做噩梦等。

小学低年级和中年级的学生在父亲或母亲离世后，往往会扮演起父母的角色，这会干扰社交互动的典型模式。为了让这些孩子不会错失重要的童年经历，你可以给家庭提供校外活动信息。让孩子参与娱乐活动不仅可以让他们从亲人离去的沉痛心情中适当解脱，也可以使健在的父亲或母亲在没有压力的环境下与孩子愉快相处。

很多成年人不愿谈论死亡，特别是在孩子面前；你或许可以通过参与关于丧亲之痛的培训来获得帮助。当幼儿谈论或想他们的父母时，他们会报告说自己感到很幸福，了解这一点会对你很有帮助。教师可让这些孩子谈论对他们逝去的父亲或母亲的回忆，并且通过提问题来鼓励他们说出更多的细节，这些问题包括孩子与父母在一起时的快乐时光或他们一起玩喜欢的游戏等。

桑切斯老师知道，上周安娜挚爱的祖母去世了。安娜在学校里很悲伤，也很安静。桑切斯老师决定找机会给她读一下汤米·狄波拉写的故事《楼上的外婆和楼下的外婆》(*Nana Upstairs and Nana Downstairs*)。她之所以欣赏这本书，是因为故事强调了小男孩对他外婆的美好回忆。

当她讲完故事后，她注意到安娜的眼睛里含着泪。桑切斯老师快速地解散了孩子们，让他们去为音乐课做准备，她故意最后一个叫到了安娜。在让安娜走之前，桑切斯问她是不是这本书让她感到很悲伤。安娜回答说书的确让她感到悲伤，但也让她很开心。

桑切斯老师建议安娜也写一个关于她祖母的故事，就像故事中的小男孩做的那样。安娜觉得这是个好主意。

桑切斯和安娜之间发生的片段是一个好的教学范例。所有的孩子，特别是那些处在艰难的生活环境中的孩子，特别需要教师的温暖的、回应性的、充满关爱的互动。在班级中与每个孩子建立这种关系，对减少孩子潜在的行为问题大有帮助。要注意孩子什么时候需要额外的支持，花时间给孩子提供帮助，这是建立积极的师生关系的基础。

其他的一些策略也有助于你为失去父亲或母亲的孩子提供支持。要记住，积极的态度很有帮助。要确保你在孩子周围营造乐观的氛围，特别是讨论未来的事情时。在孩子需要交谈或独处时，给他们提供一个私密空间。通过每天花些时间和他们高质量地、一对一地相处，让他们知道你关心他们，甚至每天只要几分钟，就可以向孩子传递这样的信息：在他们需要帮助的时候，你就在这里。有时外部的专业帮助也是有必要的，特别是那些深深地为父母逝去而感到悲痛的孩子。很多社团有这样的机构可以提供帮助。

尽管孩子处于悲痛之中，但重要的是对其保持与以前一样的行为期望。对于那些经历亲人离去的人，我们会对他们表示遗憾，这是自然反应。然而，如果改变期望，往往会让这些正经历着创伤性事件的孩子感到更加困惑。如果孩子只是偶尔因亲人的离去而情绪爆发，可让他先平静下来并提供另外一种活动来帮助他转移注意力。你要记住：当一个挚爱的人离去后，这个家庭会立即受到打击，所以对这样的家庭，应尽可能地降低学校项目或学校活动的书面作业要求。

生活在贫困中的孩子

对于早教工作者而言，预防纪律问题是迫在眉睫的最基本的目标。研究表明，那些没有得到早期干预、没有得到所需的持久稳定感的儿童，更可能会有违规行为和学业上的失败，因为他们缺乏必要的获得成功的技能。这对于生活在贫困中的孩子来说尤为关键，以至于贫困已经被称为一种严重的童年疾病。有成千上万的生活在贫困中的年轻人，他们的人生之路越走越窄，往往最终会被逮捕、定罪、入狱，在有些情况下甚至会死亡。

幼儿特别容易受到贫穷的影响。缺乏足够的居住场所、卫生保健以及社会和教育服务会给孩子整体的幸福感造成深刻的影响，特别是在关键的头几年。你也许会很惊讶地发现，超过1/5的美国儿童居住在贫困中。与那些生活在中产阶级家庭的同龄人相比，生活在贫困家庭的孩子不论是在入园时还是在幼儿园毕业后，其学业水平以及社会竞争力都相对较差。他们更可能会复读一个年级、被安排特殊教育甚至最后被开除出校。神经学家研究发现，即便是脑容量也与家庭收入水平相关，来自最贫困的家庭中的儿童，其脑容量比来自高收入家庭中的儿童小6%。大脑还显示出了这些支持所有重要执行功能（例如阅读和空间技能）的区域间的最大不同。值得注意的是，这一研究也表明，对幼儿而言，改善所处的环境可以支持

思考

你认为什么方面的贫困最能破坏儿童的社会性和情绪发展？

新的大脑发育。

生活在贫困家庭的儿童很少有机会参与高质量的早期关爱和教育方案，拥有经验丰富、受过良好培训的教师，享受适宜的医疗，获得适当的营养，以及拥有可以一起玩耍的安全的邻居。

儿童中心设计了“孩子衣橱”活动来作为家长之间互相帮助的方式。家长和社区成员可以给衣橱捐赠衣物，也可以自行拿走任何他们需要的衣物。他们还和本地的自助洗衣店建立联系，得到免费洗衣券——作为交换条件，在儿童中心的每月时事通讯上给洗衣店做免费广告，这些洗衣券则会分发给那些需要的家庭。最近，儿童中心还和社区保健中心建立了联系，在每月的第一个星期六举办儿童健康日活动。教职工和家长们一起花时间来组织这些活动。他们帮助登记，并给那些等着看护士的小朋友提供活动。活动期间，操场是对社区开放的，这样所有孩子都有机会去锻炼，即使他们没有参加健康日活动。

如果早期关爱和教育方案质量较高，而且进行过课程与教学实践，那么这些方案将能降低贫困对儿童生活的负面影响。对于生活在贫困中的孩子，高质量的教育方案应建立在他们的社会性、情感、生理和智力的需求基础上。这些方案如果仅仅关注一个发展领域，是不能满足美国贫困儿童的需要的。最后，我们不能再因为贫穷造成的学业和社会性差异而责备儿童，相反，政府应提倡为那些家庭及他们的幼儿提供更多他们需要的资源，让孩子在学校里获得成功。

对于生活在贫困中的孩子，高质量的教育方案应建立在他们的社会性、情感、生理和智力需求基础上。

帮助孩子脱离贫困文化需要的不仅仅是教授他们不同的规则，这还包括反对那些让贫穷得以继续存在的公共政策以及社会信仰。对于生活在贫困中的儿童和家庭，你可以通过帮助他们获取所需的社会服务和为他们提供教育资料（特别是那些可以支持社会性和情感发展的资料）来支持他们。记住，以这样的方式回应这些需求：不要在学校中将这些孩子区分出来或让他们感到羞愧。

在班级中，你可以提供“欢乐家庭”背包，背包里装有文学作品或游戏材料，这些可促进社交互动或情感讨论以及特定的社交技能。背包中的游戏为家庭提供了自然的机会来教授轮流、分享以及观点采择。在周末或晚上，给家庭和孩子提供机会使用教室里或学校里的计算机也可促进孩子的社会性发展。教会家庭使用绘图软件，可以创作家庭图画或鼓励他们一起玩在线游戏来提高归属感并增强父母和孩子之间的联系。

你也可以给家庭提供关于社区组织的促进社会性发展的活动信息。很多社区会组织娱乐节目，提供收费很少或免费的艺术和戏剧活动。这些类型的活动能鼓励孩子通过艺术来表达他们的想法、情绪和情感。分享你的公共图书馆中的可用信息和资源，这是你能为生活在贫困中的家庭和儿童提供的另一种帮助。很多公立图书馆提供故事时间和家庭活动，以促进成年人与孩子之间和孩子与孩子之间的互动。图书馆还会为家庭提供一些孩子和家庭都会喜欢的其他低消费的社区活动信息，例如社区庆祝日或其他活动，这些能帮助孩子知道如何在各种集体情境中互动。然而，你要有心理准备，现实中与贫穷相伴随的压力可能意味着很多父母不堪重负、不会使用任何材料或机会。很多父母必须打几份工来养活孩子，他们没有时间或精力去参加那些基本生存之外的活动。

❐ 偏见与家庭参与策略

与一般人所认为的不同，生活在贫困家庭的孩子中，近83%的孩子至少有父亲或母亲在工作。以2013年为例，1/4（即187万）的美国儿童生活在低收入的工薪家庭。即使父母双方都在工作，工资和福利往往也不足以支持一个家庭，所以很多父母的工作不只一份。他们像中产阶级的父母一样关心自己孩子的教育。然而，因为工作安排的缘故，他们可能会很少参加学校的集会或班级的志愿活动。

导致他们无法参加学校活动的原因包括做几份工作、上夜班或周末上班。教师可以想办法减少这种障碍。

你可以通过很多种方式来给全职家庭提供机会，让他们参与到孩子的学习中。编写一份班级时事通讯并发到孩子的家里；要记得这些贫困家庭可能没有计算机或稳定的住址，所以可让孩子直接带回家。给家长机会一起丰富这个时事通讯或使用学校或家里的计算机一起来推广。把学校活动拍成录像并把副本放在班级的图书区里，这也是一个可让家长持续参与的有用策略。

对于不能来学校参加活动的家长，可采用其他方法帮助他们参与。例如，收集有用的"废品"（如厕纸筒心、丝带、布料、包装纸或按钮等）来用作班级活动的材料，家长可以要求他们的雇主向学校捐赠此类物品。这些材料可能会很有趣。各种形状和尺寸的皮革废料可能来自汽车厂；用于分类的各种型号的螺母、螺栓和螺丝可能来自某个机器制造车间；各种形状和尺寸的钥匙可能来自某家旅馆；旧毛巾和被单等也可以大大丰富艺术角；在餐馆工作的家长可以帮忙收集旧菜单、形状有趣的盒子、纸巾、围裙和姓名牌等，这些可在娃娃家使用。

乔伊斯·爱泼斯坦建议教师主动给家长打电话以增加家长的参与度。打这些电话的目的是让家长了解他们的孩子在班级里获得的成功。如果你难以想象每个月要给超过20位家长打电话，那么你可以在家长的工作时间给他们打电话并传递一个正面的消息，或者发一封电子邮件。在一天的漫长工作结束后收到关于自己孩子的正面信息，能让家长们愉快地开始夜晚时光。信息可以这样简单："今天我打电话来是要分享一个关于伊莱贾的故事，他很关心班级中的小弟弟和小妹妹，今天他花了大概20分钟来教麦迪如何给她喜欢的绒毛动物建造一个动物园。我真的很高兴看到他会照顾别人。看起来他天生就是个老师！"

和家长之间建立密切的关系是支持生活在贫困中的孩子的最佳策略。当我们与家长之间建立起互相尊重的关系时，我们可以让家长知道我们希望他们来学校，我们尊重他们作为孩子启蒙老师的地位，并且我们想和他们一起合作来达成我们对孩子的共同教育目标。

患有慢性疾病的儿童

与健康的孩子相比，患有慢性疾病的孩子在社会性和情感发展方面会面临更高的风险。慢性疾病通常指的是那些症状持续时间超过3个月的疾病。它们包括疾病（例如癌症、囊性纤维化等）以及慢性疾病（例如哮喘、癫痫、糖尿病、幼年型类风湿性关节炎以及精神疾病等）。根据慢性疾病的定义，在美国有15% ~ 18% 的儿童受此困扰。

患有慢性疾病的儿童可能会面临频繁而痛苦的治疗过程、药物的副作用以及身体的疲劳。当孩子每周都要去看医生、打针、做手术以及接受一系列令人讨厌的药物治疗的时候，他们会经历极大的焦虑。根据治疗类型的不同、孩子的气质以及年龄的差异，他们的焦虑也不尽相同。孩子越小，他们对发生在自己身体上的事情就理解得越少，也就越需要更多的支持才能克服恐惧和不安。

然而，那些有慢性疾病的幼儿在很小的时候就学会了如何应对他们的健康需求以及伴随的副作用。有糖尿病的学龄前儿童很快就能学会测自己的血糖，有哮喘病的幼儿能很快意识到自己需要吃药。这些孩子知道自己的能力和极限。因此，很重要的一点是要让他们自己选择是否参加活动。

出于对埃弗里和教室里其他需要在户外休息时间安静活动的孩子的尊重，桑切斯老师已经准备好了几个背包。一个背包里放了记号笔和水粉颜料、手工纸、放大镜、笔记本以及植物与野生动物指导手册，这样孩子们可以在操场上扮演植物学家。另一个背包里放有桌面游戏材料和手工部件，可以用来进行艺术建构。第三个背包里有儿童文学作品以及道具服装，这可以让孩子们有机会通过表演游戏来延伸他们读到的故事。这些东西都存放在儿童储藏室，周围还有自行车和其他活动量更大的玩具等。孩子们可以自由取放。这样，没人需要问教师是否允许使用这些材料，或向教师解释为什么他们想选择其中的某项活动。

❐ 友谊

有慢性疾病的儿童往往在学校里缺少朋友。部分原因是他们经常不在校，这会减少他们和同伴之间互动的机会。还有一个原因是这些疾病表现出来的症状会吓跑其他孩子。众所周知，友谊对所有孩子的健康的社会性和情感发展都是至关重要的。

如何帮助这些孩子成为班级里的一员？研究表明，教师可通过提供信息给其他孩子来帮助他。有两类信息已被证明是有用的：解释某个孩子症状背后的医学原因，同时描述孩子的坚强或能力。其他方法包括创设一个动态陈列馆，展示孩子们当前的照片、艺术图片以及视频，以帮助长期缺席的孩子能继续感受班级里的快乐时光。你也可以在这些孩子长期生病时给他们一个可移动的班级吉祥物，这样他们能一直感受到来自同学和教师的爱与支持。

对于经常缺席的孩子，你可以让他们根据班级主题从家里发来图画、故事或照片，这样也可以给他们提供参与班级生活的机会。参与的方式可以是写信或发电子邮件，视频通话和班级主页也是一种让这些因疾病而长期不能到校的孩子与班级保持联系的方式。如果孩子的健康情况不允许孩子这样参与，你可以和他们的父母保持联系，并务必转告同学们关于这个孩子的近况。

❐ 支持有慢性疾病问题的孩子的家庭

有慢性疾病的孩子的家庭成员承受着很大的压力，因为他们在应对每天的生活需求的同时，还要处理孩子的疾病。家长担心生病的孩子会消耗他们和家中的其他孩子的精力。此外，一些有慢性疾病的孩子的家庭没有医疗保险。即使有医疗保险，家庭也仍然需要把收入的相当一部分用于那些不在保险范围内的医疗开销。正如你能想到的那样，对于那些为自己孩子的身心健康而担忧的家长而言，经济上的顾虑又给他们增添了一层压力。

有慢性疾病的孩子，其父母通常也努力保护其免受同伴们的嘲笑，有时甚至连教师也可能不知道孩子所面临的疾病状况。这种情况是可以理解的。很多教师反映，感到自己没有充分的准备来支持那些有慢性疾病的孩子在学业和社会性方面的需求。绝大多数提供早期关爱和教育的人员都没有从学校护士或其他保健顾问那里得到帮助，以支持他们满足这些孩子的不同需求。

你可以通过多种方法来满足那些有慢性疾病的孩子的需求。网上的很多可用资源能提供信息和材料来帮助应对各种医疗问题。当地的医疗中心也可能有儿科健康书库，供那些有慢性健康问题的孩子的家庭使用。亚利桑那州凤凰城的艾米丽中心就是一个可以提供此类资源的中心。那里可以提供便于父母和儿童使用的资源，以描述康复操作手册、药物治疗以及慢性疾病控制方面的信息。芝加哥的儿童之家协会是另一个例子，此类项目为遭受 HIV、AIDS[1] 或其他颠覆人生的健康状况（包括脑瘫和精神健康问题）的家庭和他们的孩子提供服务。这一项目已经扩展到为加勒比和南非提供服务。当地的互助团体也欢迎教师和家长提出问题。很多这样的团体给孩子和家长提供支持服务，以达到网络交流、咨询服务以及社区建设的目的。对教师而言很重要的是，要从这些互助团体的出版物中得到有用的信息。大多数团体都提供文章，例如《当你的学生得了关节炎》（When Your Student Has Arthritis）；有的提供诸如“聪明箱”那样的游戏装备，以解释什么是糖尿病并提供建议来帮助学校里的糖尿病儿童。当你努力促进孩子的社会性和学业发展时，充分理解孩子的慢性疾病是支持这些家庭的第一步。

增强弱势儿童的恢复能力和自尊

思考

想想你生命中经历过的一个让你感到脆弱的时刻。是什么支持系统（家庭或社区）或内部力量帮助你战胜了这种不利的状况？

教师在增强孩子的恢复能力方面扮演着重要的角色。本齐和麦克苏克确定了几种保护性要素，它们可以帮助孩子战胜生活环境中的困难。在最重要的保护性要素中，有两个是你能够在班级里提供的，即增强孩子的归属感和友谊。

[1] 人类免疫缺陷病毒（Human Immunodeficiency Virus）、艾滋病（Acquired Immune Deficiency Syndrome）。——译者注

在第二章和第三章中，我们讨论过你可以如何完成这些任务。在这里我们将讨论你如何建立其他两个保护性要素，以促进孩子的社会性和情感发展：确定孩子的天赋和兴趣，并增强他们的自尊和自信。这就是我们常常提到的，基于优势来与有着多重需要的儿童一起工作的方式。

❒ 发现个人天赋

每个儿童都有天赋。作为教师，发现他们的天赋是你的工作。发现儿童个人天赋的最好办法是提供选择，让孩子从几种方法中选择一种来完成一个主题研究活动，或为小组提供在活动中开展合作的机会。当合作时，孩子们会自然地根据他们的长处来分配任务。如果你仔细观察这些活动，将会发现每个孩子的长处。帮助班级里的其他成员会显露出孩子的个人长处，教师每天要花些时间来了解个体的成功之处。例如，在讨论小组项目时，要确保询问每个孩子是如何帮助完成项目或解决问题的。在一天快结束时，你也可以提供一个回顾时间让孩子分享自己和他人的合作。

另外一种发现孩子天赋的方法是让一个孩子指导另一个孩子。例如，如果一个孩子请你帮忙系鞋带，你可以让他求助于另一个会系鞋带的孩子。幼儿喜欢和别人分享他们的一技之长。如果你知道你所介绍的某个活动对某些孩子来说是有困难的，你可以根据需要邀请一些孩子来做志愿者。你可以在教室里的每个学习区放置“我能帮忙”的标志，使那些自愿帮助别人的孩子明确身份。如果某天在哪个学习区安排了儿童志愿者，你可以把他们的照片或名字贴在“我能帮忙”的标志上。那些需要帮助的孩子就能根据标志找出谁能帮助自己。通过孩子之间的互相帮助，你可以增强团队的凝聚力，同时也给孩子提供机会按自己的方式与其他人分享自己的天赋。给孩子提供服务他人的机会，有助于让他们意识到自己是团队中有价值的一员，这可以增强他们的自我价值感和自信。

❒ 自尊

人们普遍认为自尊由两个部分组成。第一个组成部分是作为个体，我们对自我的感觉如何，即我们的自我价值。第二个组成部分是我们对自己做事的能力感觉如

确定孩子的天赋和兴趣有助于增强他们的自尊和自信，这对于帮助孩子战胜生活环境中的困难尤为重要。

何，即我们的自信。另外一种方式是将其看成“我是”和“我能”。在教学过程中，你会看到自尊心较强和自信心较强的孩子，他们对自己和自己的能力都感觉良好。当然，你也会遇到自尊心较弱和自信心不足的孩子。这些孩子不愿参与班级活动，即使是完成简单的任务，也会经常寻求帮助。如果你太快介入并提供帮助，你可能就是确认了这个孩子对于自己做不了的感受。

当然，也会有些孩子自我价值感很强但自信心不足，反之亦然。这被称为“防御性自尊”。自我价值感不强但自我胜任感强的孩子，他们相信自己有能力完成与年龄相符的任务，但对自己感觉不好。他们会独自完成简单的任务，但当确信有人威胁到他们的自我价值时，他们会变得具有防御性。这些孩子经常会这样说：“他瞪我！”“他们取笑我！”

对于自我价值感强但自我胜任感弱的孩子，当让他们独自完成与年龄相符的任务时，他们会变得具有防御性。他们自我感觉良好但害怕失败。这些孩子会这样说：“我做不了这个。”他们很容易灰心，并放弃完成那些有挑战性的任务。受过虐待的孩子更可能有防御性自尊。

对教师而言很重要的是，要知道弱势孩子的自尊在教室里是如何表现的，特别是在与同伴互动的时候。延森老师在帮助孩子们解决冲突时顾及了他们的自尊。

艾米莉亚和吉兹在美工区建造鸟巢。突然，艾米莉亚从桌子上抓起所有的木棒并奔向垃圾桶。吉兹尖叫道：“嗨，我还没有做完，还要用呢！”延森老师在垃圾桶旁拦住了艾米莉亚并问道：“你听到吉兹叫了吗？我想她在跟你说话。”“我已经做完那些愚蠢的鸟巢了。”艾米莉亚回答说。延森老师回应道：“好吧，如果你已经做完了你的鸟巢，你可以帮我看看计算机上的鸟。但是在做这些之前，我们需要把这些木棒还给吉兹，这样她可以像你一样做完鸟巢。”当她们返回手工台时，延森老师注意到艾米莉亚的鸟巢已经散架了。延森老师没有帮她修复这个鸟巢，而是说："现在我们可以去看计算机了，也许我们能知道当鸟巢破了时鸟儿会做什么。"

延森老师知道艾米莉亚经常会表现出防御性自尊。当不能完成任务的时候，她很容易变得沮丧，即使是实施没有专门指令或限制的任务时也是如此。延森老师没有关注艾米莉亚搭建鸟巢的困难，因为她试图去保护她的自尊。她所做的是努力向艾米莉亚示范，当不幸发生时，朋友可以帮助你找到问题的答案。因为很多受过伤害的儿童会对自己的能力和自我价值产生怀疑，对教师而言很重要的一点是在班级里鼓励"我能做"的态度。

在第六章中，我们讨论了示范承受风险和关爱他人的重要性。对于那些怀疑自我价值的孩子，教会他们掌握这两种技巧都是非常重要的。在本书中，我们推荐使用文学作品来支持孩子的情感发展。表14-1列出了一些儿童读物，你可以用这些书来帮助那些经历着困苦生活境况的孩子们。你可能也想要了解一下《社交能力强及情绪安全：50项促进幼儿适应力的活动》（*Socially Strong, Emotionally Secure: 50 Activities to Promote Resilience in Young Children*）里面推荐的活动。

表14-1　通过文学作品增强儿童的恢复能力

离异或分居	•《这个是巧克力布丁吗？一个关于离异对幼小孩子影响的故事》（Levins，2005） •《妈妈爸爸胶》（Gray，2010） •《莫莉和她的爸爸》（Ormerod，2008）
军队调动	•《我们头顶的群星》（Norman，2009） •《莉莉讨厌道别》（Marier & Stoltenberg，2012） •《爱，莉齐：写信给军营里的妈妈》（McElroy，2009）
贫穷	•《那些鞋子》（Boelts，2009） •《一天的工作》（Bunting & Kimler，2004） •《威利叔叔和施粥所》（Disalvo-Ryan，1997）
死亡和垂死	•《一串气球》（Ferguson，2006） •《孤单的树》（Halliday，2015） •《哈利和霍珀》（Wild & Blackwood，2011）
恢复	•《美好的一天》（Henkes，2007） •《看不见的男孩》（Ludwing，2013）

小结

外部因素经常会给孩子的生活造成负面的影响，这尤其会导致不良行为。孩子不能控制这些情况，他们的教师也不能。然而，早教工作者可以控制在他们的班级里发生的事。通过将错误行为理解为典型的求助信号，我们可以为有困扰的孩子提供帮助，而不是惩罚他们。当我们立志做一名教师的时候，就意味着我们不能只对孩子发展的一点和部分负责；我们曾发誓要照顾和教育孩子的一切。这意味着在我们规划课程以及与孩子和家庭互动时，要考虑孩子的生活环境。这也意味着我们要有足够的灵活性，从而能改变我们在教室里常用的指导工作的方法来满足孩子们的不同需求。这也许是教育工作最难的地方，但也是最有意义之处。

摘要

- 本章回顾了暴力可能对儿童造成创伤的一些途径，并提出了支持儿童健康发展的方法。这么做是改善儿童行为的最佳方式。
- 本章讨论了儿童经历的许多类型的分离和遗弃以及通常与每个类型相关的行为问题。这些信息可以帮助你安慰经历过此类创伤的孩子。
- 本章分析了贫困和其对儿童及其家庭生活的深远影响。了解贫困的性质及其影响行为的方式，将有助于你支持生活在贫困中的儿童，这些儿童难以置信地占有很大比例。
- 本章回顾了慢性疾病（如癫痫、哮喘和糖尿病）以及癌症或囊性纤维化等疾病所引起的社会性和情感困难。我们提供的信息旨在为你提供指导，以帮助生活在这些问题中的儿童和家庭。
- 本章的最后一节探讨了帮助受创伤儿童恢复并最终走向成功的方法。与本书其他部分的设计相一致，一些措施在之前的章节中曾介绍过；本章中增加了额外的方法来帮助最无助的儿童。

讨论或反思

1．回顾前面章节中关于支持孩子社会性和情感发展的策略。确定那些你认为对帮助那些经历过暴力或遗弃、有慢性疾病或生活在贫困中的孩子最有用的策略。讨论对弱势儿童和那些没有经历过困苦生活情境的儿童实施这些策略有何不同。

2．当你和那些曾入狱的家长或曾虐待自己孩子的家长互动时，你感觉如何？你可以做哪种类型的事情，确保你能为了孩子的利益而与这些父母保持积极的互动？

实地研究

3．看几部儿童电影或卡通片。记录下它们是如何描绘死亡的：死亡周围的情境是什么样的？讨论一下媒体中对死亡的描述会怎样影响孩子对失去亲人的想法。

推荐读物

Algozzine, B., & Yesseldyke, J. (2006). *Teaching students with medical, physical, and multiple disabilities: A practical guide for every teacher*. Thousand Oaks, CA: Corwin Press.

Brinamen, C., & Page, F. (2012). Using relationships to heal trauma: reflect practice creates a therapeutic preschool. *Young Children,* 67(5), 40-49.

Bruce, N., & Cairone, K. (2011). *Socially strong, emotionally secure: 50 activities to promote resilience in young children*. Villanova, PA: The Devereaux Foundation.

Honig, A. (2010). *Little kids, big worries: Stress-busting tips for early childhood classrooms*. Baltimore: Paul H. Brookes.

Jensen, J., & Fraser, M. (Eds.). (2011). *Social policy for children and families: A risk and resilience perspective*. Thousand Oaks, CA: Sage.

Minahan, J., & Rappaport, N. (2013). *The Behavior code: A practical guide to understanding and teaching the most challenging student*s. Cambridge, MA: Harvard Education Press.

Purvis, K., Cross, D., & Sunshine, W. (2007). *The connected child.* New York: McGraw-Hill.

Walsh, F. (2006). *Strengthening family resilience*. New York: Gilford Press.

Wright, T. (2014). Too scared to learn: teaching young children who have experienced trauma. *Young Children,* 69(5), 88-93.

第十五章

分析纪律问题

本章节所涉及的全美幼教协会（NAEYC）标准

标准1c：使用相关的发展知识，创造一个健康、充满尊重并具有支持性和挑战性的学习环境。

标准3d：知道要与家庭以及专业同行一起合作进行评价，以建立一个有效的学习环境。

标准4a：知道积极的关系和支持性互动是与幼儿一起工作的基础。

标准4d：反思自己的实践，使每个儿童获得积极的结果。

标准6b：知道并秉持道德标准以及其他幼儿专业指导方针。

【学习收获】

有了对本章的理解，你应能：

- 将行为问题的原因与相关的指导方法相匹配。
- 针对不良行为做出深思熟虑且合理的回应。

通过本书，你已经了解了许多纪律教育方法和导致纪律问题的原因。为了防止各种信息在你的脑海中混成一片，使你不知所措，最后一章将为你提供指导原则，让你以有用的方式将它们整合在一起。我们希望本章能帮助你将所有指导和纪律教育组合在一起。之前，我们不得不把它们分解进行讨论和分析，但在你有了这样的背景后，本章会提供一个有用的回顾和总结以及一些分析行为问题的方式。

你的一个学生到学校来，他明显表现出沮丧，不能也不愿意参与班级活动。你会如何选择一个有帮助的回应？本章总结了做出一个知情回应的必要步骤。

然而，我们并没有提供万全的纪律教育秘诀，而仅仅是在你分析纪律问题并将其与合适的纪律教育方法相匹配的过程中遇到困难时提供帮助。没有有效的“放之四海而皆准”的指导策略。每一个孩子和每一个情境都是独一无二的，这需要你对纪律教育的专业判断。

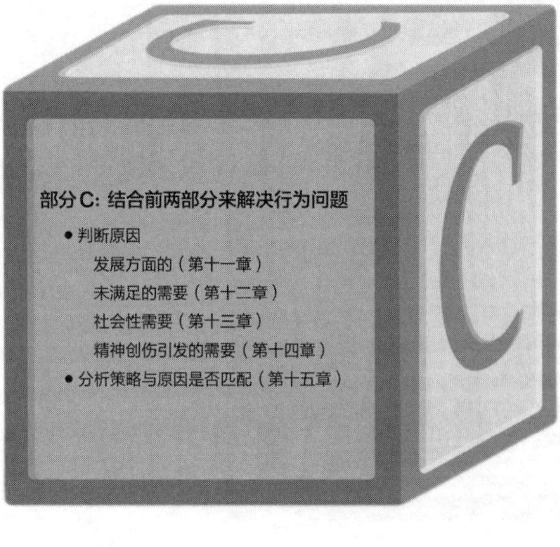

练习判断力的第一步是检查你的纪律教育目标。在本书中，我们重复强调了设计纪律教育策略时秉持长期目标的重要性。大多数早期学习标准都包含了社会性和情感发展的目标。在幼儿园至三年级阶段，社会性和情感发展目标常常可以在社会学习标准（如公民教育）或体育和健康标准中找到。本书强调的长期目标是增强自尊、自我纪律教育和道德自主。所有的纪律教育方法都不应损害孩子在这些方面的发展，这是本书的关键。我们也试着解释了不当的纪律教育方法是如何阻碍这些长期目标的实现的。奖励、惩罚以及其他强制性纪律教育方法已成为主流实践，因此，教师必须明白这些实际做法与长期目标是相违背的。

短期目标也很重要，但是满足短期目标不能与满足长期目标相冲突。有些行为的确太具有破坏性或太危险，必须立即制止，纪律教育方面的指导则次之。如果孩子们的行为将给自己或其他人带来危险，那么必须采取快速而准确的行动。直接告诉孩子往往比在教室的一端大喊指令要有效得多。在紧急情况下也许需要警告性地大喊一声，如果教师的声音通常都很平静而且是能加以控制的，这种方法会特别有效；但是，如果教师平时就是通过提高声音来力图控制集体的话，那么他将会发现，提高声音很快就会不再管用。

将问题原因与指导策略相匹配

如果不是紧急情况或者在紧急情况结束以后，你可以考虑针对长期目标的最适当的纪律教育方法。这一步要求寻找纪律问题的某个原因或某些原因。很多时候你会发现，一个问题的几个原因之间是相互作用的。这意味着，为了提供有效的帮助，你需要着手针对几个原因。只针对症状，而没有针对行为问题的原因的纪律教育注定要失败；问题行为会继续显现出来，除非找到行为的原因。教师们常常是针对行为本身而不是针对原因做出回应。在学校里，这个问题淋漓尽致地体现在贴出一整套规则并预先设计好违反每条规则的惩罚措施。

然而，学校越来越意识到传统的惩罚性措施不再起作用，因为这些措施并没有针对儿童问题的原因。全国各地的教师们都已经发现了一种看待儿童情绪爆发的强有力的新方法。当教师们明白错误行为是一扇窥视某个孩子神经系统状态的窗户时，他们将不再把行为看成人身攻击，而是关注儿童的需要。这种对儿童需求的关注得到了最新研究的支持，最新研究强调了我们的立场，即儿童的错误行为是一种人际互动方式。倾听这种互动，是发现问题行为根源的基础。

问题的原因并不总是显而易见的，因此我们需要经过认真的研究甚至反复试误才能找到问题的根源。在分析个别孩子的纪律问题类型的过程中，图15-1可能对你有用。该图的结构遵循了本书的结构，即按干预程度从浅到深的顺序来解决

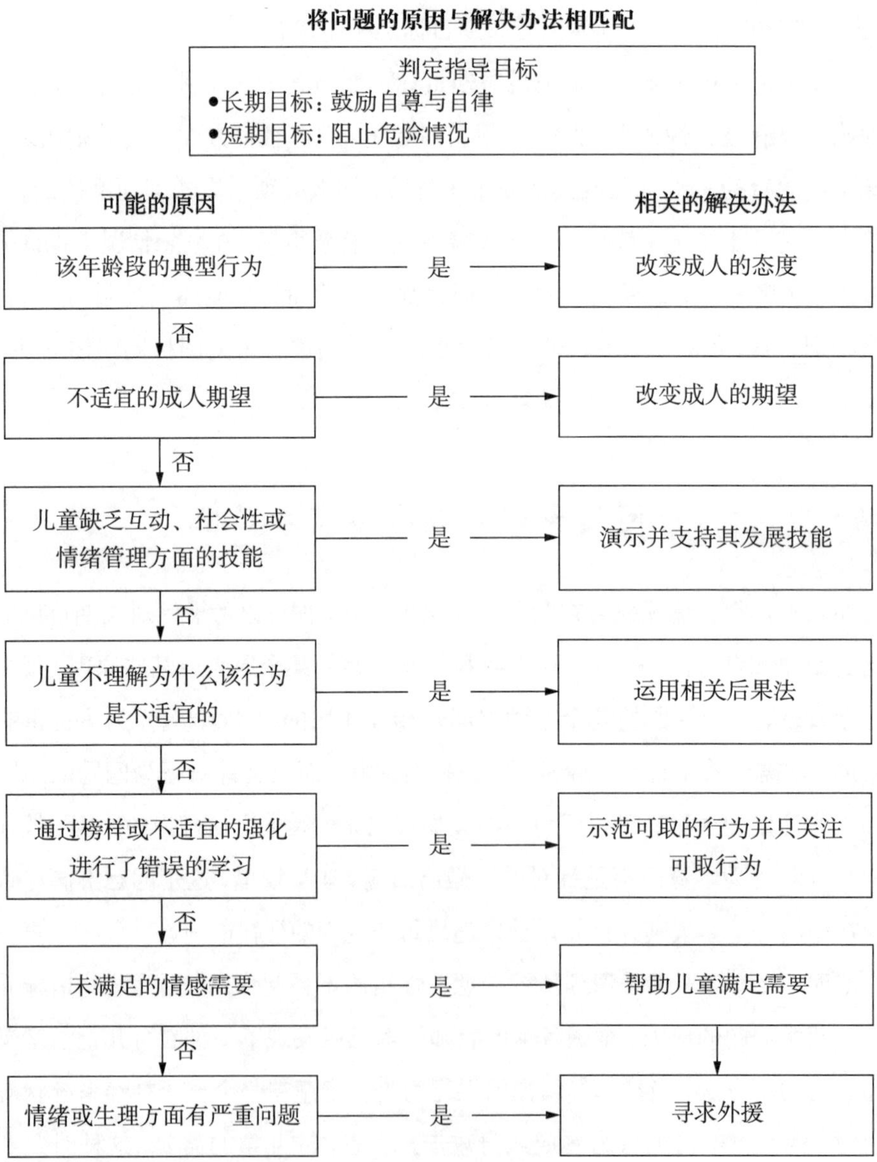

图15-1　将问题的原因与解决办法相匹配

行为问题。首先，我们考虑了成人需要改变的可能性，然后逐渐考虑到越来越严重的儿童需要。

❑ 该年龄段的典型行为

当你开始探寻某个孩子行为问题的原因时，首先要问问你自己，这一恼人的行为是否可能仅仅是这个孩子所处成熟阶段的典型表现。例如，有些成人不知道两岁的孩子尿裤子并不是淘气。为了试图改变这一行为，这些成人可能会惩罚或贿赂这个孩子，而不知道未经过大小便训练的两岁孩子所表现出来的正是符合其成熟水平的正常行为。只有当这个孩子长大后，才会改变这一行为。第十一章提到了其他具有年龄适宜性的儿童行为，这些行为也许常常会令成人感到沮丧。用心研究就会发现，"问题"实际上在于成人对儿童幼稚行为的不宽容或误解。在这种情况下，问题的根源在于成人的态度，因此，需要改变的是成人的态度而不是孩子的行为。

❑ 成人不适宜的期望

寻找行为问题的原因的第二步是检查问题是否是由成人不适宜的期望所导致的。不适宜的成人期望可能包括与个别儿童的气质不一致的期待、与家庭文化相冲突的期待、没有反映性别差异的期待以及与儿童的成熟水平不相匹配的期待。

在第二章中，我们概述了关于儿童气质及其对行为的影响方面的信息。考虑到我们所照料的儿童都具有独一无二的个性，显然不能对所有的孩子都抱以同样的期待。在第三章中，我们也基于文化多样性、阶层和性别讨论了相关的行为。当我们越来越意识到看待经验以及回应经验有着多种方式时，我们就越能更好地将互动和期待与这些差异匹配起来。

第四章和第五章是有关环境和课程的，它们描述了好心的教师和照料者无意中导致纪律问题的许多常见表现。当成人要求幼儿安静地坐着且保持较长时间、要求儿童无所事事地等待或参与为年龄较大的孩子设计的学习活动时，成人就会引发问题。全美幼教协会和美国教育部全美早期儿童专家协会（NAEYC/NAECS/SDE）为适宜的方案和课程提供了指南，这些指南可供教师参考，以确保不因不适宜的环境引发纪律问题。

如果你怀疑是环境导致了孩子们的消极反应，那么解决的办法是改变环境而不是试图改变孩子。这种预防性纪律教育法会为教师和孩子省去很多麻烦。在下面的例子中，成人的回应证明了让教学计划更好地满足某个儿童的需要的价值。

按照儿童看护中心的课程计划，每天吃完午饭后，孩子们都要先清理他们的餐桌，然后再坐回来等待教师叫他们去刷牙。有时不需要等待，而有时则需要等待很长的时间，这取决于有多少孩子已经吃完饭。雪莉知道，这不是一个理想的状况，但这似乎是解决20个孩子要刷牙而只有2个洗涮槽的唯一办法。

孩子们似乎都没问题，但只有萨姆除外。大约坐了10秒钟，萨姆就站起来四处走动。在这个过程中，他经常会制造一些麻烦或者跑到无人监视的厨房。

雪莉重复提醒过萨姆很多次，让他坐着等待轮到他。萨姆似乎也知道教师对他的期望是什么，但就是做不到。雪莉认为是这种环境不适合萨姆，因此她设法满足萨姆的需求。吃完午饭后，需要把椅子摞起来以便于清扫教室，这通常是在孩子们离开后由工作人员来做的，但雪莉问萨姆是否愿意帮忙做午餐后的椅子摆放员。萨姆为做这个真正的、重要的工作而感到兴奋，这样他就能够四处走动锻炼自己的肌肉而不是安静地坐在那里了。现在，萨姆不再是每天惹麻烦的孩子，而是一个很自豪的椅子摆放员了。这较好地满足了他的自尊心！

思考

成人也会引发儿童的不良行为，对于这个观点你怎么看？这是不是一个令你难以接受的观点？你能不能想起在某个情境中，你曾看到过这样的事情发生？

令人欣慰的是，通过反思成人的期望和对整个班级的实践，可以找到大多数处理不当行为的办法。

❐ 缺乏技能

一旦你非常满意地接受了儿童的成熟水平并能为他们提供适合个体的环境和课程，你就可以继续思考纪律问题的其他原因。对于如何与人相处、如何处理他们的情绪以及如何进行有效的交流，孩子们还有很多的东西需要学习。如果你怀疑由于缺乏某一方面的技能而导致了问题，那么解决办法就是采取针对所需技能的纪律教育方法。我们大多数人一生都在努力发展这些技能，因此幼儿需要得到这方面的帮助更是在情理之中。

第三章和第七章都介绍了帮助孩子学习社会技能和有效交流技巧的方法。成人可以示范并帮助儿童通过适当的方式自我表达及与他人交流。也许最重要也最困难的一课是观点采择——理解他人的观点。这需要交流技能和社会技能的良好配合，因为人们首先需要能够清楚地表达他们的情感，才能进行观点交流。教师可以帮助孩子们找到合适的语言，让他们能够与同伴分享自己的观点和情感，并因此逐渐摆脱自我中心。在帮助孩子们学习与他人一起玩耍和交朋友的过程中，教师要教他们观点采择的技能。其他有用的方法包括使用“我的信息”和问题解决技巧来教孩子们有效地解决冲突。

在帮助孩子们学习与他人一起玩耍和交朋友的过程中，教师要教他们观点采择的技能。

情绪调节与促进互动和观点采择技能有关。当孩子们能够用语言表达他们的悲伤和沮丧时，他们就有了获取支持和宣泄怒气的途径。当开始明白同一情境可能还有另一面时，他们常常会从中得到安慰。譬如，如果孩子们能够明白让他们受委屈的孩子并不是故意的，那么他们就能有效地冷静下来。同样，知道别人也有他们的意愿，所以事情并不能总是如己所愿时，孩子就能以正确的心态应对失望。另外，大多数孩子需要具体的帮助才能学会安抚自己以及延迟满足。教孩子社会技能、观点采择、有效互动和情绪调节都是重要的纪律教育策略，对孩子今后和谐的社会交往有促进作用。

❐ 缺乏理解

或许，孩子虽然拥有必备技能，却没有选择使用它们。有时，孩子们的行为令人无法接受，是因为他们不理解为什么他们不可以这样做。或许，问题的原因不在于不知道应该怎样做，而是对某种行为的结果缺乏认识。教师需要帮助幼儿认识因果关系，他们需要知道他们的行为会有特定的结果或后果。

在第八章中，我们解释了自然后果法和相关后果法是怎样帮助孩子们理解某个行为可取或不可取的。出于保护他们的意愿，成人常常难以让儿童从经验中学习。诚然，你需要确保儿童远离危险，但是不能过于保护他们，让他们丧失了学习的机会。发现不根据天气变化穿衣就会感冒或不吃饭就会饿肚子，都是有价值的教育课程，它们都是自然后果的例子。相关后果是由成人施加的，但它将行为与行为后果相联系，从而表明了行为必须改变的原因。在通常情况下，成人希望孩子从讲解中学习，而忘了经验是最好的教师。自然后果法和相关后果法是帮助孩子们获得知识的有效指导方式，反过来，它也可以指导孩子们对行为进行自我管理。

❐ 错误学习

有时，孩子会学到一些错误的事情。关于行为矫正的章节描述了幼儿是如何因不可取的行为而经常获得关注的，以及这种关注又是如何继续鼓励这种行为的。这些孩子已经学会了用消极的方式满足自己的情感需求。在这种情况下，所需要的纪律教育方法就是重新教授，孩子需要忘却原先获取关注的方法而学习新的方法。明智地使用行为矫正技术可以指导教师忽视不可取的行为而鼓励可取的行为。

你之前也读到过，表扬作为另一种行为矫正的方式会导致负面效果。如果你有一名学生拒绝在新学校应对挑战，你应该关注一下表扬是如何导致对失败的恐惧的相关研究。当你和这些孩子一起工作时，要记住表扬和鼓励的区别。

另外一种错误学习是由不当的角色榜样导致的。第六章讨论了媒体暴力问题以及它是如何影响儿童和青少年的行为的。但是不要夸大抵制这种影响的必要性。有时不当的角色榜样是年长儿童、家庭成员或体育英雄。此外，有的教育者本身也经常使用权术，即示范“强权即公理”的不良方式。

无论对于哪种来源，我们都不可避免地需要这样一种矫正方法，即以与孩子们建立信任关系为基础的、积极的角色示范。教师必须是有道德的、关爱他人的、社会技能丰富的，这样他们就可以通过言行示范重要的技能和知识。最有效的示范可取行为的方法是：通过大声地自言自语并阐明行为背后的思维过程来直接示范。

❐ 未满足的情感需要

如果确信一个孩子足够了解也能够做得更好，但他仍然表现出了不当行为，那么你就需要从更深的层次来寻找原因。有时，尽管孩子们体验到的是情感缺失，但他们努力让自己感觉良好，由此引发了自己的不当行为。强烈的求生本能激发这些孩子尽力满足自己的需要，他们经常表现出极端的破坏行为，常常表现为错误地追求“全部”。其他情感缺失的儿童则放弃，缩进自己的壳中。后者可能比较容易处理，但他们终究需要得到你更多的关心和注意。

思考

需要帮助的人常常难以相处，也难以令人喜爱。你如何让自己带着同情而不是愤怒来回应需求未得到满足的儿童？

第十二章讨论了信任、尊重、爱和权利等需要没有得到满足是如何引发纪律问题的。如果没有满足的需要是问题的原因，那么真正有效的纪律教育方法就必须包括尽力帮助儿童满足这些需要。这可以与其他方法（例如相关后果法）相结合，从而使状况更容易控制，然而，重要的是要牢记问题的原因并继续努力帮助儿童满足他（她）的需要。

❐ 特殊需要

教师经常会发现，他们照料的某个孩子有着未满足的需要或其他凭一己之力无法找到原因的问题。第十三章和第十四章讨论了与来自不同背景的孩子们一起工作的方法，这些孩子曾体验过创伤性的经历，这使他们容易在社会性和情感方面出现困难。本书中的大量实践策略都适用于这些儿童。所有孩子都需要教师的培养、需要弹性的教室环境、需要有挑战性的课程以及朋友。你遇到的绝大多数孩子都能从本书所讨论的普适性的指导策略中获益，但一些孩子会需要社会技能方面的教育，而少数孩子可能需要专家或顾问一对一的帮助。

有时教师会发现，他们与孩子父母的偏好不一致，他们认为对孩子合适的东西与他们对尊敬的家长的承诺是相冲突的。这时，可以参考全美幼教协会制定的《道德行为准则》(*NAEYC Code of Ethics*)。

❑ 家园互动与复杂的原因

在那张不良行为的可能原因清单（图15-1）上，似乎每一个行为问题只有一种原因。但事实上，人类不会这样简单，不是吗？一个孩子表现出的不当行为往往是由一些不同的原因相互作用造成的。在第一章和第十一章中，我们解释了教师如何使用观察法来判断行为原因。我们也讨论了以家庭为中心进行实践的重要性，也针对如何与家庭建立关系来找到行为问题的可能原因提供了相关建议。在下面的例子中，我们重温一个事件，来看看教师和孩子的母亲是如何合作、分享孩子的信息，以了解孩子在学校过得不愉快的原因的。

苏菲在学前班度过了可怕、糟糕、毫无价值的一天。她在学校里尖叫、大哭、缠着妈妈不放。她妈妈解释说她不能陪苏菲，因为她必须把苏菲的妹妹送回家睡觉。但是，苏菲继续哭喊，执意要妈妈陪她。当妈妈最终离开后，苏菲一直跟在教师的身后，不和其他孩子一起玩。

晚上，丹尼斯在电话里和苏菲的妈妈进行了交谈，试图了解她女儿的问题的原因，以免以后几天变得更糟。他们考虑了成熟方面的因素：苏菲太小而不能理解其他人的需要，因此她不能理解妈妈解释的必须去做的事。他们也认识到，学前阶段的孩子在学习控制自己的情绪和适当地表达感情方面还有很长的路要走。幼儿不能区分暂时的沮丧和真正的悲伤之间的区别，因此，他们倾向于对所有令人心烦的事都做出极端反应。

苏菲的老师和父母之前也曾讨论过她的先天气质：在情感上很敏感，

对变化的适应也很慢。由于苏菲在情感上比一般人敏感，所以苏菲对自己的感受体验得很深，因而调节情绪对于她来说简直就是难上加难。当她不高兴时，她很难克服。苏菲另一个被确认的气质可能是很难适应变化，这意味着打乱她的计划会使她感到不安。因此在两周家庭假期之后，苏菲返校的第一天情况尤为严重。

在丹尼斯和苏菲的妈妈谈话的过程中，她妈妈提供了信息，苏菲旅行之后非常累，而且在她们外出的过程中她大部分时间都在生病。实际上，考虑到那天的问题，苏菲的妈妈现在担心苏菲的身体可能仍没有康复。

尽管妈妈先前一直为苏菲担心，但综合考虑了这些因素后，她现在认识到苏菲的沮丧行为可能是不可避免的。那个糟糕、可怕的一天，是苏菲的身心尚不成熟、苏菲自身的气质和苏菲未获得满足的生理需要三者共同作用的结果。

也许更好地分析一些行为问题的方法不是一张列表，而是一系列同心圆（见图15-2）。我们可以从行为本身开始，将其作为最小的圆置于中心，然后在它的周围画圆，以表示行为发生的背景。这种分析行为问题的方法可能有助于将多种相互交织的原因联系起来。

围绕着行为的第一个圆提醒我们注意行为发生的情境。

第二个更大的圆用来表示相关的成熟限制。在通常情况下，你可以预料到幼儿不善于进行观点采择、情绪调节或者任何类型的逻辑思考。

外面一个更大的圆表示孩子独一无二的个性特征，例如气质和文化的影响。

下一个圆关注的是相关的学习：可能包含哪些缺乏的技能？这个孩子是否需要帮助才能理解为什么这个行为是不适宜的？这个孩子是否因不良的角色榜样或错误行为的强化而习得了不适宜的行为？

最后，最外面的圆关注的是所有相关的、未满足的生理或情感需要。例如：这个孩子是不是累了、饿了或病了？孩子是不是感到不安、悲伤或害怕？

图15-2表示的是考察行为原因的另一种方法。这个同心圆模型可以帮助你更容易地发现各种原因之间是怎样相互作用的。

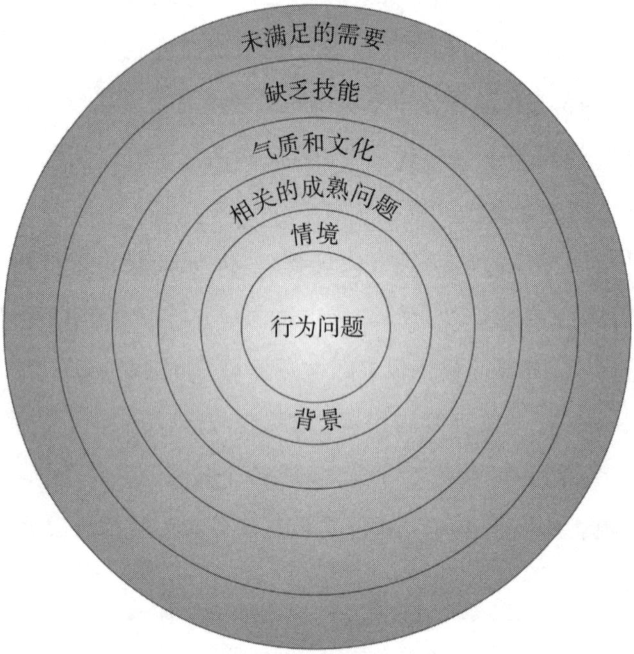

图15-2　多重原因分析模式图

计划周详并合理回应不良行为

当你打算采用本书所描述的各种指导和纪律教育方法时，请切记：只有当指向问题的原因时，每一种方法才是有用的。每一种纪律教育方法都针对不同的原因。利用获得的所有证据来发现原因是首要的一步，也是最困难的一步。解决办法会在分析原因的过程中逐渐变得清晰起来——如果你能牢记必须对症下药的话。人们总是会忘记解决办法必须针对原因；他们常常会在无意中重走老路，只针对行为而不是针对原因做出回应。

思考

你可以用什么策略来帮助自己牢记思考并回应某个孩子行为的原因而不是关注结果？

□ 一个例子

也许使用图15-2更有利于分析真实的问题行为。让我们来看看延森老师是怎样像侦探那样发现舍拉问题的原因的。

舍拉早上迟到了，而且在整个晨圈活动中一直非常安静。当全班孩子开始合作写作时，舍拉一个人坐在那里。延森老师感到很奇怪，因为舍拉平时都会参加写作小组的。

根据这个迹象，你认为舍拉的行为是她这个年龄段的典型行为，还是由不适宜期望所引起的行为？因为其他孩子都参与了，而且舍拉平时也会参与，可见这些可能性似乎都不是问题的原因。

延森老师鼓励舍拉找同伴一起工作，但是舍拉固执地认为其他孩子都不喜欢她。教师决定暂时让舍拉单独待一会儿。过了一会儿，她注意到舍拉坐到了桌子下面，看上去很难过。

延森老师反思她之前的观察，试图找出到底发生了什么事。舍拉平时喜欢和她的朋友们一起工作，而且似乎很受其他孩子的欢迎，因此教师认为问题的原因不是她缺乏互动或社会技能。延森老师继续寻找其他可能性，她想知道舍拉是否正在试探极限，看看有没有其他好的理由来开展写作。

延森老师提醒舍拉，全班都在为《周五愉快的一天》准备剧本。届时他们将会表演。延森老师表示她很关心舍拉是否会参与某个表演，但是舍拉依然无动于衷。

延森老师认为，或许她对舍拉的消极行为给予的关注太多了。延森老师怀疑她的敦促和关注是否事实上正在鼓励舍拉发脾气。她决定将注意力转移到其他正在写作的孩子身上。

过了一会儿，舍拉给了延森老师一幅画，上面画着一颗破碎的心，一个女孩正在哭泣。在画的旁边，她写上了自己的名字。她看上去非常难过，因此延森老师很担心。她觉得这看起来好像是舍拉的情感需要没有得到满足。她下决心一定要知道舍拉的生活中究竟发生了什么。她拥抱了一下舍拉，并问起她的画。舍拉只是说:“这就是我,非常难过。”

午饭时,延森老师打了几个电话才得知,昨天晚上舍拉的家里发生了家庭暴力。警察到过那里,而且舍拉也觉得很烦恼。

延森老师修正了她的想法,不再认为问题的原因是舍拉的情感需要没有得到满足,而意识到问题是由舍拉严重的情感需要导致的。她知道,目前最重要的是让舍拉在学校里能体验到爱和安全。

分析大多数问题你会发现,它们都远远没有达到严重的程度。你每天都会遇到由缺乏观点采择技能、缺少加入游戏的能力或交流技能而导致的数不清的琐碎小事。

这个例子考察了图中所有的可能性,但是分析大多数问题你会发现,它们都远远没有达到严重的程度。是的,似乎你的大部分纪律问题都有一个非常严重的原因,因为一个社交或情绪困难的孩子会占用你的很多时间。但事实上,你每天都会遇到由缺乏观点采择技能、缺少加入游戏的能力或交流技能而导致的数不清的琐碎小事。我们希望,你不会有很多由不适宜的期望引发的问题;但是,如果你遇到了,你知道该怎样应对它。

❐ 这是谁的问题

分析纪律问题的另一种方式是问问你自己:“这是谁的问题?”戈登提出了区分属于孩子的问题与属于你(成人)的问题的有效性。你可能会吃惊地发现,你经常让孩子去解决实际上属于你的问题,同时你也经常试图去解决本该由孩子解决的问题。当你知道了这是谁的问题,你就在着手去解决它了(参见表15-1)。要了解问题属于谁,就要考察谁受到了行为的干扰。

你的问题 如果孩子对环境感到非常满意而你却很不满意,那么这只是你的问题。如果你因孩子的脏乱、过度活跃或缺乏逻辑性而烦躁,那么问题一定属于

表15-1　这是谁的问题

成人的问题	孩子的问题
纪律教育方法： 表达“我的信息” 改变期待 改变环境 改变课程 让自己离开	纪律教育方法： 印证式倾听 相关后果法 技能训练 帮助其满足需要 不要强化消极行为
共同的问题： 协商问题解决 冲突解决步骤	

你。这些特征都是幼儿的一部分，他们再大一些才能改变这些特征。对于这类问题只有一个合理的解决方式：改变你自己。也许你要提高对儿童的认识直到能接受他们。对于一些教师而言，解决办法是寻找以较年长的儿童为对象的工作。

属于教师的其他常见的纪律问题包括孩子将积木拿出积木区、在“圆圈时间”离开集体或插嘴。具有这些行为表现的孩子一定不会因这种行为而苦恼，其他孩子也几乎不会因为这些情境而不开心。如果问题是教师的，那么教师就是唯一主动寻找解决办法的人。

针对你的问题的解决办法　如果是你的问题，你有几个选择。你可以改变自己的期待，这样你就不会再认为该行为令你无法接受。例如：你可以允许孩子把积木拿到别的区域使用，条件是最后他们再将积木放回积木区；你也可以决定让孩子们选择是否参加“圆圈时间”的活动，条件是他们不打扰参加活动的孩子；你甚至可以允许有非正式的发言，而不需要举手。

你的选择还可以包括改变情境以预防问题再次发生。你可以将积木区设置在扮演游戏区旁边，因为儿童在玩具屋表演时经常需要使用积木。你也可以缩短“圆圈时间”，使它变得更生动活泼，这样孩子们就不会走神。你也可以鼓励进行更多的小组活动而不是大组活动，这样就可以减少讨论时的正式轮流发言。正如前面章节所述，所有这些解决方法都意味着要为幼儿创设更适宜发展的学习环境。

如果无法忽视或通过改变环境来管理这些行为，你还有其他选择。如果孩子有能力改变行为，你会发现“我的信息”会有用。如实地告诉孩子“你趴在我背上，我没法读书了”，可以向孩子传达关于这个情境的信息以及你的愿望。这既不代表这个孩子“不好”，也不会因过分关注而强化这个行为。如果你已经与周围的孩子建立了相互关爱的关系并且你很尊重他们的情感，那么他们也会尊重你通过“我的信息”表达的感受。告诉别人“我不喜欢被人打”可能是你处理另一个问题的方法。这种方法也向孩子们表明，他们能处理一些他们自己的人际关系问题。

这种方法要是不管用，你仍然还有其他选择。如果尝试了其他方法都没有成功，那么你可以确定对关注的需要才是行为问题的原因所在。莉莲·凯茨指出，如果你对同一个孩子使用同样的纪律教育方法超过两三次而且都没有奏效，那么你可以认为它对这个孩子是无效的。也许你可以调查是否存在这种可能性，即问题的原因是这个孩子错误地学习了获得关注的方法。在这种情况下，选择从捣乱的孩子那里走开不仅可以满足你的需要，而且是对症下药。当你不再注意孩子的不当行为时，你就可以帮助孩子消除被误导的行为。

但是，如果有些行为太具有破坏性、太危险，你就不能袖手旁观。这种情况发生的时候往往就是相关后果出现的最佳时间，它可以帮助孩子们理解为什么该行为会引发问题。这些策略试图将孩子们纳入解决问题的过程之中，使问题也属于孩子们。但是要切记对强加后果的告诫：它们极易转变为惩罚。

儿童的问题 许多时候，问题的确首先属于儿童，但成人将它们揽了过来。吃完午餐的孩子随后不会挨饿，就是这方面的一个好例子。要记住，如果行为并没有给孩子造成麻烦，孩子就不会有改变这种行为的需要。因此，关键是当问题属于孩子的时候，我们要认识到这一点。自然后果法和相关后果法可以将成人解放出来，让孩子自己来体验问题。这些方法很快就教会了孩子哪些行为需要改变。通过自然后果法和相关后果法，孩子们体验到了问题，理解了原因，也会主动解决问题。

如果一个孩子的问题是社会性方面或情感方面的，第七章所述的印证式倾听会有用。仔细倾听并回应孩子的话时，你并没有揽下问题，也没有提供解决方法；相反，你是在帮助孩子找到自己的解决方法，并扮演着支持性后盾的角色。这种方法既帮助孩子学习为自己的问题负责，也向他们展示了有效的交流技巧。印证式倾听尊重孩子解决自己问题的能力，它不仅增强了他们的自尊心，而且能为孩子们提供练习自主做决定的机会。

> **思考**
>
> 如果你曾经这样回应过某个伤心的人，你观察到的反应是什么？如果有人带着对你情感的反馈来回应你的不幸，你感觉如何？

共同的问题　有时出现的某种情况会使很多人都不开心，即使只有两个人不高兴，它也是一个共同的问题。也许一组孩子无法开始他们的数学游戏，因为他们在谁排第一上存在分歧。这时就需要共同解决问题的技能：重要的是要找到一个所有相关的人都能接受的解决办法。第七章介绍了怎样使用头脑风暴来寻找一种所有参与者都满意的方法。这个过程可以是和一大群人进行正规的、耗时的协商，也可以在两个孩子之间或一个成人与一个孩子之间进行快速的协商。通过这个过程可以解决许多纪律问题，把这种方法教给孩子们，他们可以受用一生。

❐ 纪律教育需要时间

一些教师和家长都希望能找到速效解决办法。他们不想将很多时间花在解决问题上。他们采用的是成人的解决方法而不是印证式倾听，他们甚至通过恐吓或奖励来强迫孩子采取良好的行为。这些成人把建构主义纪律教育定义的学习过程简化了。这种速效的态度不能帮助孩子们获得自主和自律，而是使他们变得更依赖他人、叛逆和言行不一。

儿童学习需要时间　教孩子学习可取行为的过程是一个帮助他们学习一系列复杂概念和技能的过程。成人需要明白，孩子的探索行为和互动行为是一种自然本能，正如他们探索和操作一个新玩具或其他有趣的事物一样。孩子需要尝试某种行为，以发现自己是如何影响自己和他人的关系的——这意味着成人不要干扰他们。只要提供一个可预期的环境，再加上足够的练习、指导和时间，幼儿就能通过探索发现行为的逻辑模式或后果。孩子需要反复体验行为与行为结果之间的联系。思考这些经验时，他们就获得了关于有效行为的认识，这最终会使他们像道德自主的人们一样自己指导自己的行为。如此重要的过程并不会快速发生。随着时间的推移，孩子在内化经验与信息的同时，也在逐渐加深理解。但是结果非常

明智的教师会给他们一些冷静的时间，然后再试图教他们一些更易于接受的社交技能。当然，在提供最好的指导之前，教师有时也需要先冷静下来。

重要，它值得等待。

冷静需要时间 放弃匆匆忙忙是很困难的。有时在一个纪律教育情境中，教师会急于实施有效的指导技巧。也许两个孩子正在打架。你知道，他们需要用自己的语言来表达自己的感受，然后通过问题解决策略协商出一个解决办法。但你很可能一把两个相互敌视的人分开就立刻开始进行重要的指导，他们面红耳赤、呼吸急促，仍然摆动着手臂。他们现在会听你讲的道理吗？明智的教师会给他们一些冷静的时间，然后再试图教他们一些更易于接受的社交技能。当然，在提供最好的指导之前，教师有时也需要先冷静下来。

成人做计划需要时间 成人经常不给自己思考行为问题或计划有效纪律教育的时间。强调及时反馈的行为矫正法已经使人们形成了一种普遍观点，即纪律教育必须是及时的。因此，成人看到孩子正在做一些不能接受的事时，就忍不住要立刻做出回应。要对任何问题做出深思熟虑且合理地回应都需要时间。没有思考的时间，任何人都不会有最完善的思考。许多教师和家长都承认曾采用那些连他们自己都不喜欢的纪律教育方法，仅仅是由于当时他们没有想出更好的办法。但是他们几乎没有想到，他们需要充足的时间来有效地计划纪律教育。

如果你发现一个孩子有语言发展方面的问题，那么在你认真设计适当的干预策略时，要对情境进行研究并咨询其他人。但是，当要学习的主题必定与适宜行为相关时，成人往往不假思索地采取措施。下一次如果遇到一个你无法立刻给出答案的纪律问题，就尝试告诉孩子，你需要一些时间来思考。这种回应说明了情境的严重性，也为孩子们树立了深思熟虑之后再解决问题的榜样。

对于正在发生和可预期的纪律问题，提前做好计划并准备好实施指导计划是可行的。本章介绍的关于发现问题原因的指导原则为你提供了有用的反思内容。

反思问题的背景并评估你以前的回应，将可以帮助你改善下一次的回应。

思考

为了不断进步，什么是你要抛却的无效纪律教育方法？

我们中的大多数人已经从自己童年生活中的角色榜样那里学会了一些极不适宜的纪律教育方法。当我们没有经过深思熟虑就迅速采取行动时，我们的行为常常会受到传统模式的影响。我们的教师常常采用的就是与这一规律相应的自动回应。如果打算实施更好的有效纪律教育理念，我们必须努力坚持用理性的回应来抵制自动的回应。因此，要谨慎，也要花时间。

与家庭互动需要时间 我们中几乎没有人在童年时代体验过尊重我们的纪律教育，因此我们可能不知道尊重孩子意味着什么。美国主流社会标榜他们是以儿童为中心的，但没有显露出任何尊重儿童的迹象。我们中的大多数人都体验过惩罚和行为矫正法——一种损害个性发展和智力发展的强制性策略。当我们生活中的成人想改善我们的行为时，他们也会批评我们。许多家长相信批评使人进步。但事实上，批评不但挫败了我们，而且对改善我们的行为毫无用处。当孩子努力换来的是关于他们的缺点的反馈时，他们就会泄气，进而半途而废、不再进一步尝试。相反，鼓励（第九章曾描述其为表扬的替代品）可以让孩子更加努力。家长需要了解这些内容，教师也可以与之交流。

有些家长需要帮助才能认识到尊重就是将孩子看作孩子，而不是将孩子视为一个不完善的成人。尊重孩子意味着我们提供给孩子的环境应该是能使他们按照自己的年龄茁壮成长的环境；它也意味着我们要尽可能多地给孩子选择。当我们尊重孩子时，我们不会强迫或操控他们，使他们屈从我们的意愿。但是，这种态度并不是说要对他们放任自流和不施加纪律教育。尊重孩子意味着我们要帮助他们学习有效的行为并理解原因。当我们尊重孩子时，我们也就在帮助他们尊重自己。自尊与自律技能相结合的后果就是成为道德自主的人——这是我们的社会极度需要的人。

❑ 安全是首要的

旨在教给孩子们所缺乏的技能和认识的纪律教育方法，不同于你为保证孩子们的安全而做的工作。

在紧急情况下，你必须首先制止不安全的行为或者帮助受伤的孩子。当孩子们处于危险之中、受伤或难过时，这并不是一个“可教育的时刻”。但是，这并不意味着你应该忽视必要的指导。当危机结束且孩子们感到舒适和平静之后，你就可以着手帮助他们获得技能和认识了，这能预防问题再次发生。

❒ 评估指导方案

许多现成的指导方案都提供了一系列的纪律教育方法。我们希望，你会用从本书中学到的东西来评估那些方法。我们也希望你不要接受忽视行为原因、采用奖励或其他一些不尊重儿童的做法。

现在很多关于指导和纪律教育的课程材料都与预防暴力有关，这是由一些不幸的校园暴力事件造成的。许多预防暴力的指导都关注“管理行为”，可能它关注的是症状而不是不良行为问题的原因。对于那些因关注的需要没有得到满足而虐待他人的孩子来说，即使对其进行持续的规则强化也是无用的。即使最详细的社会技能课也不能帮助因自尊水平低下而攻击他人的孩子。只有当孩子的需要得到满足、自尊得到保障后，他们才会发生真正的改变。虽然只关注症状会引起表面的变化，但是它可能也会掩盖真正的问题，使这些问题日益恶化。这些问题最终还会出现，并通过更严重的消极行为表现出来。

幼儿教师与看护人员拥有对幼儿施加影响的最佳时机。因为在学前阶段（直到8岁），孩子对待自己和世界的态度一直具有可塑性。当学生进入青少年时期，再想改变他们的观点和行为就为时已晚。

小　结

拥有这种知识并努力实践这种先进的纪律教育方法的教师应该受到全社会的高度尊重，很少有旁观者知道需要付出多少精力和思考才能将之顺利地应用于幼儿课程之中。虽然教师们最初已做了不计其数的关于环境和课程的重要前期决策，然而当他们每天实施自己的计划并确保让儿童建构性地参与时，他们还必须做出更多的决策。我们希望本书能帮助你在对幼儿实施最好的纪律教育方面获得专业成长。我们也希望它能帮助你想象并建构起以民主和人性尊严为准则的教育性关系。

摘　要

- 最后一章通过提供详细的行为分析工具，帮助你将行为问题的原因与相关的指导方法相匹配。该分析基于先前本书中提到的所有关于发现儿童不良行为根源的信息。在考虑儿童的生理、情感、社会性和智力发展以及大脑发育的一般模式时，必须同时结合个别儿童的发育和生活经历的相关信息。
- 计划周到并合理回应不良行为，需要你关注个体而不是试图用“一刀切”的方法来进行纪律教育。气质、技能和背景的多样性意味着对同一种不良行为，不同的幼儿会有不同的原因。只有在确定了原因之后，你才能在我们所描述的、有助于长期情绪健康的方法中，选择出适当的指导方法。这个过程需要时间，但如果使用不相关或适得其反的纪律教育方法，最终可能会浪费你所打算节省的时间。

讨论或反思

1．思考你的指导和纪律教育的目标。你清楚你希望实现什么吗？

挑战一下

2．用图15-1分析一个真实的、正在发生的纪律问题并解释你的指导方法。这种分析是不是能帮助你认识到你自己无意中扮演的角色可能就是导致纪律问题的一种原因？你是否发现了一个自己先前没有想到的原因？你是否发现需要得到外界的帮助？这种分析方法能帮助你将纪律问题的原因与指导方法相匹配吗？

3．用图15-2分析另一个行为挑战。这种方式是不是能帮助你思考行为的多种诱因？

4．用表15-1分析另一个纪律教育情境。你是不是没能如愿以偿地让孩子们为你的问题承担责任？你是否无意中承担了他们的问题？这种分析是否能更有效地帮助你将你的回应与情境相匹配？

实地研究

5．练习花时间来对不良行为做出回应。给自己一些冷静和计划的时间。孩子们的反应怎么样？他们看上去像在向你学习吗？你的介入变得更有效了吗？

推荐读物

Anderson, C. A. (2007). *Violent video game effects on children and adolescents: Theory, research, and public policy*. Oxford, UK: Oxford University Press.

Elias, M. J., & Arnold, H. (2006). *The educator's guide to emotional intelligence and academic achievement: Social-emotional leaning*. Thousand Oaks, CA: Corwin Press.

Lines, D. (2008). *The bullies: Understanding bullies and bullying*. London: Jessica Kingsley.

Minahan, J., & Rappaport, N. (2013). *The Behavior code: A practical guide to understanding and teaching the most challenging student*s. Cambridge, MA: Harvard Education Press.

National Association for the Education of Young Children. (2011). *Code of ethical conduct and statement of commitment*.

Roberts, W. B. (2008). *Working with parents of bullies and victims*. Thousand Oaks, CA: Corwin Press.

Smith, C. (2013). Beyond "I'm sorry": The educator's role in preschoolers' emergence of conscience. *Young Children,* 68(1), 76-82.

术语表

杏仁核（Amygdala）：每个大脑半球内大致呈杏仁状的灰质块，与情感体验相关。

逸事（Anecdotal）：个人经历或观察记录。

反偏见教育（Anti-bias education）：尊重差异、反对偏见的教育原则和方法。

依恋（Attachment）：婴幼儿和主要照料者之间的强烈情感联系，对幼儿的正常行为和社会发展至关重要。

注意缺陷 / 多动障碍（Attention-deficit/hyperactivity disorder）：一种慢性疾病，包括注意困难、多动和冲动。

真正的（Authentic）：真实的、真切的、可靠的。

专制型（Authoritarian）：不尊重或不关心孩子，只注重服从的教养方式。

权威型（Authoritative）：集关怀、尊重互动与明确期望于一身的教养方式。

自治（Autonomy）：自我管理。

逃避失败（Avoidance of failure）：是不良行为的潜在动机；出于对失败的恐惧，孩子放弃学业或社交活动方面的尝试，或主动采取不当行为以避免在指定任务中失败。

行为主义（Behaviorism）：利用奖励和惩罚来获得理想行为的教学（学习）理论。

痛斥（Berate）：批评、告诫或责骂。

二元文化（Bicultural）：结合两个群体的文化态度和风俗，并能够在每个群体中有效运作。

双语（Bilingual）：流利地说两种语言。

大脑化学反应（Brain chemistry）：神经系统的化学成分和反应过程，以及化学物质对神经系统的影响。

胁迫（Coercion）：通过威胁或贿赂把你的想法或目标强加于人。

强制（Coercive）：是指使用威胁、惩罚或恐吓，让人们做一些他们本来不会选择做的事。

认知（Cognition）：认识或感知的过程。

认知的（Cognitive）：与智力相关，并与认识过程相关。

认知灵活性（Cognitive flexibility）：一个人的适应能力和调整以应对不断变化情况的能力。

复杂性发育创伤（Complex developmental trauma）：个体所经历的多次、慢性和长期的非常痛苦的身体或情感事件。

复杂的游戏（Complex play）：多个孩子在很长一段时间内，以一个持续的主题，将若干元素聚集在一起的游戏。

具体的（Concrete）（同义词为 Synonym）：有形的。真正的意义是它可以被触摸和操纵，比如一只小狗，而不是一张小狗的照片或“小狗”一词。

冲突解决（Conflict resolution）：通过协商双方都能接受的解决方案来共同解决问题。

后果（Consequences）：结果，由于某个行为而产生的影响。

建构主义（Constructivism）：一种教学（学习）理论，帮助儿童从他们的经历中学习，并思考这些经历。

相关（Correlated）：关联或链接。

踱步（Cruise）：婴儿在独立行走前会抓着家具走。

文化背景（Cultural context）：相互关联的特征，为理解个人和（或）群体的认识和存在方式提供了一个参考框架。

树突（Dendrites）：神经细胞的分支延伸，对将脉冲传递给神经元细胞体或细胞起至关重要的作用。

描述性表扬（Descriptive praise）：鼓励的一种形式。

发展任务（Developmental task）：在特定发育阶段需要达到的生理、社会性、智力或情感能力。

发展适宜性（Developmentally appropriate）：对每个孩子的期望与孩子的能力和理解能力相匹配。

纪律教育（Discipline）：帮助儿童学习对自己的行为负责和自我判断是非的能力。教导，而不是惩罚。

脱离（Disengagement）：分离、断开、拆解。

倾向（Disposition）：人生观、气质。

破坏性的（Disruptive）：令人心烦意乱的、捣乱的。

双语学习者（Dual-language learners）：学习英语的同时仍然在学习母语的幼儿。

自我中心（Egocentric）：只考虑自己，不考虑他人的感受或意愿。如果这持续到成年期，就是一种消极的行为，但这对幼儿来说是正常的。

情绪训练（Emotion coaching）：教孩子们了解自己的感受以及如何以健康的方式处理这些感受。

情绪管理（情绪调节）（Emotion regulation）：了解自己的感受、监控和调整情绪以应对各种情况以及适当表达情绪。

情绪智能（Emotional competence）：意识到自己和他人的感受，并能准确地解释。

同情（Empathy）：理解或感受他人经历的一种能力。

经验（Empirical）：第一手认知，通常通过感官获得。

模仿（Emulate）：匹配、仿效、镜像或跟随。

鼓励（Encouragement）：提问并描述其行为，以此作为尊重某人努力的一种方式。

英语初学者（English-language learners）：在熟练掌握其他语言后再学习英语的人。

升级（Escalation）：增加强度或幅度；变得更坏或更严重。

执行功能（Executive function）：管理情绪、做出决策、记住指令、坚持完成任务以及与他人交往的能力。

外部动机（Extrinsic motivation）：为诱发某种行为而设计的奖励。

精细动作技能（Fine motor skills）：协调小肌肉运动，常包括手和手指的协同以及手眼协调。也称为“灵巧”。

粗大动作技能（Gross motor skills）：控制身体的大肌肉进行走、跑、坐、爬以及其他活动所需要的能力。

集体应急计划（Group contingency plan）：一个人违反规则，所有人都受到惩罚或取消奖励。

指导（Guidance）：参见“纪律教育”。

异质（Heterogeneous）：大不相同。“同质”的反义词，同质指的是一致性。我们日益多元化的社会就是异质的。

他律（Heteronomy）：被治理或被外部管控。

敌意（Hostility）：不良的念头和不好的感觉。

羞辱（Humiliation）：因丧失自尊心、尴尬、羞愧、耻辱而产生的痛苦。

高度关注（Hyperfocus）：用于描述深度和强烈程度的术语，通常出现在有注意缺陷障碍（ADD）的儿童身上。我们现在知道那些被标记为ADD的人并不缺乏注意力，而是难以注意到他们不感兴趣的事物。当成人想要吸引他们时，他们也很难将注意力从感兴趣的事物上移开。

不安全—矛盾/抗拒型依恋（Insecure-ambivalent/resistant attachment）：在主要照料者以不一致、不可预测和（或）干涉的方式回应婴幼儿的过程中所产生的关系，例如期望孩子为照料者自身的需要而焦虑或放大孩子的痛苦让其不知所措。幼儿学会了表现出极端的消极情绪来吸引反应不一致的照料者的注意。这种依恋类型与社会适应不良及情绪失调有关。

我的信息（I messages）：表达你自己的观点，而不是专注于指责他人。

被监禁（Incarcerated）：被监禁或被限制。

入狱（监禁）（Incarceration）：被囚禁限制的状态。

主动性（Initiative）：开始或完成计划或任务的能力；进取心和决心。

不安全—回避型依恋（Insecure-avoidant attachment）：当依恋对象以不敏感或拒绝的方式（例如忽视、嘲笑或生气）持续回应婴幼儿的痛苦时，就会发展出这种关系。幼儿在感到痛苦时会避开照料者，并尽量减少在照料者面前表现出消极情绪。这种依恋类型与社交和情绪失调有关。

不安全—紊乱型依恋（Insecure-disorganized attachment）：当主要照料者与婴幼儿间经常发生异常行为时会发展出这样的关系。依恋对象的行为可能是令人恐惧的、令人害怕的、疏离的、情色化的或其他非理想型的，但都没能安抚悲伤或解决情感、身体或性创伤及其他创伤。无序的依恋儿童面临无法解决的困境：他们安全的避风港也是他们恐惧和痛苦的根源。

内部动机（Intrinsic motivation）：为了自己的目的而做一些事情，因为你在乎它。

明智的（Judicious）：谨慎的、深思熟虑的和公正的。

逻辑后果（Logical consequences）：鲁道夫·德瑞克斯所提出的术语，指直接与不良行为联系在一起的成人反应。例如，如果一个孩子在骑自行车时不戴头盔，那么合乎逻辑的后果就是不允许这个孩子骑自行车。

低结构零件（Loose parts）：许多不同的部分，孩子们可以用它们来修饰他们的假装游戏。

成熟主义（Maturationist）：对孩子的学习采取不干涉的态度，依赖时间和成熟来学习。

学习不当（Mislearning）：学习错误的东西。

营养失衡（Misnourished）：摄入过多的重要营养物质，同时摄入过多的热量和高脂肪食物。

道德自主（Moral autonomy）：在考虑所有相关因素的情况下，受自己的信仰和理解的支配，与奖励或惩罚无关。

相互尊重（Mutual respect）：意味着你尊重孩子和孩子尊重你同样重要。

髓鞘化（Myelinization）：在神经纤维周围形成厚厚的覆盖物。

自然后果（Natural consequences）：在没有干预的情况下的行为结果。

必要动机（Necessary motivation）：做某些事情是因为其结果对你很重要，而不是因为你喜欢这个过程。

消极强化（负强化）（Negative reinforcement）：为了让某些行为显现，而消除某些不愉快的事物。

神经科学（Neuroscience）：对大脑的研究。

神经学家（Neuroscientists）：研究大脑及大脑对行为和认知功能的影响的人。

不服从（Noncompliance）：不按照规则和权威的要求行事。

催产素（Oxytocin）：日常分泌的与社会联系和养育有关的荷尔蒙。

被动倾听（Passive listening）：通过点头或简短评论对他人的话语保持安静的注意，从而鼓励他人继续说话。

放任型（Permissive）：一种养育孩子的方式，但它没有提供明确的期望或结构。

观点采择（换位思考）（Perspective-taking）：能从他人的角度看问题；它对社交能力至关重要，但需要智力上的重大发展。

PIES：代表发展的四个方面（生理、智力、情感、社会性）的缩写。

积极强化（正强化）（Positive reinforcement）：奖励好的行为。

前运算思维（Preoperational thought）：皮亚杰用这个词来命名孩子们的思维萌芽，并解释说孩子们一次只能思考一件事，他们没有能力进行真正的逻辑思维。

原始情绪（初级情绪）（Primary emotion）：我们对某一情感事件的第一反应。

亲社会（Prosocial）：儿童的亲社会行为包括自愿的友善和对他人的关心，而不只是做成人告知的必须做的事。

惩罚（Punishment）：作为对某个错误的回应，施加或强加处罚。

印证式倾听（Reflective listening）：在交流过程中，倾听者密切关注讲述者所说的内容，然后倾听者用他（她）自己的语言反馈所听到的内容，这个过程有助于原讲述者阐明并扩展他（她）的想法。

退化（Regression）：恢复或复发到一个日益恶化的状态。

相关后果（Related consequences）：与行为直接相关的、对不良行为的反应。这也是“逻辑后果”的另一个术语表述。

恢复能力（Resilience）：从困难中迅速恢复的能力。

报复（Retaliate）：攻击或袭击，以回报类似的攻击；还击。

交流障碍（Roadblocks to communication）：往往在讲述者和倾听者之间制造障碍，也不会传达尊重，使得与别人的交谈适得其反。

机械（Rote）：重复；死记硬背。

处罚（Sanctions）：皮亚杰对自然后果和强加后果的定义。

鹰架（支架）（Scaffold）：成人通过特定的循序渐进的步骤来支持幼儿学习的教学技术，这些步骤是专门为个别孩子量身定制的。

搭建支架（Scaffolding）：帮助孩子以比他们自己更成熟的方式思考和行动；只有当目标比孩子现在的表现略微成熟一点，并处于孩子的最近发展区时才会有效。

次级情绪（Secondary emotion）：我们不能识别或不接受初级情绪时的情绪反应。

安全型依恋（Secure attachment）：指孩子与重要的照料者之间的关系，在这种关系中，孩子相信依恋对象能够满足自己的需求。依恋对象作为一个安全基地来支持幼儿探索环境，孩子在苦恼的时候会寻找依恋对象。

自我概念（Self-concept）：你对你是谁的看法，也可以称为“自我认同”。

自律（Self-discipline）：控制自己的行为，与自我调节有关。

自尊（Self-esteem）：你如何看待你自己、你的优势、你的弱点和你的价值。

自我调节（Self-regulation）：情绪控制的平衡，从而进行更高级的思维过程。

感觉统合（Sensory integration）：神经系统如何接收来自环境的信息，并将其转化为适当的运动和行为反应。

社交能力（Social competence）：一套能让人在不妨碍他人目标的情况下实现自己的社会目标的技能。社交能力的含义包括合作游戏、轮流和分享、发起友好交往以及积极回应他人的友好交往的能力。

社会认知（Social knowledge）：皮亚杰提出的术语，指在不同文化中有着很大差异的特定的某个知识。比如“红色”这个词，或者是礼貌的问候朋友的方式。这种类型的知识仅通过直接指令和记忆是无法习得的。

具体的表扬（Specific praise）：鼓励的一种形式。

刻板印象（Stereotypical）：固定的、传统的观念，尤指一个群体的想法，它可能被普遍接受但往往无法准确衡量，特别是适用于个人的时候。

压力源（Stressors）：活动、事件或其他引起焦虑的刺激。

优势为本的视角（Strengths-based perspective）：建立在孩子的优势上，而不是盯着不足之处。

符号表征（Symbolic representation）：一种教学材料，以反映或替代现实世界中的物品。可以是一只小狗的照片或一只玩具小狗。

突触（传导）（Synaptic）：指信息通过一个突触在大脑中从一个神经元传递到另一个神经元。

气质（Temperament）：在情感、运动、反应性和自我调节方面先天的个体差异，在不同的情况和不同的时间表现出一致性。

睾丸素（Testosterone）：自然产生的男性荷尔蒙。

宽容（Tolerance）：客观对待和接受与你不同的观点、信仰和做法的态度。

精神创伤（Traumatized）：因情感上的烦扰或身体上的伤害而产生的持久的冲击。

最后通牒（Ultimatum）：最终要求。

视觉提示（Visual cues）：在学习环境中使用图片、符号、照片和书面语言作为教学支持。

最近发展区（Zone of proximal development）：由苏联心理学家维果茨基提出，是指一个学习者在没有帮助的情况下可以做什么以及他（她）在帮助下能做到些什么，这两者之间的距离称为最近发展区。

附 录

本书内容与NAEYC幼儿教师专业准备标准中可能相关的部分

标准	标准的关键要素	章节和主题
1：促进孩子的发展和学习	标准1a：知道并理解0—8岁儿童的特征和需要。 标准1b：知道并理解发展和学习所受的多重影响。 标准1c：使用相关的发展知识，创造一个健康、充满尊重并具有支持性和挑战性的学习环境。	2：生理发展 1a 2：情绪发展 1a 2：情绪管理，帮助儿童发展情绪智能 1a 2：人的需求和错误行为动机 1b 3：智力发展与行为 1a 3：社会技能与指导 1a 3：顺应个体差异 1a 4：整个章节的关注点是1c：创设能预防纪律问题的环境 6：如何通过示范来教育 1a 6：示范可取的互动和示范可取的行为 1c 7：为什么孩子们不听 1c 9：为什么不用行为矫正法 1c 10：惩罚的结果1b 11：生理的不成熟和智力发展的不成熟1a 11：情绪管控能力不足、社交技能不足、沟通能力不足 1a 11：自私或自我中心1b 11：通过观察并记录行为来确定其原因 1c 12：提出所有关键元素，整个章节均同未满足的需求相关 12：不同的需要：生理上的需要、安全感的需要、爱和接纳的需要 1a 12：成功和挑战的需要 1b

续表

标准	标准的关键要素	章节和主题
		12：独处的需要、所有权的需要、权力的需要、关注的需要 1c 13：指导有特殊需要的儿童 1a 13：指导“开小差”的儿童 1b 13：指导不服从的儿童 1b 13：指导为满足自身需要而采用攻击行为的儿童 1b 14：暴露在暴力阴影下的儿童 1b 14：经历遗弃和分离的儿童 1b 14：生活在贫困中的儿童 1b 14：患有慢性疾病的儿童 1b 15：将纪律教育方法同问题原因相匹配 1c
2：建立家庭和社区的关系	标准2a：知道并理解不同家庭和社区的特征。 标准2b：通过尊重和互惠的关系来支持并吸引家庭和社区的参与。 标准2c：让家庭和社区参与孩子的发展和学习。	3：顺应个体差异 2a 5：和家庭一起合作 2c 13：对跨文化行为的支持 2a 14：生活在贫困中的儿童以及该章提及的其他情况 2a 14：增强弱势儿童的恢复能力和自尊 2b
3：通过观察、记录和评估为幼儿及其家庭提供支持	标准3a：理解目标、效益以及评价的使用方法。 标准3b：知道并使用观察、记录和其他适当的评估工具和方法。 标准3c：理解并进行可靠的评价，以此促进每个儿童获得积极的结果。 标准3d：知道要与家庭以及专业同行一起合作进行评价，以建立一个有效的学习环境。	1：处理原因而不是处理症状 11：通过观察并记录行为来确定其原因 3a 13：有目的的指导 3b 15：发现问题的原因 3b

续表

标准	标准的关键要素	章节和主题
4：采用更有效的方法来联系幼儿和家庭	标准4a：知道积极的关系和支持性互动是与幼儿一起工作的基础。 标准4b：知道并理解早期教育的有效策略和工具，包括恰当地使用媒体技术。 标准4c：使用协会列出的具有发展适宜性的教学（学习）方法。 标准4d：反思自己的实践，使每个儿童获得积极的结果。	1：互相尊重 4a 1：道德自主教学 4c 2：家庭和依恋、教师和依恋 4a 3：社会技能与指导 4c 4：情感环境 4a 4：物理环境 4b 4：用于指导、实验和反思的空间 4b 5：组织策略 4b 6：有效的角色榜样 4b 6：媒体示范以及与家庭一起抵制媒体影响 4c 7：说话时要尊重儿童 4a 7：成为一名好听众 4a 7：帮助儿童解决冲突 4b 8：当后果变成了惩罚 4a 8：我们如何理解后果 4b 8：使用多种后果 4b 8：选择合理的后果 4d 9：用鼓励代替表扬 4a 9：行为矫正的常见形式 4d 11：通过观察并记录行为来确定其原因 3c 15：找到问题的原因 4a 15：这是谁的问题 4d 15：纪律教育需要时间 4d 15：评估指导方案 本书给出各种关于反思的问题来鼓励读者反思 4d

续表

标准	标准的关键要素	章节和主题
5：使用内容知识来建构有意义的课程	标准5a：在学科背景下理解内容知识和资源。 标准5b：理解并运用内容领域或学术科目中的核心概念、研究工具和知识结构。 标准5c：使用你自己的知识、适宜的学习标准和其他资源，为每个孩子设计、实施并评价具有发展意义和挑战性的课程。	5：使学习有意义 5c
6：成为一名专业人士	标准6a：认同并投身于学前教育领域。 标准6b：知道并秉持道德标准以及其他幼儿专业指导方针。 标准6c：参与持续的合作学习，以提升实践。 标准 6d：整合关于学前教育的知识、反思和批判性观点。 标准6e：参与对儿童和本专业的宣传。	1：纪律教育的目标 6b 9：为什么不用行为矫正法 6b 10：惩罚的结果 6b 10：为什么会使用惩罚 6e 14：发现个人天赋 6b 14：暴露在暴力阴影下的儿童 6e 15：评估指导方案 6b

表中的标准和关键要素引自全美幼教协会（NAEYC），参见“NAEYC 幼儿教师专业准备项目标准：立场声明”（“NAEYC Standards for Early Childhood Professional Preparation Programs” Position Statement）（Washington, DC: NAEYC）。经全美幼教协会批准转载，版权归全美幼教协会所有（Copyright © 2009 by NAEYC）。NAEYC 立场声明的全文可登录NAEYC 的官网查阅。这些相关内容是作者的建议。

参考文献

第一章

Baumrind, D. (1967). Child care practices anteceding three patterns of preschool behavior. *Genetic Psychology Monographs, 78*, 43–88.

Baumrind, D. (1989). Rearing competent children. In W. Damon (Ed.), *Child development today and tomorrow*. San Francisco: Jossey-Bass.

Brady, K., Forton, M., Porter, D., & Wood, C. (2010). *Rules in schools.* Turner Falls, MA: Northeast Foundation for Children.

Brooks, R., & Goldstein, S. (2007). *Raising a self-disciplined child: Help your child become more responsible, confident and resilient.* New York: McGraw-Hill.

Canter, L. (2010). *Assertive discipline: Positive behavior management for today's classroom*. Bloomington, IN: Solution Tree Press.

Center on the Developing Child at Harvard University. (2010). *The foundations of lifelong health are built in early childhood.*

Charney, R. S. (2002). *Teaching children to care: Classroom management for ethical and academic growth K–8.* Greenfield, MA: Northeast Foundation for Children.

Damon, W., Lerner, R., & Eisenberg, N. (2006). *Handbook of child psychology: Volume 3. Social, emotional and personality development* (6th ed.). New York: Wiley.

DeVries, R. (1999). Implications of Piaget's constructivist theory for character education. In M. M. Williams & E. Shapes (Eds.), *Character education: The foundation for teacher education* (pp. 33–39). Washington, DC: The Character Education Partnership.

DeVries, R., & Zan, B. (2012). *Moral classrooms, moral children* (2nd ed.). New York: Teachers College Press.

Dobson, J. (2011). *Parenting collection.* Carol Stream, IL: Tyndale House.

Elkind, D. (2001, September/October). Instructive discipline is built on understanding: Choosing time-in. *Child Care Information Exchange, 141*, 7–8.

Garrett, J. (2006). Educating the whole child. *Kappa Delta Pi Record, 42*(4), 154–155.

Gurian, M. (2011). *Boys and girls learn differently: A guide for teachers and parents.* San Francisco: Jossey-Bass.

Hanish, L., Barcelo, H., Martin, C., Fabes, R., Holmwall, J., & Palermo, F. (2007). Using the Q-connectivity method to study frequency of interaction with multiple peer triads: Do preschoolers' peer group interactions at school relate to academic skills? *New Directions for Child and Adolescent Development, 118*, 9–24.

Jablon, J., Dombro, A., & Dichtelmiller, M. (2007). *The power of observation.* Washington, DC: National Association for the Education of Young Children.

Kaiser, B., & Rasminsky, J. (2012). *Challenging behavior in young children: Understanding, preventing, and responding effectively* (3rd ed.). Upper Saddle River, NJ: Pearson.

Kamii, C. (1982). Autonomy as the aim of education: Implications of Piaget's theory. In C. Kamii (Ed.), *Number in preschool and kindergarten* (pp. 73–87). Washington, DC: National Association for the Education of Young Children.

Kamii, C. (1984). Obedience is not enough. *Young Children, 39*(4), 11–14.

Kamii, C., & Ewing, J. K. (1996). Basing teaching on Piaget's constructivism. *Childhood Education, 72*(5), 260–264.

Knafo, A., & Plomin, R. (2006). Parental discipline and affection and children's prosocial behavior: Genetic and environmental links. *Journal of Personality and Social Psychology, 90*(1), 147–164.

Kohn, A. (2005). *Unconditional parenting: Moving from rewards and punishment to love and reason.* New York: Atria Books.

Kohn, A. (2011). *Feel bad education: And other contrarian essays on children and schooling.* Boston: Beacon Press.

Kragh-Muller, G., & Gloeckler, L. (2010). What did you learn in school today?: The importance of socioemotional development—a comparison of U.S. and Danish child care. *Childhood Education 87*(1), 46–55.

Landy, S. (2009). *Pathways to competence: Encouraging healthy social and emotional development in young children* (2nd ed.). Baltimore: Brookes.

Lapsley, D. (2006). Moral stage theory. In M. Killen & J. Smetana (Eds.), *Handbook of moral development* (pp. 37–66). Mahwah, NJ: Erlbaum.

McEvoy, A. (2014). Abuse of power. *Teaching Tolerance, 48*, 51–53.

Minahan, J., & Rappaport, N. (2013). *The behavior code: A practical guide to understanding and teaching the most challenging students.* Harvard Education Press.

Montessori, M. (1964). *The Montessori method*. New York. Schocken Books. (Original work published 1912)

Nelson, J. (2006). *Positive discipline*. New York: Ballantine Books.

Nemeth, K., & Brillante, P. (2011) Dual language learners with challenging behaviors. *Young Children, 66*(4), 12–17.

Noddings, N. (2005). *The challenge to care in schools: An alternative approach to education* (2nd ed.). New York: Teachers College Press.

Piaget, J. (1965). *The moral judgment of the child*. New York: Free Press. (Originally work published 1932)

Rowe, C. (2015). You are more than your mistakes: Teachers get at the root of bad behavior. *Seattle Times* (May 16, 2015)

Smetana, J. (2006). Social-cognitive domain theory: Consistencies and variations in children's moral and social judgments. In M. Killen & J. Smetana (Eds.), *Handbook of moral development* (pp. 119–154). Mahwah, NJ: Erlbaum.

Thompson, R., & Newton, E. (2010). Emotions in early conscience. In W. F. Arsenio & E. A. Lemerise (Eds.), *Emotions, aggression and morality in children: Bridging development and psychopathology* (pp. 13–31). Washington, DC: American Psychological Association.

Turiel, E. (2006). Thought, emotions, and social interactional processes in moral development. In M. Killen & J. Smetana (Eds.), *Handbook of moral development* (pp. 7–36). Mahwah, NJ: Erlbaum.

Tzuo, P. (2007). The tension between teacher control and child freedom in a child-centered classroom: Resolving the practical dilemma through a closer look at the related theories. *Early Childhood Education Journal, 35*(1), 33–39.

Weinstock, M., Assor, A., & Broide, G. (2009). Schools as promoters of moral judgment: The essential role of teachers' encouragement of critical thinking. *Social Psychology of Education, 12*(1), 137–151.

Willis, E., Dinehart, L., & Bliss, L. (2014) Teachers don't always do what they think they should: A preliminary validation of the early childhood educators' knowledge of self-regulation skills questionnaire. *Journal of Early Childhood Teacher Education, 35*, 168–184.

第二章

Adler, A. (1917). *Study of organ inferiority and its psychological compensation*. New York: Nervous Disease Publications.

Ainsworth, M. D. S., Blehar, M. C., Waters, E., & Wall, S. (1978). *Patterns of attachment*. Hillsdale, NJ: Erlbaum.

Bailey, B. (2015). *Conscious discipline: Building resilient classrooms*. Oviedo, FL: Loving Guidance.

Berk, L. E., & Meyers, A. B. (2015). *Infants, children, and adolescents* (8th ed.). Upper Saddle River, NJ: Pearson.

Bowlby, J. (1951). *Maternal care and mental health*. World Health Organization Monograph (Serial No. 2).

Bowlby, J., Ainsworth, M., Boston, M., & Rosenbluth, D. (1956). The effects of mother–child separation: A follow-up study. *British Journal of Medical Psychology, 29*, 211–247.

Bruce, N., & Cairone, K., with the Devereux Center for Resilient Children. (2011). *Socially strong, emotionally secure: 50 activities to promote resilience in young children*. Lewisville, NC: Gryphon House.

Buss, A. H., & Plomin R. (2014). *Temperament (PLE: Emotion): Early developing personality traits*. Psychology Press. Abingdon, UK Taylor and Francis

Carlson, F. (2011). *Big body play: Why boisterous, vigorous, and very physical play is essential to children's development and learning*. Washington, DC: National Association for the Education of Young Children.

Cozolino, L. (2006). *The neuroscience of human relationships: Attachment and the developing social brain*. New York: Norton.

Denham, S. A. (2007). Dealing with feelings: How children negotiate the worlds of emotions and social relationships. *Cognition, Brain, Behaviour, 11*(1), 1–48.

Denham, S. A., Bassett, H. H., Zinsser, K. (2012). Early childhood teachers as socializers of young children's emotional competence. *Early Childhood Education Journal, 40*(3), 137–143.

Dreikurs, R. (1964). *Children: The challenge*. New York: Hawthorne Books.

Dykas, M., & Cassidy, J. (2011). Attachment and the processing of social information across the life span: Theory and evidence. *Psychological Bulletin, 137*(1), 19–46.

Eisenberg, N. (2004). Emotion-related regulation: An emerging construct. *Merrill-Palmer Quarterly, 50*(3), 236–259.

Elkind, D. (2015). *Giants in the nursery: A biographical history of developmentally appropriate practice*. St. Paul, MN: Red Leaf Press

Elliott, E., & Gonzalez-Mena, J. (2011). Babies' self-regulation: Taking a broad perspective. *Young Children, 66*(1), 28–32.

Erikson, E. (1963). *Childhood and society* (2nd ed.). New York: Norton.

Gartrell, D., & Sonsteng, K. (2008). Guidance matters: Promote physical activity—it's proactive guidance. *Young Children, 63*(2), 51–53.

Goleman, D. (2011). *The brain and emotional intelligence: New insights*. North Hampton, MA: More than Sound, LLC.

Gordon, M. (2009). *Roots of empathy: Changing the world child by child*. New York: The Experiment, LLC.

Gottman, J. M. (1997). *Raising an emotionally intelligent child.* New York: Fireside.

Gottman, J. M. (2004). *What am I feeling?* Seattle, WA: Parenting Press.

Graziano, P., Reavis, R., Keane, S., & Calkins, S. (2007). The role of emotion regulation in children's early academic success. *Journal of School Psychology, 45*(1), 13–19.

Gurian, M. (2010). *Boys and girls learn differently.* San Francisco: Jossey-Bass.

Honig, A. (2015). *The best for babies: Expert advice for assessing infant toddler programs.* Lewisville, NC: Grypon House.

Jelalian, E., & Steele, R. G. (Eds.). (2008). *Handbook of childhood and adolescent obesity: Issues in clinical child psychology.* New York: Springer.

Koplow, L. (Ed.). (2007). *Unsmiling faces: How preschools can heal.* New York: Teachers College Press.

Levin, D., & Carlsson-Paige, N. (2005). *The war play dilemma: What every parent and teacher needs to know* (2nd ed.). New York: Teachers College Press.

Macklem, G. L. (2010). *Practitioner's guide to emotion regulation in school-aged children.* New York: Springer Science.

Magnusson, K. R., Hauck, L., Jeffrey, B. M., Elias, V., Humphrey, A., Nath, R., et al. (2015). Relationships between diet-related changes in the gut microbiome and cognitive flexibility. *Neuroscience.* doi:10.1016/j.neuroscience.2015.05.016

Main, M., & Solomon, J. (1990). Procedures for identifying infants as disorganized/disoriented during the Ainsworth Strange Situation. In M. T. Greenberg, D. Cicchetti, & E. M. Cummings (Eds.), *Attachment in the preschool years* (pp. 121–160). Chicago: University of Chicago Press.

National Association for the Education of Young Children (NAEYC). (2009). *NAEYC position statement on developmentally appropriate practice in early childhood programs serving children birth through age 8.* Washington, DC: Author.

O'Connor, E., & McCartney, K. (2006) Testing associations between young children's relationships with mothers and teachers. *Journal of Educational Psychology, 98*(1), 87–98.

Perry, B., & Szalavitz, M. (2011). *Born for love: Why empathy is essential and endangered.* New York: HarperCollins.

Riley, D., San Juan, R., Klinkner, J., & Ramminger, A. (2008). *Social and emotional development: Connecting science and practice in early childhood settings.* St. Paul, MN: Redleaf Press.

Siegel, D., & Bryson, T. (2011). *The whole-brain child: 12 revolutionary strategies to nurture your child's developing mind.* New York: Delacorte Press.

Sterry, T., Reiter-Purtill, J., Gartstein, M., Gerhardt, C., Vannatta, K., & Noll, R. (2010). Temperament and peer acceptance: The mediating role of social behavior. *Merrill-Palmer Quarterly, 56*(2), 189–219.

Thomas, A., Chess, S., & Birch, H. (1968). *Temperament and behavior disorders in children.* New York: New York University Press.

Thomas, A., Chess, S., & Birch, H. (1970). The origin of personality. *Scientific American,* pp. 102–109.

Tomporowski, P. D., Lambourne, K., & Okumura, M. S. (2011). Physical activity interventions and children's mental function: an introduction and overview. *Preventive Medicine, 52*(1), S3–S9.

第三章

Ahern, E. C., Lyon, T. D., & Quas, J. A. (2011). Young children's emerging ability to make false statements. *Developmental Psychology, 47*(1), 61–66.

Bloom, A. (2007, September 7). Insight into the minds of 5-year-olds. *The Times Educational Supplement, 4753,* 12.

Bodrova, E., & Leong, D. J. (2007). *Tools of the mind: The Vygotskian approach to early childhood education* (2nd ed.). Upper Saddle River, NJ: Merrill/Pearson.

Bowman, B. (2013). The state of the black child. In *Being black is not a risk factor: a strengths-based look at the state of the black child.* Washington, DC: National Black Child Development Institute.

Brooker, L. (2010). Constructing the triangle of care: Power and professionalism in practitioner/parent relationships. *British Journal of Educational Studies, 58*(2), 181–196.

Brown, C., Weber N., & Yoon, Y. (2015). The practical difficulties for early educators who tried to address children's realities in their high-stakes teaching context. *Journal of Early Childhood Teacher Education, 36*(1), 3–23.

Carlson, F. (2011). Rough play: One of the most challenging behaviors. *Young Children, 66*(4), 18–25.

Copple, C., & Bredekamp, S. (Eds.). (2009). *Developmentally appropriate practice in early childhood programs serving children from birth through 8.* Washington, DC: National Association for the Education of Young Children.

Cozolino, L. (2006). *The neuroscience of human relationships: Attachment and the developing social brain.* New York: Norton.

Crone, E. A., & Ridderinkhoff, K. R. (2011). The developing brain: From theory to neuroimaging and back. *Developmental Cognitive Neuroscience, 1,* 101–109.

Denham S., Mason, T., Caverly, S., Schmidt, M., Hackney, R., Cameron, D., et al. (2001). Preschoolers at play: Co-socialisers of emotional and social competence. *International Journal of Behavioral Development, 25*(4), 290–301.

Derman-Sparks, L., & Ramsey, P. (2011). *What if all the kids are white? Anti-bias multicultural education with young children and families*. New York: Teacher's College Press.

Derman-Sparks, L., LeeKeenan, D., & Nimmo, J. (2015). *Leading anti-bias early childhood programs*. New York: Teachers College Press.

DeVries, R., & Zan, B. (2012). *Moral classrooms, moral children*. New York: Teachers College Press.

Eisenberg, N., & Eggum, N. D. (2007). Empathy-related and prosocial responding: Conceptions and correlates during development. In B. A. Sullivan, M. Snyder, & J. L. Sullivan (Eds.), *Cooperation: The political psychology of effective human interaction* (pp. 53–74). Malden, MA: Blackwell.

Ernst, J. (2014). *The welcoming classroom: Building strong home-to-school connections for early learning*. Gryphon House.

Espinosa, L. (2010) *Getting it right for young children from diverse backgrounds*. Upper Saddle River, NJ: Pearson Education.

Evans, A. N. D., Xu, F., & Lee, K. (2011). When all signs point to you: Lies told in the face of evidence. *Developmental Psychology*, *47*(1), 39–49.

Feldman, R., Derdikman-Eiron, R., & Masaiha, S. (2010). Conflict resolution in the parent–child, marital, and peer contexts and children's aggression in the peer group: A process-oriented cultural perspective. *Developmental Psychology*, *46*(2), 310–325.

Galinsky, E. (2010). *Mind in the making*. New York: HarperCollins.

Gilliam, W. (2005). *Prekindergarteners left behind: Expulsion rates in state prekindergarten systems*. New Haven, CT: Yale Child Study Center, Yale University.

Glick, G. C., & Rose, A. J. (2011). Prospective associations between friendship adjustment and social strategies: Friendship as a context for building social skills. *Developmental Psychology*, *47*(4), 1117–1132.

Gordon, M. (2009). Toward a pragmatic discourse of constructivism: Reflections on lessons from practice. *Educational Studies*, *45*, 39–58.

Gonzalez-Mena, J. (2008). *Diversity in early care and education: Honoring differences*. New York: McGraw-Hill.

Gredler, M., & Shields, C. (2008). *Vygotsky's legacy: A foundation for research and practice*. New York: Guilford Press.

Gunnar, M. R., Herrera, A., & Hostinar, C. E. (2009). Stress and early brain development. In R. E. Tremblay, R. D. Peters, M. Bolvin, & R. G. Barr (Eds.), *Encyclopedia on early childhood development*.

Gurian, M . (2003). *The boys and girls learn differently action guide for teachers*. San Francisco: Jossey-Bass.

Honig, A. (2014) *The best for babies*. Lewisville, NC: Gryphon House.

Hyson, M., & Taylor J. (2010). Research in review: Caring about caring: What adults can do to promote young children's prosocial skills. *Young Children*, *66*(4), 74–83.

Hyson, M., & Tomlinson, H. (2014). *The early years matter: Education, care, and the well-being of children, birth to 8*. New York: Teachers College Press.

Iruka, I. U., Winn, D-M., Kingsley, S. J., & Orthodoxou, Y. J. (2011). Links between parent–teacher relationships and kindergartners' social skills: Do child ethnicity and family income matter? *Elementary School Journal*, *111*(3), 387–408.

Jablon, J., Dombro, A., & Dichtelmiller, M. (2007). *The power of observation*. Washington, DC: National Association for the Education of Young Children.

Jalongo, M. (2014). Humane education and the development of empathy in early childhood: Definitions, rationale, and outcomes. In M. Jalongo (Ed.), *Teaching Compassion: Humane education in early childhood*. New York: Springer.

Jones, E., & Reynolds G. (2011). *The play's the thing*. New York: Teachers College Press.

Kaiser, B., & Rasminsky J. (2012). *Challenging behavior in young children*. Upper Saddle River NJ: Pearson Education.

Kamii, C., & Russell, K. (2010). The older of two trees: Young children's development of operational time. *Journal for Research in Mathematics Education*, *41*(1), 6–13.

Kemple, K. M. (2004). *Let's be friends: Peer competence and social inclusion in early childhood programs*. Upper Saddle River, NJ: Merrill/ Pearson.

Kohn, A. (2005). *Unconditional parenting: Moving from rewards and punishment to love and reason*. New York: Atria Books.

Kohn, A. (2015). *Schooling beyond measure, and other unorthodox essays about education*. Portsmouth, NH: Heinemann.

Kovach, B., & Da Ros-Voseles, D. (2008). *Being with babies: Understanding and responding to the infants in your care*. Beltsville, MD: Gryphon House.

Lake, V., Al Otaiba, S., & Guidry, L. (2010). Developing social skills training and literacy instruction pedagogy through service learning: An integrated model of teacher preparation. *Journal of Early Childhood Teacher Education*, *31*, 373–390.

Landy, S. (2009). *Pathways to competence: Encouraging healthy social and emotional development in young children*. Baltimore: Brookes.

Lane, J., Wellman, H. Olson, S., LaBounty, J., & Kerr, D. (2010). Theory of mind and emotion understanding predict moral development in early childhood. *British Journal of Development and Psychology*, *28*, 871–889.

Lapsley, D. (2006). Moral stage theory. In M. Killen & J. Smetana (Eds.), *Handbook of moral development* (pp. 37–66). Mahwah, NJ: Erlbaum.

Malti, T., Gasser, L., & Gutzwiller-Helfenfinger, E. (2010). Children's interpretive understanding, moral judgments, and emotion attributions: Relations to social behaviour. *British Journal of Developmental Psychology, 28*(2), 275–292.

National Association for the Education of Young Children (NAEYC). (2005). *Code of Ethical Conduct & Statement of Commitment*. Washington, DC: Author.

Noddings, N. (2005). *The challenge to care in schools: An alternative approach to education* (2nd ed.). New York: Teachers College Press.

Noddings, N. (2008). All our students thinking. *Educational Leadership, 65*(5), 8–13.

Paley, V. G. (1999). *The kindness of children*. Cambridge, MA: Harvard University Press.

Palmen, H., Vermande, M. M., Deković, M., & van Aken, M. A. G. (2011). Competence, problem behavior, and the effects of having no friends, aggressive friends, or nonaggressive friends. *Merrill-Palmer Quarterly, 57*(2), 186–213.

Pentimonti, J., & Justice, L. (2010). Teachers' use of scaffolding strategies during read alouds in the preschool classroom. *Early Childhood Education Journal, 37*(4), 241–248.

Piaget, J. (1960). *The child's conception of the world*. Totowa, NJ: Littlefield, Adams. (Original work published 1929)

Piaget, J. (1964). *Judgment and reasoning in the child*. Totowa, NJ: Littlefield, Adams. (Original work published 1928)

Piaget, J. (1965). *The moral judgment of the child*. New York: Free Press. (Original work published 1932)

Ramsey, P. G. (1991). *Making friends in school: Promoting peer relationships in early childhood*. New York: Teachers College Press.

Richardson, S. (2015). *Gender lessons: Patriarchy, sextyping and schools*. Dordrecht, The Netherlands: Sense.

Riley, D., San Juan, R., Klinkner, J., & Ramminger, A. (2008). *Social and emotional development: Connecting science and practice in early childhood settings*. St. Paul, MN: Redleaf Press.

Saracho, O. (2012). *An integrated, play-based curriculum for young children*. New York: Routledge.

Sax, L. (2006, Spring). Six degrees of separation: What teachers need to know about the emerging science of sex differences. *Educational Horizons, 84*, 190–212.

Saxe, R. (2006). Uniquely human social cognition. *Current Opinion in Neurobiology, 16*(2), 235–39.

Selman, R. L. (1980). *The growth of interpersonal understanding*. New York: Academic Press.

Selman, R., & Schultz, L. (1990). *Making a friend in youth: Developmental theory and pair therapy*. Chicago: University of Chicago Press.

Shonkoff, J. P., & Phillips, D. A. (Eds.). (2000). *From neurons to neighborhoods: The science of childhood development*. Washington, DC: National Academies Press.

Sousa, D. (2011). *How the brain learns* (4th ed.). Thousand Oaks, CA: Corwin Press.

Spinrad, T. L., & Eisenberg, N. (2008). Empathy, prosocial behavior, and positive development in the schools. In R. Gilman, E. S. Heubner, & M. Furlong (Eds.), *Handbook of positive psychology in the schools*. Mahwah, NJ: Erlbaum.

Spivak, A. L., & Howes, C. (2011). Social and relational factors in early education and prosocial actions of children of diverse ethnocultural communities. *Merrill-Palmer Quarterly, 57*(1), 1–24.

Vaughn, B. E., Shin, N., Kim, M., Coppola, G., Krzysik, L., Santos, A. J., et al. (2009). Hierarchical models of social competence in preschool children: A multisite, multinational study. *Child Development, 80*(6), 1775–1796.

Vygotsky, L. S. (1962). *Thought and language* (E. Hanfmann & G. Vokar, Trans.). Cambridge, MA: MIT Press. (Original work published 1934)

Vygotsky, L. S. (1978). *Mind and society: The development of higher mental processes*. Cambridge, MA: Harvard University Press.

Weinstock, M., Assor, A., & Broide, G. (2009). Schools as promoters of moral judgment: The essential role of teachers' encouragement of critical thinking. *Social Psychology of Education: An International Journal, 12*(1), 137–151.

第四章

Bullard, J. (2010). *Creating environments for learning*, Upper Saddle River, NJ: Pearson Education.

Derman-Sparks, L., LeeKeenan, D., & Nimmo, J. (2015). *Leading anti-bias early childhood programs: A guide for change*. New York: Teachers College Press.

DeVries, R., & Zan, B. (2012). *Moral classrooms, moral children*. New York: Teachers College Press.

Forschungsinstitut zur Zukunft der Arbeit Institute for the Study of Labor.

Galinsky, E. (2010). *Mind in the making: The seven essential life skills every child needs*. New York: Morrow.

Gonzalez-Mena, J., & Eyer, D. (2014). *Infants, toddlers, and caregivers*. New York: McGraw-Hill.

Greenman, J. (2007). *Caring spaces, learning places: Children's environments that work* (2nd ed.). Redmond, WA: Exchange Press.

Hildebrandt, C., & Zan, B. (2014). Constructivist approaches to moral education in early childhood. In L. Nucci, D. Narvaez, & T. Krettenaur (Eds.), *Handbook of moral and character education*. Mahwah, NJ: Erlbaum.

Honig, A. S. (2010). *Little kids, big worries: Stress busting tips for early childhood classrooms*. Baltimore: Brookes.

Jenson, E. (2014). *10 most effective tips for using brain based teaching & learning*.

Kalutskaya, I. N., Archbell, K. A., Moritz Rudasill, K., & Coplan, R. J. (2015). Shy children in the classroom: From research to educational practice. *Translational Issues in Psychological Science, 1*(2), 149–157.

Katz, L., Chard, S., & Kogan, Y. (2014). Engaging children's minds: The project approach in the early years (3rd ed.). Santa Barbara, CA: ABC-CLIO.

Kovalik, S. J. (2008). *Gender differences and student engagement*. Rexford, NY: International Center for Leadership in Education.

Nichols, S., & Sullivan, J. (2009). *Cooperation and competition in small groups*.

Palmen, H., Vermande, M., Deković, M., & Aken, M. (2011). Competence, problem behavior, and the effects of having no friends, aggressive friends, or nonaggressive friends: A four-year longitudinal study. *Merrill-Palmer Quarterly, 57*(2), 186–213.

Prescott, E. (2008). *The physical environment: A powerful regulator of experience*. Redmond, WA: Exchange Press.

Spivak, A. L., & Howes, C. (2011). Social and relational factors in early education and prosocial actions of children of diverse ethnocultural communities. *Merrill-Palmer Quarterly, 57*(1), 1–24.

Sutter, M., & Rutzler, D. (2010). Gender differences in competition emerge early in life.

Torelli, L. (2015). *Enhancing development through classroom design in early head start.*

Torelli, L., & Durrett, C. (2011). Landscape for learning: The impact of classroom design on infants and toddlers.

Trawick-Smith, J. (2013). *Early childhood development: A multicultural perspective* (6th ed.). Upper Saddle River, NJ: Pearson Education.

Vitiello, V., Booren, L., Downer, J., & Williford, A.P. (2012). Variations in children's classroom engagement throughout a day in preschool: Relations to classroom and child factors. *Early Childhood Research Quarterly, 27*(2), 210–220.

White House Task Force on Childhood Obesity: Report to the President. (2010) pp. 65–86.

第五章

Association for Supervision of Curriculum Development. (2011). *Whole Child Initiative.*

Binder, M., & Kotsopoulos, S. (2011). Multimodal literacy narratives: weaving the threads of young children's identity through the arts. *Journal of Research in Childhood Education, 25*, 339–363.

Brown, C., Feger, B., & Mowry, B. (2015). Helping others understand academic rigor in teachers developmentally appropriate practices. *Young Children, 70*(4), 62–69.

Burts, D., Buchanan, T., Benedict, J., & DiCarlo, C. (2005). Developmentally appropriate educational practices in early childhood programs: An economic investment for the future. *Louisiana Agriculture Magazine, 48*(3).

Cannon J., & Lipscomb S. (2011). Early grade retention and school success. Public Policy Institute of California. Retrieved September 30, 2015.

Cass, J. (2013). Children of hard times.

Child Trends. (2013). Parental involvement in schools.

Christie, J., Enz, B. J., & Vukelich, C. (2011). *Teaching language and literacy: Pre-school through the elementary grades* (3rd ed.). Boston: Allyn & Bacon.

Church, E. (2015). Building community in the classroom. Retrieved September 30, 2015.

Denworth, L. (2015). The social power of touch. *Scientific American Mind, 26*(4), 30–39.

de Schipper, E., Riksen-Walraven, J., Geurts, S., & de Weerth, C. (2009). Cortisol levels of caregivers in child care centers as related to the quality of their caregiving. *Early Childhood Research Quarterly, 24*, 55–63.

DeVries, R. (2001). Constructivist education in preschool and elementary school: The sociomoral atmosphere as the first educational goal. In S. L. Golbeck (Ed.), *Psychological perspectives on early childhood education: Reframing dilemmas in research and practice* (pp. 153–180). Mahwah, NJ: Erlbaum.

DeVries, R., & Zan, B. (1994). *Moral classrooms, moral children*. New York: Teachers College Press.

Egbert, J., & Roe, M. F. (2014). The power of why: connecting curriculum to students' lives. *Childhood Education, 90*(4), 251–258.

Feeney, S., Moravick, E & Nolte, S. (2014). *Who am I in the lives of children?* (10th ed.). Upper Saddle River, NJ: Merrill/ Prentice Hall.

Fields, M., Groth, L., & Spangler, K. (2008). *Let's begin reading right: A developmental approach to emergent literacy*. Columbus, OH: Merrill/Prentice Hall.

Gropper, N., Hinitz, B. F., Sprung, B., & Froschl, M. (2011). Helping young boys be successful learners in today's early childhood classrooms. *Young Children, 66*(1), 34–41.

Helm, J., & Katz, L. (2011). *Young investigators: The project approach in the early years* (2nd ed.). New York: Teachers College Press.

Hirsh-Pasek, K., & Golinkoff, M. (2015). Introduction. In *Spotlight on young children exploring play* (pp. 1–4). Washington DC: National Association for the Education of Young People.

Jalongo, M. R., & Isenberg, J. P. (2011). *Exploring your role: A practitioner's introduction to early childhood education* (4th ed.). Columbus, OH: Merrill/Prentice Hall.

Jenson, E. (2010). 10 most effective tips for using brain based teaching & learning.

Kamii, C. (2000). *Young children reinvent arithmetic: Implications of Piaget's theory*. New York: Teachers College Press.

Katz, L. (2011). Words of wisdom from Dr. Lilian Katz. Retrieved September 30, 2015.

Morris, B., Croker, S., Zimmerman, C., Gill, D., & Romig, C. (2013) Gaming science: the "Gamification" of scientific thinking. *Published Front Psychol*. 2013; 4: 607. Retrieved March 17, 2016.

Ostrosky, M., & Jung, E. (2015). *What Works Briefs #12: Building positive teacher child relations*. Nashville, TN: Center on the Social and Emotional Foundations for Early Learning, Vanderbilt University. Retrieved September 19, 2015.

Piaget, J. (1970). *The child's conception of time* (A. J. Pomerans, Trans.). New York: Basic Books.

Pizzolongo, P. (2015). Reflecting, discussing and exploring. In *Spotlight on young children exploring play* (p. 123). Washington, DC: National Association for the Education of Young People.

Reys, B. (2010). *Mathematics curriculum: Issues, trends and future directions*. Reston VA: National Council of Teachers of Mathematics.

Summer, M., & Summer, G. (2014). Creating family learning communities. *Young Children, 69*(4): 8–14.

Trawick-Smith, J., Wolff, J., Koschel, M., & Vallarelli, J. (2015) Which toys promote high quality play? In *Spotlight on young children exploring play* (pp. 65–74). Washington, DC: National Association for the Education of Young People.

Vygotsky, L. S. (1978). *Mind and society: The development of higher mental processes*. Cambridge, MA: Harvard University Press. (Original work published 1933)

Watson, J. (2013). *Is kindergarten the new first grade?: Increased academic rigor in America's public school kindergarten classrooms*. Presentation at the American Institutes for Research, Washington, DC.

Wood, L. (2015). Holding on to play. In *Spotlight on young children exploring play* (pp. 87–97). Washington, DC: National Association for the Education of Young People.

第六章

American Academy of Pediatrics Policy Statement (2013). *Children, Adolescents, and the Media*.

Arthur-Banning, S., Wells, M. S., Baker, B. L., & Hegreness, R. (2009). Parents behaving badly? The relationship between the sportsmanship behaviors of adults and athletes in youth basketball games. *Journal of Sport Behavior, 32*(1), 3–18.

Baiocco, R., D'Alessio, M., & Laghi, F. (2009). Discrepancies between parents' and children's attitudes toward TV advertising. *Journal of Genetic Psychology, 170*(2), 176–192.

Bandura, A. (1986). *Social foundations of thought and action: A social cognitive theory*. Upper Saddle River, NJ: Prentice Hall.

Benerjee, R., Bennett, M., & Luke, N. (2010). Children's reasoning about the self-presentational consequences of apologies and excuses following rule violations. *British Journal of Developmental Psychology, 28*, 799–815.

Berger, K. S. (2007). Update on bullying at school: Science forgotten? *Developmental Review, 27*, 90–126.

Betts, L. R., & Rottenberg, K. J. (2007). Trustworthiness, friendships and self-control: Factors that contribute to young children's school adjustment. *Infant and Child Development, 16*, 491–508.

Bleakley, A., Romer, D., & Jamieson, P. (2014). Violent film characters' portrayal of alcohol, sex and tobacco-related behaviors. *Pediatrics, 133*, 71–77.

Buchanan, C. (2009). 5 gifts to teach. *Scholastic Parent and Child, 17*(4), 67–71.

Byrne, R. W. (2005). Special cognition: Imitation, imitation, imitation. *Current Biology, 151*(3), 498–500.

Coloroso, B. (2011). Bully, bullied, bystander . . . and beyond: Help your students choose a new role. *Teaching Tolerance, 39*, 51–53.

Darling-Kuria, N., & Bohlander, A.H. (2014). Promoting social-emotional development: Helping infants learn about feelings. *Young Children, 69*(3), 94–95.

Derman-Sparks, L., LeeKeenan, D. & Nimmo, J. (2015). *Leading anti-bias early childhood programs*. New York/Washington, DC: Teachers College Press & National Association for the Education of Young Children.

De Schipper, E. J., Riksen-Walraven, J. M. A., Geurts, S. A. E., & Derksen, J. (2008). General mood of professional caregivers in child care centers and the quality of caregiver–child interactions. *Journal of Research in Personality, 42*(3), 515–526.

De-Souza, D., & Radell, J. (2011). Superheroes: An opportunity for prosocial play. *Young Children, 66*(4), 26–31.

DeVries, R., & Zan, B. (1994). *Moral classrooms, moral children*. New York: Teachers College Press.

Dweck, C. S. (2007). The perils and promises of praise. *Educational Leadership, 65*(2), 34–39.

Dweck, C. S. (2009). Prejudice: How it develops and how it can be undone. *Human Development, 52*(6), 371–376.

Erikson, E. (1963). *Childhood and society* (2nd ed.). New York: Norton.

Fields, M., Groth, L., & Spangler, K. (2008). *Let's begin reading right: A developmental approach to emergent literacy*. Upper Saddle River, NJ: Merrill/Pearson.

Fred Rogers Center for Early Learning and Children's Media at Saint Vincent College. (2012). *A framework for quality in digital media for children: Considerations for parents, educators, and media creators*. Latrobe, PA: Author.

Grace, D. M., David, B. J., & Ryan, M. K. (2008). Investigating preschoolers' categorical thinking about gender through imitation, attention, and the use of self-categories. *Child Development, 79*(6), 1928–1941.

Hyson, M. C. (2004). *The emotional development of young children: Building an emotion centered curriculum*. New York: Teachers College Press.

Hyson, M. C. (2008). *Enthusiastic and engaged learners: Approaches to learning in the early childhood classroom*. New York: Teachers College Press.

Kamii, C. (2009). Jean Piaget. In E. Anderman (Ed.), *The psychology of classroom learning: An encyclopedia* (pp. 690–692). Detroit, MI: Macmillan Reference.

Kamii, C., & Kato, Y. (2006). Early childhood education based on Piaget's constructivism. In M. Takeuchi & R. Scott (Eds.), *New directions in early childhood education and care in the 21st century: International perspectives* (pp. 236–251). Cedar Falls, IA: Martin Quam Press.

Kochenderfer-Ladd, B., & Pelletier, E. M. (2008). Teachers' views and beliefs about bullying: Influences on classroom management strategies and students' coping with peer victimization. *Journal of School Psychology, 46*(4), 431–453.

Landy, S. (2009). *Pathways to competence: Encouraging healthy social and emotional development in young children*. Baltimore: Brookes.

Lerner, C. (2015). Screen sense: Making smart decisions about media use for young children. *Young Children*, 7(1), 102–103.

Levin, D., & Kilbourne, J. (2009). *So sexy so soon: The new sexualized childhood and what parents can do to protect their kids*. New York: Ballantine Books.

McEvoy, A. (2014). Abuse of power. *Teaching Tolerance, 48*, 51–53.

Meltzoff, A. N. (2007). "Like me"—A foundation for social cognition. *Developmental Science, 10*(1), 126–134.

Milner, H. R. (2010). *Start where you are, but don't stay there: Understanding diversity, opportunity gaps, and teaching in today's classroom*. Cambridge, MA: Harvard University Press.

National Association for the Education of Young Children & Fred Rogers Center for Early Learning and Children's Media at Saint Vincent College. (2012). *Technology and interactive media as tools in early childhood programs serving children from birth through age 8*. Washington, DC/Latrobe, PA: Authors.

Nielson, M., & Christie, T. (2008). Adult modeling facilitates young children's generation of novel pretend acts. *Infant and Child Development, 17*, 151–162.

Paley, V. (2004). *A child's work: The importance of fantasy play*. Chicago: University of Chicago Press.

Paley, V. (2010). *Boy on the beach: Building community through play*. Chicago: University of Chicago Press.

Pfeifer, J. H., Iacoboni, M., Mazziotta, J. C., & Dapretto, M. (2008). Mirroring others' emotions relates to empathy and interpersonal competence in children. *NeuroImage, 39*(4), 2076–2085.

Rakoczy, H., Hamann, K., Warneken, F., & Tomasello, M. (2010). Bigger knows better: Young children selectively learn rule games from adults rather than from peers. *British Journal of Developmental Psychology, 28*(4), 785–798.

Rimm-Kaufman, S. E., Fan, X., Chiu, Y., & You, W. (2007). The contributions of the responsive classroom approach on children's academic achievement: Results for a three-year longitudinal study. *Journal of School Psychology, 45*(4), 401–421.

Rogers, J. (2009). *Kids under fire: Seven simple steps to combat the media attack on our child*. Lowell, MA: Adibooks.

Sharapan, H. (2015) A tool for social-emotional development. In C. Donohue (Ed.), *Technology and digital media in the early years* (pp. 12–20). New York/Washington DC: Routledge & National Association for the Education of Young People.

Shayla-Holub, C., Tisak, M., & Mullins, D. (2008). Gender differences in children's hero attributions: Personal hero choices and evaluations of typical male and female heroes. *Sex Roles, 58*(7), 567–578.

Skidmore, M., Dede, Y. U., & Moneta, G. B. (2009). Role models, approaches to studying, and self-efficacy in forensic and mainstream high school students: A pilot study. *Educational Psychology, 29*(3), 315–324.

Smith, C. E., Chen, D., & Harris, P. L. (2010). When the happy victimizer says sorry: Children's understanding of apology and emotion. *British Journal of Developmental Psychology, 28*(4), 727–746.

Takeuchi, L. (2011). *Families matter: Designing media for a digital age*. The Joan Ganz Cooney Center at Sesame Workshop.

Thompson, R., & Thompson J. (2015). Reading minds and building relationships: This is social studies. *Young Children, 70*(3), 32–39.

Truceteachers.org (n.d.). Truce Guides.

Vietz, D., & Hildebrandt, E. (2009). Multiculturally conscious parenting: Promoting peace and teaching tolerance to young children. *Encounter, 22*(4), 33–37.

Vygotsky, L. S. (1978). *Mind in society: The development of higher psychological processes* (M. Cole, V. John-Steiner, S. Scribner, & E. Souberman, Eds.). Cambridge, MA: Harvard University Press.

White House Press Release—First Lady Unveils Let's Move! Child Care to Ensure Healthy Start for Youngest Children. (2011, June 8).
Wilson, B. J. (2008). Media and children's aggression, fear, and altruism. *Future of Children, 18*(1), 87–118.
Willis, C., & Schiller, P. (2011). Preschoolers' social skills steer life success. *Young Children, 66*(1), 42–49.
Williams, M. (November, 2010). Mean girls and boys. Children's Voice.

第七章

Arcavi, A., & Isoda, M. (2007). Learning to listen: From historical sources to classroom practice. *Educational Studies in Mathematics, 66*, 111–129.
Brackett, M., & Rivers, S. (2015). Transforming students' lives with social and emotional learning. In R. Pekrun & L. Linnenbrink-Garcia (Eds.), *International handbook of emotions in education* (pp. 368–388). New York: Routledge.
Breeding, K., & Harrison, J. (2007). *Connected and respected: Vol. 1. Lessons from the Resolving Conflict Creatively Program, grades K–2*. Cambridge, MA: Educators for Social Responsibility.
CASEL. (2015). 4R's Program (Reading, Writing, Respect, and Resolution).
Cromwell, S. (2012). Conflict resolution education compare approaches.
Curwin, R. L., Mendler, A. N., & Mendler, B. (2008). *Discipline with dignity: New challenges, new solutions*. Alexandria, VA: Association for Supervision and Curriculum Development.
Faber, A., & Mazlish, E. (2012). *How to talk so kids will listen and listen so kids will talk*. New York: Scribner/Simon & Schuster.
Galinsky, E. (2010). *Mind in the making: The seven essential life skills every child needs*. New York: HarperCollins.
Garner, N. (2008). Conflict resolution programs in the schools. *ACA Professional Counseling Digest–19*. Alexandria, VA: American Counseling Association.
Ginott, H. (1965). *Between parent and child*. New York: Macmillan.
Gordon, T. (1970). *P.E.T.: Parent effectiveness training*. New York: Wyden.
Gordon, T. (1974). *T.E.T.: Teacher effectiveness training*. New York: Wyden.
Gordon, T. (1989). *Teaching children self-discipline: At home and at school*. New York: Random House.
Gordon, T. (2000). *P.E.T.: Parent effectiveness training*. New York: Three Rivers/Random House.
Gordon, T. (2003). *T.E.T.: Teacher effectiveness training*. New York: Three Rivers/Random House.
Harris, I., & Morrison, M. (2013). *Peace education* (3rd ed.). Jefferson, NC: McFarland.
HighScope Educational and Research Foundation. (2012). Preschoolers not too young to develop the skills of conflict resolution, say HighScope experts [Press release].
Jones, S., Brown, J., & Aber, J. (2011). Two-year impacts of a universal school-based social–emotional and literacy intervention: An experiment in translational developmental research. *Child Development, 82*(2), 533–554.
Kreidler, W. J. (1999). *Teaching conflict resolution through children's literature*. New York: Scholastic.
Lantieri, L. (2003). Waging peace in our schools: The resolving conflict creatively program. In M. J. Elias, H. Arnold, & C. S. Hussey (Eds.), *Best leadership practices for caring and successful schools* (pp. 76–88). Thousand Oaks, CA: Corwin Press.
Lonberger, R., & Harrison, J. (2008). *Links to literature: Teaching tools to enhance literacy, character, and social skills*. Cambridge, MA: Educators for Social Responsibility.
Martin, A. (2011). Two problem-solving approaches.
Piaget, J. (1965). *The moral judgment of the child*. New York: Free Press. (Original work published 1932)
Porter, L. (2008). *Young children's behavior: Practical approaches for caregivers and teachers* (3rd ed.). Baltimore: Paul H. Brookes.
Rogers, C. (1951). *Client-centered counseling*. Boston: Houghton-Mifflin.
Sellman, E. (2011). Peer mediation services for conflict resolution in schools: What transformations in activity characterise successful implementation. *British Education Research Journal, 37*(1), 45–60.
Siegel, D. J., & Bryson, T. P. (2012). *The whole brain child: 12 revolutionary strategies to nurture your child's developing mind*. New York: Bantam Books.
Spiegel, C. (2010). *Book by book: An annotated guide to young people's literature with peacemaking and conflict resolution themes*. Cambridge, MA: Educators for Social Responsibility.
Trawick-Smith, J. (2013). *Early childhood development: A multicultural perspective* (6th ed.). Upper Saddle River, NJ: Pearson.

第八章

Brady, K., Forton, M., & Porter, D. (2011). *Rules in school: Teaching discipline in the responsive classroom*. Greenfield, MA: Northeast Foundation for Children.

Charney, R. S. (2002). *Teaching children to care: Classroom management for ethical and academic growth, K–8.* Greenfield, MA: Northeast Foundation for Children.

Curwin, R., Mendler, A., & Mendler, B. (2008). *Discipline with dignity: New challenges, new solutions* (3rd ed.). Alexandria, VA: Association for Supervision and Curriculum Development.

DeVries, R., & Zan, B. (2012). *Moral classrooms, moral children* (2nd ed.). New York: Teachers College Press.

Dreikurs, R. (1964). *Children: The challenge.* New York: Hawthorne Books.

Dreikurs, R., Cassel, P., & Ferguson, E. D. (2004). *Discipline without tears: How to reduce conflict and establish cooperation in the classroom.* Hoboken, NJ: Wiley.

Dreikurs, R., Grunwald, B. B., & Pepper, F. C. (1998). *Maintaining sanity in the classroom: Classroom management techniques* (2nd ed.). London: Taylor & Francis.

Elkind, D. (2001). Instructive discipline is built on understanding. *Child Care Information Exchange, 141,* 7–8.

Goodman, J. F. (2006). School discipline in moral disarray. *Journal of Moral Education, 35*(2), 213–230.

Hyson, M., & Tomlinson H. (2014). *The early years matter.* New York: Teachers College Press.

Kaiser, B., & Rasminsky, J. (2012). *Challenging behavior in young children.* Upper Saddle River, NJ: Pearson Education.

Kamii, C. (1982). Autonomy as the aim of education: Implications of Piaget's theory. In C. Kamii (Ed.), *Number in preschool and kindergarten* (pp. 73–87). Washington, DC: National Association for the Education of Young Children.

Piaget, J. (1965). *The moral judgment of the child.* New York: Free Press. (Original work published 1932)

Reynolds, E. (2006). *Guiding young children: A problem-solving approach* (4th ed.). New York: McGraw-Hill.

Riley, D., San Juan, R., Klinkner, J., & Ramminger, A. (2008). *Social and emotional development: Connecting science and practice in early childhood settings.* St. Paul, MN: Redleaf Press.

Seuss, Dr. (1954). *Horton hears a Who!* New York: Random House.

Smith, R. (2004). *Conscious classroom management: Unlocking the secrets of great teaching.* San Rafael, CA: Conscious Teaching Publications.

Thornberg, R. (2008). School children's reasoning about school rules. *Research Papers in Education, 23*(1), 37–52.

Weinstock, M., Assor, A., & Briode, G. (2009). Schools as promoters of moral judgment: The essential role of teachers' encouragement of critical thinking. *Social Psychology of Education: An International Journal, 12*(1), 137–151.

第九章

Brady, K., Forton, M. B., Porter, D., & Wood, C. (2003). *Rules in school.* Greenfield, MA: Northeast Foundation for Children.

Butchart, R. E., & McEwan, B. (Eds.). (1998). *Classroom discipline in American schools: Problems and possibilities for democratic education.* Albany: State University of New York Press.

Canter, L., & Canter, M. (1976). *Assertive discipline: A take charge approach for today's educators.* Los Angeles: Lee Canter and Associates.

Canter, L. (2010). *Assertive Discipline: Positive behavior management for today's classroom.* Bloomington, IN: Solution Tree Press.

Canter, L., & Canter, M. (1992). *Assertive discipline. Positive behavior management for today's classroom.* Santa Monica, CA: Lee Canter & Associates.

DeVries, R. (1964). *Children: The challenge.* New York: Hawthorne Press.

DeVries, R., & Zan, B. (2012). *Moral classrooms, moral children* (2nd ed.). New York: Teachers College Press.

Dweck, C. S. (2007). The perils and promises of praise. *Educational Leadership, 65*(2), 34–39.

Feinberg, T., Lewis, V. E., & Williams, B. B. (2005). Ethical issues regarding behavior management in the schools. In *Encyclopedia of behavior modification and cognitive behavior therapy.* Thousand Oaks, CA: Sage.

Gartrell, D. (2010). *A guidance approach for the encouraging classroom.* Clifton Park, NY: Cengage Learning.

Goodman, J. F. (2006). School discipline in moral disarray. *Journal of Moral Education, 35*(2), 213–230.

Gordon, T. (1970). *P.E.T.: Parent effectiveness training.* New York: Wyden.

Gordon, T. (1989). *Teaching children self-discipline: At home and at school.* New York: Random House.

Graham, B. (2015, April 7). These 19 states still allow corporal punishment (spanking) in schools.

Hall, P. (2009). Beyond rewards. *Reclaiming Children and Youth, 18*(3), 49–53.

Hemmeter, M. L., Ostrosky, M., & Fox, L. (2006). Social and emotional foundations for early learning: A conceptual model for intervention. *School Psychology Journal, 35*(4), 583–601.

Hemmeter, M., Snyder, P., Kinder, K., & Artman, K. (2011). Impact of performance feedback delivered via electronic mail on preschool teacher's use of descriptive praise. *Early Childhood Research Quarterly, 26*(1), 96–109.

Hitz, R., & Driscoll, A. (1988). Praise or encouragement? New insights into praise: Implications for early childhood teachers. *Young Children, 43*(5), 6–13.

Hymes, J. (1996). *Teaching the child under six* (4th ed.). West Greenwich, RI: Consortium Publishing.

Kaiser, B., & Rasminsky, J. (2012). *Challenging behavior in young children*. Upper Saddle River, NJ: Pearson.

Kamii, C. (1982). Autonomy as the aim of education: Implications of Piaget's theory. In C. Kamii (Ed.), *Number in preschool and kindergarten* (pp. 73–87). Washington, DC: National Association for the Education of Young Children.

Kohn, A. (1999). *Punished by rewards*. New York: Houghton Mifflin.

Kohn, A. (2005). *Unconditional parenting: Moving from rewards and punishment to love and reason*. New York: Atria Books.

Kohn, A. (2011). *Feel-bad education: And other contrarian essays on children and schooling*. Boston: Beacon Press.

Landrum, T. J., & Kauffman, J. M. (2006). Behavioral approaches to classroom management. In C. M. Evertson & C. S. Weinstein (Eds.), *Handbook of classroom management: Research practice and contemporary issues* (pp. 47–72). Mahwah, NJ: Erlbaum.

Noddings, N. (2005). *The challenge to care in schools: An alternative approach to education* (2nd ed.). New York: Teachers College Press.

Piaget, J. (1965). *The moral judgment of the child*. New York: Free Press. (Original work published 1932)

Pianta, R. (2006). Classroom management and relationships between children and teachers: Implication for research and practice. In C. M. Evertson & C. S. Weinstein (Eds.), *Handbook of classroom management: Research practice and contemporary issues* (pp. 685–710). Mahwah, NJ: Erlbaum.

Ravitch, D. (2010). Merit pay fails another test. Retrieved August 25, 2011.

Reeve, J. (2006). Extrinsic rewards and inner motivation. In C. M. Evertson & C. S. Weinstein (Eds.), *Handbook of classroom management: Research practice and contemporary issues* (pp. 645–664). Mahwah, NJ: Erlbaum.

Reynolds, E. (2006). *Guiding young children: A problem-solving approach*. New York City: McGraw-Hill.

Skinner, B. F. (1948). *Beyond freedom and dignity*. New York: Knopf.

Smith-Bonahue, T., Smith-Adcock, S., & Ehrentraut, J. (2015). Preventing and responding to relational aggression in preschool classrooms. *Young Children, 70*(1), 76–83.

Weinstock, M., Assor, A., & Briode, G. (2009). Schools as promoters of moral judgment: The essential role of teachers' encouragement of critical thinking. *Social Psychology of Education: An International Journal, 12*(1), 137–151.

Weiss, N. R., & Knoster, T. (2008). It may be non-aversive, but is it a positive approach? Relevant questions to ask throughout the process of behavioral assessment and intervention. *Journal of Positive Behavior Interventions, 10*(72), 72–78.

Willis, E., Dinehart, L., & Bliss, L. (2014). Teachers don't always do what they think they should: A preliminary validation of the early childhood educators' knowledge of self-regulation skills questionnaire. *Journal of Early Childhood Teacher Education, 35*, 168–184.

第十章

Afifi, T., Mota, N., Dasiewics, P., MacMillan, H., & Sareen, J. (2012). Physical punishment and mental disorders: results from a nationally representative U.S. sample. *Pediatrics, 130*(2), 184–192.

American Academy of Pediatrics. (2015). *What about punishment? Caring for your baby and young child: birth to age 5*. Elk Grove Village, IL: Author.

Barnett, M. A., Shanahan, L., Deng, M., Haskett, M. E., & Cox, M. J. (2010). Independent and interactive contributions of parenting behaviors and beliefs in the prediction of early childhood behavior problems. *Parenting: Science and Practice, 10*(1), 43–59.

Berlin, L. J., Ispa, J. M., Fine, M. A., Malone, P. S., Brooks-Gunn, J., Brady-Smith, C., et al. (2009). Correlates and consequences of spanking and verbal punishment for low-income white, African American, and Mexican American toddlers. *Child Development, 80*(5), 1403–1420.

Borg, K., & Hodes, D. (2014). Spare the rod, spoil the child? A literature review of outcomes of physical punishment in relation to recent changes in Maltese Law.

Brady, K., Forton, M. B., & Porter, D. (2011). *Rules in school*. Greenfield, MA: Northeast Foundation for Children.

Cassidy, S. (2014, June 4). Should you ever spank your kids? Pediatricians say no, but parents still do. *Lancaster Online*.

Delpit, L. (2006). *Other people's children: Cultural conflict in the classroom*. New York: New Press.

Devries, R., & Zan, B. (2012). *Moral classrooms, moral children: Creating a Constructivist atmosphere in early education*. New York: Teachers College Press.

Durrant, J., & Ensom, R. (2012). Physical punishment of children: Lessons from 20 years of research. *Canadian Medical Association Journal, 184*(12), 1373–1377.

Edelman, M. W. (2014, September 26). Decriminalizing school discipline. *Child Watch Column*.

Edwards, A. C., Dodge, K. A., Latendresse, S. J., Lansford, J. E., Bates, J. E., Pettit, G. S., et al. (2010). MAOA-uVNTR and early physical discipline interact to influence delinquent behavior. *Journal of Child Psychology and Psychiatry, 51*(6), 679–687.

Feld, S. (2005). Difficulties of making rational choices concerning corporal punishment of children. In M. Donnelly & M. A. Straus (Eds.), *Corporal punishment of children in theoretical perspective* (pp. 152–164). New Haven, CT: Yale University Press.

Feldman, R., Derdikman-Eiron, R., & Masaiha, S. (2010). Conflict resolution in the parent–child, marital, and peer contexts and children's aggression in the peer group: A process-oriented cultural perspective. *Developmental Psychology, 46*(2), 310–325.

Galinsky, E. (2010). *Mind in the making: The seven essential life skills every child needs.* New York: Harper.

Gershoff, E. T., Grogan-Kaylor, A., Lansford, J. E., Chang, L., Zelli, A., Deater-Deckard, K., et al. (2010). Parent discipline practices in an international sample: Associations with child behaviors and moderation by perceived normativeness. *Child Development, 81*(2), 487–502.

Hatch, A., & Benner, S. (2011). From the editors: On the complex balancing act of preparing early childhood teachers, *Journal of Early Childhood Teacher Education, 32*(3), 197–199.

Incarceration in the United States. (2011). Retrieved October 2011.

Kamii, C. (1982). Autonomy as the aim of education: Implications of Piaget's theory. In C. Kamii (Ed.), *Number in preschool and kindergarten* (pp. 73–87). Washington, DC: National Association for the Education of Young Children.

Kohlberg, L. (1984). *Essays in moral development: Vol. 2. The psychology of moral development.* New York: Harper & Row.

Kohn, A. (2011) *Feel-bad education: And other contrarian essays.* Boston: Beacon Press.

MacKenzie, M., Nicklas, E., Waldfogel, J., & Brooks-Gunn, J. (2013). Spanking and child development across the first decade of life. *Pediatrics.* Published online. doi: 10.1542/peds.2013-1227

McEvoy, A. (2014). Abuse of power. *Teaching Tolerance, 48,* 51–53.

National Association for the Education of Young Children (NAEYC). (2011). *NAEYC code of ethical conduct and statement of commitment: A position statement of the National Association for the Education of Young Children.* Washington, DC: Author.

Nauert, R. (2011). Negative parenting style contributes to child aggression. *Psych Central.* Retrieved February 19, 2012.

Powell, B., Cooper, G., Hoffman, K., & Marvin, R. (2007). Circle of security project: A case study—"It hurts to give that what you did not receive." In D. Oppenheim & D. F. Goldsmith (Eds.), *Attachment theory in clinical work with children: Bridging the gap between research and practice* (pp. 172–202). New York: Guilford Press.

Straus, M. (2013). *The primordial violence.* New York: Routledge.

Strauss, V. (2014, September 18). 19 states still allow corporal punishment in school. *Washington Post.*

Talwar, V., Carlson, S. M., & Lee, K. (2011). Effects of a punitive environment on children's executive functioning: A natural experiment. *Social Development.*

United States imprisonment rate. (2011). Retrieved September 27, 2011.

第十一章

Bang, M. (1999). *When Sophie gets angry, very very angry.* New York: Scholastic.

Binder, M., & Kotsopoulos, S. (2011). Multinodal literacy narratives: Weaving the threads of young children's identity through the arts. *Journal of Research in Childhood Education, 25*(4), 339–363.

Bredecamp, S. (2010). *Effective practices in early childhood education: Building a foundation.* Upper Saddle River, NJ: Pearson.

Brookes, R., Tinkler, S., Nicholson, H., & Fawcett, A. (2010). Striking the right balance: Motor difficulties in children and adults with dyslexia. *Dyslexia: An International Journal of Research and Practice, 16*(4), 358–373.

Centers for Disease Control and Prevention (CDC). (2010). *The association between school-based physical activity, including physical education, and academic performance.* Atlanta, GA: U.S. Department of Health and Human Services.

Charlesworth, R. (2010) *Understanding child development* (8th ed.). Belmont, CA: Wadsworth, Cengage Learning.

DeVries, R., & Kohlberg, L. (1987). *Constructivist early education: Overview and comparison with other programs.* Washington, DC: National Association for the Education of Young Children.

DeVries, R., & Zan, B. (2012). *Moral classrooms, moral children* (2nd ed.). New York: Teachers College Press.

Gershoff, E. T. (2013). Spanking and child development: We know enough now to stop hitting our children. *Child Development Perspectives, 7*(3), 133–137.

Goddard Blythe, S. (2006). *The well balanced child: Movement and early learning* (2nd ed.). Gloucestershire, UK: Hawthorn Press.

Hancock, C., & Carter, D. (2016) Building environments that encourage positive behavior. *Young Children, 71*(1) 68–73

Hansen, C., & Zambo, D. (2010) Boys in the club: Exploring positive male archetypes with preschool males. *Literacy Research & Instruction, 49*(1), 40–55.

Henkes, K. (1996). *Lilly's purple plastic purse.* New York: Greenwillow.

Hustedt, J. (2015). The role of previous mother–child scaffolding in Head Start: Children's structuring of problem solving tasks with a peer. *Journal of Research in Childhood Education, 29*, 287–304.

Hyson, M., & Biggar Tomlinson, H. (2014). *The Early Years: Education care and well-being of children, birth to 8*. New York/Washington, DC: Teachers College Press and National Association for the Education of Young Children.

Kamii, C. (1982). Autonomy as the aim of education: Implications of Piaget's theory. In C. Kamii (Ed.), *Number in preschool and kindergarten* (pp. 73–87). Washington, DC: National Association for the Education of Young Children.

National Association for the Education of Young Children (NAEYC). (2009). *NAEYC position statement on developmentally appropriate practice in early childhood programs serving children birth through age 8*. Washington, DC: Author.

Piaget, J. (1965). *The moral judgment of the child*. New York: Free Press. (Original work published 1932)

Rakoczy, H., Hamann, K., Warneken, F., & Tomasello, M. (2010). Bigger knows better: Young children selectively learn rule games from adults rather than from peers. *The British Journal of Developmental Psychology, 28*(4), 785–798.

Steig, W. (1988). *Spinky sulks*. New York: Scholastic.

第十二章

Bryan, C. J., Master, A., & Walton, G. M. (2014). "Helping" versus "being a helper": Invoking the self to increase helping in young children. *Child Development, 85*, 1836–1842.

Centers for Disease Control and Prevention (CDC). (2010). Public Health Grand Rounds. *Presentation: The childhood obesity epidemic: Threats and opportunities* [PowerPoint slides].

Devries, R., & Zan, B. (2012). *Moral classrooms, moral children*. New York: Teachers College Press

Driscoll, K. C., Mashburn, A. J., Wang, L., & Pianta, R. C. (2011). Fostering supportive teacher–child relationships: Intervention implementation in a state-funded preschool program. *Early Education and Development, 22*(4), 593–619.

Dreikurs, R. (1966). *Psychology in the classroom*. New York: Harper & Row.

Freud, S. (1930). *Civilization and its discontents*. Berlin: Verlag.

Erikson, E. (1994). *Identity and the life cycle*. New York: Norton.

Gonzalez-Mena, J., & Widmeyer-Eyer, D. (2014). *Infants, toddlers, and caregivers: A curriculum of respectful, responsive, relationship-based care and education* (10th ed.). New York: McGraw-Hill.

Gurian, M. (2011). *How do I help him?* Colorado Springs, CO: Gurian Institute Press.

Hartwell-Walker, M. (2013). What to do about attention-seeking kids. *Psych Central*. Retrieved January 18, 2016.

Harvard University, Center on the Developing Child. (2016). Toxic stress. Retrieved January 25, 2016.

Koplow, L. (2014). *Our children and their teachers in score-driven times*. Parker, CO: Outskirts Press.

Lickerman, A. (2010). Happiness in this world when you don't like yourself. Retrieved December 20, 2016.

Minkel, J. (2015). Why looping is a way underappreciated school-improvement initiative. Retrieved January 25, 2016.

Prochner, L., & Howe, N. (2011). *Early childhood care and education in Canada: Past, present, and future*. Vancouver: University of British Columbia Press.

Riley-Ayers, S. (2014). *Formative assessment: Guidance for early childhood policymakers (CEELO Policy Report)*. New Brunswick, NJ: Center on Enhancing Early Learning Outcomes.

Rosen, D. (2010). Management of eating disorders in children and adolescents. *Pediatrics: Official Journal of the American Academy of Pediatrics, 111*(1), 204.

Santos, R. (2013). Teaching and parenting young dual language learners: Screening and evaluating children who are dual language learners: What every teacher should know. Retrieved January 25, 2016.

Sparks, S. (2013). Students' social, emotional needs entwined with learning, security research and schoolroom practice show a supportive environment can promote achievement—and stress can be a hindrance. Retrieved January 19, 2016.

第十三章

Amaro-Jimenez, C. (2014). Lessons learned from a teacher working with culturally and linguistically diverse children. *Young Children, 69*(1), 32–37.

Asher, J. (1969). The total physical response approach to second language learning. *Modern Language Journal, 53*(1), 3–17.

Carlson, F. (2011). Rough play: One of the most challenging behaviors. *Young Children, 66*(4), 18–25.

Cartledge, G., Singh, A., & Gibson, L. (2008). Practical behavior-management techniques to close the accessibility gap for students who are culturally and linguistically diverse. *Preventing School Failure, 52*(3), 29–38.

Cheatham, G., & Santos, R. (2011). Collaborating with families from diverse cultural and linguistic backgrounds. *Young Children, 66*(5), 76–82.

Council for Exceptional Children, Division for Early Childhood (CEC/DEC). (2005). *Concept paper on identification of and intervention with challenging behavior*. Arlington, VA: Author.

Dennison, P., & Dennison, G. (2010). *Brain gym*. Ventura, CA: Edu-Kinesthetics, Inc.

Eber, L., Hyde, K., & Suter, J. (2011). Integrating wraparound into a schoolwide system of positive behavior supports. *Journal of Child and Family Studies, 20*, 782–790.

Edelman, M. W. (2015, July 10). Redlined for failure and the prison pipeline. *Child Watch*.

Epstein, A. S. (2007). *The intentional teacher: Choosing the best strategies for young children's learning*. Washington, DC: National Association for the Education of Young Children.

Espinosa, L. M. (2005). Curriculum and assessment considerations for young children from culturally, linguistically, and economically diverse backgrounds. *Psychology in the Schools, 42*(8), 837–853.

Espinosa, L. M. (2010). *Getting it right for young children from diverse backgrounds*. Upper Saddle River, NJ: Pearson Education.

Espinosa, L. (2013, August). PreK–3rd: Challenging common myths about dual language learners. *PreK–3rd Action Brief*, 10.

Fei, L., & Timler, G. R. (2008). Narrative organization skills in children with attention deficit hyperactivity disorder and language impairment: Application of the causal network model. *Clinical Linguistics and Phonetics, 22*(1), 25–46.

Fox, L., Lentini, R., & Dunlap, G. (2006). *Individualized intensive interventions: Developing a behavior support plan*. Nashville, TN: Vanderbilt University, Center on the Social and Emotional Foundations for Early Learning. Retrieved July 13, 2008.

Garner, N. (2008). *Conflict resolution programs in the schools* (ACAPD-19). Alexandria, VA: American Counseling Association.

Gilliam, W. S., & Shabar, G. (2006). Preschool and child care expulsion and suspension: Rates and predictors in one state. *Infants and Young Children: An Interdisciplinary Journal of Special Care Practices, 19*(3), 228–245.

Goldrich, C. (2016, April 9) You can't learn If you're anxious, stressed, or scared.

Gonzalez-Mena, J. (2008). *Diversity in early care and education: Honoring differences*. Washington, DC: National Association for the Education of Young Children.

Gonzalez-Mena, J. (2010). *Foundations of early childhood education: Teaching children in a diverse society*. New York: McGraw-Hill.

Hall, P. (2009). Beyond rewards. *Reclaiming Children and Youth, 18*(3), 49–53.

Hallowell, E., & Ratey, J. (2011). *Driven to distraction: Recognizing and coping with attention deficit disorder from childhood through adulthood*. New York: Random House.

Hanish, D., Laura-Martin, C. L., Fabes, R. A., & Bercelo, H. (2008). The breadth of peer relationships among preschoolers: An application of the connectivity method to externalizing behavior. *Child Development, 79*(4), 1119–1136.

Helgeson, J. (2011). Four simple ways to add movement in daily lessons. *Kappa Delta Pi Record, 47*(2), 80–84.

Hyson, M. (2004). *The emotional development of young children: Building an emotion-centered curriculum*. New York: Teachers College Press.

Hyson, M., & Taylor J. (2010). Research in review. Caring about caring: What adults can do to promote young children's prosocial skills. *Young Children, 66*(4), 74–83.

Hyson, M., & Tomlinson, H. (2014). *The early years matter*. New York: Teachers College Press.

Jenkins, E. (1995). *Play your instruments and make a pretty sound* [Song]. Washington, DC: Smithsonian Folkways Recordings.

Jones, T. S., & Bodtker, A. (2001). Mediating with heart in mind: Addressing emotion in mediation practice. *Negotiation Journal, 17*(3), 217–244.

Kaiser, B., & Rasminsky, J. (2012). *Challenging behavior in young children*. Upper Saddle River NJ: Pearson.

Kennedy, A. S. (2013). Supporting peer relationships and social competence in inclusive preschool programs. *Young Children, 68*(5), 18–25.

Kohn, A. (2011). *Feel-bad education: And other contrarian essays on children and schooling*. Boston: Beacon Press.

Konishi, C. (2007). Learning English as a second language: A case study of a Chinese girl in an American preschool. *Childhood Education, 83*(5), 267–272.

Kuh, L., LeeKeenan, D., Given, H., & Beneke, M. (2016). Moving beyond anti-bias activities: Supporting the development of anti-bias practices. *Young Children, 71*(1) 58-65.

Lane, K., Falk, K., & Wehby, J. (2006). Classroom management in special education classrooms and resource rooms. In C. M. Evertson & C. S. Weinstein (Eds.), *Handbook of classroom management: Research, practice, and contemporary issues* (pp. 439–460). Mahwah, NJ: Erlbaum.

Mardell, B., Rivard, M., & Krechevsky, M. (2012). Visible learning, visible learners: The power of the group in a kindergarten classroom. *Young Children, 67*(1), 12–16.

Meiners, C. (2005). *Talk it out and work it out: Learning to get along*. Minneapolis, MN: Free Spirit Publishing.

Michael-Luna, S. (2015). What parents have to teach us about their dual language children. *Young Children, 70*(5), 42–47.

Milner, H. R. (2006). Classroom management in urban classrooms. In C. M. Evertson & C. S. Weinstein (Eds.), *Handbook of classroom management: Research, practice, and contemporary issues* (pp. 491–522). Mahwah, NJ: Erlbaum.

More, C. (2008). Digital stories targeting social skills for children with disabilities: Multidimensional learning. *Intervention in School and Clinic, 43*, 168–177.

Murphy, S. (2014). Inclusive strategies for students with characteristics of ADHD. *Young Children, 69*(3), 66–71.

Nemeth, K., & Brillante, P. (2011). Dual language learners with challenging behaviors. *Young Children, 66*(4), 12–17.

Nieto, S., & Boder, P. (2008). *Affirming diversity: The sociopolitical context of multicultural education* (5th ed.). Boston: Allyn & Bacon.

Ostrosky, M., & Meadan, H. (2010). Helping children play and learn together. *Young Children, 65*(1), 104–110.

Palmen, H., Vermande, M. M., Deković, M., & van Aken, M. A. G. (2011). Competence, problem behavior, and the effects of having no friends, aggressive friends, or nonaggressive friends. *Merrill-Palmer Quarterly, 57*(2), 186–213.

Pfeiffer, B., Henry, A., Miller, S., & Witherell, S. (2008). The effectiveness of Disc'o'Sit cushions on attention to task in second-grade students with attention difficulties. *American Journal of Occupational Therapy, 62*, 274–281.

Ramsey, P. (2015). *Teaching and learning in a diverse world*. New York: Teachers College Press.

Rothstein-Fisch, C., & Trumbull, E. (2008). *Managing diverse classrooms: How to build on students' cultural strengths*. Alexandria, VA: Association for Supervision and Curriculum Development.

Sayeski, K. L., & Brown, M. R. (2011). Developing a classroom management plan using a tiered approach. *Teaching Exceptional Children, 44*(1), 8–17.

Scannell, M. (2010). *Big book of conflict resolution games: Quick, effective activities to improve communication, trust and collaboration*. New York: McGraw-Hill.

Sher, B. (2006). *Attention games: 101 fun, easy games that help kids learn to focus*. San Francisco: Jossey-Bass.

Smith, A., & Bondy, E. (2007). "No! I won't!"— Understanding and responding to student defiance. *Childhood Education, 83*(3), 151–157.

Smith-Bonahue, T., Smith-Adcock, S., & Ehrentraut, J. (2015). Preventing and responding to aggression in preschool classrooms. *Young Children, 70*(1), 76–83.

Sugai, G., & Homer, R. H. (2008). What we know and need to know about preventing problem behavior in schools. *Exceptionality, 16*(2), 67–77.

Summer, M., & Summer G. (2014). Creating family learning communities. *Young Children, 69*(4), 8–14.

Trawick-Smith, J. (2010). *Early childhood development: A multicultural perspective*. Upper Saddle River, NJ: Pearson.

Utley, C., Obiakor, F., & Bakken, J. (2011). Culturally responsive practices for culturally and linguistically diverse students with learning disabilities. *Learning Disabilities: A Contemporary Journal, 9*(1), 5–18.

von Korring, A., Soderberg, A., Austin, L., & Uvnas-Moberg, K. (2008). Massage decreases aggression in preschool children: A long-term study. *Acta Paediatrica, 97*(9), 1265–1269.

Wakschlag, L. S., Briggs-Gowan, M. J., Carter, A. C., Hill, C., Danis, B., Keenan, K., et al. (2007). A developmental framework for distinguishing disruptive behavior from normative misbehavior in preschool children. *Journal of Child Psychology and Psychiatry, 48*(10), 976–987.

Wang, D. X., & Aldridge, J. (2007). Re-examining diversity issues in childhood education. *Childhood Education, 83*(5), 250–260.

Weinstein, C. S., Tomlinson-Clarke, S., & Curran, M. (2004). Toward a conception of culturally responsive classroom management. *Journal of Teacher Education, 55*(1), 25–38.

Willis, C., & Schiller, P. (2011). Preschoolers' social skills steer life success. *Young Children, 66*(1), 42–49.

Willis, J. (2008). *Brain-friendly strategies for the inclusion classroom: Insights from a neurologist and classroom teacher*. Alexandria, VA: Association for Supervision and Curriculum Development.

第十四章

Adalis-Estrin, A. (2003). *Visiting mom or dad*. Palmyra, VA: Children of Prisoners

Aikens, N. L., & Barbarin, O. (2008). Socioeconomic differences in reading trajectories: The contribution of family, neighborhood, and school contexts. *Journal of Educational Psychology, 100*(2), 235–251.

Allen, M., & Staley, L. (2007). Helping children to cope when a loved one is on military deployment. *Beyond the Journal: Young Children on the Web.*

American Diabetes Association. (2006). *Wizdomkit®*. Rocky Hill, CT: Author.

American Federation of Teachers/New York Life Foundation. (2012, September 10). Grief in the classroom: Groundbreaking survey of educators shows overwhelming interest in helping grieving students – and strong demand for training, more support.

American Psychological Association. (APA). (2007). *The psychological needs of U.S. military service members and their families: A preliminary report.* Washington, DC: Author.

Arthritis Foundation. (n.d.). *When your student has arthritis*. Atlanta, GA: Author.

Balter, M. (2015). Poverty may affect the growth of children's brains. *Science*.

Bassuk, E. L., Konnath, K., & Volk, K. T. (2006). *Understanding traumatic stress in children*. Needham, MA: National Center on Family Homelessness.

Benzies, K., & Mychasiuk, R. (2009). Fostering family resiliency: A review of the key protective factors. *Child and Family Social Work, 14*, 103–114.

Bornstein, D. (2013, November 13). Schools that separate the child from the trauma. *New York Times Opinionator*.

Boyse, K., Boujaoude, L., & Laundy, J. (2008). *Children with chronic conditions*.

Bruce, N., & Cairone, K. (2011), *Socially strong, emotionally secure: 50 activities to promote resilience in young children*. Villanova, PA: The Devereaux Foundation.

Bureau of Consular Affairs. (2014). Intercountry adoption.

Cauthen, N., & Fass, S. (2008). *10 Important questions about child poverty & family economic hardship*. New York: Columbia University, National Center for Children in Poverty.

Children's Defense Fund. (2008). *Cradle to Prison Pipeline Campaign*.

Child Welfare Information Gateway. (2014). Foster care statistics 2013.

Christ, A., & Christ, G. (2006). Current practices to helping children cope with a parent's terminal illness. *CA—A Cancer Journal for Clinicians, 56*, 197–212.

Clever, M., & Segal, D. (2013). The demographics of military children and families. *Future of Children, 23*(2).

Constantin, D. (2014, Fall). Lunch lines: Inequitable cafeteria practices stigmatize low-income students. *Teaching Tolerance*, p. 48.

dePaola, T. (2000). *Nana upstairs and Nana downstairs*. London: Puffin.

Dryfoos, J. G. (2008). Centers of hope. *Educational Leadership, 65*(7), 38–43.

Educational Opportunities Directorate of the Department of Defense. (2011.) *Educator's Guide to the Military Child during Deployment*.

Educator's Guide to the Military Child during Deployment. (n.d.).

Educator's Guide to the Military Child During Deployment. Toolkits.

Elias, M. (2013, Fall). The shame game: Reducing the stigma surrounding mental illness. *Teaching Tolerance*, pp. 50–52.

Eppler, C. (2008). Exploring themes of resiliency in children after the death of a parent. *Professional School Counseling, 11*(3), 189–196.

Epstein, J. L. (2008). *School, family, and community partnerships: Your handbook for action* (3rd ed.). Thousand Oaks, CA: Corwin Press.

Espinosa, L. (2010). *Getting it right for young children from diverse backgrounds*. Upper Saddle River, NJ: Pearson Education.

Fenton, A., & McFarland-Piazza, L. (2014). Supporting early childhood preservice teachers in their work with children and families with complex needs: A strengths approach. *Journal of Early Childhood Teacher Educators, 35*(1), 22–38.

Gorski, P. (2008). The myth of the "culture of poverty." *Educational Leadership, 65*(7), 32–37.

Greenberg, R. (2006). Children and families: Mothers who are incarcerated. *Woman and Therapy, 29*(3/4), 165–179.

Guell, C. (2007). Painful childhood: Living with juvenile arthritis. *Qualitative Health Research, 17*(7), 884–892.

Gurwitch, R., Fernandez, S., Pearl, E., & Chung, G. (2013, Winter). Utilizing parent–child interaction therapy to help improve the outcome of military families. *CYF News*.

Haine, R. A., Ayers, T. S., Sandler, I. N., & Wolchick, S. A. (2008). Evidence-based practices for parentally bereaved children and their families. *Professional Psychology Review and Practice, 39*(2), 113–121.

Hartman, J. (1996). *Follow a dream* [CD]. Saint Petersburg, FL: Hop 2-It Music.

Hartman, J. (n.d.). *Getting better at getting along* [CD]. Saint Petersburg, FL: Hop 2-It Music.

Honig, A. (2010). *Little kids, big worries: Stress-busting tips for early childhood classrooms*. Baltimore: Paul H. Brookes.

Interstate Compact on Educational Opportunity for Military Children Report to the Legislature. (2009). Report developed by the California Task Force as required by Assembly Bill 2049 (2008).

Jensen, J., & Fraser, M. (Eds.). (2011). *Social policy for children and families: A risk and resilience perspective*. Thousand Oaks, CA: Sage.

Johnson, P. (2013, Winter). Military children and families: addressing the social-emotional-behavior needs of military-connected children and youth. *CYF News*.

Jor'dan, J., & Lee, R. (2014). The Children's Place Association: Supporting families impacted by HIV/AIDS. *Young Children, 69*(4), 50–53.

Kennedy, A., Bybee, D., Sullivan, C., & Greeson, M. (2009). The effects of community and family violence exposure on anxiety trajectories during middle childhood: The role of family social support as a moderator. *Journal of Clinical Child and Adolescent Psychology, 38*(3), 365–379.

Kids Count. (2014). *Children in poverty*. Baltimore: Kids Count Data Center, Annie E Casey Foundation.

King, S., MacDonald, A., & Chambers, C. (2010). Perceptions of healthy children toward peers with a chronic condition. *Children's Health Care, 39*, 199–213.

Klass, P. (2013, May 13). Poverty as a childhood disease. *New York Times*.

LaVinge, N. G., Davies, E., & Brazzel, D. (2006). *Broken bonds: Understanding the needs of incarcerated parents*. Washington, DC: Urban Institute Justice Policy Center.

Macartney, S. (2011). Child poverty in the United States 2009 and 2010: Selected race groups and Hispanic origin. *American Community Survey Briefs*. United States Census Bureau. November, 2011.

Maslow, A. (1954). *Motivation and personality*. New York: Harper.

Mruk, C. (2010). Integrated description: A qualitative method for an evidence-based world. *The Humanistic Psychologist, 38*, 305–316.

My Goodbye Book. (n.d.).

Nabors, L. A., Little, S. G., Akin-Little A., & Iobst, E. A. (2008). Teacher knowledge and confidence in meeting the needs of children with chronic medical conditions: Pediatric psychology's contribution to education. *Psychology in the Schools, 45*(3), 217–226.

National Vital Statistics System. National marriage and divorce rate trends: Provisional number of marriages and marriage rate: United States, 2000–2010.

Neuman, S. (2007). Changing the odds. *Educational Leadership, 65*(2), 16–21.

Payne, R. (2005). *A framework for understanding poverty* (4th ed.). Highlands, TX: Aha! Process, Inc.

Perry, N. J., Mitchell-Kay, S., & Brown, A. (2008). Continuity and change in the home literacy practices of Hispanic families with preschool children. *Early Child Development and Care, 178*(1), 99–113.

Phillips, S. D., & Gleeson, J. P. (2007). *What we know now that we didn't know then about the criminal justice system's involvement in families with whom child welfare agencies have contact*. Chicago: Jane Addams Center for Social Policy and Research, Jane Addams College of Social Work, University of Illinois at Chicago.

Purvis, K., Cross, D., Dansereau, D., & Parris, S. (2013). Trust-based relational intervention (TRBI): A systemic approach to complex developmental trauma. *Child and Youth Services, 34*, 360–386.

Rutgers University. (2014) Children and families of the incarcerated fact sheet.

Santiago, E., Ferrara, J., & Blank, M. (2008). A full-service school fulfills its promise. *Educational Leadership, 65*(7), 44–47.

Scherer, M. (2008). Harnessing our power. *Educational Leadership, 65*(7), 7.

Seith, D., & Kalof, C. (2011, July). Who are America's poor children? *National Poverty Institute Report*.

Slopen, N., Shonkoff, J., Alvert, M. A., Yoshikawa, H., Jacobs, A., Stoltz, R., et al. (2016). Racial disparities in child adversity in the US: interactions with family immigration history and income. *American Journal of Preventive Medicine, 50*(1), 47–56.

Summer, M., & Summer G. (2014). Creating family learning communities. *Young Children, 69*(4), 8–14.

U.S. Department of Health and Human Services, Administration for Children and Families, Administration on Children, Youth and Families, Children's Bureau. (2010). *Child maltreatment 2009*.

Wadsworth, C. D., & Santiago, M. E. (2008). Risk and resiliency processes in ethnically diverse families in poverty. *Journal of Family Psychology, 22*(3), 399–410.

Wildeman, C. (2010). Paternal incarceration and children's physically aggressive behaviors: Evidence from the Fragile Families and Child Wellbeing Study. *Social Forces, 89*(1), 285–309.

Wright, T. (2014). Too scared to learn: teaching young children who have experienced trauma. *Young Children, 69*(5), 88–93.

第十五章

Brady, K., Forton, M., & Porter, D. (2011). *Rules in school: Teaching discipline in the responsive classroom*. Turners Falls, MA: Northeast Foundation for Children.

Bronson, P., & Merryman, A. (2011). *Nurture shock: New thinking about children*. New York: Twelve.

Chang, F., & Munoz, M. A. (2006). School personnel educating the whole child: Impact of character education on teachers' self-assessment and student development. *Journal of Personnel Evaluation in Education, 19*(1–2), 35–49.

DeVries, R., Zan, B., & Hildebrandt, C. (2002). Issues in constructivist moral education. *Early Education and Development, 13*(3).

DeVries, R., & Zan, B. (2012). *Moral classrooms, moral children: Creating a Constructivist atmosphere in early education*. New York: Teachers College Press.

Dreikurs, R. (1964). *Children: The challenge*. New York: Hawthorne Books.

Gordon, T. (2003). *T.E.T.: Teacher effectiveness training*. New York: Three Rivers/Random House.

Hillman, C. (2010). *Teaching 4 year-olds: A personal journey*. Redmond, WA: Exchange Press.

Kamii, C. (1984). Obedience is not enough. *Young Children, 39*(4), 11–14.

Katz, L. G., & McClellan, D. E. (1997). *Fostering children's social competence: The teacher's role*. Washington, DC: National Association for the Education of Young Children.

Landy, S. (2009). *Pathways to competence: Encouraging healthy social and emotional development in young children*. Baltimore: Paul H. Brookes.

Levin, D. E. (2003). *Teaching young children in violent times: Building a peaceable classroom* (2nd ed.). Washington, DC: National Association for the Education of Young Children.

Minahan, J., & Rappaport, N. (2013). *The Behavior code: A practical guide to understanding and teaching the most challenging students*. Cambridge, MA: Harvard Education Press.

National Association for the Education of Young Children. (2011). *Code of ethical conduct and statement of commitment*.

Rowe, C. (2015, May 16). You are more than your mistakes: Teachers get at root of bad behavior. *Seattle Times*.

Wilson, B. J. (2008). Media and children's aggression, fear, and altruism. *Future of Children, 18*(1), 87–118.

万千教育 学前教育类书目

书号	书名	著、译者	定价(元)
幼儿教师教育技能指导系列			
3971	幼儿园教师的13项专业技能（原著第十版）	程晨　张帅　译	98.00
3853	幼儿园反思性教学——有效教与学的十项原则	钱雨 等　译	88.00
3886	3—6岁儿童发展适宜性教育	胥兴春 等　译	36.00
3749	培养卓越儿童——幼儿教育中的瑞吉欧教学法	叶平枝 等　译	62.00
3536	儿童的好奇心——保护早期学习的最初动力	杨恩慧　译	52.00
3428	教师主导还是儿童主导？——为幼儿学习选择适宜策略	王连江　译	72.00
3423	幼儿教师须知的教育理论——13个世界著名理论流派的幼儿教育观	刘富利 等　译	58.00
3422	0—8岁儿童发展适宜性教育（原著第三版）	刘焱 等　译	88.00
1197	幼儿教育中的心理效应	莫源秋 等　编著	32.00
8953	幼儿教师实用教育教学技能	莫源秋 等　著	30.00
784	幼儿教师必须掌握的教育技巧	莫源秋　著	35.00
193	跟蒙台梭利学做快乐的幼儿教师	刘文　主编	58.00
2236	幼儿园文案撰写规范与技巧	刘敏 等　著	52.00
2309	破解幼儿园教师的90个工作难题	杜长娥　徐钧　主编	52.00
幼儿教师教育技能指导系列合计			813.00

幼儿园区域活动指导			
3970	幼儿园区域活动——环境创设与活动设计方法（第二版）（全彩）	王微丽　主编	78.00
2598	幼儿园艺术区材料设计与评价（四色）	王微丽　霍力岩　主编	60.00
2103	幼儿园社会区材料设计与评价（四色）	王微丽　霍力岩　主编	60.00
1950	幼儿园科学区材料设计与评价（全彩）	王微丽　霍力岩　主编	60.00
1951	幼儿园生活区材料设计与评价（全彩）	王微丽　霍力岩　主编	60.00
1782	幼儿园数学区材料设计与评价（全彩）	王微丽　霍力岩　主编	60.00
1800	幼儿园语言区材料设计与评价（全彩）	王微丽　霍力岩　主编	60.00
3055	幼儿园自主性区域活动 ——环境、课程与儿童发展	邱学清 等　著	88.00
2644	幼儿园户外探索与学习（全彩）	邹海瑞　廖宁燕 等　译	48.00
2645	幼儿园户外创造性游戏与学习（全彩）	陈欢　译	58.00
1935	幼儿园户外环境创设与活动指导（全彩）	董旭花 等　著	72.00
9613	幼儿园区域活动 ——环境创设与活动设计方法（全彩）	王微丽　主编	60.00
9149	小区域，大学问 ——幼儿园区域环境创设与活动指导	董旭花 等　著	30.00
9548	幼儿园创造性游戏区域活动指导 （角色区・建构区・表演区）	董旭花 等　编著	32.00
9549	幼儿园自主性学习区域活动指导 （生活操作区・美工区・益智区・科学区）	董旭花 等　编著	35.00
0156	幼儿园区域活动现场指导艺术 ——透视38个区域故事	董旭花 等　著	38.00

……